일러스트레이터

CC

김혜진 지음

VER.2017

Kyohaksa

Illustrator CC

머리말

일러스트레이터라는 직업은 주로 광고나 영상매체의 그림이나 문양을 도안하고 제작하는 일을 담당합니다. 일러스트의 핵심은 바로 창의적인 아이디어의 표현입니다. 얼마나 머릿속의 상상을 그대로 옮겨낼 수 있는지에 따라 멋진 결과물과 보잘 것 없는 결과물로 나누어집니다.

그림을 잘 그리거나 표현을 잘 하는 사람이면 쉬울 수 있겠지만 그렇지 않더라도 Adobe에서 제공하는 일러스트레이터를 잘 활용한다면 그보다 훨씬 더 멋진 작품을 만들 수 있습니다.

최근에 출시된 일러스트레이터CC는 이전 버전보다 훨씬 강력해진 기능들과 손쉽게 퀄리티 높은 작업을 할 수 있도록 많은 효과들을 제공합니다. 또한 다른 사람이 작업했던 파일을 검색하여 불러오거나 자신이 작업한 파일을 공유할 수도 있습니다.

본 도서에서는 초보부터 마스터까지 단계별로 난이도에 따른 알찬 예제들과 노하우들을 가득 담았습니다. 예제뿐만 아니라 강의노트와 보충수업, 그리고 실전문제들을 통해 당신의 실력을 키워보시기 바랍니다.

끝으로 이 도서를 통하여 일러스트레이터 입문을 시작하는 사람부터 실무에 활용하고자 하시는 사람들까지 쉽고, 알차게 일러스트레이터를 익히고 학습하셨으면 바람입니다. 무엇보다 멋진 일러스트레이터가 되시는데 조금이나마 도움이 됐으면 합니다.

저자 김혜진

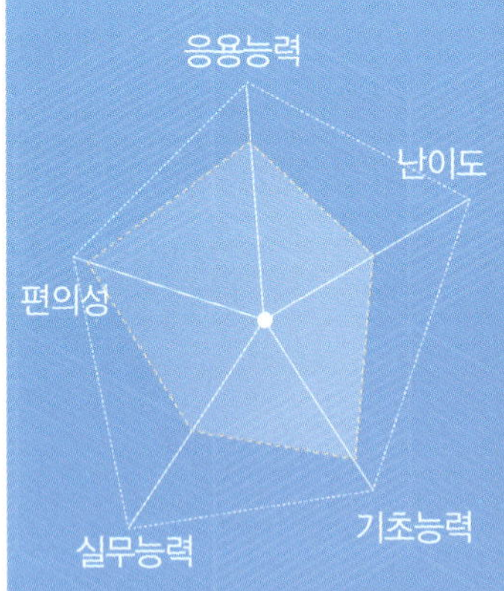

Series Point

알찬 예제로 배우는 시리즈만의 7대 특징

실습과 실전 문제 중심으로 구성

하나의 실습을 진행하는데 있어 먼저 소스와 완성 샘플을 보여주고, 전체적인
제작 포인트를 제시하여 예제에 접근하는데 필요한 기본 골격을 확실히
심어준 상태에서 따라해 볼 수 있어 빠른 이해 및 다양한 응용이 가능합니다.

반복 학습에 따른 실력 향상 극대화

하나의 섹션이 시작될 때마다 전체적인 개요를 잡아주고 실습에
들어감과 동시에, 해당 섹션의 마지막에 내용을 한 번 더 총정리 해주어
반복 학습에 따른 능률의 극대화를 꾀했습니다.

예제의 양과 질적인 면에서 알차게 구성

일상생활이나 업무에 조금만 응용하면 사용할 수 있는 예제들만을
엄선하여 단계별 난이도 조정에 따라 배열해 놓아, 기초부터 차근차근
실력을 향상시킬 수 있습니다.

베테랑 강사들의 알찬 노하우를 제공

실습 중간중간에 필자들이 현장에서 강의하면서 교안에 빽빽하게
써놓았던 자기만의 노하우 및 학생들의 집중적인 질문을 받았던 핵심 사항을
[강의노트]와 [포인트]라는 제목하에 달아 놓아 저자의 노하우를 고스란히
자신의 재산으로 만들 수 있습니다.

강의 교재로 최적화한 구성

일선에서의 교육에 맞도록 최대한 실습 위주로 만들었고, 기능에 대한 설명은
한눈에 볼 수 있게끔 일목요연하게 정돈시켜 놓았습니다.

교재 자료 온라인 다운로드 제공

본 교재에 사용된 예제 파일 및 완성 파일은 (주)교학사 홈페이지(www.
kyohak.co.kr) [IT/기술/수험서]–[도서 자료]의 자료실에 등록되어 있습니다.
교육시 필요한 자료들은 언제든지 이곳에서 다운로드하면 됩니다.

스스로 마스터할 수 있는 능력을 배양

매 단원 직접 해보기 및 실전 문제를 통해 다양한 응용력을 키우고,
의문사항은 교학사 도서문의를 통해 언제든지 문의 및 해결하여 자신을 한
단계 업그레이드시킬 수 있습니다.

알찬 예제로 배우는 시리즈의 예제 및 결과 파일은 교학사 홈페이지
(www.kyohak.co.kr)에서 다운 받을 수 있습니다.

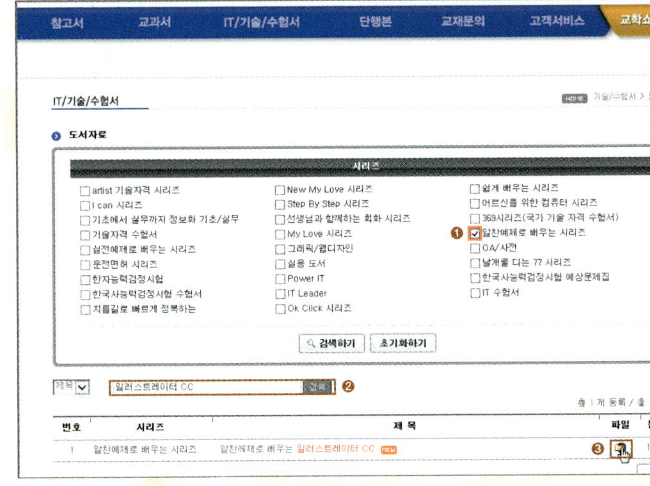

1. 인터넷 브라우저를 실행한 후 교학사 홈페이지(www.kyohak.co.kr)
   에 접속합니다. 상단 메뉴에서 [IT/기술/수험서]–[도서자료]를 클릭
   합니다.
2. **[알찬예제로 배우는 시리즈]**를 선택한 후 검색 창에 **"일러스트레이
   터 CC"**를 입력한 후 [검색] 버튼을 클릭합니다.
3. 검색된 도서의 압축 아이콘을 클릭하여 다운로드합니다.
4. 다운로드가 완료되면 압축을 풀어 사용합니다.

일러두기

본문은 예제 중심으로 구성되어 있습니다. 따라서 모든 예제들을
따라하기 전에 꼭 '소스 미리보기'를 먼저 보십시오.
소스 미리보기에서는 어떤 파일을 가지고 어떤 결과를 만들어
내는지 한눈에 확인할 수 있습니다. 뿐만 아니라 그 예제를
만들어 가는데 꼭 필요한 '제작 포인트'가 서술되어 있어
쉽게 섹션의 핵심 기능을 알고 시작할 수 있습니다.
일러스트레이터 원본 폴더의 예제에 사용한 폰트가 컴퓨터의
'C:\windows\font' 폴더에 없는 경우 화면과 다르게 보일 수
있습니다. 이러한 경우 여러분의 컴퓨터에 있는 폰트 중에서
가장 비슷한 폰트로 변경해서 사용해 주시길 바랍니다.

이 책의 구성

섹션 설명

섹션에서 다룰 내용에 대한 전체적인 개념을 설명합니다.
본문에 대한 이해도를 높이기 위한 코너이므로 필독해 주세요.

직접 해보기

실제로 만들어 가는 과정을 따라하기 식으로 설명하여
누구나 쉽게 예제를 만들어 나갈 수 있고 알찬 기능을 익힐
수 있도록 구성하였습니다.

소스 미리보기

본문에서 배울 예제의
준비 파일과 완성
파일을 미리 보여주어,
전체적인 흐름을 잡을
수 있도록 하였습니다.

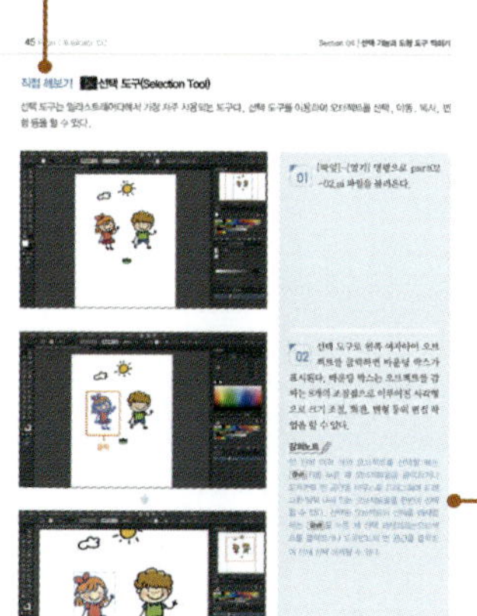

강의노트

알아두면 도움이 되는
내용, 막히는 부분을
더 쉽게 이해할 수
있도록 설명해 줍니다.

키포인트 툴/노하우

학습하는 섹션의 핵심
툴을 알아보고 내용을
완벽하게 습득하기
위한 저자의 노하우를
정리 하였습니다.

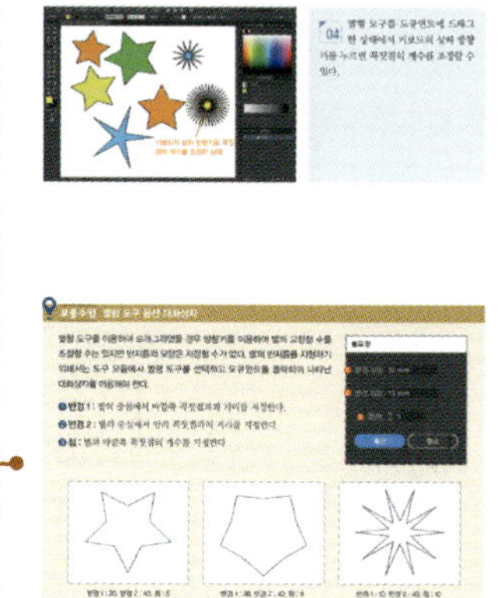

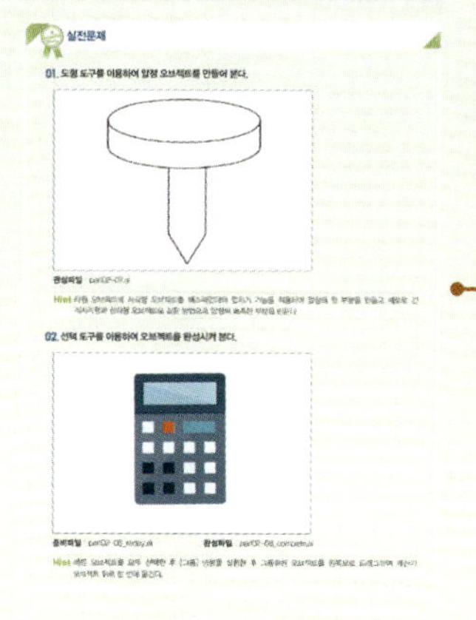

실전 문제

앞에서 배운 내용을
응용 하여 혼자서 실습
해 볼 수 있도록 실습
예제를 수록하였습
니다. 준비 파일과
완성 파일을 보여주고
실습에 필요한 간단한
힌트도 제공합 니다.

보충수업

해당 섹션에서 설명한
부 분 이외에 좀더
고급적인 기능이나
알아두면 큰 도움이 될
부분을 기술 하고
있습니다.

Contents

Contents

ILLUSTRATOR CC

너무 기발한 디자인보다는 집중하는 디자인이
좋은 디자인이다.

－제스퍼 모리슨－

Part **01**

일러스트레이터 CC의 기본기 다지기

걸어다니다가 흔히 볼 수 있는 화려한 그림 벽보, 스마트폰을 사용하면
어디서든 볼 수 있는 캐릭터와 시그니쳐 등 이러한 일러스트레이션을 전문가만
그릴 수 있는 것은 아닙니다. 누구나 창작할 수 있으며 일러스트레이터 CC가
당신의 작품을 한층 업그레이드시킬 수 있도록 도와준다.
먼저 일러스트레이터 CC가 무엇인지 알아보고
기초를 탄탄히 익혀봅시다.

일러스트레이터 CC의 기본기 다지기

대한민국 사람의 절반 이상이 사용하는 스마트폰 메신저의 이 모티콘은 누가 만든 걸까? 정치를 풍자하는 그림은 누가 그리는 걸까? 바로 '일러스트레이터'이다. 일러스트레이션(illustration)이란 '밝게 한다. 조명 한다.'라는 뜻을 담고 있으며 특정한 내용을 이해하기 쉽게 시각적인 요소로 표현하는 것을 목적으로 한다. 이러한 일러스트레이션을 만드는 사람을 일러스트레이터라 한다.

일러스트레이터는 '삽화가'의 의미에서 캐릭터, 광고, 멀티미디어, 순수회화 영역까지 넓어졌다. 이에 현재 우리가 접하는 모든 그림을 일러스트라고 할 수 있다. 일러스트레이터가 그림을 그리는 데에 가장 많이 사용하는 프로그램인 Adobe사의 일러스트레이터는 1987년을 시작으로 2013년 일러스트레이터 CC까지 총 17가지 버전을 출시했다. 그 중에서도 가장 최신 버전인 기존의 2D 그림에서 3D 그림까지 정밀하게 표현이 가능한 일러스트레이터 CC에 대해 알아본다.

Step 01. 일러스트레이터 CC의 새로운 기능 알아보기

새로운 일러스트레이터 CC는 확대 배율 기능이 대폭 강화되었다. CC 이전 버전에서는 6,400%까지만 확대할 수 있었으나 CC에서는 64,000%까지 확대할 수 있어 세부적인 것까지 선명하게 볼 수 있으며 정확하고 세밀한 작업에 유용하다.

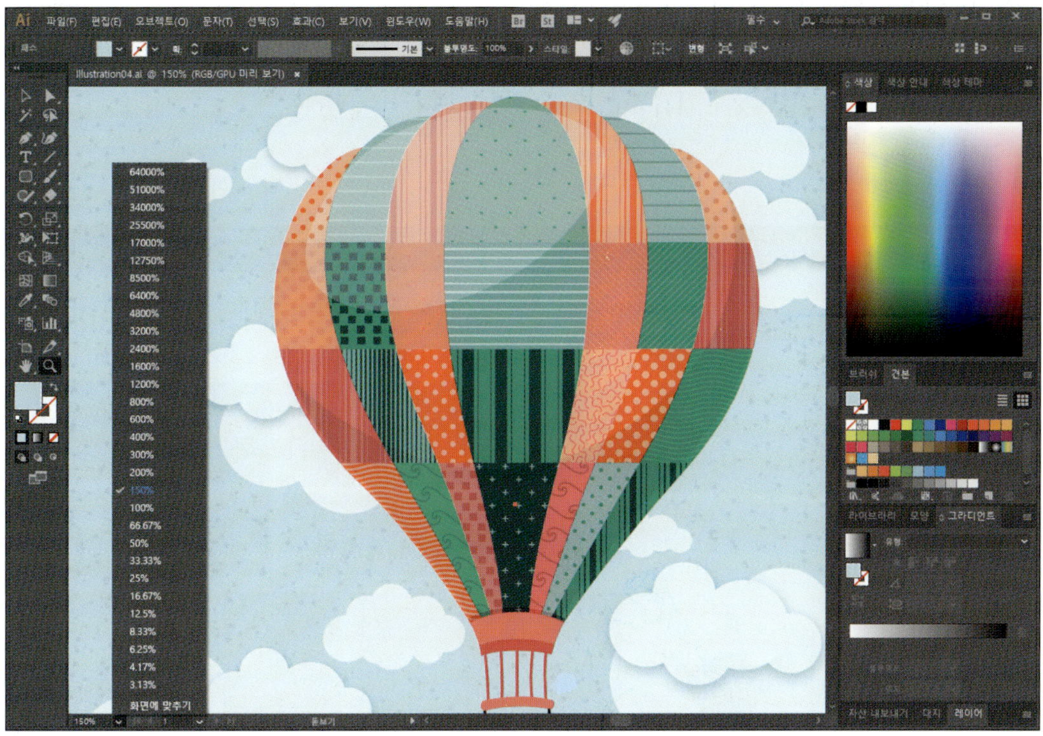

또한 일러스트레이터 CC에서는 데이터 복구 및 안전 모드를 지원한다. 작업 도중 오류가 발생하여 파일 저장 전에 프로그램이 종료되는 경우에는 일러스트레이터를 재실행하는 것만으로 작업 중이던 내용을 복구할 수 있다. 해당 오류의 원인을 탐지하는 기능으로 사용자가 직접 관련 문제에 관한 정보를 얻는 것도 가능하다.

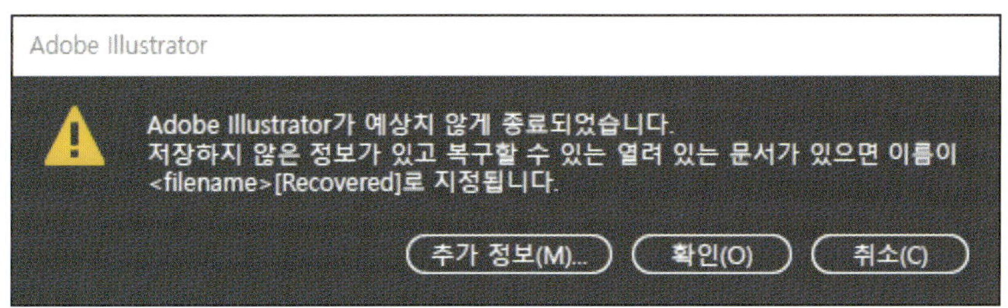

이 밖에도 일러스트레이터 CC에는 이전 버전보다 사용자의 작업 양을 줄여줄 수 있는 기능들이 많이 보강되었다. 먼저 화면에 맞게 내보내기는 클릭 몇 번으로 작업 중인 파일을 여러 크기 및 형식으로 출력할 수 있는 기능으로, 다

양한 화면 크기의 PC 모니터 및 모바일 기기에 맞는 콘텐츠를 빠르게 제작할 수 있다. 특히 파일을 내보낼 위치와 배율(1X, 2X, 3X 등), 포맷(JPG, PNG, SVG, PDF 등)을 선택한 후 내보내기 버튼만 누르면 하나의 작품이 지정한 포맷들로 한 번에 출력된다. 이전 버전에서는 크기와 포맷을 지정하고 저장하는 작업을 여러 번 반복해야 했지만 이제는 단 한 번에 끝낼 수 있다.

또 일러스트레이터 CC에는 어도비 스톡(Adobe stock)과의 호환성을 높였습니다. 스톡 이미지 유통 플랫폼인 어도비 스톡에서 원하는 이미지를 검색하면 검색 결과가 자동으로 표시되며 사용자는 이를 통해 작업에 필요한 이미지를 빠르게 검색하고 구매할 수 있다. 또한 '어도비 스톡 콘텐츠 작가 포털(Adobe Stock Contributor Site)' 플랫폼을 통해 누구나 사진, 일러스트, 비디오 및 벡터 등 자신의 작품을 수백만 명의 구매자들에게 판매할 수 있다. 일러스트레이터 CC 뿐만 아니라 포토샵 CC, 인디자인 CC 등 크리에이티브 클라우드 애플리케이션에서 바로 작품을 업로드 및 판매할 수 있다.

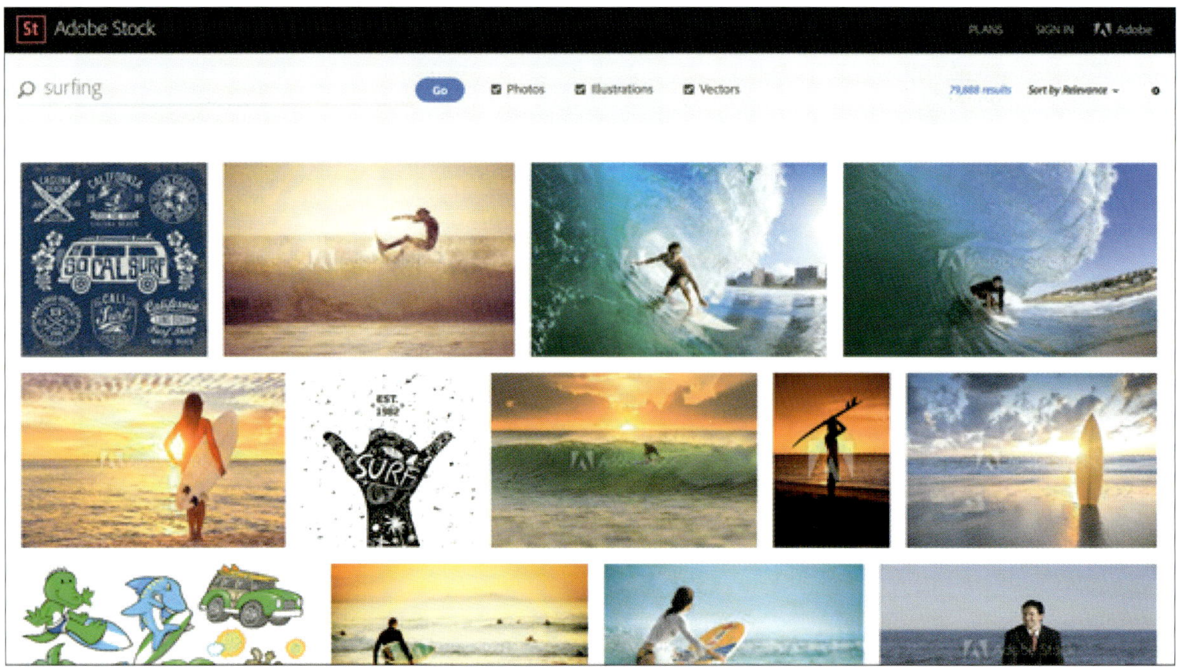

Step 02. 일러스트레이터의 인터페이스 알아보기

일러스트레이터 CC는 직관적으로 원하는 도구와 각각의 패널을 접근할 수 있도록 사용자 친화적으로 인터페이스를 발전시켜 왔다. 좀 더 심플하고 깔끔하게 정리된 일러스트레이터의 기본 화면을 알아본다.

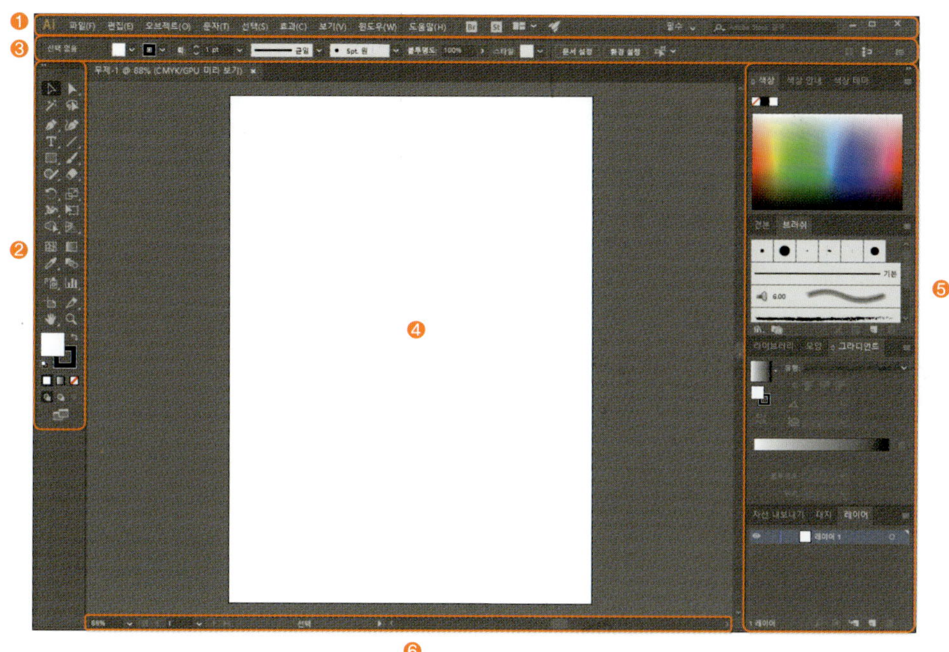

❶ 메뉴 바

일러스트레이터 CC의 메뉴 바에는 9가지의 다양한 메뉴가 있으며, 메뉴를 펼치면 사용이 가능한 하위 메뉴의 색상은 검은색으로, 아니면 회색으로 비활성화 되어 있습니다. 그리고 각 메뉴의 오른쪽에 삼각형은 더 세분화된 메뉴가 숨어 있음을 의미한다.

❷ 도구 모음

자주 사용하는 도구를 아이콘 형태로 제공하며, 디자인에 필요한 붓, 자, 도형 등의 모든 도구가 제공된다.

❸ 옵션 바

선택한 도구의 옵션을 표시하며 선택한 도구의 종류에 따라 옵션의 내용이 변경된다.

❹ 도큐먼트

일러스트레이터에서 작업이 가능한 영역을 의미한다.

문서 탭으로 여러 도큐먼트들을 만들거나 열어서 작업할 수 있고 최대 100개까지의 도큐먼트를 실행할 수 있다.

❺ 패널 그룹

일러스트레이터 CC는 매우 다양한 종류의 패널을 제공한다.

각 도구와 연동한 세부 옵션이나 다양한 작업에 최적화된 설정을 담당한다. 패널은 사용자가 원하는 형태로 합치거나 분리할 수 있으며 임의로 정렬할 수도 있다. 또한 각 패널의 우측 상단에 있는 팝업 버튼을 클릭하면 다양한 옵션 설정이 가능하다.

❻ 상태 바

현재 활성화되어 있는 도큐먼트의 정보가 나타나는 곳으로 확대 비율, 선택된 도구의 정보, 대지의 개수 및 번호 등을 알 수 있다.

일러스트레이터 CC의 도구 모음과
패널 살펴보기

일러스트레이터CC를 처음 실행하면 엄청나게 많은 도구와 기능들이 눈앞에 펼쳐져 어디서부터 어떻게 시작해야 할지 몰라 막막한 경우가 많다. 하지만 이해하기 쉽도록 직접적인 뜻을 표현하고 있는 도구의 버튼 모양과 기능 이름들이 잘 도와줄 것이니 크게 걱정할 필요가 없다. 프로그램의 기본 기능을 살펴보면서 프로그램의 활용 능력을 키워보기 바란다.

Step 01. 도구 모음 살펴보기

도구 모음은 일러스트레이터의 기본 도구를 모아둔 대표 패널이다. 일러스트레이터를 실행하면 프로그램의 좌측에 위치해 있다.

구성된 도구의 이름을 알고 싶다면 마우스포인터를 도구 위에 잠시 올려두면 이름이 나타나며 작업의 효율을 높일 수 있는 도구의 단축키도 함께 표시된다. 도구 이름 옆의 영문자는 단축키를 의미하며 키보드에서 영문자 단축키 또는 Ctrl , shift 등과 함께 단축키를 누르면 자동으로 해당 도구가 선택된다. ◣ 표시가 있는 도구들은 2~3초간 클릭한 채 기다리면 숨겨져 있던 관련 도구들이 표시된다.

자세히 알아보기 도구 패널

이미지 편집을 위해 자주 사용되는 도구를 모아 놓았기 때문에 어떤 도구가 있는지, 도구의 사용법은 무엇인지 충분히 숙지해 두어야 한다. 각 도구 위로 마우스를 가져가면 도구의 이름과 단축키가 팁으로 나타나고, 도구를 잠시 누르고 있거나 마우스 오른쪽 버튼을 클릭하면 유사한 기능의 숨은 도구가 나타난다.

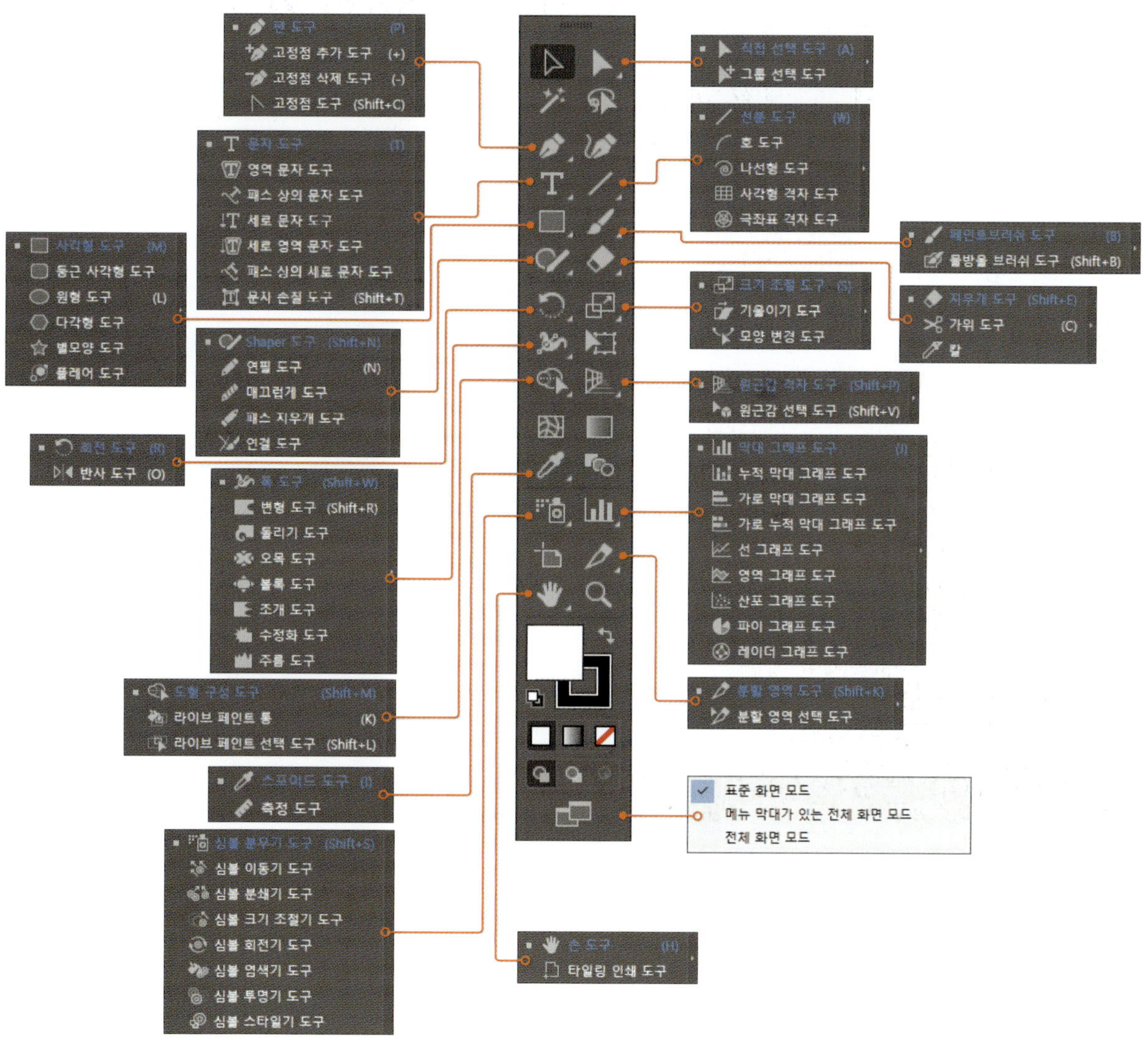

❶ 선택 도구

선택 도구 : 도큐먼트 상의 오브젝트 및 그룹 오브젝트를 선택하거나 이동할 때 사용한다. 마우스를 클릭하여 특정 오브젝트를 선택할 수 있으며, 드래그로 선택 범위를 만들거나 Shift 를 누른 상태에서 여러 개의 오브젝트를 클릭하여 다중 선택도 가능하다. 여러 가지 도구 중에서 가장 기본이 되는 도구로써 어떠한 작업 과정에서도 V 를 누르면 나타낼 수 있다.

직접 선택 도구 : 그룹화된 오브젝트에서 특정 부분 오브젝트를 선택하거나 기준점을 선택할 때 또는 오브젝트의 일부분을 수정할 때 사용한다.

그룹 선택 도구 : 그룹 오브젝트를 선택하고 싶다면 그룹 선택 도구를 사용한다.

자동 선택 도구 : 여러 오브젝트 중에서 색상 등 유사한 속성을 가진 오브젝트들만을 한 번에 선택할 수 있는 기능으로 포토샵의 자동 선택 도구와 기능이 유사한다.

올가미 도구 : 자유롭게 드래그하여 자취에 포함되는 모든 오브젝트 및 선, 기준점을 선택한다.

❷ 펜 도구

펜 도구 : 고정점과 직선 또는 베지어 곡선의 형태를 조절하여 오브젝트를 생성할 수 있다.

고정점 추가 도구 : 기존 오브젝트의 직선 또는 곡선 위에 고정점을 추가할 수 있다.

고정점 삭제 도구 : 기존 고정점을 삭제하여 직선 오브젝트로 변형할 수 있다.

고정점 변환 도구 : 곡선 성격을 가진 고정점을 꼭지점 성격의 고정점 또는 반대로 변형할 수 있다.

곡률 도구 : 직선으로 설정되었던 펜 도구와 달리 곡률 도구는 모든 선을 곡선으로 인식하며, 자연스러운 굴곡과 곡체를 만들 때 적합한 도구다.

❸ 문자 도구

문자 도구 : 원하는 위치에 문자를 입력하여 문자 오브젝트를 만들 수 있다.

영역 문자 도구 : 오브젝트 영역 내에 문자를 입력할 수 있다.

패스 상의 문자 도구 : 오브젝트의 외곽선 위에 문자를 입력할 수 있다.

세로 문자 도구 : 세로 방향의 문자를 입력할 수 있다.

세로 영역 문자 도구 : 오브젝트 영역 내에 문자를 세로 방향으로 입력할 수 있다.

패스 상의 세로 문자 도구 : 오브젝트의 외곽선 위에 문자를 세로 방향으로 입력할 수 있다.

문자 손질 도구 : 입력된 문자들 중 특정 문자의 크기를 개별적으로 변형할 수 있다.

❹ 선 도구

선분 도구 : 직선 오브젝트를 크기와 방향을 자유롭게 조절하여 생성한다.

호 도구 : 호 모양의 곡선 오브젝트를 생성한다.

나선형 도구 : 나선 모양의 오브젝트를 생성한다. 나선의 크기와 모양을 자유롭게 조정할 수 있다.

사각형 격자 도구 : 사각형 격자 오브젝트를 생성한다.

극좌표 격자 도구 : 원형 격자 (극좌표) 오브젝트를 생성한다.

❺ 도형 도구

사각형 도구 : 직사각형 또는 정사각형 오브젝트를 생성한다.

둥근 사각형 도구 : 모서리가 둥근 사각형 오브젝트를 생성한다. 모서리의 둥근 정도를 자유롭게 조절할 수 있다.

원형 도구 : 타원 또는 정원 오브젝트를 생성한다.

다각형 도구 : 다각형 오브젝트를 생성할 수 있으며 꼭짓점의 개수를 자유롭게 조절할 수 있다.

별 도구 : 별 오브젝트를 생성할 수 있으며 별의 꼭짓점 개수를 자유롭게 조절할 수 있다.

플레어 도구 : 빛이 비치는 효과를 내는 오브젝트를 생성한다.

❻ 그리기 도구

페인트 브러시 도구 : 붓으로 그리는 듯한 브러시 효과로 자유롭게 그릴 수 있으며 브러시의 모양과 색상을 다양하게 적용할 수 있다.

연필 도구 : 연필과 같이 자유 곡선을 그리거나 곡선들의 조합으로 다각형 오브젝트를 만들 수 있다,

매끄럽게 도구 : 연필 도구로 그려져 굴곡이 심한 선들을 매끄럽게 변형한다.

패스 지우개 도구 : 기존에 그려진 패스의 일부 또는 전체를 삭제한다.

연결 도구 : 따로 떨어져 있거나 끊어져있는 선들을 연결하여 하나의 오브젝트로 만든다.

지우개 도구 : 오브젝트의 면 또는 선의 일부를 지우개로 지운 듯이 삭제한다.

가위 도구 : 하나의 오브젝트를 가위로 자른 듯이 두 개의 오브젝트로 나눌 수 있다. 잘려진 부분은 닫힌 패스로 표현된다.

칼 도구 : 오브젝트를 칼로 자른 듯이 두 개의 오브젝트로 나눌 수 있다. 잘려진 부분은 열린 패스로 표현된다.

❼ 변형 도구

회전 도구 : 시계 방향 또는 반시계 방향으로 다양한 각도를 적용하여 오브젝트를 회전시킨다.

반사 도구 : 오브젝트를 수평 또는 수직을 기준으로 반사시킨다.

크기 조절 도구 : 오브젝트의 크기를 자유롭게 조절한다.

기울이기 도구 : 오브젝트를 왼쪽, 오른쪽 또는 다양한 각도로 기울일 수 있다.

모양 변경 도구 : 선택한 점을 기준으로 기존 형태에 많은 변화를 주지 않으면서 자연스럽게 변형한다.

자유 변형 도구 : 오브젝트의 전체 모양을 자유롭게 변형한다.

❽ 색상 적용 도구

라이브 페인트 통 도구 : 일러스트레이터에서 제공하는 색상 조합에 따라 오브젝트에 색상을 적용할 수 있다.

라이브 페인트 선택 도구 : 제공된 색상 조합 중에서 적용할 색상을 선택할 수 있다.

그라디언트 도구 : 오브젝트의 내부에 자연스럽게 여러 가지 색상이 섞여 있는 그레이디언트를 적용하며 그레이디언트의 방향, 거리 및 무늬를 조절할 수 있다.

망 도구 : 오브젝트에 그물과 같은 기준점을 배치하여 자연스러운 색상의 그레이디언트 효과를 적용한다.

스포이드 도구 : 오브젝트의 색상, 선 두께와 같은 속성들을 복제하여 다른 오브젝트에 손쉽게 적용한다.

블렌드 도구 : 오브젝트와 오브젝트 사이를 자연스럽게 연결하여 하나의 오브젝트를 생성한다. 오브젝트들의 사이에는 그레이디언트가 적용된다.

❾ 심볼 도구

심볼 분무기 도구 : 심볼을 원하는 위치에 원하는 만큼 분무기로 뿌린 듯이 흩뿌릴 수 있다.

심볼 이동기 도구 : 뿌려진 심볼들의 위치를 이동할 수 있다.

심볼 크기 조절기 도구 : 뿌려진 심볼들의 크기를 크게 또는 작게 조정할 수 있다.

심볼 회전기 도구 : 심볼들을 시계 방향 또는 반시계 방향으로 회전시킬 수 있다.

심볼 염색기 도구 : 심볼들의 색상을 다양하게 변경할 수 있다.

심볼 투명기 도구 : 심볼에 투명도를 적용할 수 있다.

❿ 작업 환경 조절 도구

손 도구 : 도큐먼트를 드래그하여 자유롭게 원하는 위치로 이동할 수 있다.

돋보기 도구 : 확대 또는 축소하여 작업 환경을 원활하게 하는 기능을 가지고 있다.

대지 도구 : 인쇄 또는 다른 형식의 파일로 저장할 경우 처리할 부분의 영역을 지정한다. 지정된 대지는 자유롭게 크기를 변경하거나 없앨 수 있다.

영역 분할 도구 : 작업한 오브젝트를 부분적으로 나눌 수 있다.

자세히 알아보기 색상 모드

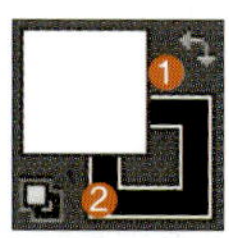

❶ 칠과 선 교체(Swap Fill and Stroke) [Shift]+[X]

❷ 색상 초기화(Default Fill and Stroke) [D]

색상(Color) : 칠과 선의 색상 모드를 활성화한다.

그라이디언트(Gradient) : 칠과 선의 그라디언트 모드를 활성화한다.

없음(None) : 칠과 선의 색상 및 그라디언트 투명 모드를 활성화한다.

자세히 알아보기 드로잉 모드

표준 그리기(Draw Normal) [Shift]+[D] : 새로 그려지는 오브젝트를 순서대로 삽입한다.

배경 그리기(Draw Behind) [Shift]+[D] : 새로 그려지는 오브젝트를 가장 아래로 배치하여 삽입한다.

내부 그리기(Draw Inside) [Shift]+[D] : 새로 그려지는 오브젝트를 기존 오브젝트의 영역 안에서 삽입한다.

자세히 알아보기 화면 모드

화면 모드 변경(Change Screen Mode) [F] : 표준 화면 모드, 메뉴 막대가 있는 전체 화면 모드, 전체 화면 모드로 변경한다.

자세히 알아보기 패널의 기본 구조

일러스트레이터 CC에서는 다양한 패널이 제공되며 각 패널마다 일러스트레이터 작업을 하는 데 있어서 매우 중요한 역할을 한다. 작업 공간을 위해 패널을 합치거나 분리 또는 최소화할 수 있으며 해당 패널 탭을 드래그하여 패널을 이동할 수 있고 원하는 곳에 분리시키거나 합칠 수 있다.

❶ **크기 조절 버튼** : 패널의 크기를 단계적으로 조절한다.

❷ **패널 탭** : 패널의 이름을 나타낸다.

❸ **최소화 버튼** : 패널을 최소 단위인 아이콘 크기로 줄이다.

❹ **팝업 버튼** : 해당 패널의 세부적인 명령이 있는 하위 메뉴가 펼쳐진다.

❺ **라이브러리 버튼** : 다양한 효과 및 일러스트 양식을 제공한다.

 보충수업 패널 자유롭게 배치하기

일러스트레이터 CC는 많은 종류의 패널들을 제공하고 있다. 사용자 편의를 위해 현 작업에 필요한 패널만을 표시하거나 축소하여 아이콘 형태로 나타낼 수 있고, 자유롭게 위치를 이동시킬 수도 있다.

❶ **패널 확장하기 / 아이콘으로 축소하기** : 패널 모음 우측 상단의 ▶▶ 버튼을 누르면 패널을 확장시킬 수 있고 ◀◀ 버튼을 누르면 아이콘으로 축소할 수 있다.

 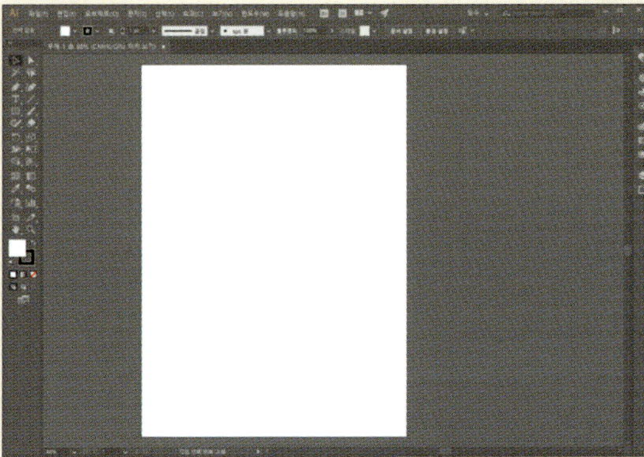

❷ **패널 이동** : 패널의 상단부분을 클릭하고 드래그하면 원하는 위치로 이동시킬 수 있다.

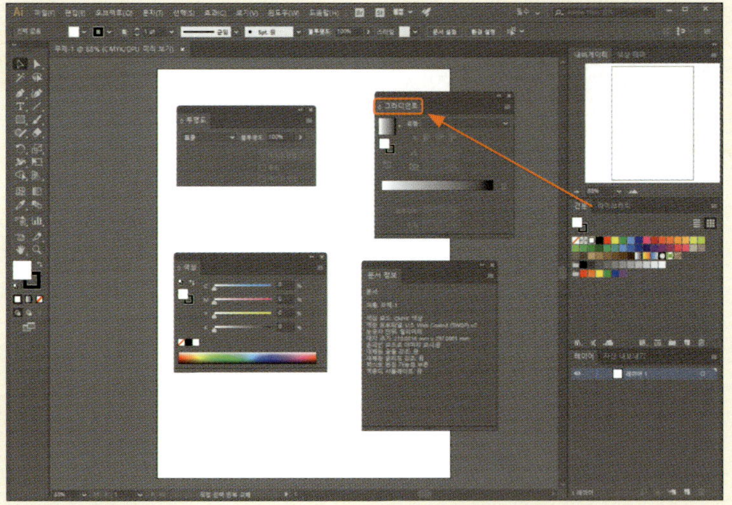

[내비게이터] 패널

[내비게이터] 패널에 있는 빨간색 사각형을 마우스로 드래그하여 움직이면 현재 보이는 작업 영역을 이동시킬 수 있다. 또한 하단의 슬라이더를 사용하여 작업 영역을 확대 또는 축소해서 볼 수 있다.

[문서 정보] 패널

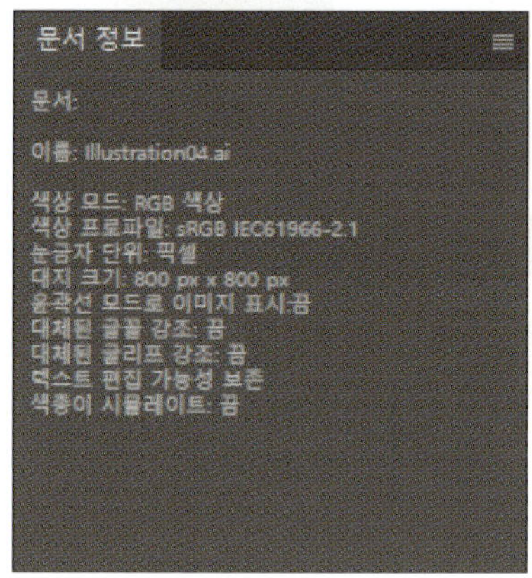

현재 작업 중인 문서의 이름, 경로, 색상 및 크기 등과 같은 정보가 나타납니다.

[모양] 패널

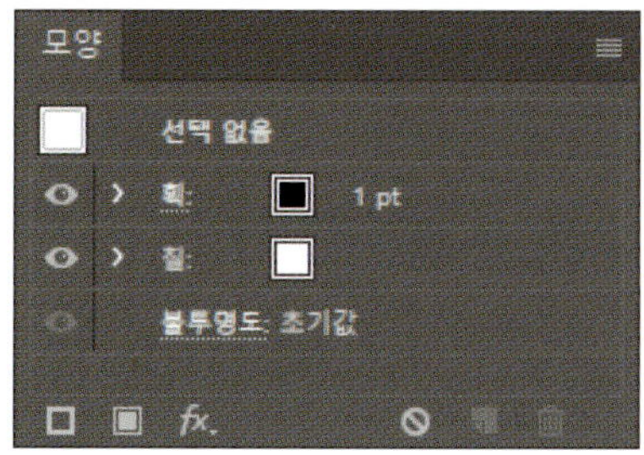

오브젝트를 이루는 면과 선에 대한 정보가 나타나며 [모양] 패널에서 색상 변경 및 여러 가지 속성 작업을 할 수 있다.

[정보] 패널

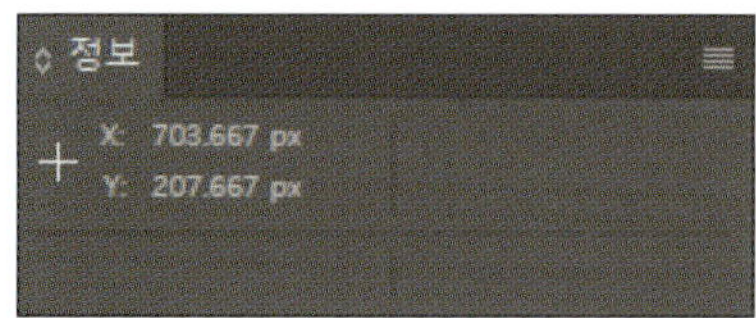

선택한 오브젝트의 위치나 크기, 면과 선에 대한 정보 또는 마우스의 현재 위치의 좌표 값을 보여준다.

[획] 패널

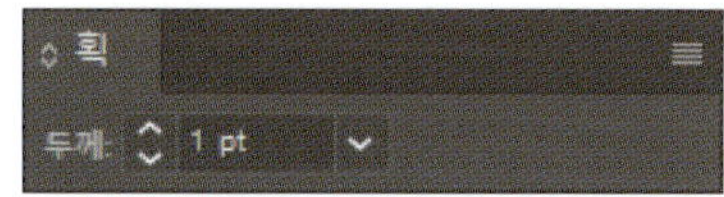

선택한 오브젝트의 선 굵기를 조절한다.

[색상] 패널

오브젝트에 색상을 적용할 때 사용하며 회색 음영, RGB, CMYK, HSB 외에 반전, 보색 등 다양한 색상 모드를 제공한다.

[색상 안내] 패널

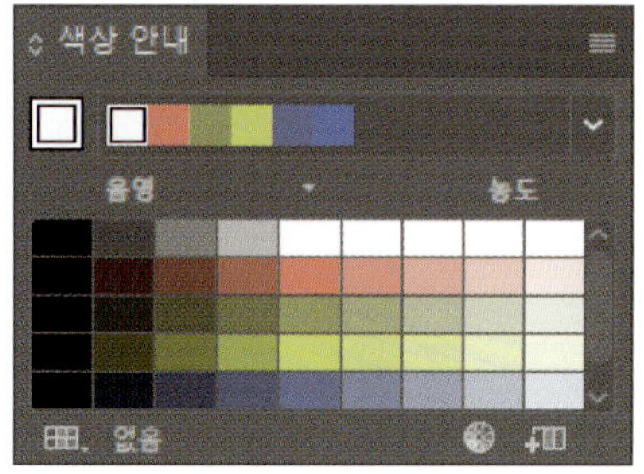

하나의 색상을 기준으로 서로 어울리는 색상들을 여러 개의 배색 띠와 단계별 색상으로 나타낸다.
[색상 안내] 패널에서 색상을 지정하면 지정된 색상과 어울리는 여러 가지 색을 자동으로 보여준다. 색상 라이브러리를 이용하면 더욱 다양한 어울림 색상을 지정할 수 있다.

[견본] 패널

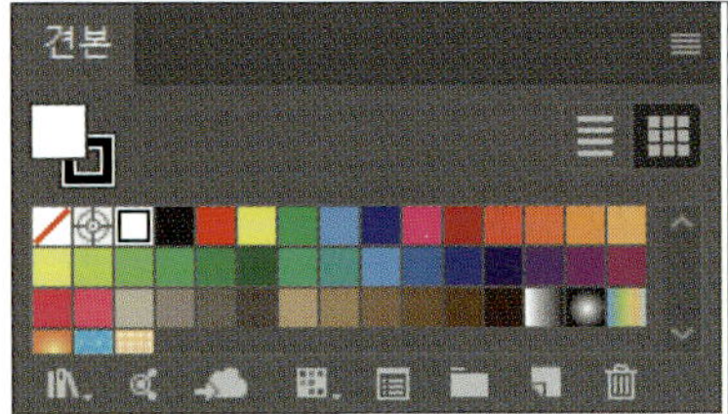

일러스트레이터가 기본적으로 다양한 원색, 그레이디언트, 무늬 등을 제공하며 사용자가 자주 사용하는 색상들을 패널에 저장하여 사용할 수도 있다. 견본 라이브러리를 이용하면 테마에 따라 더 많은 무늬와 색상들을 사용할 수 있다.

[그라디언트] 패널

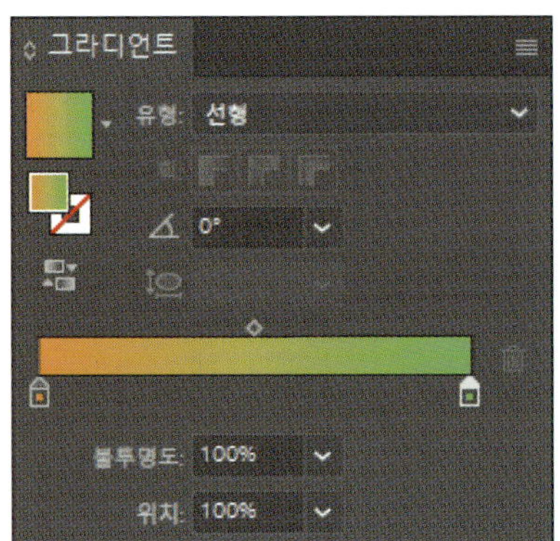

여러 개의 색상 사이를 부드럽게 연결하는 색상 배열을 만들어 오브젝트에 적용할 수 있다. 또는 그레이디언트가 적용된 오브젝트의 그레이디언트 속성을 변경할 수 있다.

[그래픽 스타일] 패널

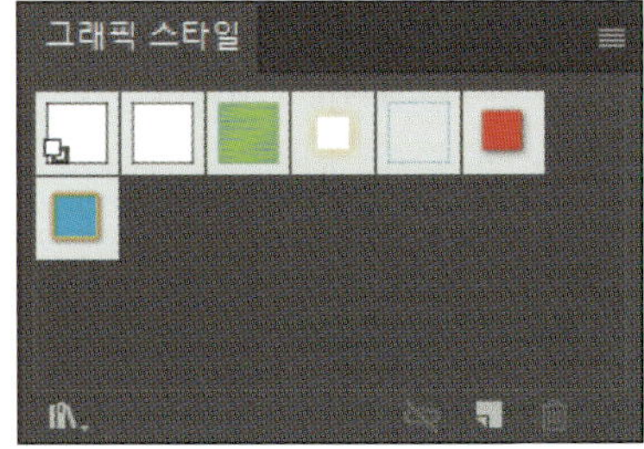

기본, 투명 외에 다양한 그래픽 무늬, 입체적인 효과 견

본들을 제공하며 이를 이용하여 쉽고 빠르게 다양한 효과를 오브젝트에 적용할 수 있다. 그래픽 스타일 라이브러리를 이용하면 더 많은 효과를 지원받을 수 있다.

[투명도] 패널

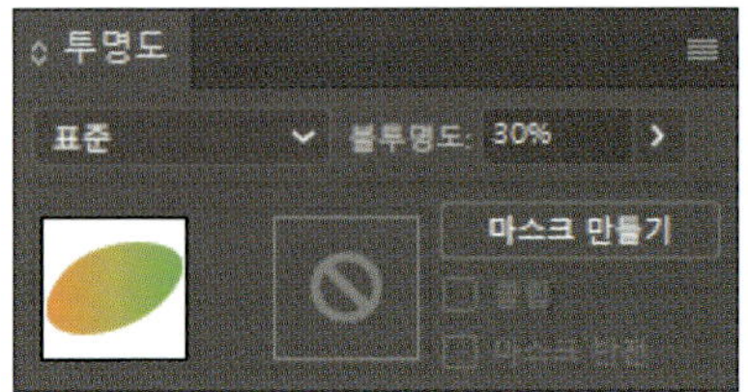

오브젝트에 투명도나 마스크 기능을 적용한다.

[심볼] 패널

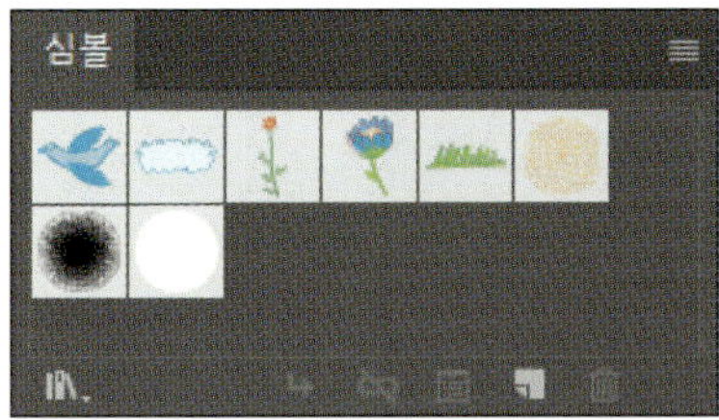

심볼 분무기 도구로 화면에 흩뿌리는 이미지 심볼을 지정한다. 심볼 라이브러리를 이용하여 매우 다양한 심볼을 생성할 수 있다.

[자동 선택] 패널

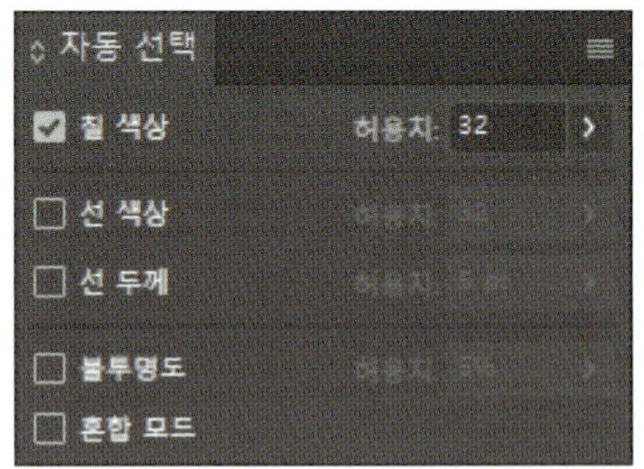

오브젝트의 색상, 선 두께와 같은 속성을 기준으로 유사한 오브젝트를 한 번에 선택할 수 있게 하는 자동 선택 도구에 대한 옵션을 설정할 수 있다. 허용치를 이용하여 선택할 속성의 기준을 조절할 수 있다.

[브러시] 패널

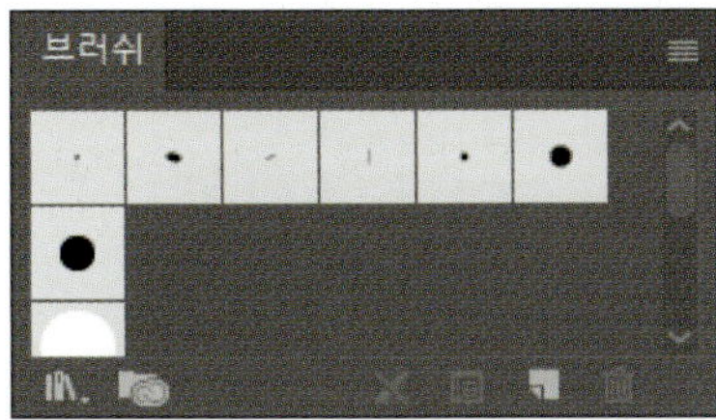

페인트 브러시 도구를 사용할 때 그려지는 다양한 형태의 붓 모양을 제공하며 브러시의 속성을 지정할 수 있다. 브러시 라이브러리에서 더 많은 붓의 모양을 이용할 수 있다.

[액션] 패널

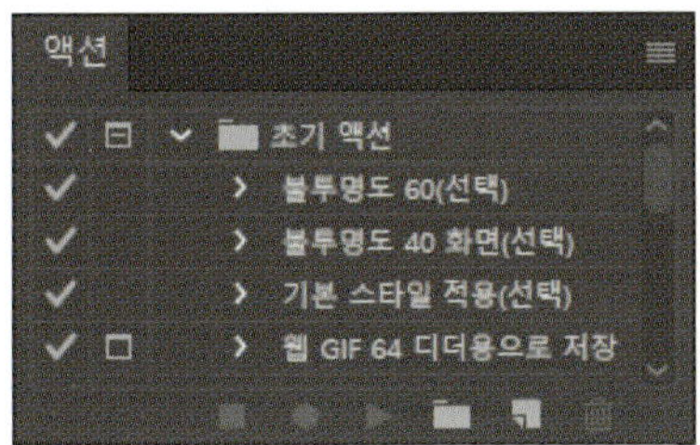

문서 편집 프로그램에서 제공하는 매크로 기능과 같이 작업 과정을 기록하여 단 한 번의 명령으로 반복 작업을 할 수 있게 한다. 같은 작업을 여러 번 반복할 때 편리하며 기록된 데이터를 저장해 두면 계속해서 사용할 수 있다.

[속성] 패널

선택한 오브젝트의 속성을 설정하는 패널로 이러한 속성을 이용하여 중복 인쇄, 오브젝트의 중심점 숨김, 이미지 맵, 그리고 출력 장치 해상도 설정 등의 작업이 가능하다.

[레이어] 패널

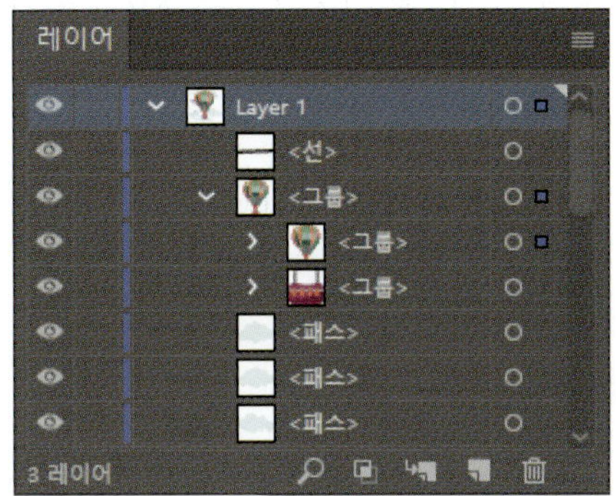

여러 오브젝트가 하나의 작업 영역에 있으면 그룹 기능만으로는 분류하기가 어렵다. 이때 레이어를 사용하면 좀 더 편리하게 관리할 수 있으며, [레이어] 패널에는 레이어의 목록, 이름, 숨김, 잠금 등의 옵션을 설정할 수 있다. 각 레이어 아이콘에는 해당 레이어의 오브젝트가 표시되기 때문에 쉽게 레이어들을 관리할 수 있다.

[대지] 패널

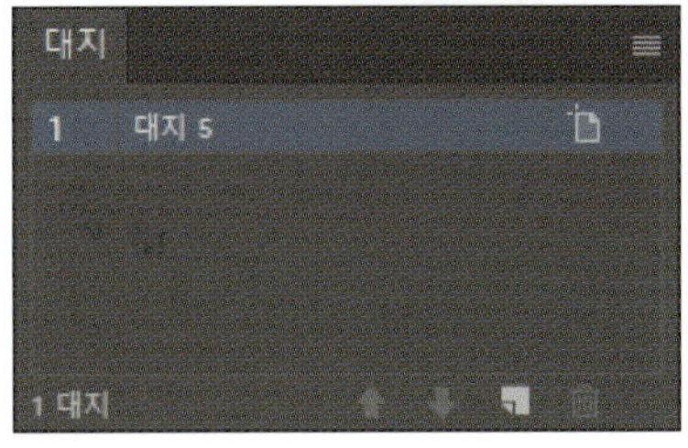

하나의 파일에 여러 대지를 만들 수 있고, [대지] 패널에서 각 대지의 목록과 이름, 색상 등의 옵션을 지정할 수 있다. 또 각 대지별로 인쇄 설정이 가능하기 때문에 특정 부분만 인쇄할 수 있다.

[연결] 패널

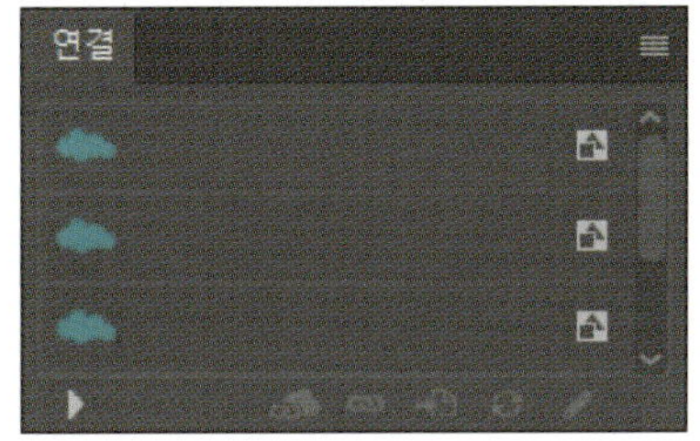

[파일]-[가져오기] 메뉴로 작업 영역에서 불러온 비트

맵 이미지를 관리한다. 불러온 이미지를 타 프로그램에서 수정하면 수정된 이미지를 갱신하거나 새로운 이미지를 바꿀 수 있다.

[정렬] 패널

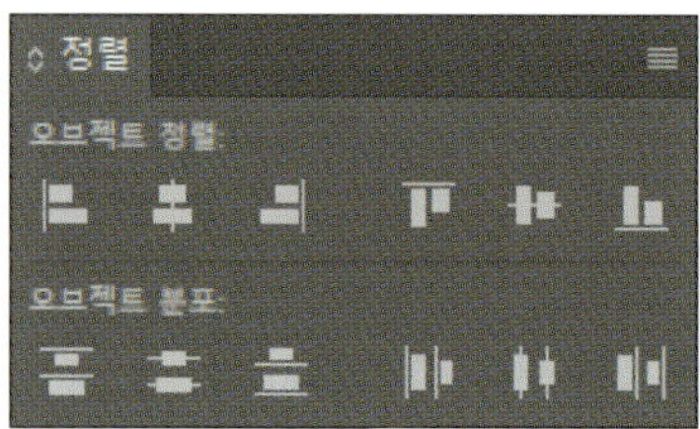

선택한 오브젝트들을 특정 위치에 정렬하거나 일정한 간격을 두고 정렬할 때 사용한다.

[패스파인더] 패널

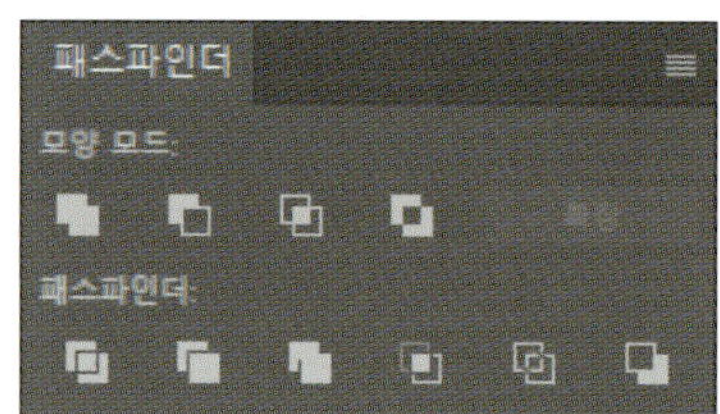

두 개 이상의 오브젝트가 겹쳐진 부분을 합치거나 나눈 다음 혼합시켜 새로운 형태를 만들 수 있다.

[변형] 패널

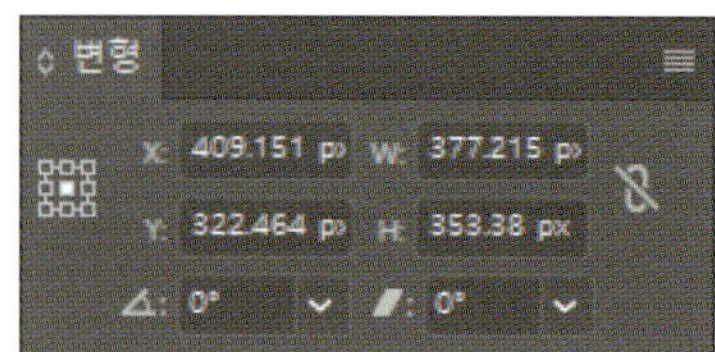

선택한 오브젝트의 위치, 크기, 각도, 기울기에 대한 수치 값을 조절하여 좀 더 세밀하게 변형할 수 있다.

[탭] 패널

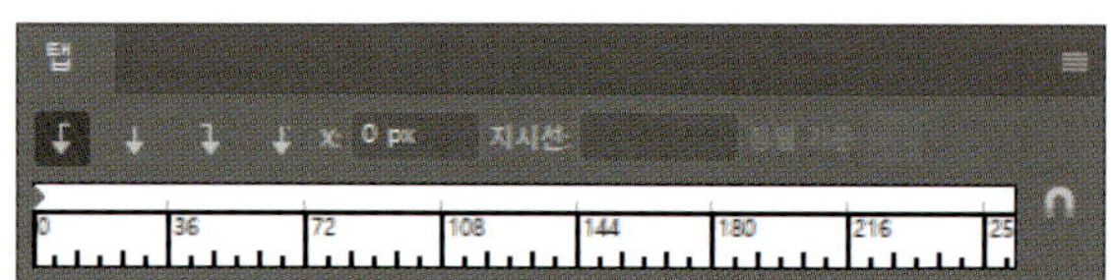

워드프로세서에도 있는 기능으로 도표나 서식 작업을 할 때 많이 사용된다. 글머리, 대시, 마침표, 기타 문자에 탭 지시선 모양을 사용자 정의로 지정할 수 있다.

[단락] 패널

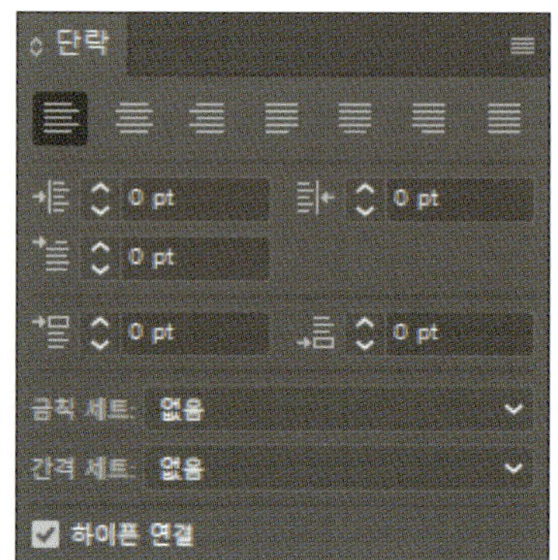

단락의 속성을 지정하고 정렬, 들여쓰기, 금칙 문자 설정 또는 간격 조절 등을 할 수 있다.

[단락 스타일] 패널

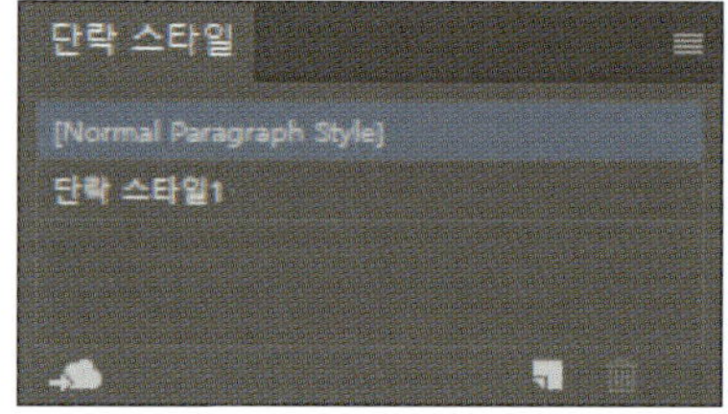

단락 속성 등을 설정한 후 하나의 스타일로 저장하여 원하는 문장에 쉽고 빠르게 저장된 단락 속성을 적용할 수 있다.

[문자] 패널

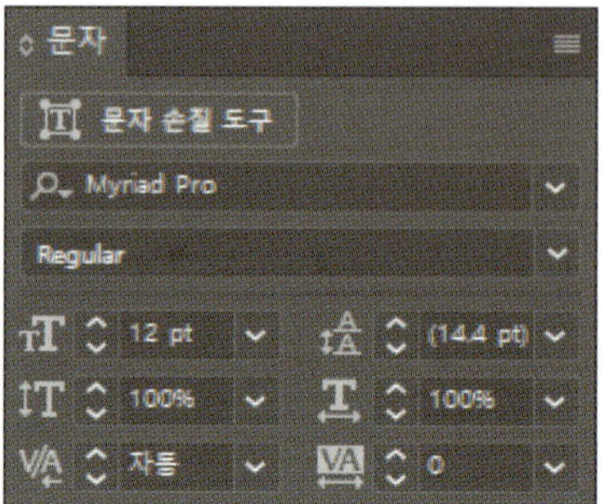

서체의 크기, 행간, 자간, 문자 폭, 문자 높이, 기준선 이동 등 문자에 관한 여러 가지 속성을 조절할 수 있는

옵션을 모아놓은 패널이다. 문자를 섬세하게 조절하여 아름답고 세련된 타이포그래피를 만들 수 있다.

[문자 스타일] 패널

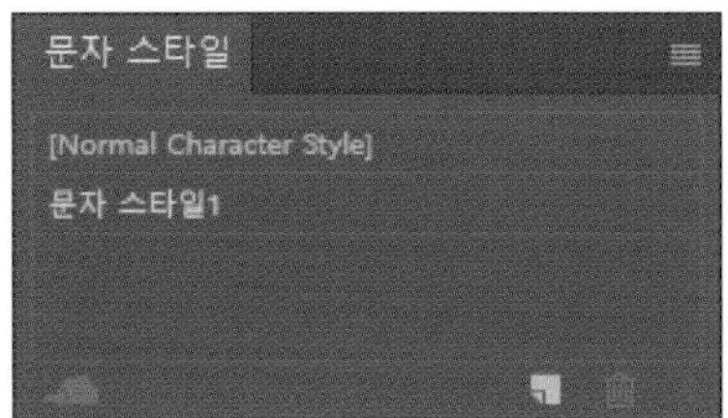

[문자 스타일] 패널에서 서체의 크기, 행간, 자간, 문자 폭, 기준선 이동 등 문자에 관한 여러 가지 속성을 조절한 후 해당 속성들을 하나의 문자 스타일로 저장할 수 있다. 저장된 문자 스타일은 다른 문자에 같은 속성들을 빠르게 적용할 수 있다.

[SVG 상호 작용] 패널

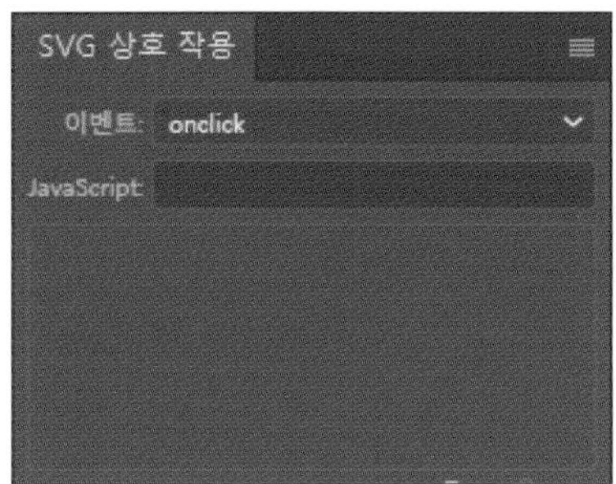

일러스트레이터에서 Javascript와의 연동을 위한 패널이다. 특정 오브젝트를 선택했을 때 또는 마우스를 이동한 경우 이벤트를 발생시킬 수 있다.

[OpenType] 패널

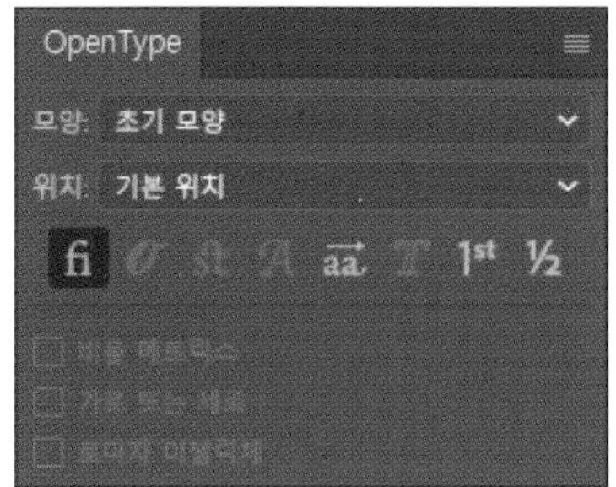

다양한 서체와 언어로 된 문자세트를 열어 작업할 수 있

도록 도와준다. 다중 플랫폼 글꼴 관리를 단순화시켜 대체 글리프와 100개 이상의 OpenType 글꼴이 포함된 확장 문자 세트의 이점을 최대한 사용할 수 있다. 특수한 기호 또는 함수를 입력할 때에도 유용하다.

[변수] 패널

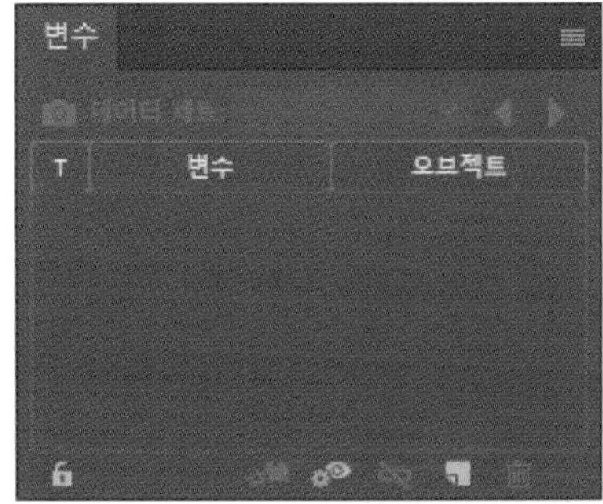

변수를 이용해서 템플릿을 제작할 때 사용한다. 문자를 포함한 모든 오브젝트들은 각자의 아이디와 같은 변수를 가지며 이는 자바 스크립트에서도 사용 가능하다.

[글리프] 패널

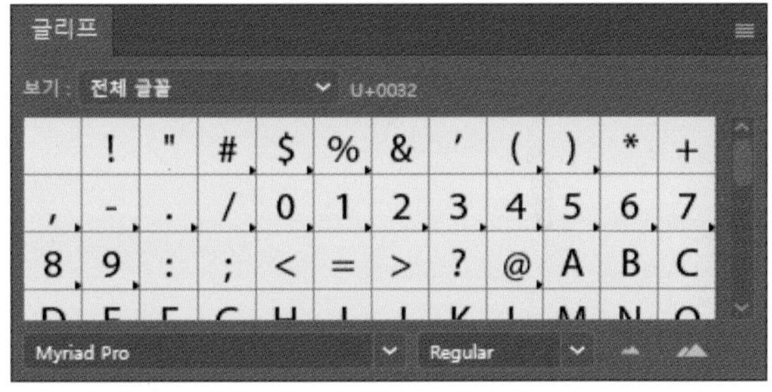

특수 문자나, 영문, 기타 문자를 입력할 때 사용한다. 서체도 선택할 수 있어 작업 중인 폰트에 맞는 문자를 입력할 수 있다.

[패턴 옵션] 패널

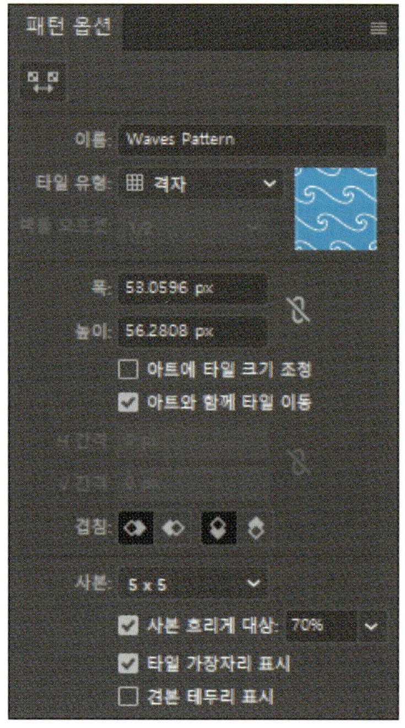

패턴의 옵션을 설정하고 설정된 옵션을 저장할 수 있다. 패턴의 정렬 방법, 크기, 간격 등 다양한 속성을 조절할 수 있다. 우측의 패턴 미리 보기를 더블 클릭하면 설정이 활성화된다. 타일 유형에서 패턴의 연결 유형을 바꾸거나 패턴 사이 여백의 폭과 높이 간격, 겹침, 사본의 수 등을 세부적으로 바꿀 수 있다.

보충수업 다양한 패널 확인하기

일러스트레이터 CC에서는 다양한 패널들을 제공한다. 기본적으로 표시되는 대표 패널 외에 또는 숨겨져 있는 패널들은 [윈도우]메뉴에서 확인할 수 있다.

 **일러스트레이터 CC 무료 시험버전 다운받기**

Adobe 사의 일러스트레이터 CC는 계정 가입 후 다운로드 및 설치할 수 있으며 계정별로 이용기간만큼의 비용을 지불하여 사용할 수 있다. 비용 지불 전 30일간 무료 시험버전을 이용할 수도 있다.

일러스트레이터 CC는 많은 종류의 패널들을 제공하고 있다. 사용자 편의를 위해 현 작업에 필요한 패널만을 표시하거나 축소하여 아이콘 형태로 나타낼 수 있고, 자유롭게 위치를 이동시킬 수도 있다.

❶ Adobe 홈페이지 접속 후 홈페이지 메인 화면에서 [개인 사용자] 버튼을 클릭한다.

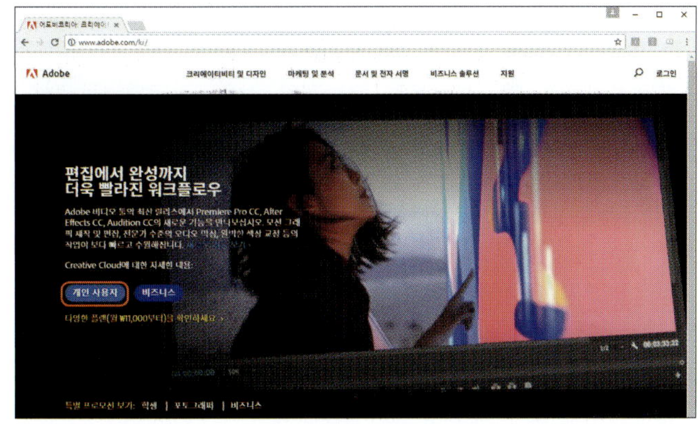

❷ 상단 메뉴에서 [무료 시험버전]을 클릭한다.

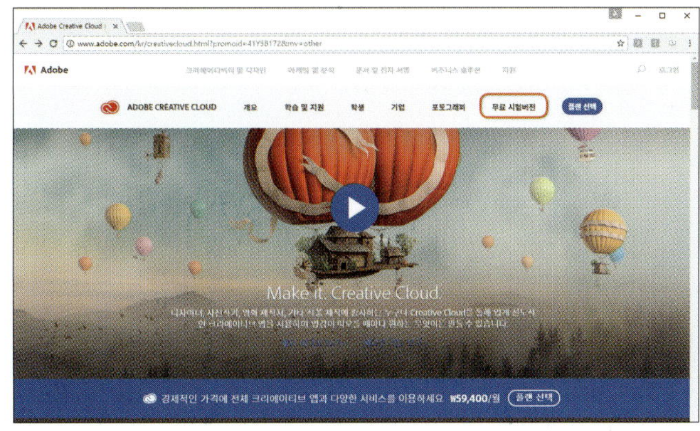

❸ 나타나는 프로그램들 중에서 [Illustrator]-[시험버전 다운로드]를 클릭한다.

❹ Adobe 계정이 있다면 로그인, 없다면 Adobe ID 등록 버튼을 눌러 계정을 생성한 후 로그인하면 자동 다운로드 및 설치가 시작된다.

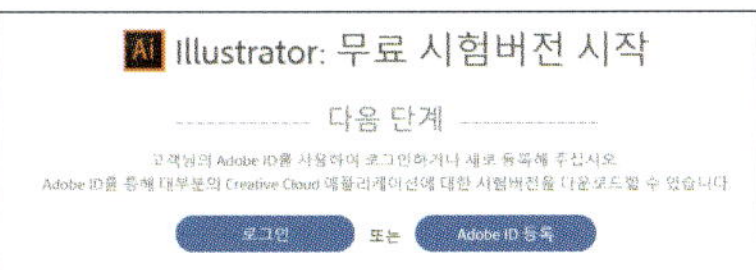

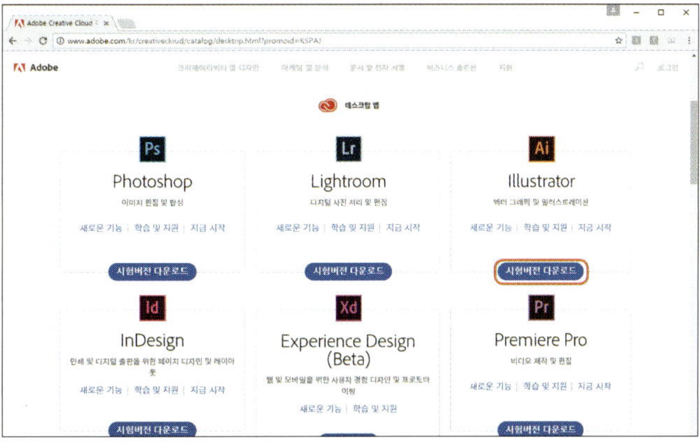

ILLUSTRATOR CC

중요한 것은 미학이다.
매혹적인 물건은 효용이 더욱 크다.
_ 돈 오먼 _

Part **02**

일러스트레이터 CC 마스터하기

앞서 소개한 도구와 패널 외에도 일러스트레이터CC는 다양한 기능,
자동화 기능들을 제공한다. 하지만 아무리 많은 기능을 제공하더라도
이를 효율적으로 사용하지 못한다면 만족스러운 창작 활동을 할 수 없다.
하나씩 차근차근 기본기를 익히고 반복하여 능숙하게
사용할 수 있도록 노력하는 것이 중요하다.

일러스트레이터 CC 시작하기

이 섹션에서는 도구와 패널들을 사용하여 오브젝트를 만들기에 앞서 가장 먼저 해야 할 새 문서와 아트보트를 만들어본다. 그리고 일러스트레이터에서 제공하는 다양한 템플릿을 이용하여 문서를 만들어본다.

Zoom In
알찬 예제로 배우는
**일러스트레이터
기본기**

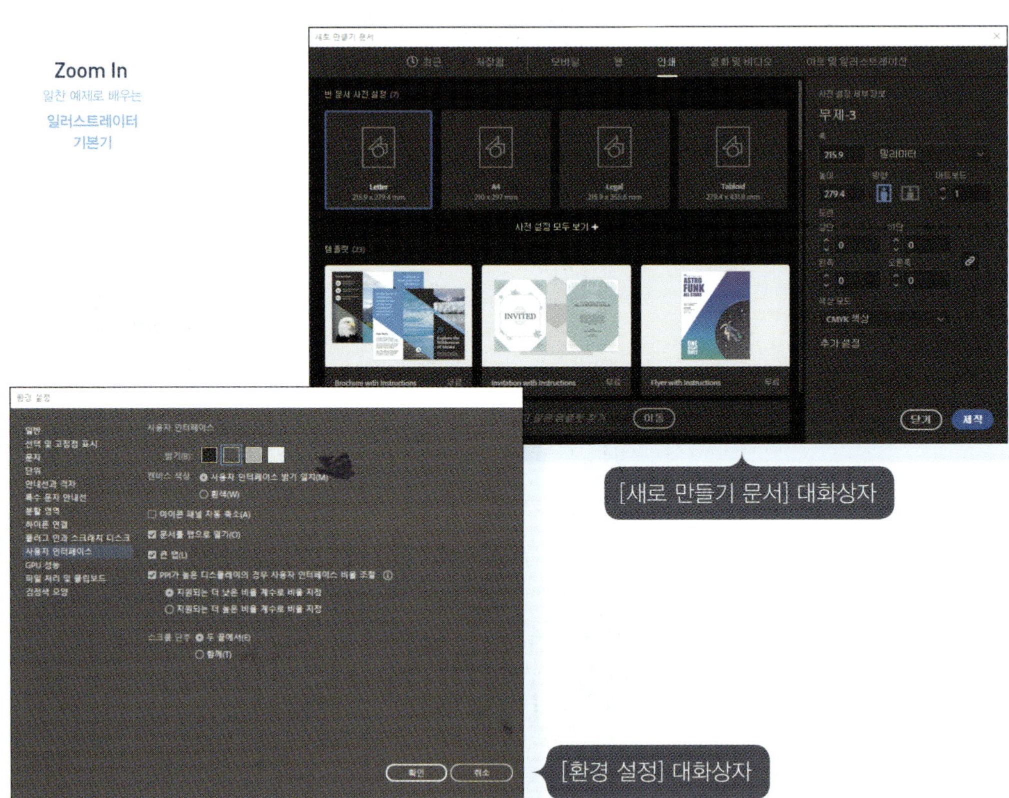

[새로 만들기 문서] 대화상자

[환경 설정] 대화상자

Keypoint Tool

_ **아트보드** 하나의 문서에 여러개의 아트보드를 생성할 수 있다.

_ **템플릿** 일러스트레이터 CC에서 제공하는 다양한 템플릿을 이용하여 쉽고 간편하게 작업할 수 있다.

_ **새문서 만들기** 용도에 따른 다양한 사이즈의 문서를 생성할 수 있다.

_ **저장하기** 일러스트 파일 외에도 웹용, 모바일 기기용 등 다양한 형태의 파일로 저장할 수 있다.

Knowhow

_ **단축키의 활용** 문서 생성부터 다양한 기능들을 단축키로 실행하면 작업시간을 줄일 수 있다.

_ **작업 환경 설정** 내가 원하는 작업 환경을 설정하여 저장하고 이용할 수 있다.

직접 해보기 새문서와 아트보드 만들기

일러스트레이터에서 작업하기 전 가장 먼저 새 문서를 만들어 본다. 새 문서는 원하는 이름과 크기, 배경 화면 색 등을 결정할 수 있다. 또 아트보드는 문서에서 실질적인 작업 영역을 말하며 이를 관리하는 방법을 알아본다.

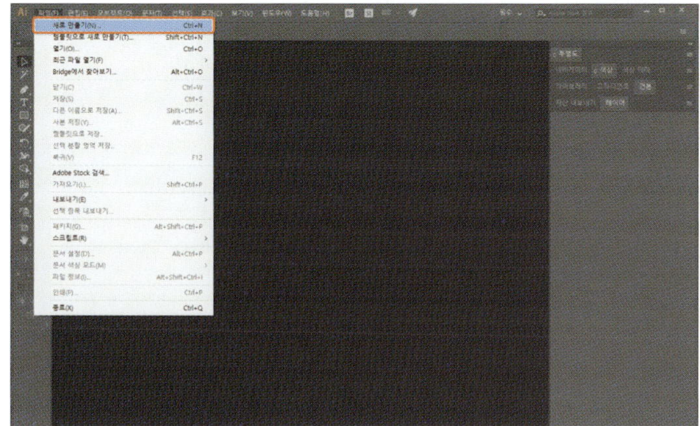

01 [파일]-[새로 만들기]를 실행한다.

강의노트 🖉

단축키를 사용해 새로 만들기를 하려면 Ctrl +N을 누른다.

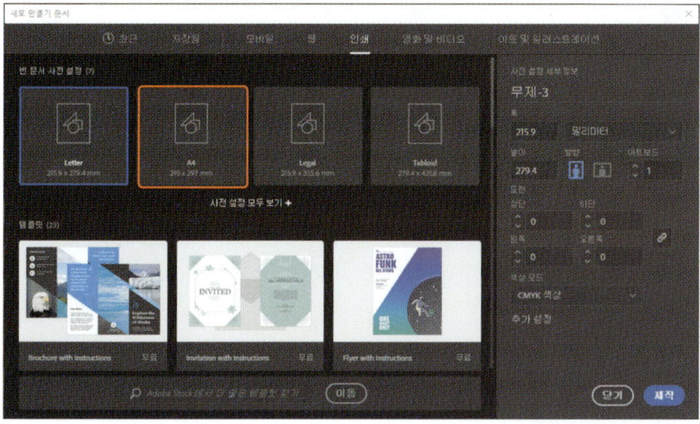

02 [새로 만들기 문서] 대화상자에서 옵션을 설정하여 새로운 문서를 만든다. 용도에 따라 색상 모드와 아트보드 크기 등을 설정한다. 상단 탭에서 [인쇄] 항목을 선택하고 A4 사이즈를 선택한 후 [제작] 버튼을 클릭한다.

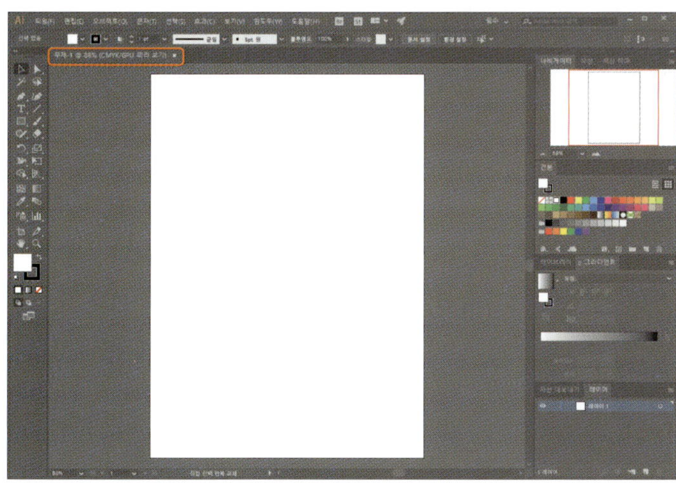

03 만들어진 새 문서의 좌측 상단에 "무제-1"라는 파일 이름과 함께 확대 배율, 색상 모드 등이 표시된다.

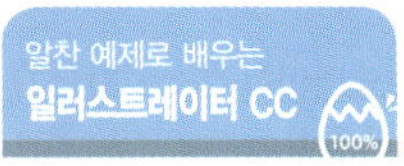

보충수업 [새로 만들기] 대화상자

❶ **빈 문서 사전 설정 :** 일러스트레이터 CC에서 제공하는 기본 도큐먼트의 크기를 분류별로 제공한다. 모바일, 웹, 인쇄, 영화 및 비디오 등 특정 기기에 적합한 도큐먼트 크기를 제공한다.

❷ **템플릿 :** 일러스트레이터 CC에서 제공하는 다양한 템플릿을 이용하여 빠른 작업을 할 수 있다.

❸ **사전 설정 세부 정보 :** 일러스트레이터에서 제공하는 문서 형식을 선택한 후 세부 설정 또는 원하는 설정으로 변경하여 문서를 시작할 수 있다.

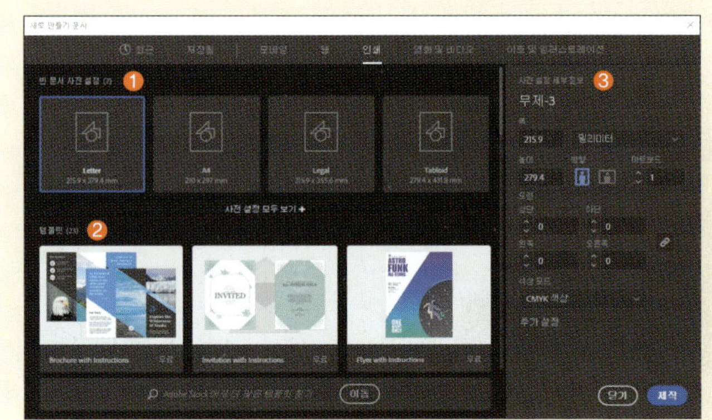

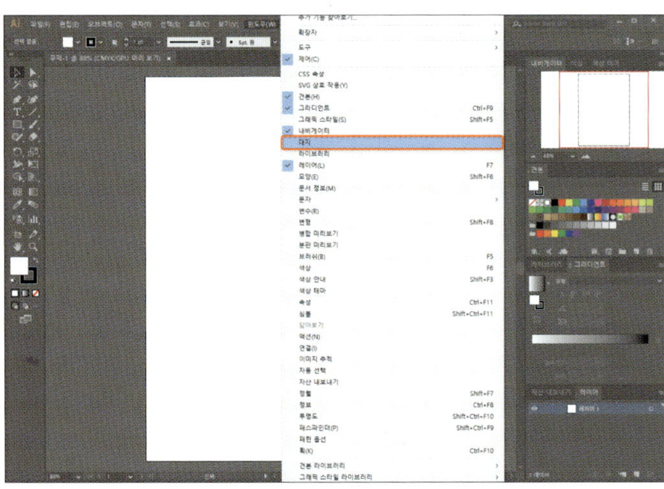

04 이번에는 [윈도우]-[대지]를 실행하여 대지(구.아트보드)를 관리하는 패널을 표시한다.

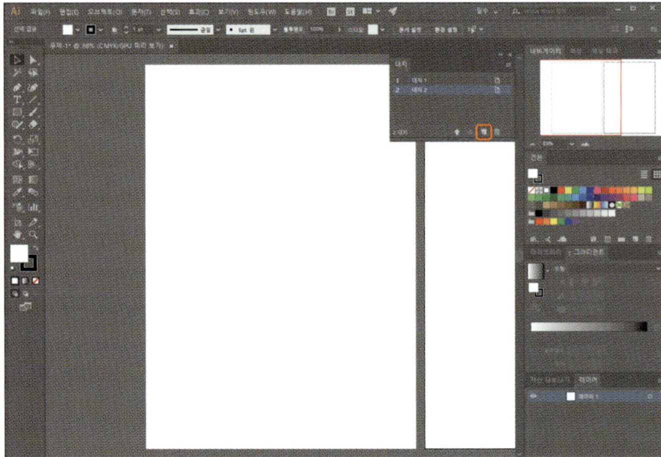

05 [대지] 패널 우측 하단의 새 대지 버튼(　)을 눌러 해당 문서의 두 번째 아트보드를 생성한다.

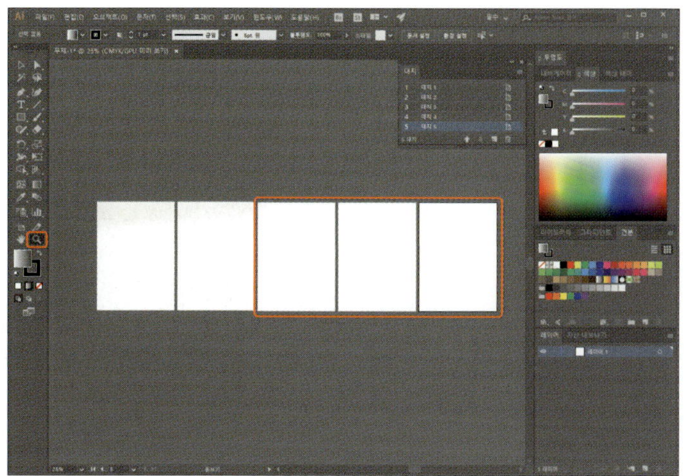

06 새 대지 버튼(￭)을 3번 더 눌러 총 5개의 아트보드를 생성한 후 한 화면에 다 볼 수 있도록 왼쪽 도구 모음에서 돋보기 도구(🔍)를 선택하고 아트보드 위에서 Alt 키와 함께 2~3번 클릭한다. 화면이 축소되어 생성한 아트보드들이 한 화면에 다 보여진다.

강의노트 🖋

아트보드 도구를 선택하면 외곽에 8개의 조절점이 생성된다. 조절점을 드래그하여 아트보드의 크기를 조절할 수 있다.

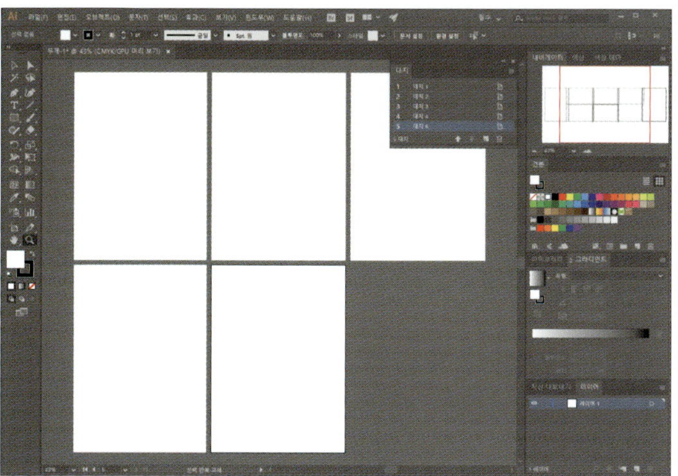

07 [대지] 패널에서 우측 상단의 팝업 버튼(￭)을 누른 후 [대지 재정돈]를 실행한다. [대지 재정돈] 대화상자에서 레이아웃 항목의 첫 번째를 선택하고 열 항목에 3을 입력한 후 [확인] 버튼을 클릭해 아트보드 정렬 방식을 설정한다.

08 아트보드들이 행 3, 열 2 형식으로 정렬된다.

강의노트 🖋

아트보드 편집 상태에서 Enter 를 누르면 아트보드 옵션 대화상자가 열린다. 변경된 아트보드의 정보와 표시 항목을 설정할 수 있으며 항목 값을 조정하여 변경된 내용을 적용할 수 있다.

직접 해보기 파일 저장하기, 불러오기, 내보내기

이번에는 만든 새 문서를 저장하고 또는 만들어져 있는 문서를 불러오는 방법을 알아본다. 일러스트레이터에서는 Ai 파일 뿐만 아니라 PDF, PSD, PNG, JPG, GIF 파일 등 다양한 포맷의 파일을 불러오고 Ai 파일과 합성할 수 있다.

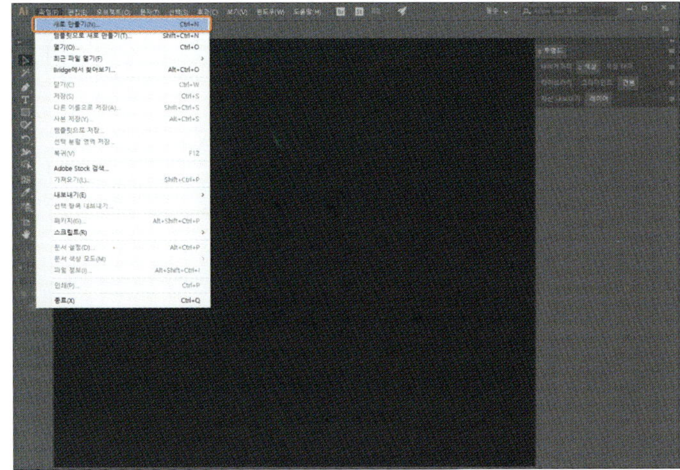

01 앞에서 만든 문서 또는 [파일]-[새로 만들기]를 실행하여 새 문서를 만든다.

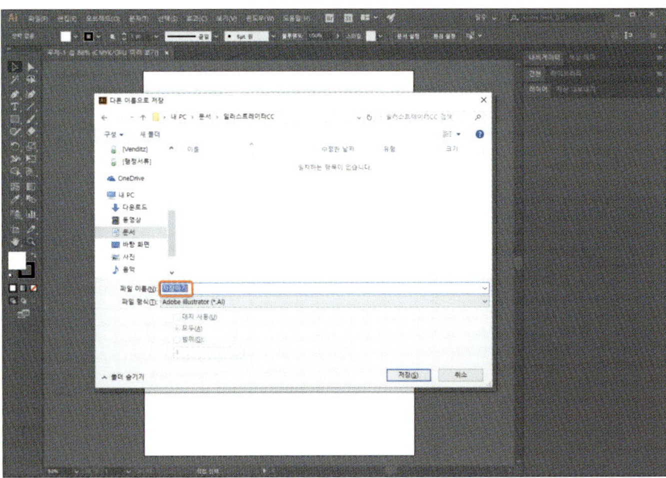

02 [파일]-[저장]을 실행 또는 단축키 Ctrl + S를 눌러 [다른 이름으로 저장] 대화상자를 표시한다. 파일을 저장하고자 하는 위치를 선택하고 파일이름을 "저장하기"로 입력한 후 우측 하단의 [저장] 버튼을 클릭한다.

03 화면과 같이 저장한 위치에 "저장하기.ai" 파일이 생성된 것을 확인할 수 있다.

보충수업 [대지 옵션] 패널

[대지] 패널에는 대지들의 목록이 나타나며, 대지를 생성하거나 복사, 삭제하는 기능이 있으며, 패널 오른쪽 상단에 있는 팝업 버튼( )을 클릭하면 대지를 생성, 복사, 삭제할 수 있으며 특정 대지의 이름 및 크기 등의 옵션을 설정할 수 있다.

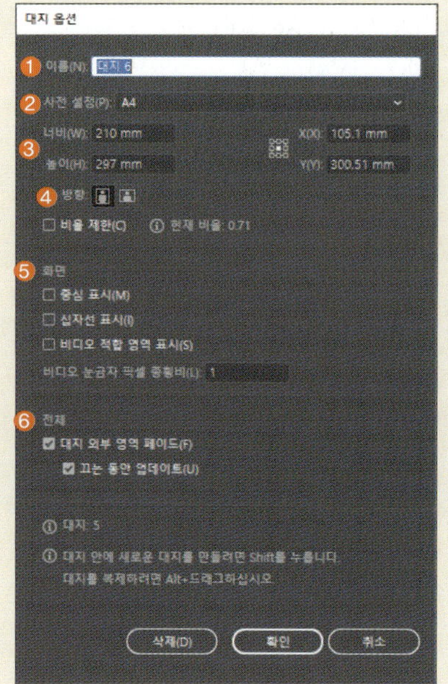

❶ **이름** : 대지의 이름을 설정한다.

❷ **사전 설정** : 대지의 크기를 종이 규격별로 제공한다.

❸ **너비/높이** : 대지의 가로, 세로의 크기를 지정한다.

❹ **방향** : 대지의 방향을 세로 또는 가로로 지정한다.

❺ **화면** : 대지의 중심과 십자선을 표시할 수 있다. 그리고 비디오 적합 영역 표시를 설정하여 인쇄 또는 다른 미디어에서 사용될 때 이미지가 잘려나가지 않도록 여백 라인(비디오 적합 영역 표시)을 표시해 준다.

❻ **전체** : 대지 외의 영역을 다른 색으로 표시하여 대지와 그 외의 영역이 잘 구별되도록 한다.

보충수업 [파일]-[저장 메뉴] 알아보기

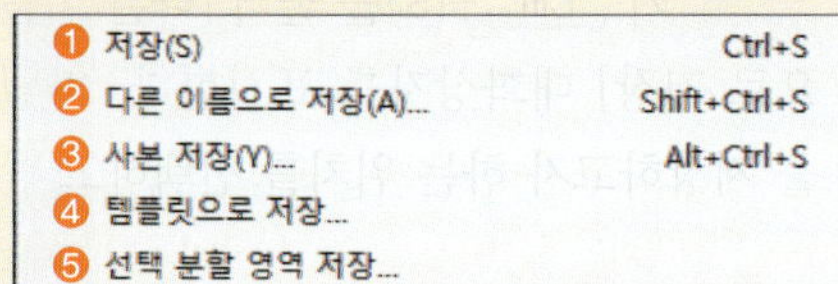

❶ **저장** : 작업 중인 파일을 저장한다.

❷ **다른 이름으로 저장** : 작업 중인 파일을 새로운 이름으로 저장한다.

❸ **사본 저장** : 작업 중인 파일의 복사본을 저장한다. 파일 이름에 '사본'이 붙으며 저장 명령과 같다.

❹ **템플릿으로 저장** : 작업 중인 파일을 템플릿으로 저장한다.

❺ **선택 분할 영역 저장** : 선택된 분할 이미지를 저장한다.

❻ **[내보내기]-[웹용으로 저장]** : 웹페이지용 이미지로 저장한다.

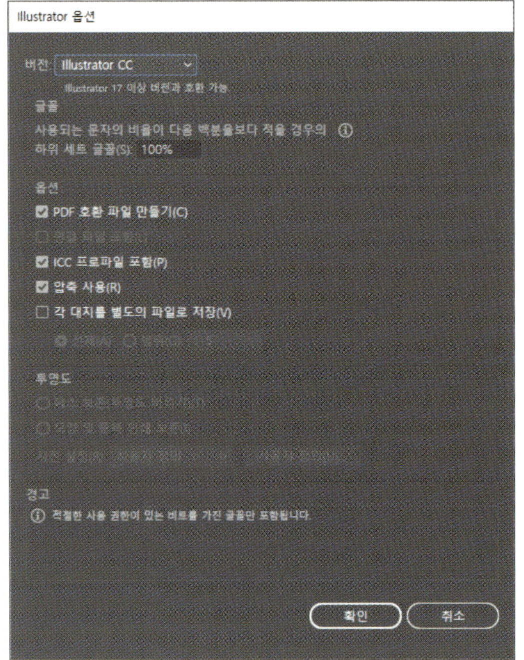

03 [Illustrator 옵션] 대화상자에서 버전 항목이 Illustrator CC임을 확인하고 하단의 [확인] 버튼을 클릭해 저장을 완료한다.

강의노트

일러스트레이터는 최신 버전인 CC이전에 CS~CS6, 3~10 버전 등등 이전에 출시된 다양한 버전이 있다. 또 같은 CC 버전 내에서도 업그레이가 자주 있기 때문에 숫자로 구분된 다양한 버전들이 존재한다. 상위 버전에서 저장한 파일이 하위 버전의 일러스트레이터 프로그램에서 열리지 않거나 작업할 수 없을 수 있다.

보충수업 저장 파일 형식

[저장] 대화상자에서는 일러스트 파일의 저장 파일 형식을 지정할 수 있다.

❶ **FXG** : Adobe Flex®에서 사용하도록 구성된 그래픽 파일 포맷으로 Adobe Flash Builder/Adobe Flash Catalyst와 같은 응용 프로그램에서 FXG 파일을 사용하면 더욱 풍부한 인터넷 응용 프로그램과 작업을 개발할 수 있다.

❷ **PDF** : PDF(Portable Document Format)는 문서 파일로써 거의 모든 운영체제에서 읽거나 인쇄할 수 있으며 원본 문서의 글꼴, 이미지, 그래픽, 문서 형태 등이 그대로 유지 및 보안성이 높다.

❸ **EPS** : 이미지나 문자 레이아웃 데이터를 다른 응용 프로그램에 입력하기 위해 캡슐화한 포스트스크립트 파일이다. 축소 및 확대 출력에도 매끄러운 곡선을 인쇄한다.

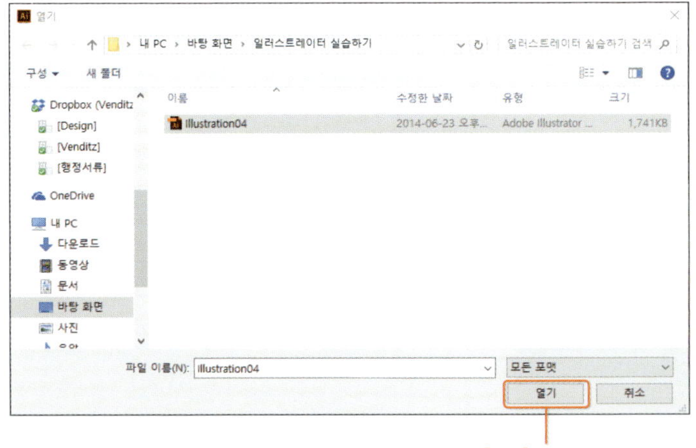

04 저장한 파일을 불러오기 위해 [파일]−[열기]을 실행한 후 [열기] 대화상자에서 이전에 저장한 파일 위치를 찾아 해당 파일을 선택한 후 하단의 [열기] 버튼을 클릭한다.

강의노트

일러스트레이터를 실행한 후 [열기] 메뉴를 실행하는 방법 외에도, 파일이 저장된 위치에서 해당 파일 아이콘을 더블클릭하면 자동으로 일러스트레이터가 실행되면서 파일이 열린다.

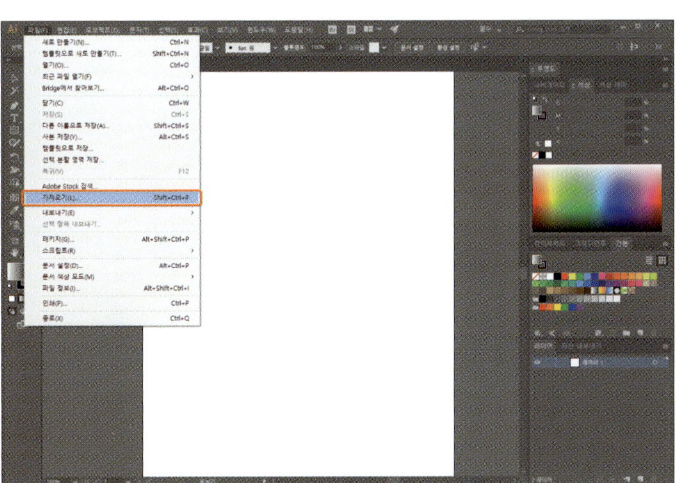

05 이번에는 현재 문서에 다른 이미지를 불러와 합치기 위해 [파일]−[가져오기] (단축키 Ctrl + shift + P)를 실행한다. [가져오기] 대화상자에서 예제 part02−01.ai 파일을 선택한 후 하단의 가져오기 버튼을 클릭한다.

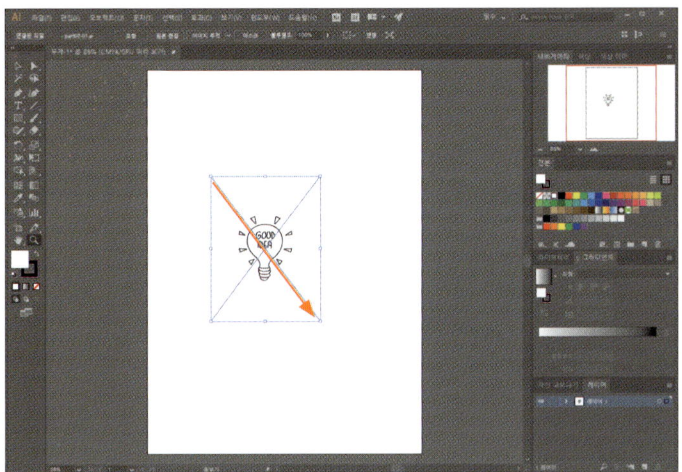

06 아트보드의 빈 공간에 마우스를 클릭한 후 드래그하여 붙여넣기 할 이미지의 크기를 설정한다.

직접 해보기 템플릿 이용하여 문서 만들기

어도비 일러스트레이터는 다양한 형태의 템플릿을 제공하고 있다. 일러스트레이터 CC에서는 다른 버전에서 제공하는 템플릿 외에도 활용하기 쉽도록 비어있는 템플릿을 제공한다.

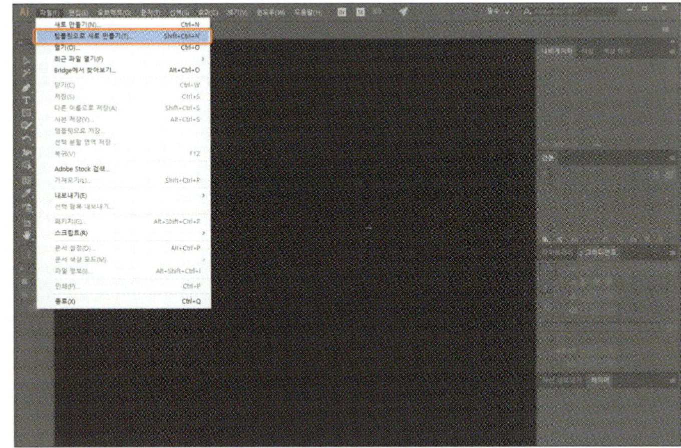

01 [파일]-[템플릿으로 새로 만들기]를 선택하거나 단축키 shift + Ctrl + P 를 눌러 실행한다.

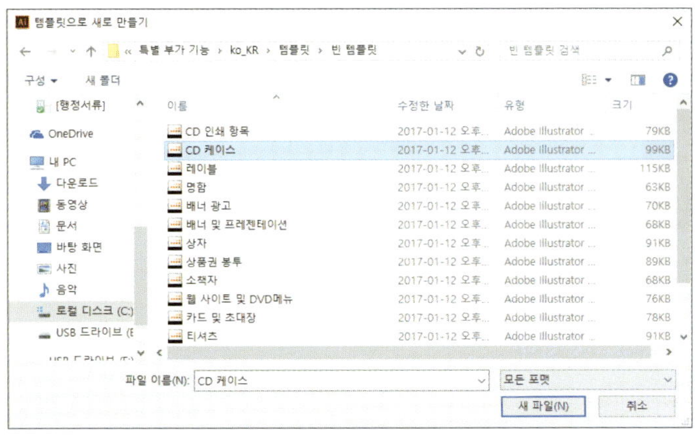

02 [템플릿으로 새로 만들기] 대화 상자에서 다양한 템플릿 중 'CD 케이스' 템플릿을 선택한 후 우측 하단의 새 파일 버튼을 클릭한다.

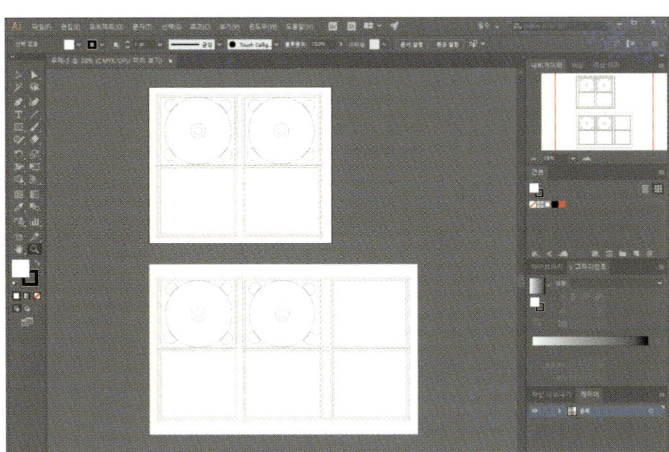

03 일러스트레이터에서 제공하는 CD case 템플릿이 문서에 불러와 표시된다.

강의노트

일러스트레이터는 다양한 템플릿을 제공하여 좀 더 빠르고 편리한 작업을 지원한다.

직접 해보기 작업 환경 설정과 단축키 만들기

일러스트레이터 CC에서 제공하는 기본 작업 환경을 나에게 맞게 변경하여 작업 효율을 높일 수 있다. 또 자주 이용하는 기능을 단축키로 지정하면 일일이 메뉴를 실행하지 않고 직접 만든 단축키로 편리하게 적용할 수 있다.

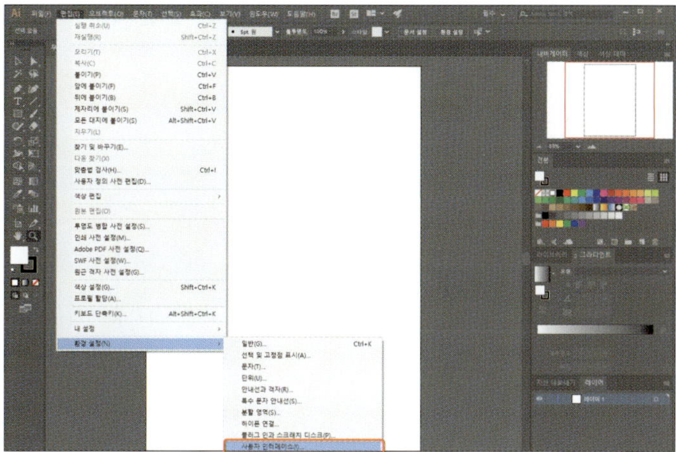

01 전체 작업창 색상을 바꾸기 위해 [편집]–[환경 설정]–[사용자 인터페이스]를 실행한다.

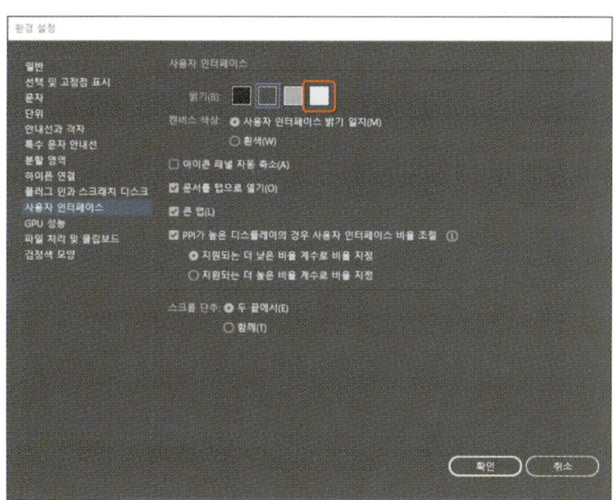

02 [환경 설정] 대화상자에서 밝기 항목의 '밝게'를 선택한 후 우측 하단의 [확인] 버튼을 클릭한다.

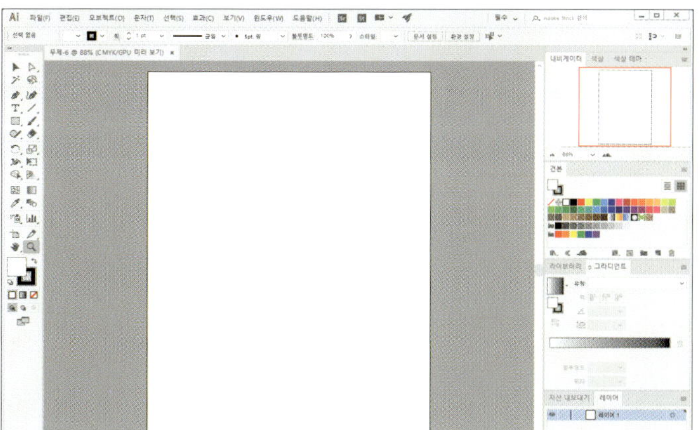

03 작업창의 화면 색상이 밝은 회색으로 변한 것을 확인한다.

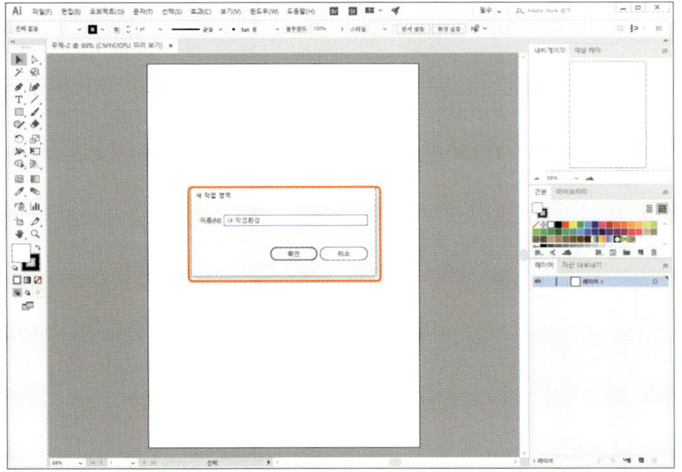

04 변경한 작업 환경을 저장하기 위해 [윈도우]–[작업 영역]–[새 작업 영역]를 실행한 후 [새 작업 영역] 대화상자에서 이름 항목에 '내 작업 환경'을 입력하고 하단의 [확인] 버튼을 클릭합니다.

강의노트

작업창 우측 상단의 작업 환경 이름을 클릭하여 기본 작업 환경 외에 저장한 작업 환경으로 변경할 수 있다.

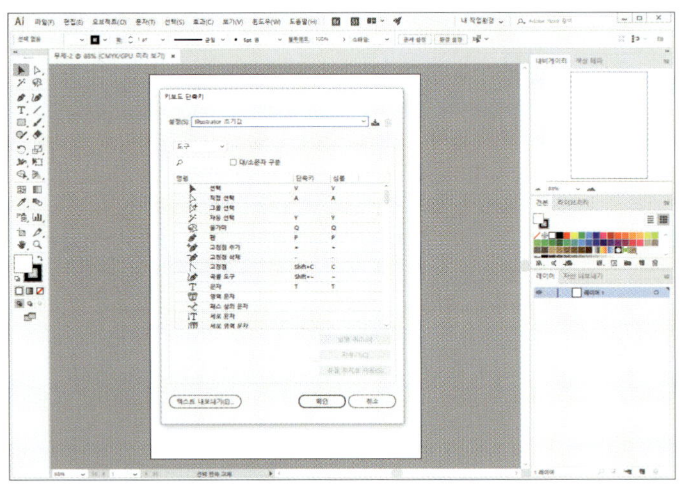

05 작업창의 우측 상단에 '내 작업 환경'이라는 작업 환경 이름으로 변경되었음을 확인할 수 있다. 이번에는 단축키를 설정하기 위해 [편집]–[키보드 단축키] (단축키 Alt + shift + Ctrl + K)를 실행한다.

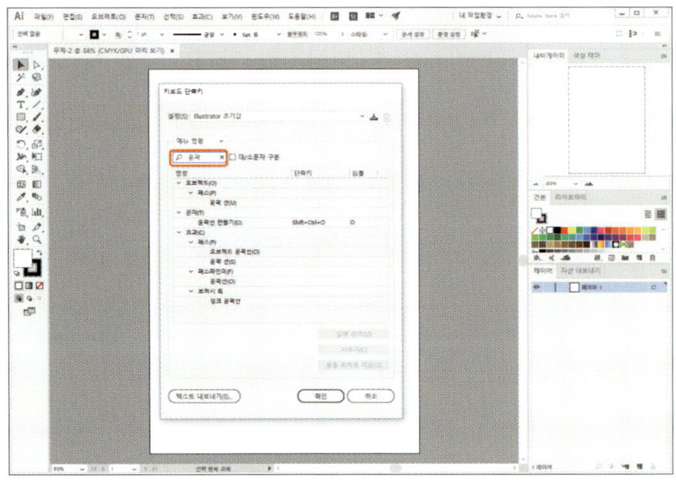

06 [키보드 단축키] 대화상자에서 '도구'를 '메뉴 명령'으로 변경한 후 검색 창에 '윤곽'을 입력하면 자동으로 검색된다. 이 때 Enter 를 누르지 않도록 주의한다. Enter 를 누르면 대화상자가 종료된다.

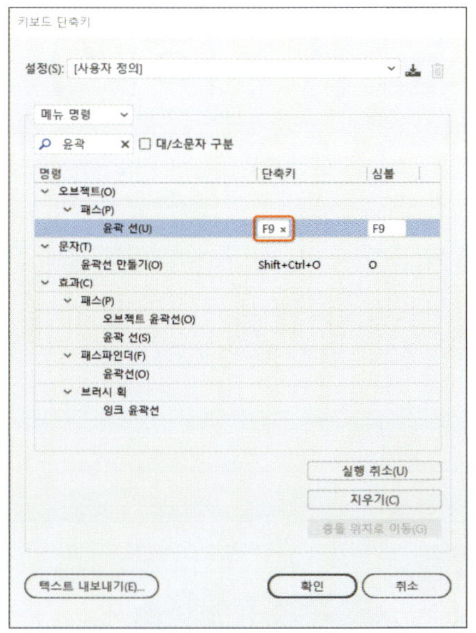

08 검색된 항목 중 '오브젝트'–'패스'–'윤곽선'에서 단축키 부분을 클릭한 다음 F9 를 누르고 하단의 [확인] 버튼을 클릭한다.

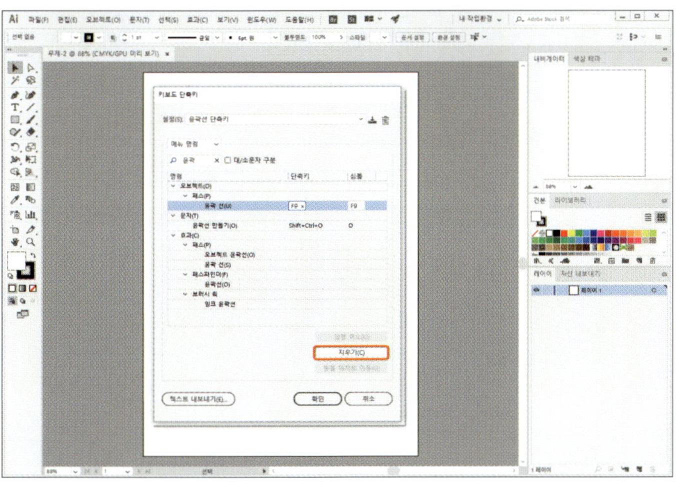

09 [키세트 파일 저장] 대화상자에서 이름 항목에 '윤곽선 단축키'를 입력하고 [확인] 버튼을 클릭하여 단축키 설정을 저장한다.

강의노트 ✎

설정한 단축키는 선 오브젝트를 면 오브젝트로 바꾸는 기능으로, 추후 해당 작업 시 메뉴를 찾아 적용하지 않고 F9 를 눌러 바로 적용할 수 있다.

10 다시 [편집]–[키보드 단축키]를 실행한 다음 같은 방법으로 윤곽선 단축키를 선택하고 우측 하단의 지우기 버튼을 누르면 설정한 단축키를 해제할 수 있다.

선택 기능과 도형 도구 익히기

일러스트레이터에서 만들어지는 도형, 그림들을 오브젝트라고 한다. 이번 섹션에서는 이러한 오브젝트들을 선택하고 이동, 그리고 오브젝트를 생성하는 도형 도구를 알아본다. 선택 도구는 다양한 오브젝트의 편집 기능을 갖추고 있으며 도형 도구는 일러스트레이터에서 제작되는 모든 오브젝트의 기본이 된다고 해도 과언이 아닐 만큼 활용도가 높다.

Zoom In
알찬 예제로 배우는
**다양한 방법의
선택도구 활용**

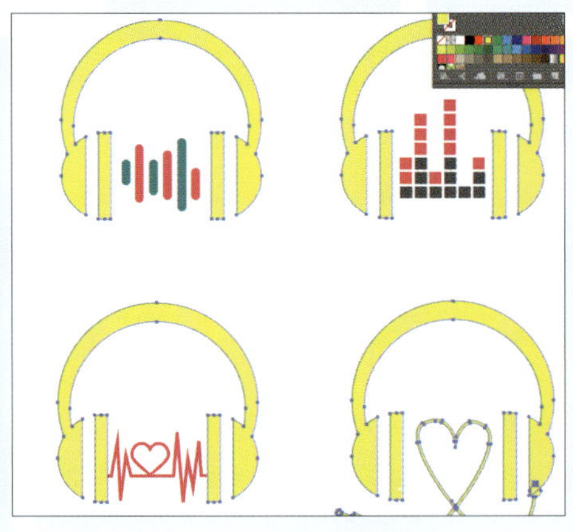

Keypoint Tool

_ **선택 도구** 오브젝트를 한번에 선택하거나 오브젝트 내 고정점, 방향선들을 선택하고 조정할 수 있다.

_ **도형 도구** 다양한 다각형을 만들 수 있다.

Knowhow

_ **실행 취소** [Ctrl] + [Z] 단축키를 누르면 직전 실행한 작업을 취소할 수 있다.

_ **정다각형 만들기** [shift], [Alt] 키를 이용하면 정다각형을 만들 수 있다.

직접 해보기 ▷ 선택 도구(Selection Tool)

선택 도구는 일러스트레이터에서 가장 자주 사용되는 도구다. 선택 도구를 이용하여 오브젝트를 선택, 이동, 복사, 변형 등을 할 수 있다.

01 [파일]-[열기] 명령으로 part02-02.ai 파일을 불러온다.

02 선택 도구로 왼쪽 여자아이 오브젝트를 클릭하면 바운딩 박스가 표시된다. 바운딩 박스는 오브젝트를 감싸는 8개의 조절점으로 이루어진 사각형으로 크기 조절, 회전, 변형 등의 편집 작업을 할 수 있다.

강의노트 ✏

한 번에 여러 개의 오브젝트를 선택할 때는 Shift 키를 누른 채 오브젝트들을 클릭하거나 도큐먼트 빈 공간을 마우스로 드래그하여 드래그한 범위 내에 있는 오브젝트들을 한번에 선택할 수 있다. 선택된 오브젝트의 선택을 해제할 때는 Shift 를 누른 채 선택 해제하려는 오브젝트를 클릭하거나 도큐먼트의 빈 공간을 클릭하여 전체 선택 해제할 수 있다.

03 오브젝트가 선택된 상태에서 바운딩 박스의 우측 상단 모서리 쪽에 마우스를 가까이하면 마우스 모양이 회전모양으로 바뀐다. 상하로 드래그하여 오브젝트를 회전시켜본다.

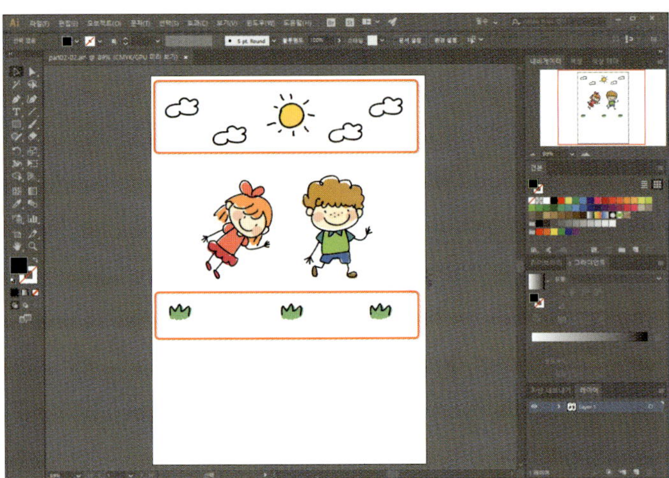

04 이번에는 상단의 구름 모양 오브젝트를 선택하고 Alt 키를 누른 채 다른 빈 공간으로 드래그하여 구름 오브젝트를 복사해 본다. 하단의 잔디 오브젝트도 같은 방법으로 복사해 본다.

강의노트 ✏️

복사하고자 하는 오브젝트를 선택한 후 Ctrl +C (복사), Ctrl+V (붙여넣기) 단축키를 눌러 복사하는 방법과 Alt 키를 눌러 드래그하여 복사하는 방법이 있다. 이 때 Shift 키를 같이 눌러주면 수평, 수직, 45°방향으로 정확하게 이동된다.

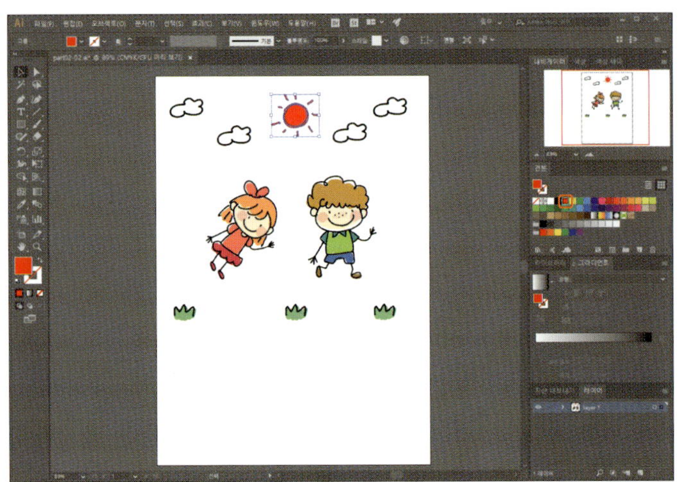

05 이번에는 상단의 해 오브젝트를 선택하고 오른쪽 견본 패널에서 붉은색을 클릭하여 해 오브젝트의 색상을 변경한다.

직접 해보기 직접 선택 도구(Direct Selection Tool)

직접 선택 도구는 오브젝트를 구성하는 고정점과 세그먼트. 방향선을 조정하여 모양을 변경하거나 이동, 삭제할 때 사용하는 수정 도구이다.

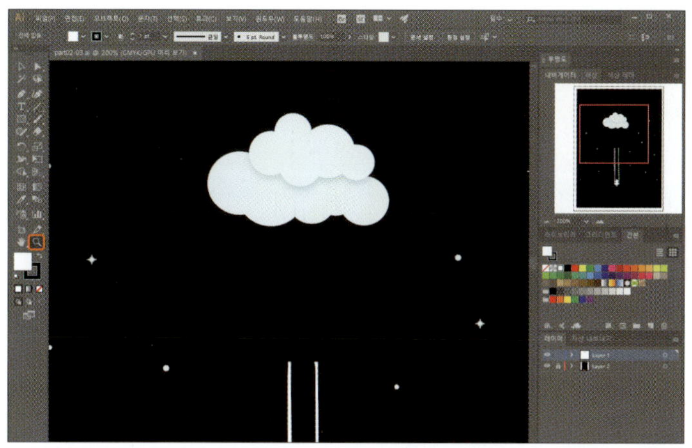

01 [파일]-[열기]을 실행하여 part02-03.ai 파일을 연 후 도구모음의 돋보기 도구()로 그네 위쪽 부분을 클릭하거나 단축키 Ctrl + + 를 눌러 해당 부분의 화면을 확대한다.

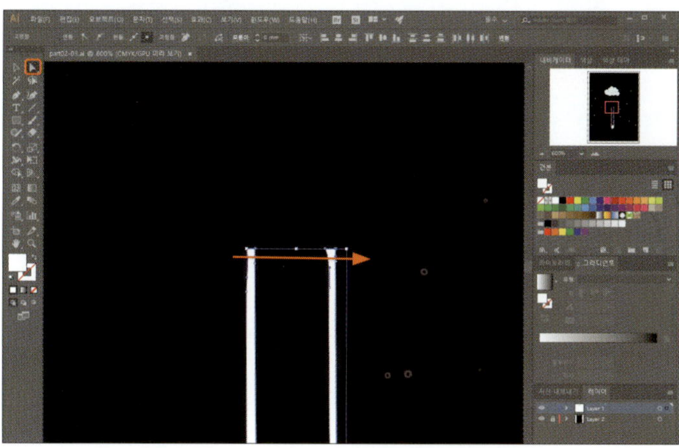

02 그네 오브젝트를 구름 오브젝트와 닿도록 늘리기 위해 직접 선택 도구()로 그네 윗부분을 드래그하여 위쪽 부분의 고정점만 선택한다.

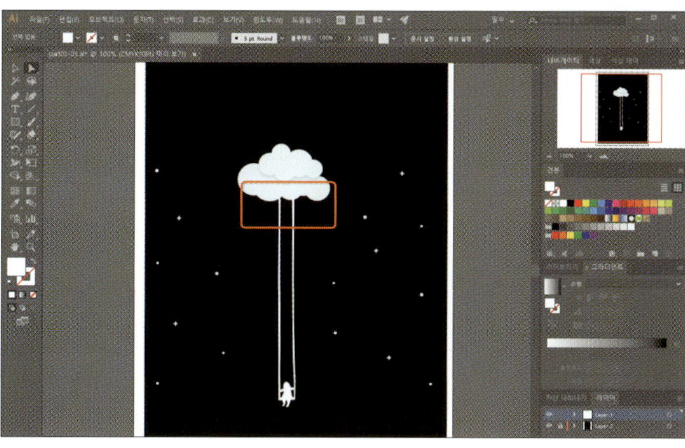

03 위쪽 고정점만 선택된 상태에서 키보드의 위쪽 화살표를 누르면 선택된 고정점이 위쪽으로 이동하면서 그네의 길이가 길어진다 구름 오브젝트에 닿을 때까지 늘린 후 Ctrl + - 를 눌러 화면을 축소한다.

강의노트

이전 단계에서 작업된 기능을 취소할 때에는 Ctrl + Z 명령을 실행한다.

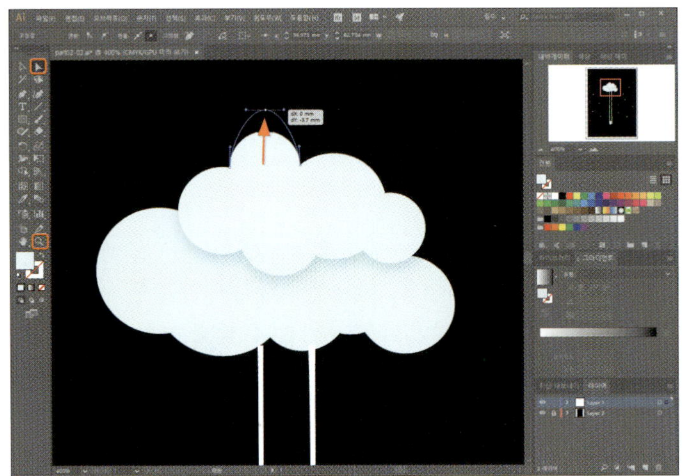

04 이번에는 돋보기 도구(🔍)로 구름 오브젝트 쪽을 여러 번 클릭하여 화면을 확대한 후 직접 선택 도구(▶)로 위쪽 구름 오브젝트를 선택하고 볼록 나온 부분의 고정점을 클릭한 채 드래그하여 모양을 변경한다. 구름 오브젝트의 다른 앵커 고정점도 선택하여 자유롭게 변경한다.

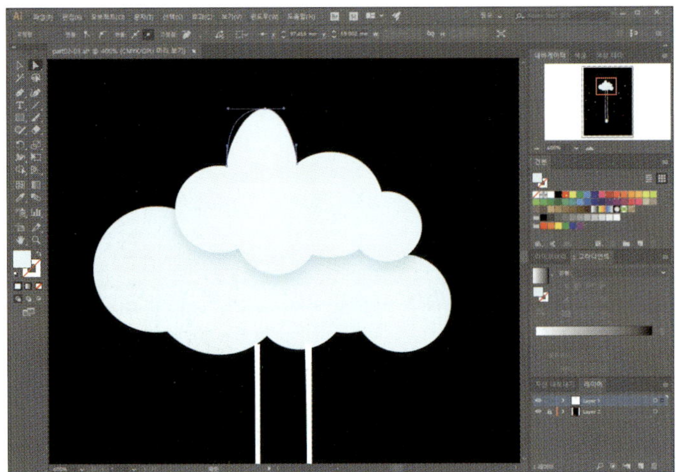

05 구름 오브젝트의 앵커 고정점을 하나 선택한 후 앵커 고정점의 방향선 핸들을 드래그하여 곡선을 더 볼록하게 변경한다. 다른 앵커 고정점도 자유롭게 조절한다.

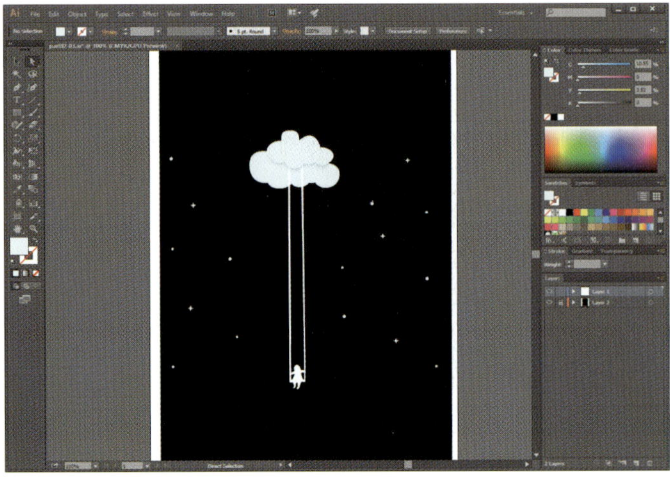

06 작업을 완료하였으면 [Ctrl]+[-]를 눌러 화면을 축소하여 결과를 확인한다.

강의노트 ✏️

선택 도구로 작업 도중에 오브젝트의 앵커 고정점을 부분적으로 선택할 때에는 [Ctrl]을 눌러본다. 마우스 포인터가 직접 선택 도구로 전환된다. [Ctrl]을 누른 상태에서 고정점, 패스를 선택하여 직접 편집할 수 있다.

직접 해보기   그룹 선택 도구(Group Selection Tool)

그룹 선택 도구는 그룹으로 묶여진 오브젝트들을 쉽게 선택할 수 있는 도구이다.

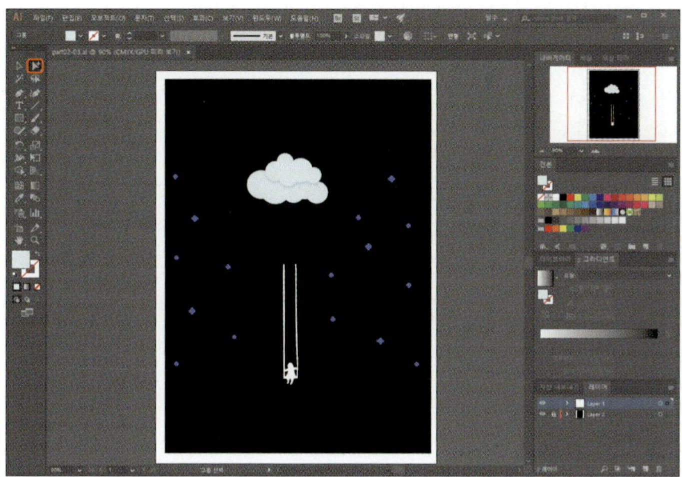

01 [파일]−[열기]을 실행하여 part02−03.ai 파일을 다시 한 번 실행한다. 별 오브젝트들은 그룹 속성이 적용되어 있다. 그룹 선택 도구( )로 별 오브젝트 하나를 선택한 후 다시 한번 클릭하면 그룹 속성의 오브젝트들이 모두 선택된다.

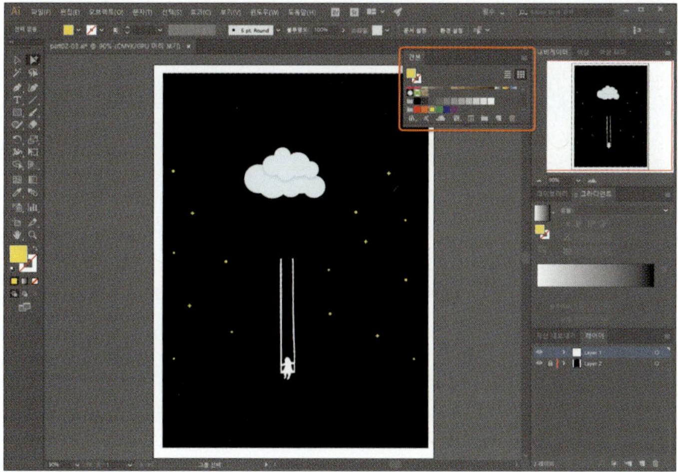

02 색상 패널에서 원하는 색상을 클릭하여 한 번에 별 색상들을 변경한다.

강의노트 🖉

오브젝트를 제작하면서 관련된 개체들은 그룹으로 묶어서 관리하는 것이 편리한다. 그룹 속성을 적용할 오브젝트를 모두 선택한 다음 Ctrl + G 명령으로 적용할 수 있다.

그룹 선택 도구는 그룹 속성의 오브젝트에만 적용되므로 그룹으로 묶인 오브젝트를 한번에 선택할 때 유용하게 사용된다.

직접 해보기 자동 선택 도구(Magic Wand Tool)

자동 선택 도구는 동일한 속성을 가지고 있는 오브젝트를 한 번에 선택할 수 있는 도구이다.

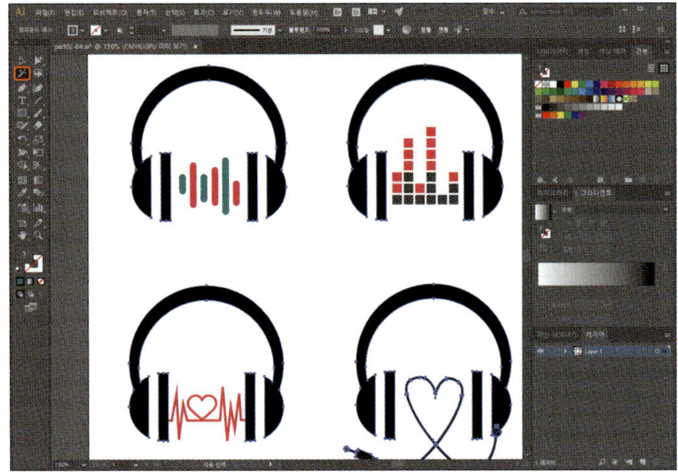

01 part02-04.ai 파일을 불러온다. 도구 모음에서 자동 선택 도구( )를 선택하고 검은 색의 헤드폰 오브젝트를 하나 클릭한다. 검은 색상의 면 속성으로 구성된 헤드폰 오브젝트들이 한꺼번에 선택된다.

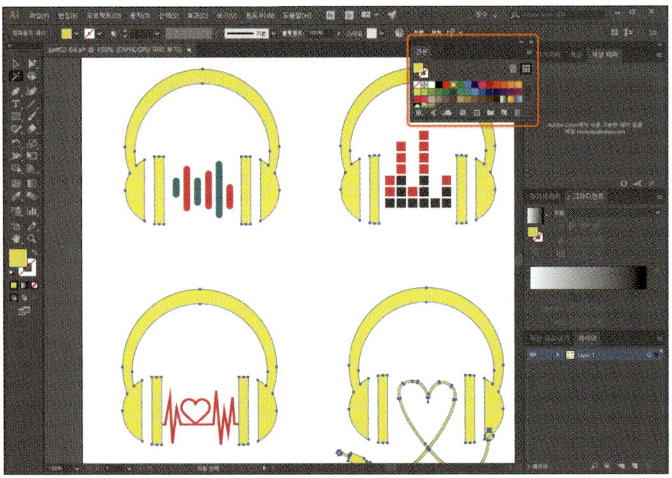

02 색상 패널에서 원하는 색상으로 교체해 본다.

강의노트

일러스트레이터에서 만들어지는 오브젝트에는 면과 선으로 구성되어 있으며, 도구 모음의 색상 버튼에서 면과 선의 속성을 선택할 수 있다. 면과 선을 나타내거나 없앨 수 있고 색상을 적용할 수 있다.

보충수업 자동 선택 도구 옵션 패널

자동 선택 도구를 더블클릭하면 옵션 패널이 열린다. 허용치 수치 값을 조절하여 색상 영역의 범위를 조절할 수 있다. 허용치 수치가 작을수록 색상의 차이를 민감하게 측정하여 선택하고 허용치 수키가 클수록 색상의 차이를 적게 느껴 더 많은 범위를 선택하게 된다.

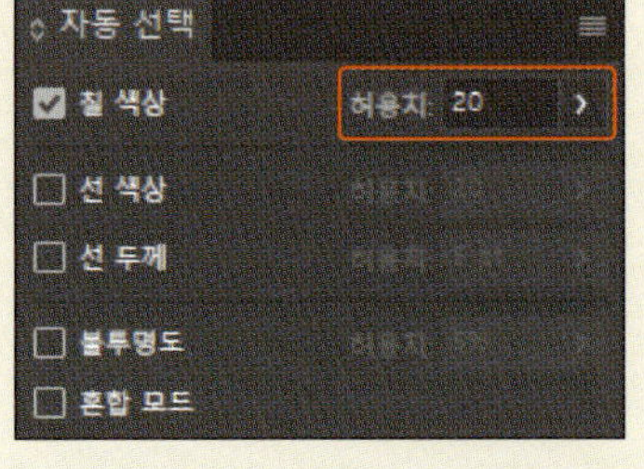

보충수업　그룹 속성의 오브젝트 만들고 편집하기

❶ [Shift]를 누른 상태에서 자동 선택 도구( )로 오브젝트의 검은색, 초록색, 붉은색 부분을 클릭하여 동일한 색상의 오브젝트들을 모두 선택한다. 마우스 우측 버튼을 클릭하여 빠른 실행 명령 목록이 활성화되면 그룹을 적용한다.

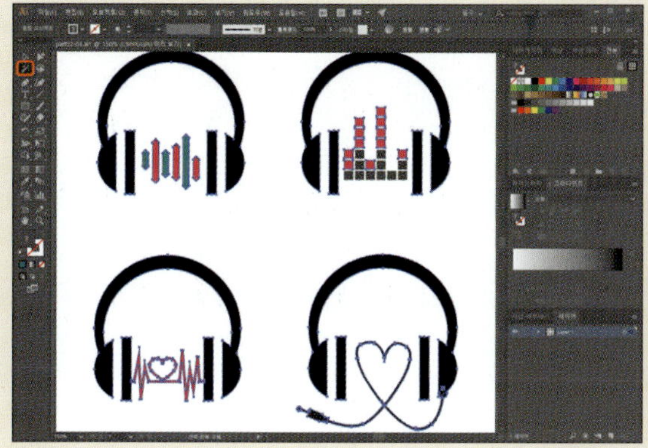 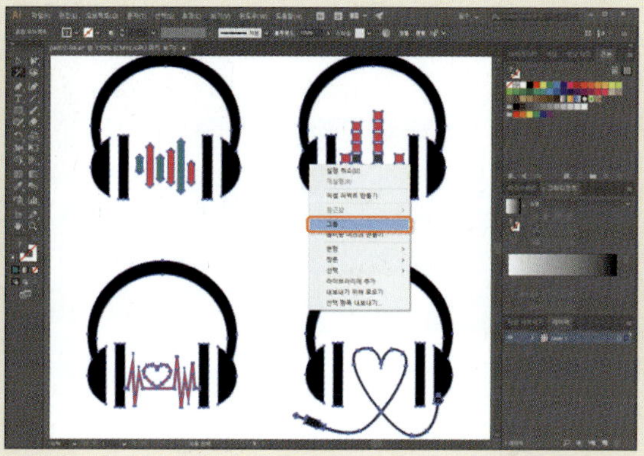

❷ 그룹 속성의 오브젝트를 클릭하면 하나로 선택된다. 색상 패널에서 다른 색상을 적용해 본다. 그룹으로 지정된 모든 오브젝트의 색상이 변경된다.

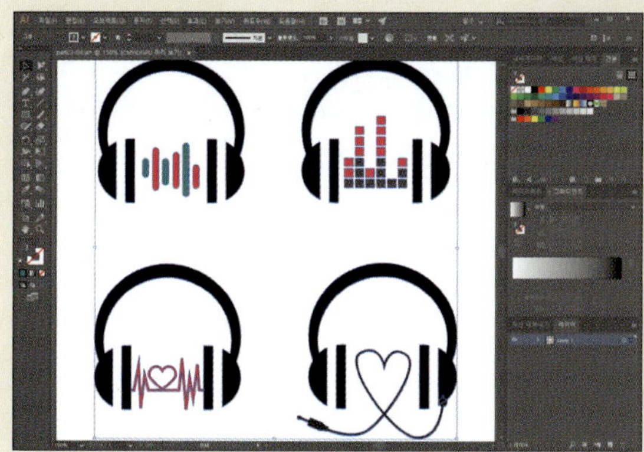 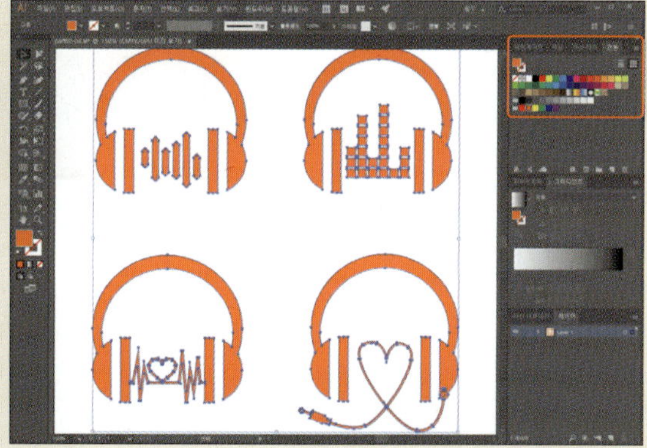

❸ [Ctrl]+[Z]를 세 번 눌러 그룹화 전으로 돌아갑니다. 이번에는 선택 도구로 첫 번째 헤드폰 오브젝트들을 모두 선택한 후 그룹화한다. 방금 그룹화한 오브젝트를 선택 도구로 더블클릭해 본다. 그룹 속성의 오브젝트만 활성화되고 나머지 오브젝트들은 편집이 불가능한 비활성화 상태로 보이게 된다. 도큐먼트의 문서 탭 위쪽에는 현재 편집 상태를 나타내고 있다. 〈그룹〉 표시가 보이면 그룹 상태의 오브젝트를 편집하는 모드를 나타내고 있는 것이다. 편집이 끝나면 빈 영역을 더블클릭하여 그룹 모드를 해제한다.

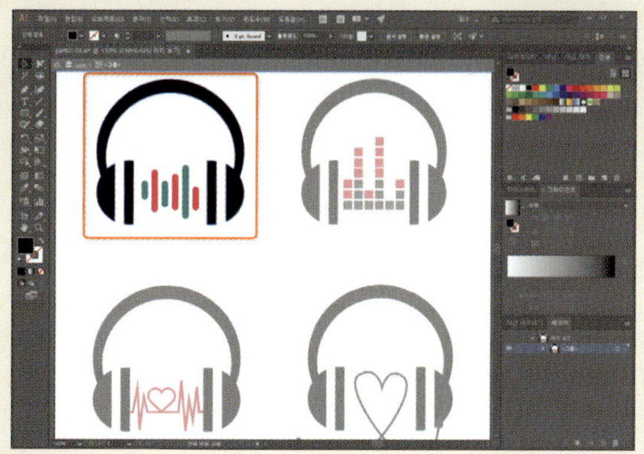

직접 해보기 올가미 도구(Lasso Tool)

올가미 도구는 복잡한 오브젝트를 자유롭게 드래그하여 원하는 고정점과 패스 부분을 선택할 수 있는 도구이다.

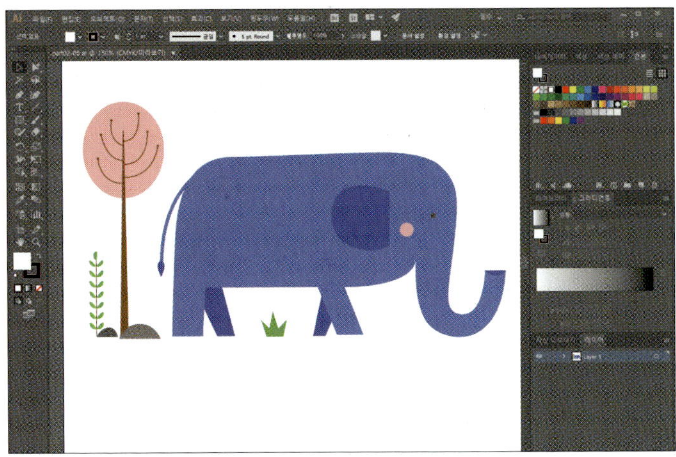

01 part02-05.ai 파일을 열고 도구 모음에서 올가미 도구( )를 선택한다.

02 올가미 도구( )를 선택한 후 Ctrl + Y 를 눌러 오브젝트를 외곽선 모양으로 나타낸다. 화면처럼 드래그하여 코끼리 오브젝트의 코 부분을 드래그하여 범위를 설정하여 선택한다.

03 코끼리 오브젝트의 드래그한 부분의 고정점이 선택된다.

강의노트

복잡하게 겹쳐진 오브젝트들은 면 색상에 의해 일부가 가려지거나 고정점들이 잘 구분되지 않을 수 있다. 이때 외곽선 보기를 실행하면 오브젝트들의 선만 표시되어 편하게 작업할 수 있다.

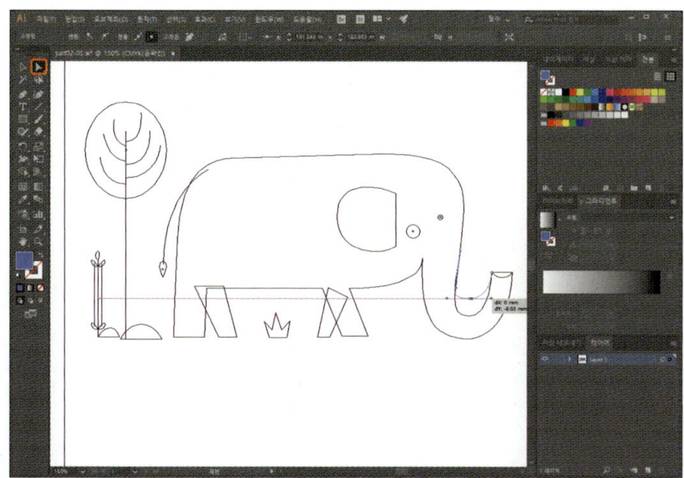

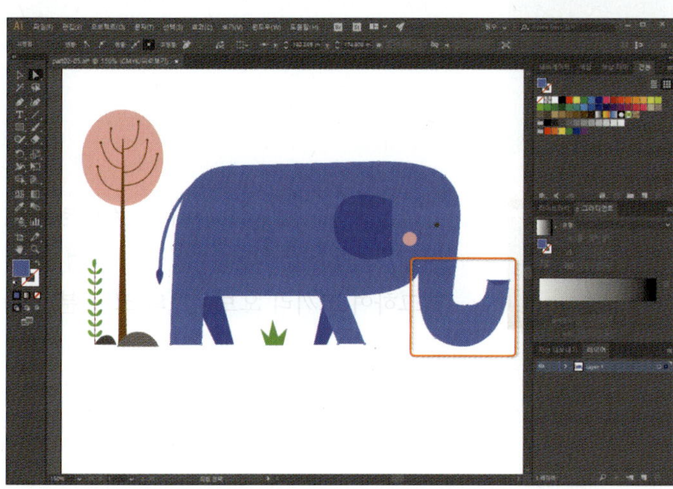

04 키보드에서 단축키 A를 눌러 직접 선택 도구(▶)로 전환하고 드래그하여 모양을 변경한 다음 빈 공간을 클릭하여 선택을 해제한다.

05 Ctrl + Y 를 눌러 Preview 모드로 전환하면 색상이 적용된 오브젝트의 속성으로 보이게 된다.

직접 해보기 사각형 도구(Rectangle Tool)

사각형 도구는 사각형 모양의 오브젝트를 그릴 때 사용하는 도구로서 마우스를 드래그하거나 도큐먼트를 클릭하여 나타나는 대화상자에서 크기를 지정하여 만들 수 있다.

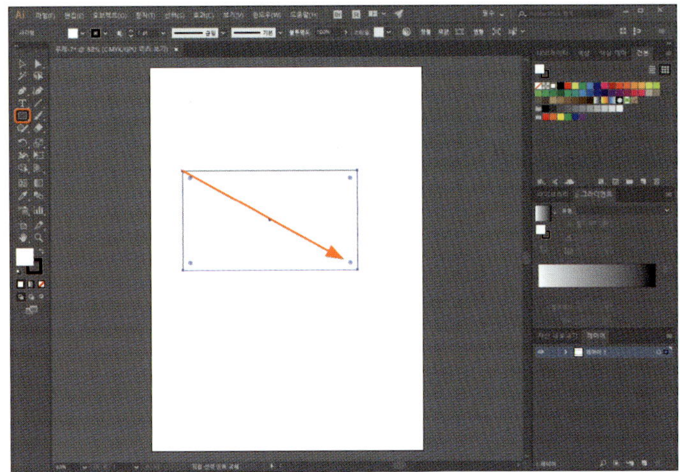

01 [파일]-[새로 만들기] 명령으로 새로운 도큐먼트를 만든다. 사각형 도구(□)를 선택한 다음 도큐먼트에 드래그한다. 마우스를 놓으면 드래그한 영역에 직사각형 오브젝트가 만들어진다.

강의노트

사각형 도구를 Shift 와 함께 드래그하면 정사각형 모양으로 오브젝트를 만들 수 있다. Alt 를 함께 누르면 클릭한 지점을 중심으로 사각형이 만들어진다. 이 방법은 정 원을 만들 때에도 적용된다.

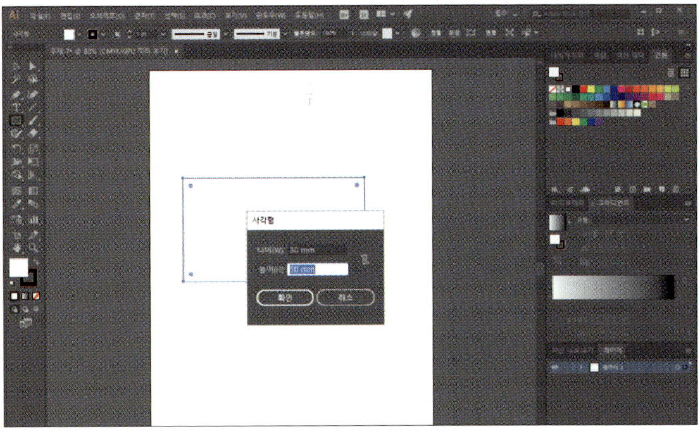

02 이번에는 도큐먼트 빈공간에 사각형 도구(□)로 클릭하여 사각형 대화상자를 연다. 원하는 크기와 수치를 지정하여 [확인] 버튼을 누르면 오브젝트를 만들 수 있다. 입력된 수치 값만큼 사각형이 그려진다.

 **보충수업** 사각형 도구 옵션 대화상자

사각형 도구를 선택하고 도큐먼트에서 클릭하면 사각형 대화상자가 열린다. 대화상자에 가로와 세로의 크기를 입력하여 원하는 크기의 사각형을 만들 수 있다.

❶ 너비 : 가로 크기를 설정한다.

❷ 높이 : 세로 크기를 설정한다.

❸ 비율 제한 : 너비와 높이의 비율이 연동한다.

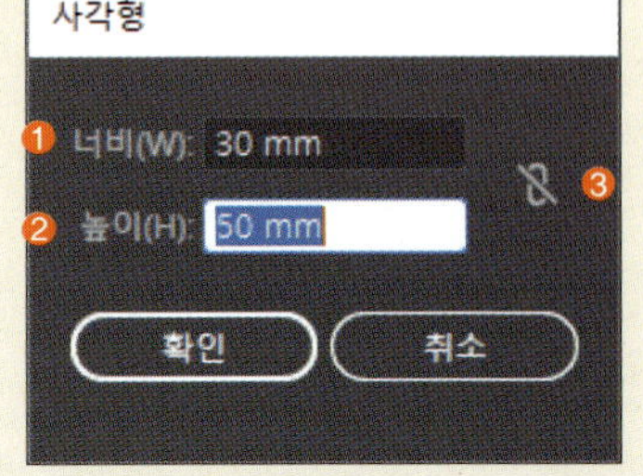

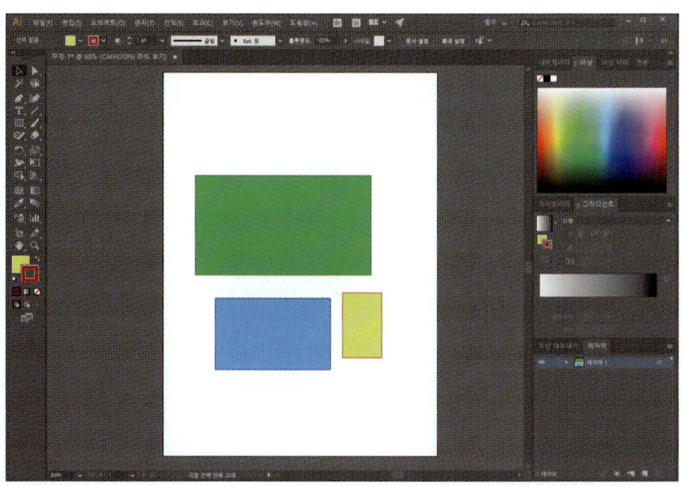

03 만들어진 사각형은 면의 색상과 선 색상을 지정하여 속성을 변경할 수 있다.

강의노트

오브젝트를 만들면 선택된 상태로 도큐먼트에 보이게 된다. 오브젝트의 선택을 해제하려면 Ctrl 을 눌러본다. 마우스 포인터가 선택 도구 모양으로 전환된다. 도큐먼트 빈 여백을 클릭하면 선택이 해제된다. 단축 기능으로 Ctrl + Shift + A 명령을 적용한다.

직접 해보기　⬜ 둥근 사각형 도구(Rounded Rectangl Tool)

둥근 사각형 도구는 모서리가 둥근 사각형 오브젝트를 그릴 때 사용하는 도구이다.

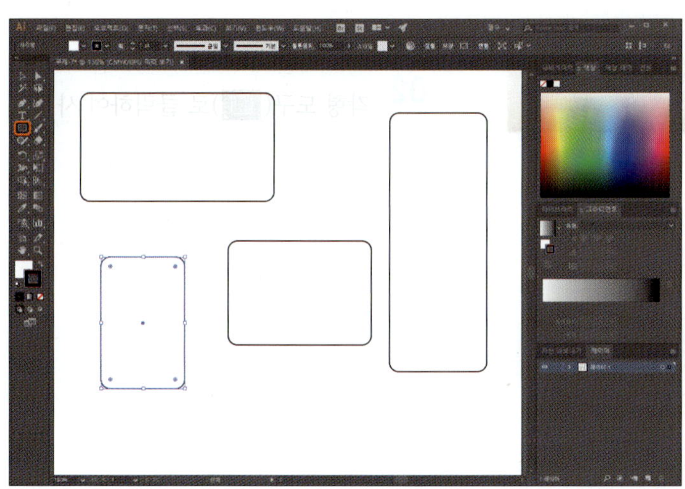

01 새 도큐먼트를 열고 도구 모음에서 둥근 사각형 도구(⬜)를 선택한 후 마우스로 드래그한다. 드래그한 영역만큼 모서리가 둥근 사각형이 만들어진다.

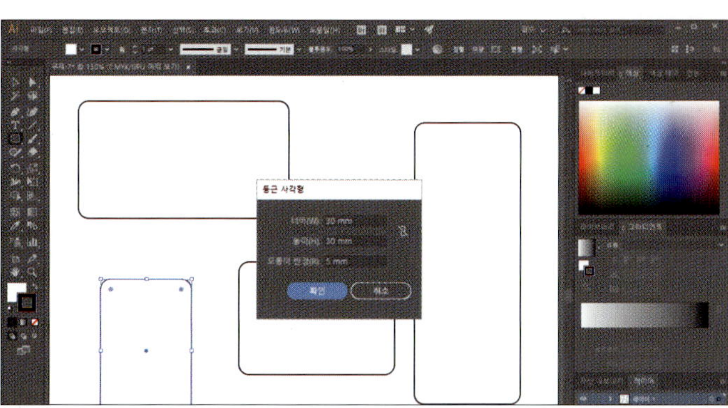

02 둥근 사각형 도구(⬜)를 빈 도큐먼트 공간에 클릭한다. 대화상자에서 원하는 수치 값을 입력하면 사용자가 지정한 크기로 둥근 사각형 모양을 만들 수 있다.

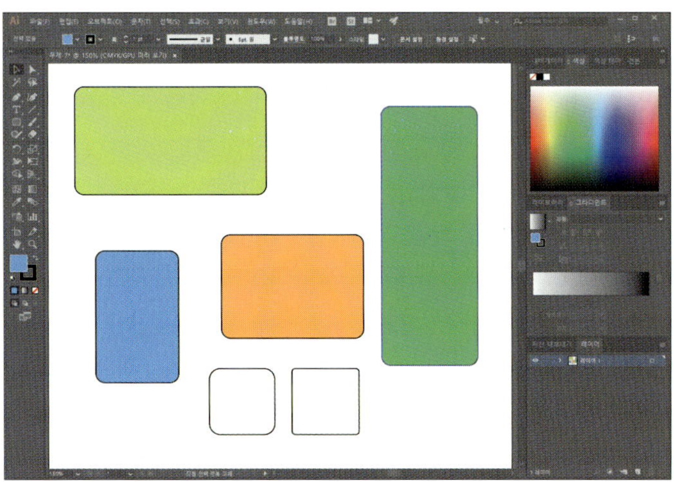

03 둥근 사각형의 모서리 곡률은 단축 기능으로 빠르게 조절할 수 있다. 둥근 사각형을 드래그한 상태해서 키보드 상하 방향키를 누르면 모서리의 반경이 커지거나 축소된다.

강의노트

각종 도구의 옵션 대화상자에서 지정한 수치 값은 그대로 남게 된다. 예를 들어 둥근 모서리 사각형을 그릴때는 마지막으로 설정한 대화상자의 모서리 반경 크기가 그대로 적용되어 나타난다.

보충수업 둥근 사각형 도구 옵션 대화상자

사각형 도구를 선택하고 도큐먼트에서 클릭하면 사각형 대화상자가 열린다. 대화상자에 가로와 세로의 크기를 입력하여 원하는 크기의 사각형을 만들 수 있다.

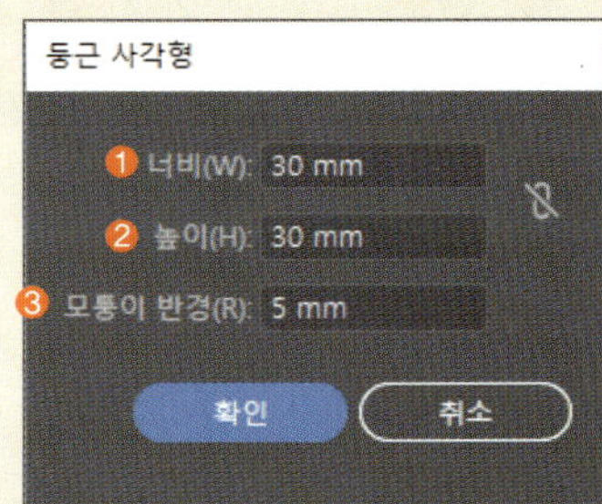

❶ **너비** : 가로 크기를 설정한다.

❷ **높이** : 세로 크기를 설정한다.

❸ **모퉁이 반경** : 모서리의 둥근 반경의 범위를 설정한다.

둥근 사각형 옵션 대화상자에서 수치를 설정한 후 생성된 둥근 사각형은 선택 도구로 자유롭게 크기를 변경할 수 있다. 만약 이미 만들어진 둥근 사각형의 모퉁이 반경을 다시 변경하고 싶다면 해당 오브젝트를 선택한 후 상단 바에서 [모양] 버튼을 누른 후 수치를 변경하면 된다.

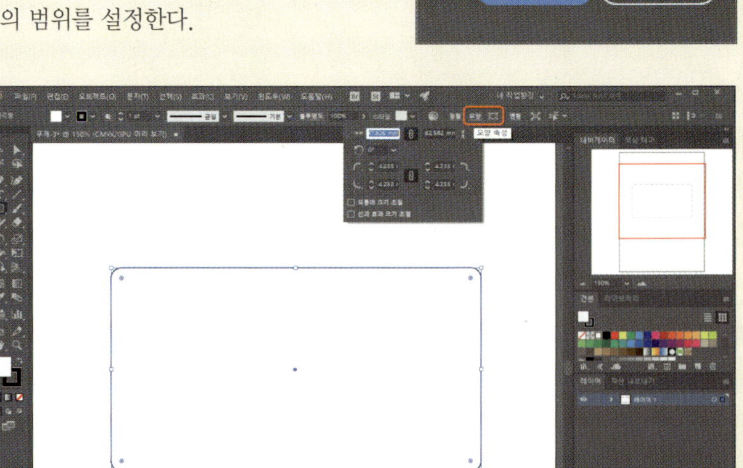

직접 해보기 원형 도구(Ellipse Tool)

원형 도구는 정원이나 타원형태의 오브젝트를 그릴 때 사용하는 도구이다.

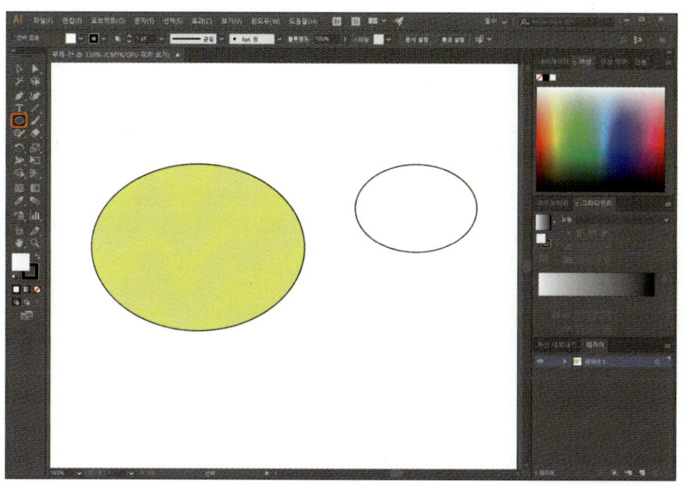

01 새 도큐먼트를 열고 도구 모음에서 원형 도구( )를 선택한 후 도큐먼트에서 드래그하면 원 오브젝트가 만들어진다. 오브젝트를 만들고 색상 패널에서 색상을 변경한다.

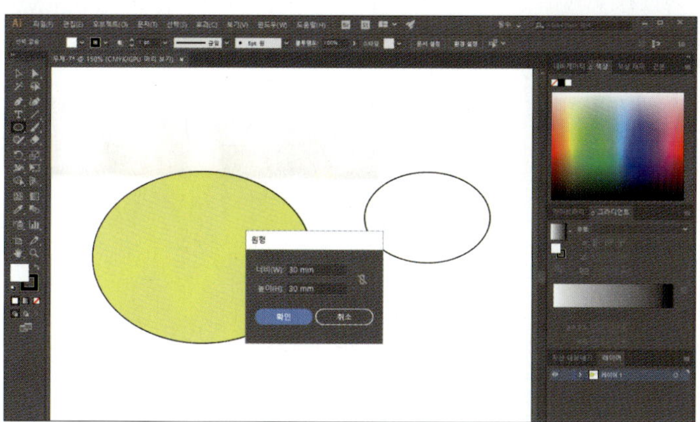

02 이번에는 원형 도구로 도큐먼트 빈 공간을 클릭하여 대화상자를 연다. 대화상자에 원하는 수치를 입력하면 입력된 수치의 원이 그려진다.

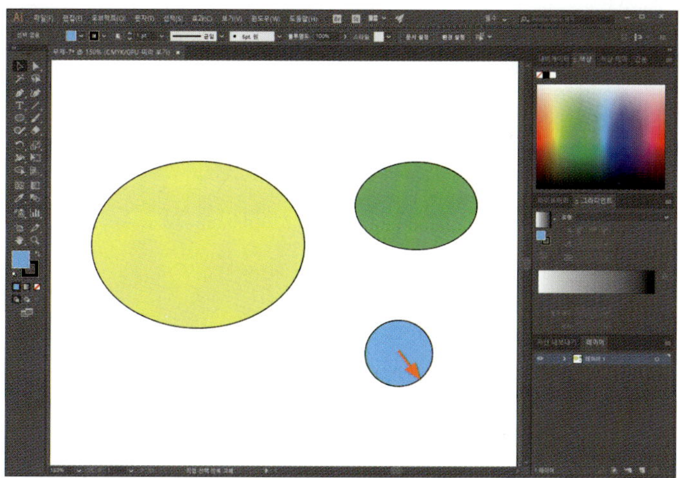

03 다른 도형 도구와 마찬가지로 Shift 를 누른 상태에서 드래그하면 정원을 만들 수 있으며 Alt 를 누르면 클릭한 지점을 중심으로 도형이 만들어진다.

직접 해보기 다각형 도구(Polygon Tool)

다각형 도구는 사용자가 원하는 다각형 모양의 오브젝트를 그릴 때 사용하는 도구이다.

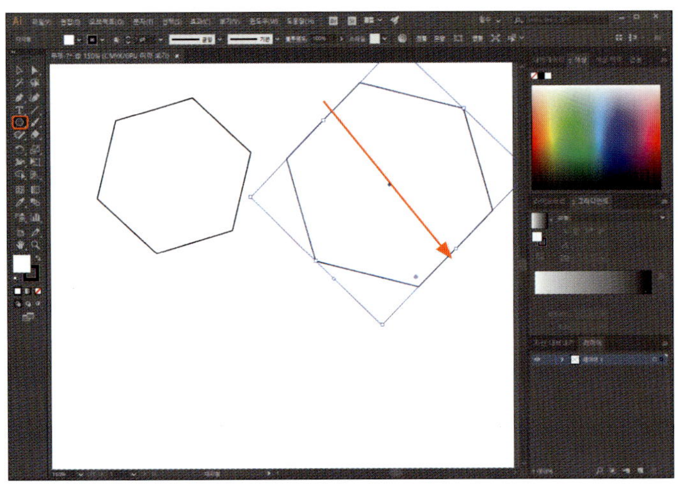

01 새로운 도큐먼트에서 다각형 도구(　)로 드래그하여 다각형 오브젝트를 생성한다.

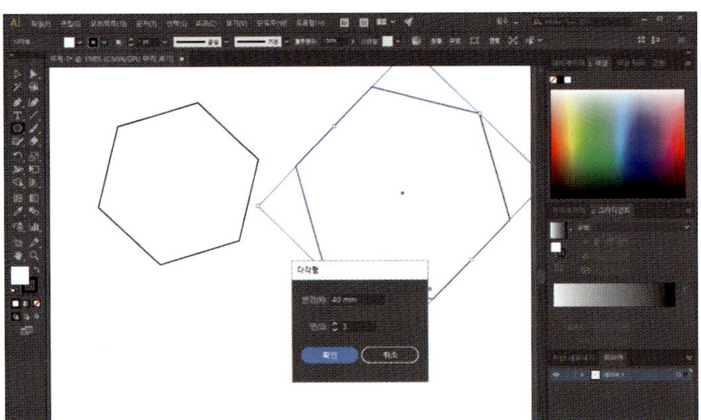

02 다각형 도구로 토큐먼트를 클릭하면 대화상자가 열린다. 대화상자에서 다각형 면의 크기와 꼭짓점의 개수를 설정하여 원하는 형태의 다각형을 만들 수 있다. 대화상자에 면의 개수에 "3"을 입력하고 [확인] 버튼을 클릭하면 삼각형 오브젝트가 만들어진다.

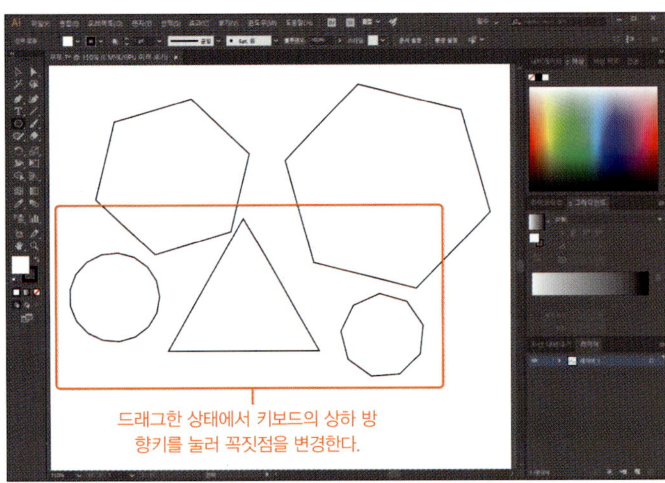

03 다각형 꼭짓점의 개수는 단축기능으로 쉽게 조절할 수 있다. 다각형 도구를 드래그한 상태에서 키보드의 상하 방향키를 누르면 꼭짓점을 추가하거나 변경되는 모양을 보면서 원하는 형태를 나타낼 수 있다.

직접 해보기　⭐ 별형 도구(Star Tool)

별형 도구는 별 모양의 오브젝트를 그릴 때 사용하는 도구이다. 별형 도구로 도큐먼트에 드래그한 상태에서 키보드의 화살표 방향키 상, 하를 누르면 꼭짓점의 개수를 조절할 수 있다.

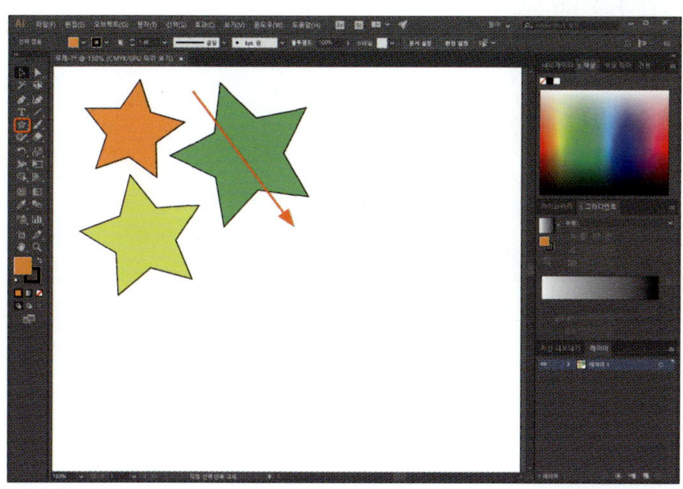

01 도구 모음에서 별형 도구(⭐)를 지정하고 도큐먼트에 드래그하면 별 모양 오브젝트가 만들어진다.

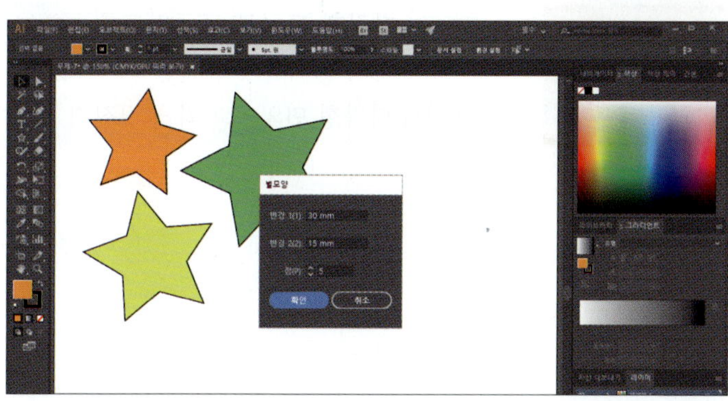

02 별형 도구를 도큐먼트에 클릭하면 대화상자가 열린다. 안쪽과 바깥쪽 고정점까지의 반지름을 설정하고 꼭짓점의 개수를 입력하여 별 모양을 변경할 수 있다.

03 변형 도구를 드래그한 상태에서 Ctrl 을 누르고 드래그하면 꼭짓점의 거리를 조정할 수 있다. Ctrl 을 누르고 바깥쪽으로 드래그하면 외곽 꼭짓점의 거리가 커지고 반대로 안쪽으로 드래그하면 거리가 짧아지게 된다. 즉 안쪽과 바깥쪽 꼭짓점의 거리를 조정하여 빠르게 변경할 수 있다.

04 별형 도구를 도큐먼트에 드래그 한 상태에서 키보드의 상하 방향 키를 누르면 꼭짓점의 개수를 조정할 수 있다.

보충수업 별형 도구 옵션 대화상자

별형 도구를 이용하여 드래그하였을 경우 방향키를 이용하여 별의 고정점 수를 조절할 수는 있지만 반지름의 모양은 지정할 수가 없다. 별의 반지름을 지정하기 위해서는 도구 모음에서 별형 도구를 선택하고 도큐먼트를 클릭하여 나타난 대화상자를 이용해야 한다.

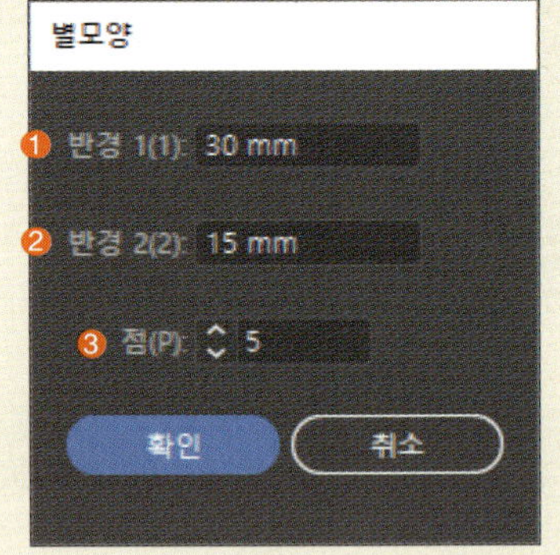

❶ **반경 1** : 별의 중심에서 바깥쪽 꼭짓점과의 거리를 지정한다.

❷ **반경 2** : 별의 중심에서 안쪽 꼭짓점과의 거리를 지정한다.

❸ **점** : 별의 바깥쪽 꼭짓점의 개수를 지정한다.

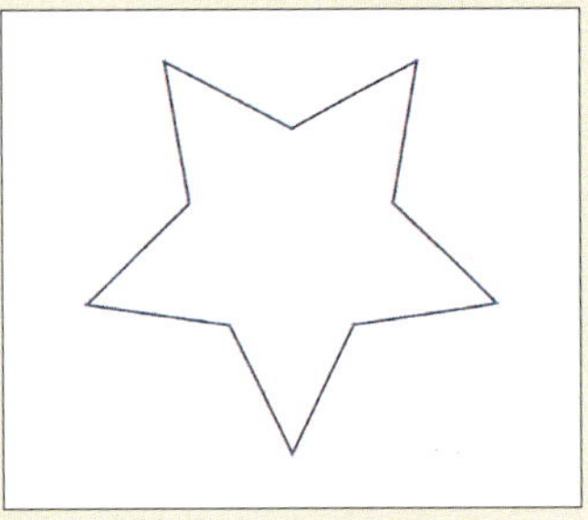

반경 1 : 20, 반경 2 : 40, 점 : 5

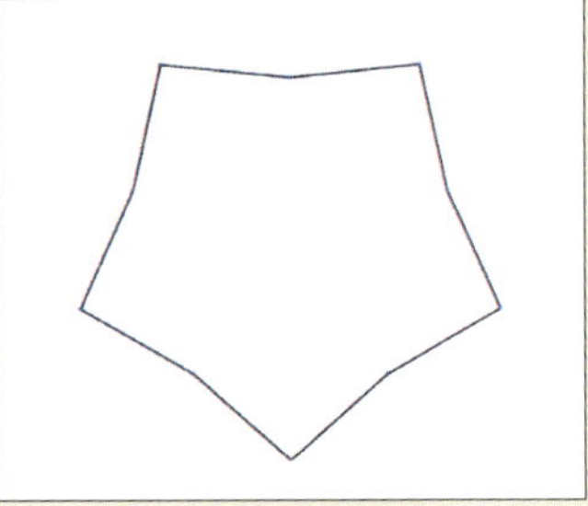

반경 1 : 30, 반경 2 : 40, 점 : 5

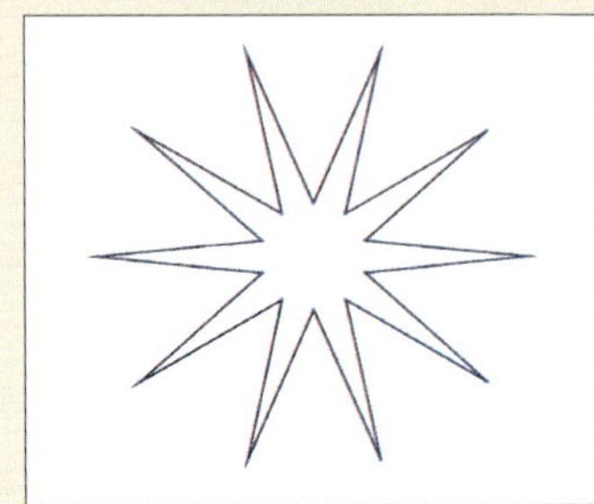

반경 1 : 10, 반경 2 : 40, 점 : 10

직접 해보기   플레어 도구(Flare Tool)

플레어 도구는 렌즈 조명 효과를 줄 수 있는 도구이다. 포토샵과 같은 비트맵 방식의 프로그램에서 사용하던 광선이나 빛 효과를 일러스트레이터에서 적용하여 다양한 특수 효과를 만들 수 있다.

01 part02-06.ai 파일을 열고 도구 모음에서 플레어 도구를 선택한다. 플레어 도구(　)로 도큐먼트 위를 드래그하여 광원의 크기를 지정한다. 처음 클릭한 지점이 주 광원이 된다.

02 계속해서 두 번째 지점을 클릭하고 드래그하여 보조 광원의 위치를 지정한다.

03 화면과 같이 원하는 위치에 광원이 삽입된다.

강의노트

플레어 효과는 주광원 만으로는 만들 수 없으며, 반드시 보조 광원의 위치를 지정해야 도큐먼트 오브젝트로 나타나게 된다.

보충수업 패스파인더의 기능

패스파인더 기능을 이용하면 도향을 연결하여 새로운 모양의 오브젝트를 만들 수 있다. 하나 이상의 오브젝트들을 더하거나 빼거나, 겹쳐진 부분만 남겨서 새로운 오브젝트를 만드는 것이다. 여러 개의 도형을 선택하고 [Alt]를 누른 상태에서 Shape Modes를 클릭하면 컴파운드 패스가 적용되어 새로운 오브젝트가 만들어진다. 컴파운드 패스가 적용된 오브젝트는 원본 오브젝트가 그대로 보존되면서 각각의 오브젝트를 선택하고 변형할 수 있다.

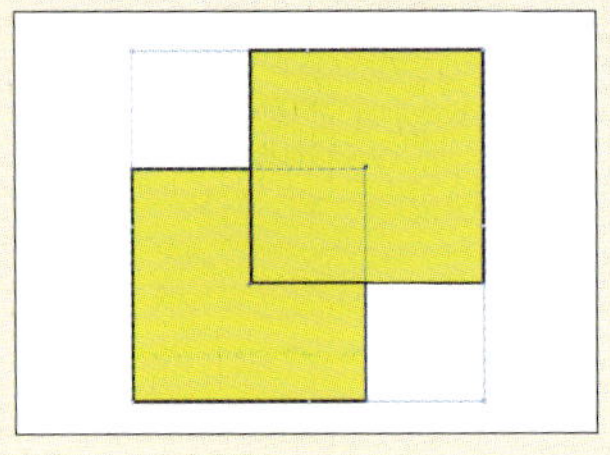

❶ **합치기** : 겹쳐진 도형을 하나도 연결하여 새로운 모양을 만든다.

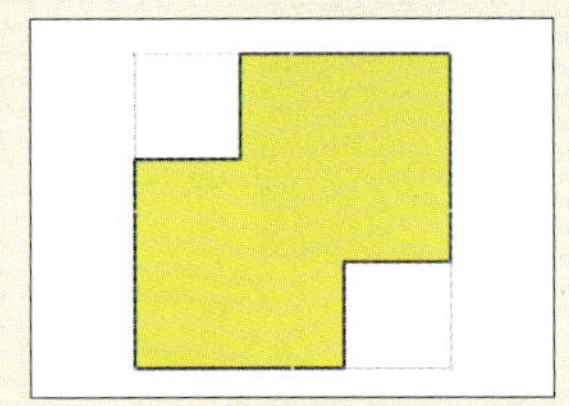

❷ **앞면 오브젝트 제외** : 위쪽인 놓인 오브젝트와 겹쳐진 부분을 제거한다.

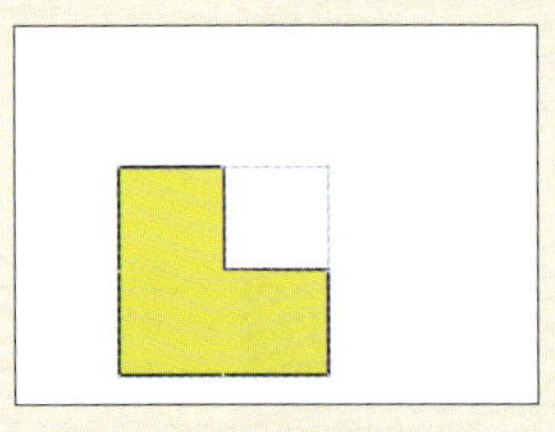

❸ **교차 영역** : 겹쳐진 부분을 제외한 나머지 부분을 제거한다.

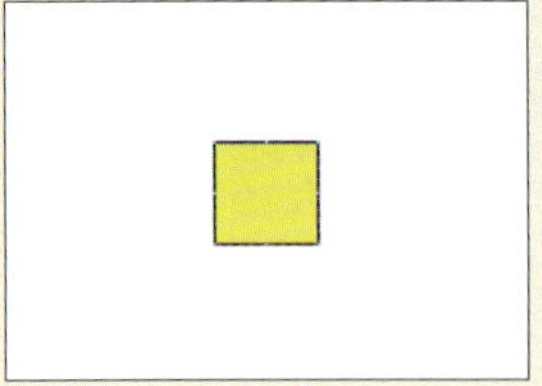

❹ **교차 영역 제외** : 겹쳐진 부분만 제거한다.

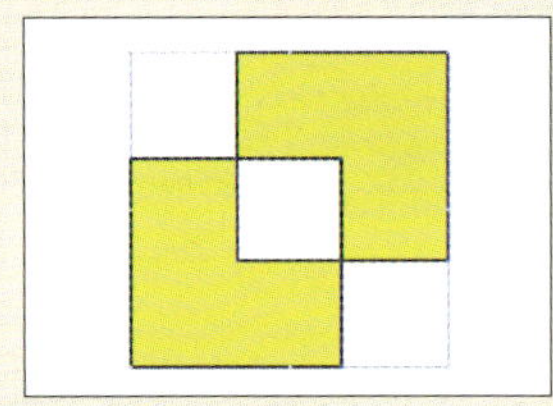

❺ **나누기** : 겹쳐진 부분과 각 부분을 개별 분리한다.

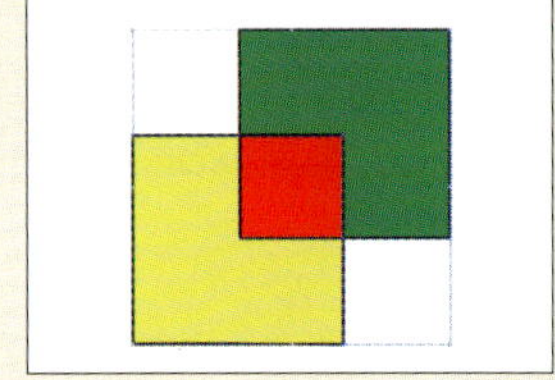

실전문제

01. 도형 도구를 이용하여 압정 오브젝트를 만들어 본다.

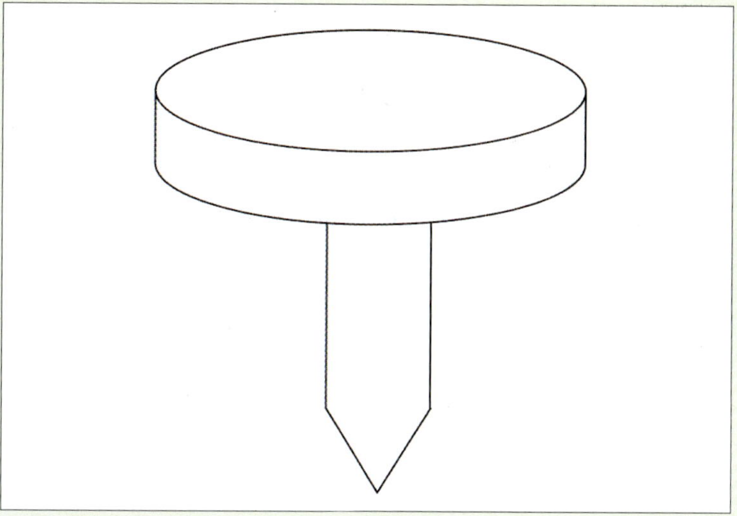

완성파일 | part02-07.ai

Hint 타원 오브젝트와 사각형 오브젝트를 패스파인더의 합치기 기능을 적용하여 압정의 윗 부분을 만들고 세로로 긴 직사각형과 삼각형 오브젝트도 같은 방법으로 압정의 뾰족한 부분을 만든다.

02. 선택 도구를 이용하여 오브젝트를 완성시켜 본다.

준비파일 | part02-08_reday.ai   **완성파일** | part02-08_complete.ai

Hint 버튼 오브젝트를 모두 선택한 후 [그룹] 명령을 실행한 후 그룹화된 오브젝트를 왼쪽으로 드래그하여 계산기 오브젝트 위로 한 번에 옮긴다.

패스와 브러시 도구 익히기

이번 과정에서는 직접 오브젝트를 자유자재로 생성할 수 있는 펜 도구와 브러시 도구에 대해 알아본다. 일러스트레이터의 펜 도구를 가장 핵심적인 기능 중에 하나이다. 펜 도구를 이용하여 사용자의 디자인 의도에 따라 드로잉하며 새로운 디자인 결과물을 창조할 수 있다. 브러시 도구로는 회화적인 느낌의 이미지와 다양한 페인팅 효과를 적용할 수 있다. 펜 도구와 브러시 도구는 사용자의 능숙한 활용 능력과 경험을 바탕으로 창조적인 결과물을 만들 수 있는 만큼 각 도구의 사용법과 활용 능력을 익히고 많은 연습과 노력이 뒷받침 되어야 한다.

Zoom In
알찬 예제로 배우는
**일러스트레이터
기본 드로잉**

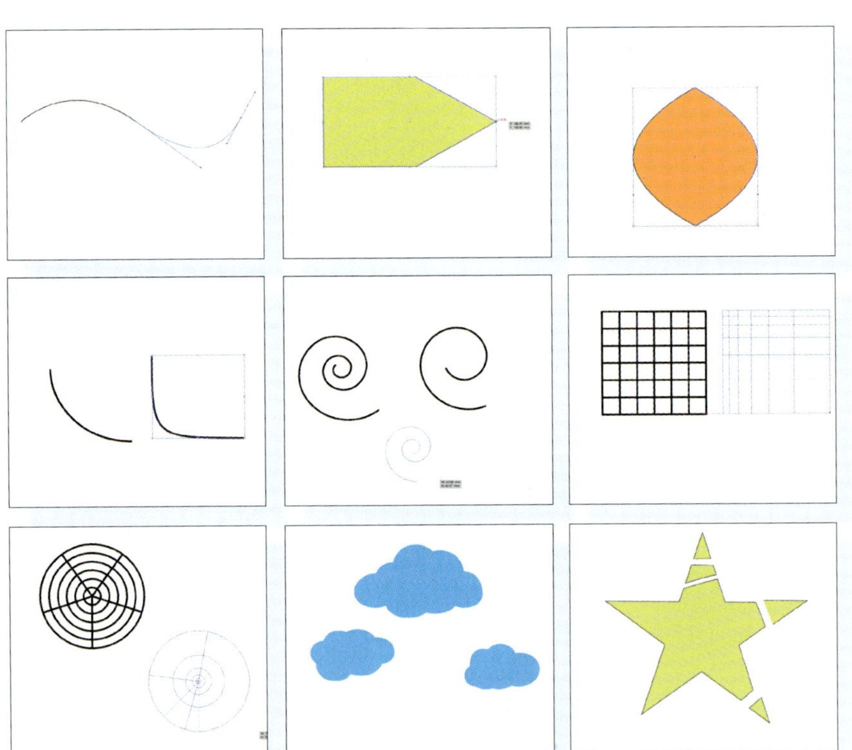

Keypoint Tool

_ **고정점 도구** 고정점의 속성을 한 번에 변경할 수 있다.
_ **펜 도구** 자유롭게 오브젝트를 그릴 수 있다.

Knowhow

_ 매끄럽게 도구를 이용하면 울퉁불퉁한 선을 매끄럽게 표현할 수 있다.
_ `Ctrl` 단축키로 정확히 45°각도의 직선을 그릴 수 있다.

직접 해보기 펜 도구(Selection Tool)

드로잉 프로그램인 일러스트레이터에서 가장 많이 사용하는 도구로 직선과 곡선으로 된 패스를 그려 오브젝트를 만들 수 있는 가장 중요한 도구이다.

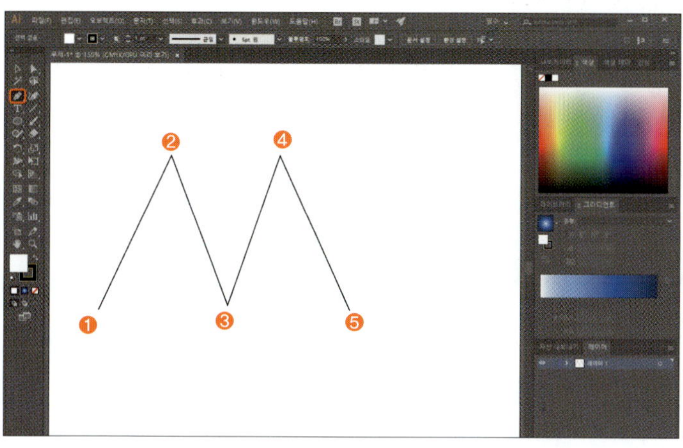

01 펜 도구( )를 선택한 후 면 색상은 없음으로 지정한다. 도큐먼트를 클릭하면 고정점이 생성된다. 계속해서 다른 부분을 클릭하면 새로운 고정점이 만들어지며 두 고정점 사이에 세그먼트가 만들어진다. 그림과 같은 M 모양의 패스를 만들어 본다. 패스로 구성된 오브젝트가 완성되었으면 Ctrl 을 누르고 빈 영역을 클릭하면 편집 상태가 해제된다.

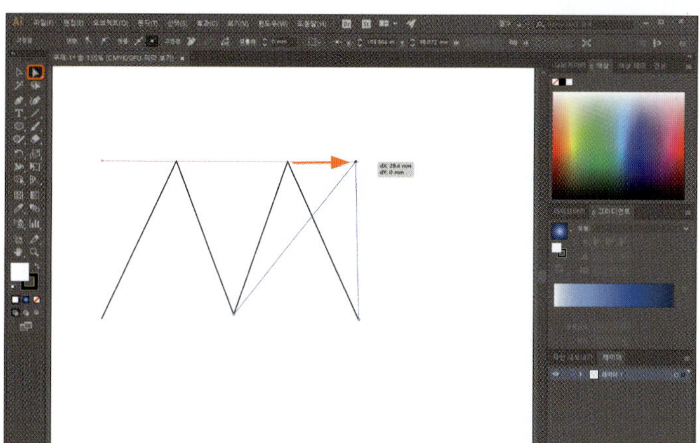

02 고정점과 세그먼트로 구성된 오브젝트는 직접 선택 도구( )를 이용하여 모양을 조절할 수 있다. 직접 선택 도구로 고정점 위를 드래그하여 선택한 다음 위치를 이동시켜 본다.

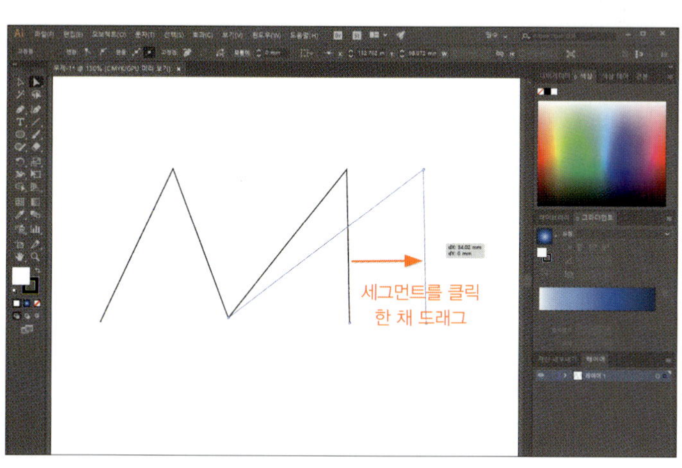

03 고정점과 고정점 사이의 세그먼트도 드래그하여 선택할 수 있다. 선택된 세그먼트를 이동시켜 모양을 변경할 수 있다.

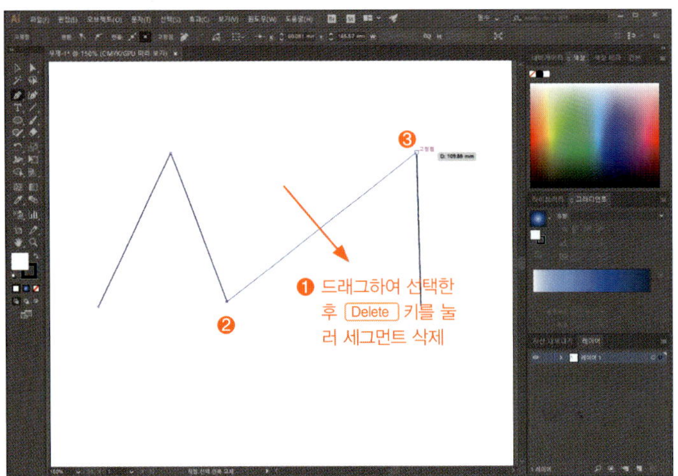

04 세그먼트를 드래그하여 선택한 다음 Delete 를 눌러 삭제하고 펜 도구를 이용하여 끊어진 고정점을 각각 클릭하여 다시 연결한다.

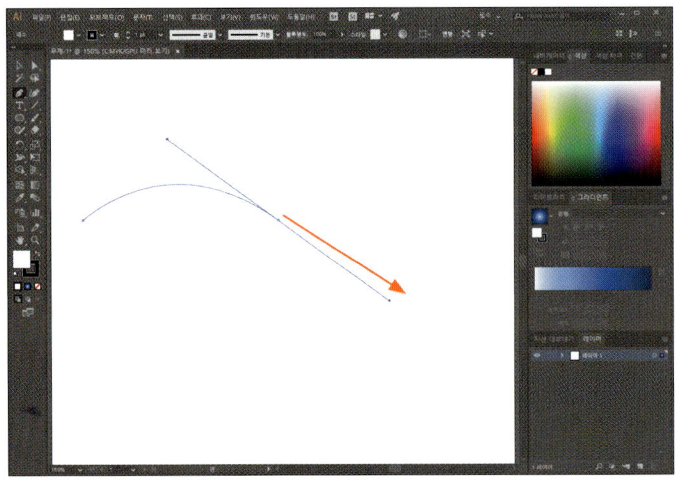

05 곡선을 만들 때에는 첫 번째 클릭 후 두 번째 고정점을 클릭한 상태로 드래그한다. 고정점에 방향선이 만들어지면서 드래그한 방향대로 곡선이 그려진다.

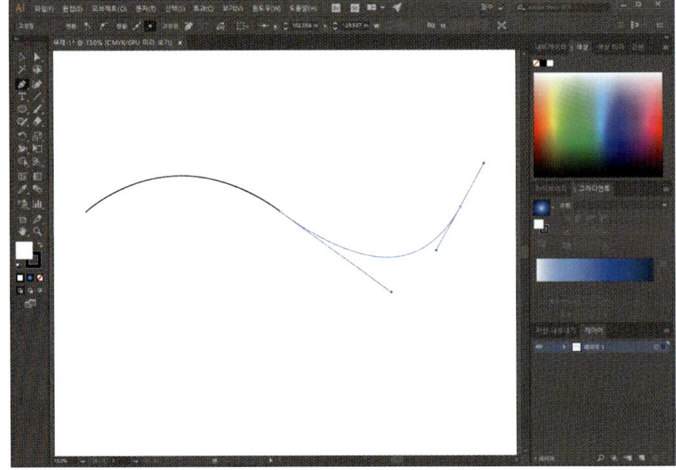

06 계속해서 다른 부분을 클릭하면 추가적으로 곡선을 그릴 수 있다.

강의노트

펜 도구를 이용하여 오브젝트를 그리다가 맨 처음 시작점을 클릭하면 도형 오브젝트가 완성된다.

보충수업 베지어 곡선

패스(Path)는 조절점과 조절점이 모여 세그먼트를 만들고 이 세그먼트가 이어져 패스를 이루며, 오브젝트가 형성된다.

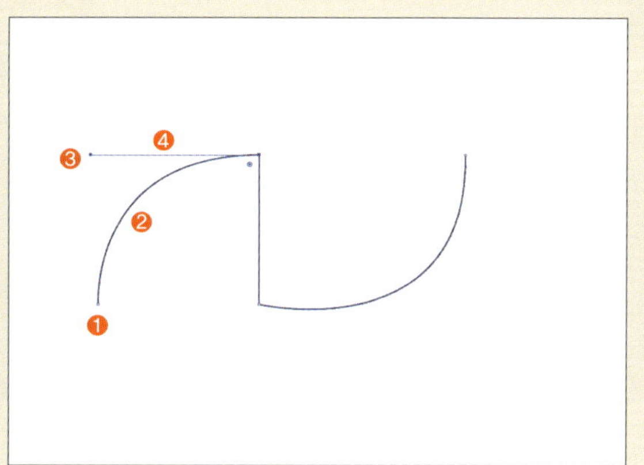

❶ **고정점(Anchor Point)** : 펜 도구로 클릭했을 때 만들어지는 작은 사각형 모양의 점

❷ **세그먼트(Segment)** : 조절점과 조절점 사이를 연결하는 직선, 사선, 곡선

❸ **방향점(Direction Point)** : 곡선을 그릴 때 조절점을 중심으로 만들어지는 두 개의 점

❹ **방향선(Direction Line)** : 곡선을 그릴 때 조절점과 방향점을 이어주는 선으로 베지어 곡선의 형태를 조절하는 선

강의노트

패스 작업에서는 방향선에 영향을 받게 되어 방향선을 삭제하지 않고 조절점을 추가한다면 곡선이 그려지므로 각도가 다른 곡선이나 꺾인 직선을 그리려고 할 때는 반드시 앞쪽의 방향선을 삭제해야 한다.

직접 해보기   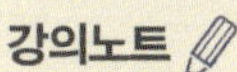고정점 추가/삭제 도구(Add/Delete Anchor Point Tool)

고정점 추가 도구는 오브젝트에 조절점을 추가하여 모양을 변경하거나 수정할 수 있는 도구이다. 도구에서 고정점 추가 도구를 선택하지 않고 그려진 오브젝트의 세그먼트(패스)에 마우스를 위치시키면 자동으로 조절점 추가 도구가 활성화된다. 고정점 삭제 도구는 오브젝트의 조절점을 삭제할 수 있다. 삭제하려는 고정점을 펜 도구로 클릭하면 자동으로 고정점 삭제 도구로 전환되어 고정점이 삭제된다.

01 사각형 도구(▢)로 직사각형 오브젝트를 만든다. 고정점 추가 도구를 선택하고 우측면 중간 부분을 클릭한다. 새로운 고정점이 세그먼트에 추가된다.

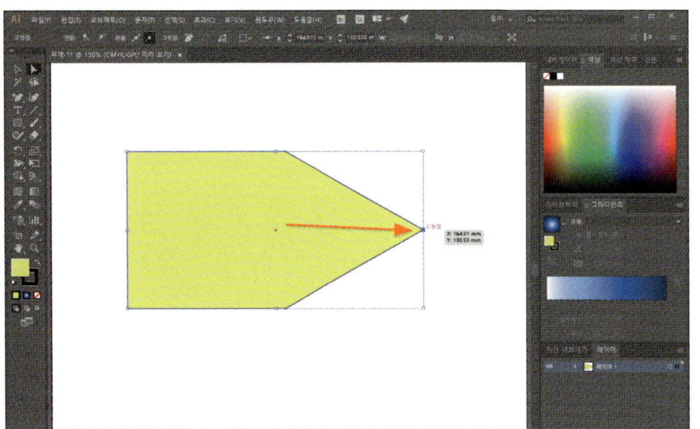

02 직접 선택 도구( )로 추가된 고정점을 선택한 다음 드래그하여 모양을 변경한다.

직접 해보기 고정점 도구(Convert Anchor Point Tool)

고정점 도구는 오브젝트의 조절점이 가지고 있는 방향 설정을 전환시키는 도구이다. 고정점 도구로 조절점을 클릭하면 직선을 곡선의 형태로, 곡선을 직선의 형태로 변경할 수 있다.

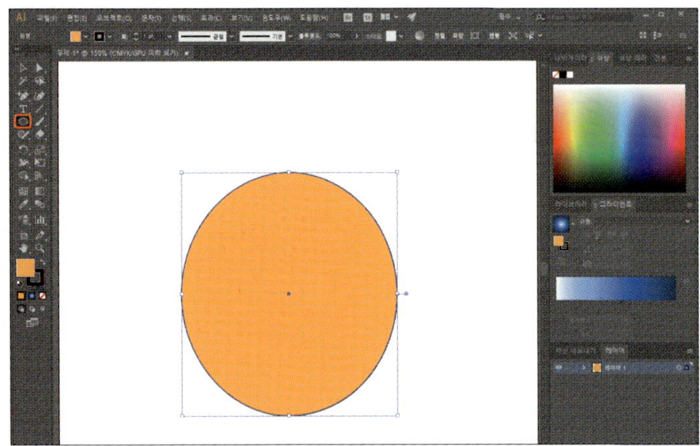

01 원형 도구( )로 타원 오브젝트를 만든다.

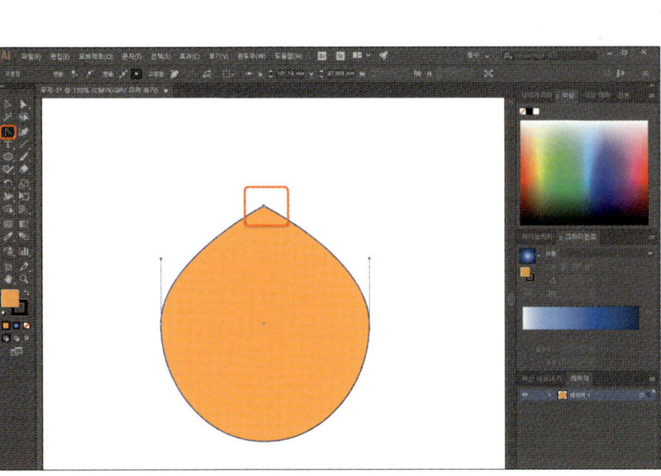

02 도구 모음에서 고정점 도구( )를 선택하고 원 오브젝트의 위쪽 고정점을 클릭한다. 곡선의 방향선 성질이 직선으로 변경되어 물방울 모양의 오브젝트로 변형된다.

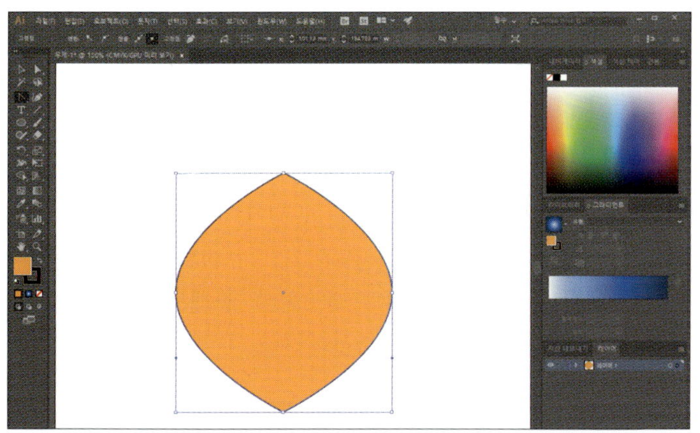

03 아래쪽 고정점도 클릭하여 나뭇잎 형태의 오브젝트로 변형해 본다.

직접 해보기 　선분 도구(Line Tool)

선분 도구는 직선, 수평, 수직, 사선 등을 정확하게 그릴 때 사용하는 도구이다.

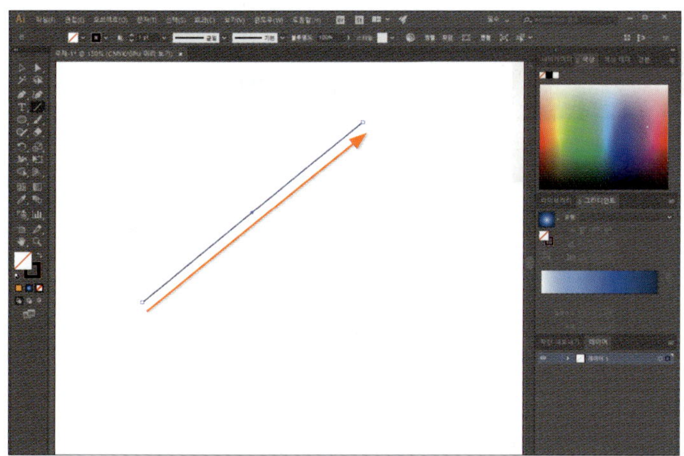

01 선분 도구( )를 선택하고 도큐먼트를 클릭한 상태에서 드래그한다. 드래그한 길이만큼 직선이 만들어진다.

강의노트

선분 도구를 사용하여 정확하게 수직, 수평, 45° 방향으로 직선 오브젝트를 그리고 싶다면 Shift 를 누르고 드래그하여 그리면 된다.

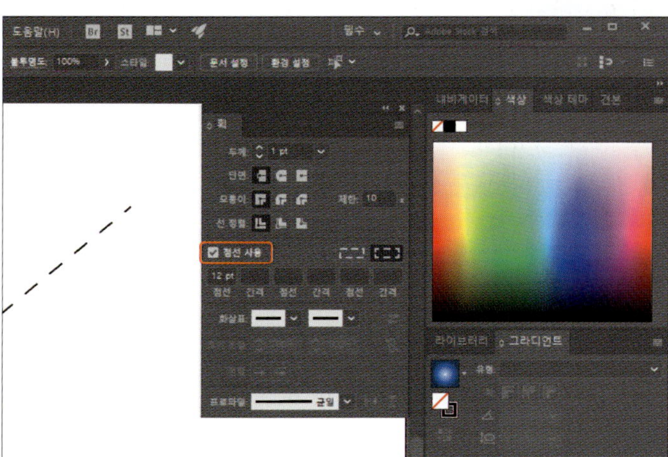

02 [윈도우]−[획]을 실행하여 나타난 [획] 패널에서 선의 두께와 스타일을 설정할 수 있다. [점선 사용] 항목을 선택하여 점선을 만들어본다.

강의노트

획 패널은 선의 다양 모양, 두께 동의 속성을 설정할 수 있다. 획 패널에서 세부 사항을 설정하고 싶으면 우측 상단의 메뉴 버튼을 클릭해 [옵션 표시]를 실행한다.

직접 해보기　호 도구(Arc Tool)

호 도구는 원호 모양을 다양하고 쉽게 그릴 수 있는 도구이다.

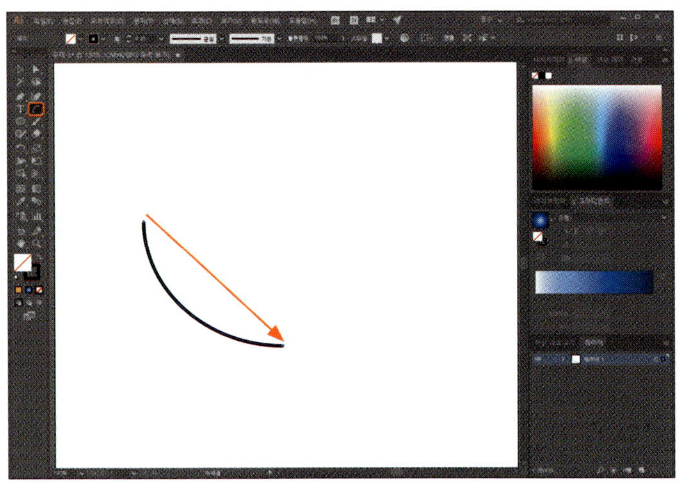

01 도구 모음에서 호 도구( )를 선택하고 도큐먼트를 클릭한 상태에서 드래그한다. 드래그한 길이만큼 원호가 만들어진다.

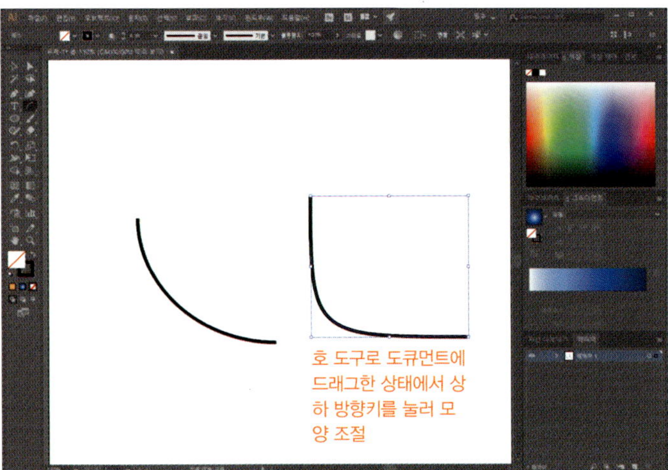

02 원호의 모양은 방향키를 이용하여 빠르게 변경할 수 있다. 호 도구로 도큐먼트에 드래그한 상태에서 상하 방향키를 누르면 원호의 구부러진 모양을 조절할 수 있다.

강의노트

호 도구를 사용할 때 Shift 를 누르면 정원의 1/4에 해당하는 원호를 정확히 그릴 수 있다.

보충수업　선분 도구 옵션 대화상자

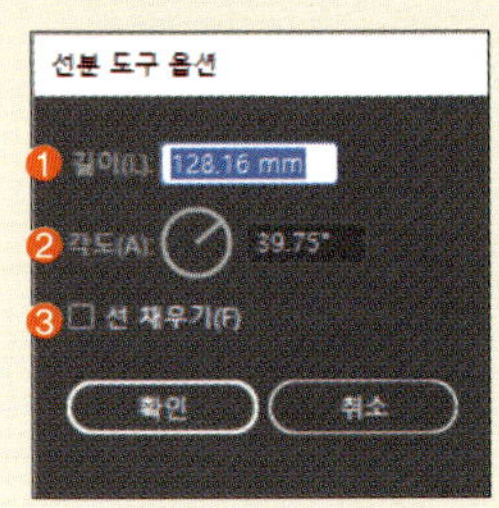

❶ **길이** : 선의 길이를 입력한다.

❷ **각도** : 선의 기울기를 조절한다.

❸ **선 채우기** : 그려지는 선에 지정된 색상이 채워진다.

보충수업 호 선분 도구 옵션 대화상자

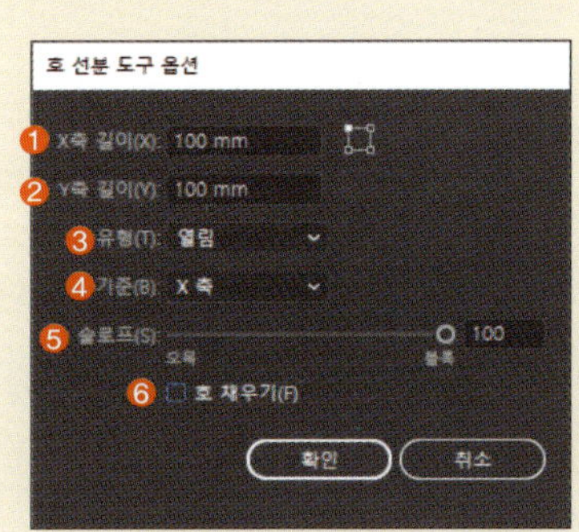

❶ **X축 길이** : X축 방향의 길이를 입력한다.

❷ **Y축 길이** : Y축 방향의 길이를 입력한다.

❸ **유형** : 그려지는 원호의 유형을 지정한다. 열림 속성은 열린 호를 그리고 닫힘 속성은 닫힌 호를 그린다.

❹ **기준** : 기준이 되는 축을 지정한다.

❺ **슬로프** : 호의 경사도를 조절하는 옵션이다.

❻ **호 채우기** : 그려지는 호에 지정된 면 색상이 채워진다.

직접 해보기 나선형 도구(Spiral Tool)

나선형 도구는 소용돌이 모양의 도형을 그릴 수 있는 도구이다. 열린 패스로 나타나게 되며, 드래그를 통하여 쉽게 그릴 수 있다.

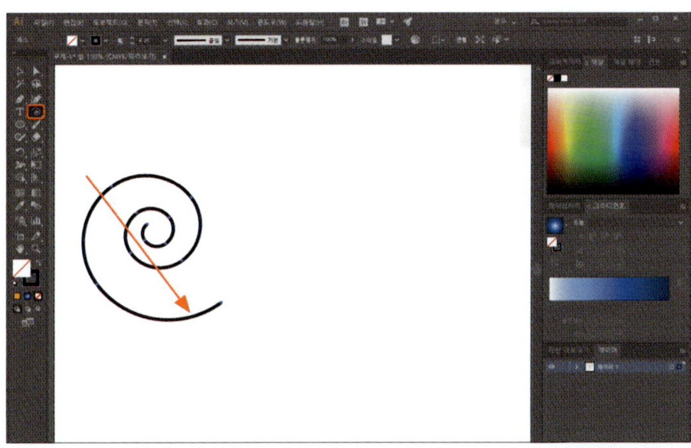

01 도구 모음에서 나선형 도구( )를 선택하고 도큐먼트를 클릭한 상태에서 드래그한다. 드래그한 길이만큼 나선 모양이 만들어진다.

02 나선을 구성하는 세그먼트의 개수는 단축 기능으로 빠르게 조절할 수 있다. 나선형 도구를 드래그한 상태에서 키보드의 상하 방향키를 누르면 세그먼트의 개수가 자동으로 조절된다.

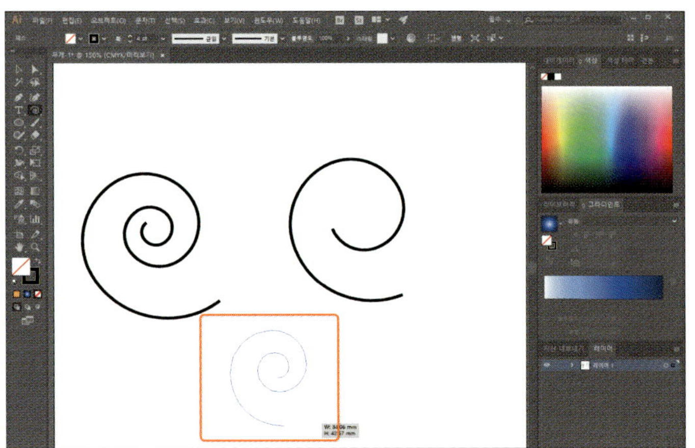

<table>
<tr><td>03</td><td>Alt 를 누른 상태에서 안쪽 또는 바깥쪽으로 드래그하면 나선형이 회전하면서 커져가는 간격을 조절할 수 있다.</td></tr>
</table>

직접 해보기　사각형 격자 도구(Rectangular Grid Tool)

사각형 형태의 격자(표)를 만들 수 있는 도구이다.

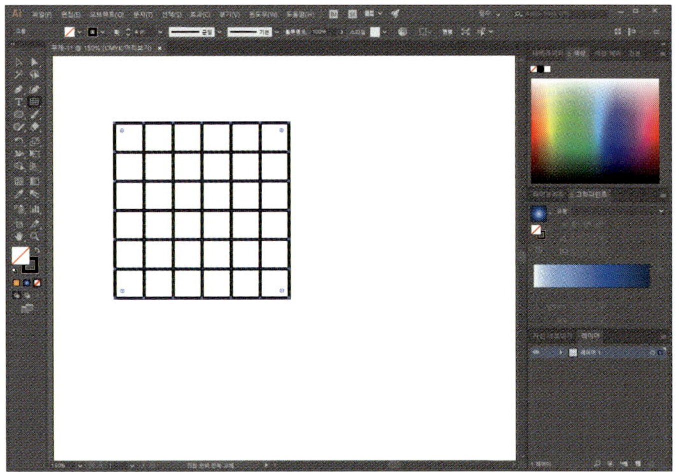

<table>
<tr><td>01</td><td>도구 모음에서 사각형 격자 도구(▦)를 선택하고 도큐먼트에 드래그하여 격자 형태를 만든다.</td></tr>
</table>

강의노트 ✐

격자 도구는 키보드의 단축키를 이용하여 쉽고 빠르게 표를 그릴 수 있다. 단축키로 사용되는 것은 X, C, F, V 키와 상화좌우 방향키이다. X, C, F, V 키를 누르면 상하좌우의 폭을 조절할 수 있으며, 이동키를 누르면 가로와 세로 칸의 개수를 조절할 수 있다.

📍 보충수업　나선형 도구 옵션 대화상자

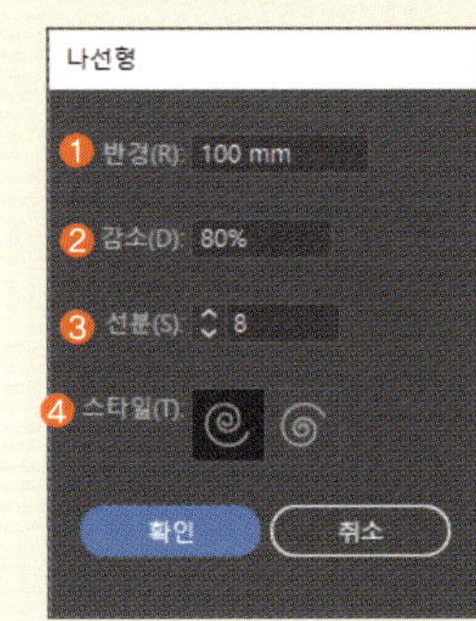

❶ **반경** : 중심에서 바깥쪽 끝점까지의 거리를 입력한다.

❷ **감소** : 회전하면서 퍼져나가는 정도를 조절한다.

❸ **선분** : 나선을 구성하는 세그먼트의 개수를 조절한다.

❹ **스타일** : 회전하는 방향을 지정한다.

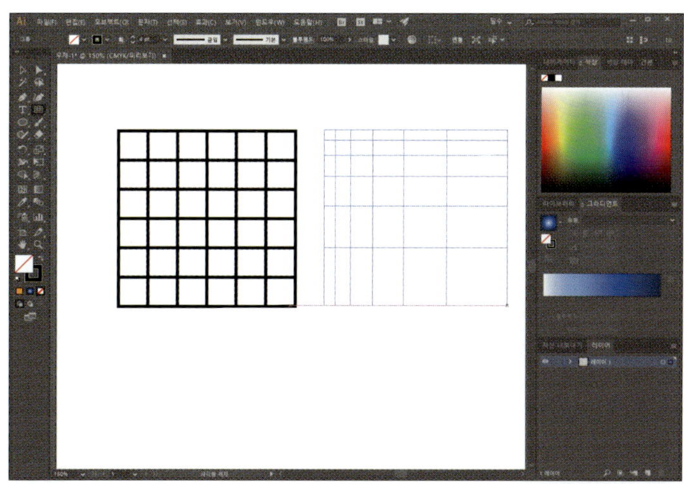

02 격자의 상하좌우 폭은 단축 기능으로 빠르게 조절할 수 있다. 드래그한 상태에서 X, C, F, V 키를 각각 눌러본다. 상하좌우로 격자의 간격이 조정된다.

강의노트

사각형 격자 도구 옵션 대화상자의 [프레임으로 외부 사각형 사용] 항목을 체크하지 않고 사각형 격자를 그리게 되면 모두 선으로 구성되어 표에 면 색상을 적용할 수 없고, 체크한 상태에서 그리면 외각 부분이 사각형으로 만들어져서 면 색상을 적용할 수 있다.

보충수업 사각형 격자 도구 옵션 대화상자

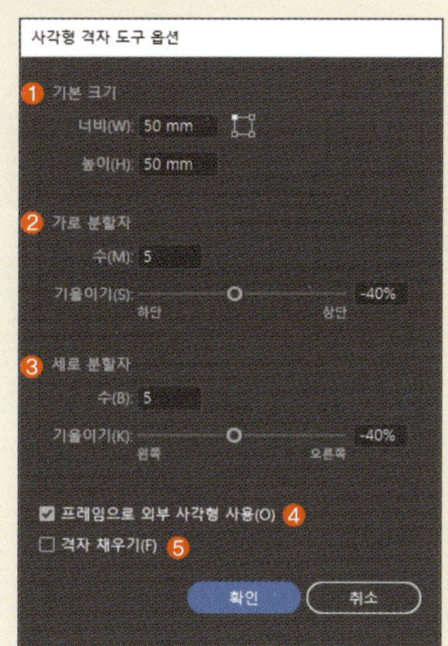

❶ **기본 크기** : 가로 방향, 세로 방향의 크기를 입력한다.

❷ **가로 분할자** : 가로 방향의 분할 개수와 위치를 조절한다.

❸ **세로 분할자** : 세로 방향의 분할 개수와 위치를 조절한다.

❹ **프레임으로 외부 사각형 사용** : 외각의 라인이 사각형 도형으로 그려지게 된다.

❺ **격자 채우기** : 그려지는 격자에 지정된 색상이 채워진다.

"프레임으로 외부 사각형 사용" 항목에 체크하지 않으면 생성 후 직접 선택 도구로 외곽선을 선택하고 이동시켰을 때 개별적인 선 오브젝트로 분리된다. 해당 항목에 체크하면 외곽선을 이동시키면 분리되지 않고 사각형 오브젝트의 크기가 변형된다.

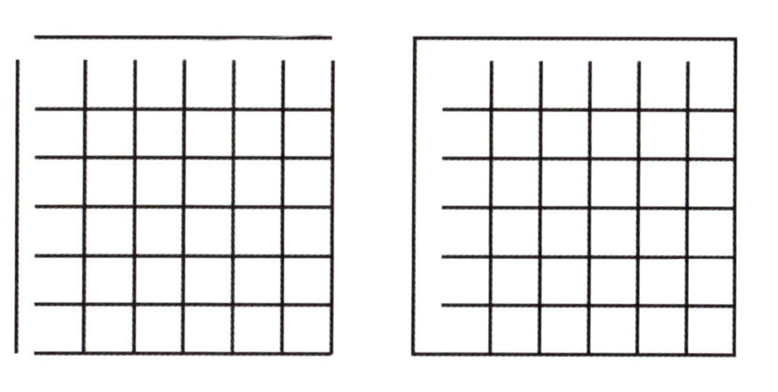

직접 해보기 극좌표 격자 도구(Polar Grid Tool)

극좌표 격자 도구는 동심원을 그리거나 방사선 형태의 격자를 그릴 수 있다. 작업 시에는 마우스로 직접 드래그하거나 도큐먼트를 클릭한 다음 대화상자에서 수치를 입력하여 만들 수 있다.

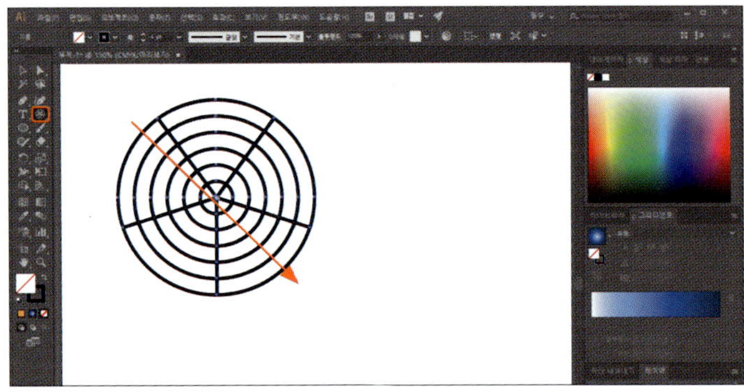

01 도구 모음에서 극좌표 격자 도구( )를 선택하고 도큐먼트에 드래그하면 방사선 형태의 격자가 만들어진다.

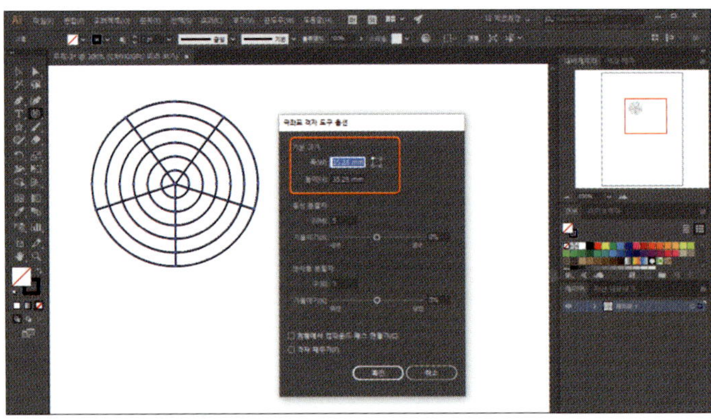

02 극좌표 격자 도구( )격자 도구를 더블클릭하여 [극좌표 격자 도구 옵션]을 나타낸 후 수치를 입력하여 [확인] 버튼을 누르는 방법으로도 생성할 수 있다.

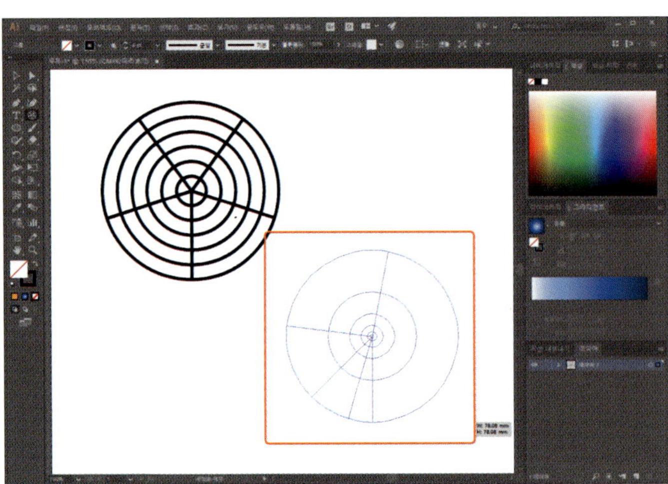

A, C, F, V 키(상하좌우의 폭)와 이동키(가로, 세로 칸의 개수)를 눌러 형태를 조정한다.

03 사각형 격자 도구와 마찬가지로 단축키 X, C, F, V를 눌러 상하좌우의 폭을 조절할 수 있으며, 방향키를 누르면 가로와 세로 칸의 개수를 조절할 수 있다.

강의노트

극좌표 격자 도구 옵션 대화상자의 [원형에서 컴파운드 패스 만들기] 항목을 체크하면 서로 겹쳐있는 동심원들을 컴파운드 패스화하여 뚫어주며, 그룹을 해제한 후에도 분리되지 않는다. 항목을 체크하지 않으면 동심원들은 서로 겹쳐져 있게 되므로 그룹을 해제하면 분리가 가능하다.

보충수업　극좌표 격자 도구 옵션 대화상자

❶ **기본 크기** : 가로 방향, 세로 방향의 크기를 입력한다.

❷ **동심 분할자** : 동심원의 분할 개수와 동심원의 내부/외부 선들의 위치를 조절한다.

　• 수 : 동심으로부터 외곽원까지 분할할 수를 설정한다.

　• 기울이기 : 수치 값이 높을수록 외곽 부분으로 분할 선들이 치우쳐서 생성된다.

❸ **방사형 분할자** : 방사형 분할 개수와 선의 위치를 조절한다.

　• 수 : 원을 케이크 모양으로 분할할 수를 설정한다.

　• 기울이기 : 수치 값이 높을수록 좌측 하단쪽으로 분할 선들이 치우쳐서 생성된다.

❹ **원형에서 컴파운드 패스 만들기** : 항목을 체크하면 서로 겹쳐있는 동심원들의 겹쳐있는 부분이 투명하게 뚫리게 되며 서로 분리되지 않는다.

❺ **격자 채우기** : 이 항목을 체크하면 그려지는 격자에 지정된 색상이 채워진다.

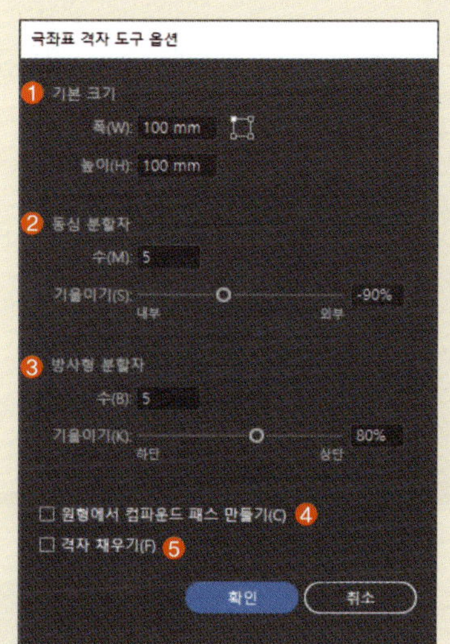

직접 해보기　📝페인트 브러시 도구(Paintbrush Tool), 🖌물방울 브러시 도구(Blob Brush Tool)

페인트 브러시 도구는 브러시 패널에서 브러시의 종류를 지정한 다음 마우스로 드래그하여 외곽선을 그릴 수 있는 도구이다. 물방울 브러시 도구는 사용자가 채색한 부분을 오브젝트로 만들 수 있다. 동일한 색상일 경우에는 기존 오브젝트와 합쳐져 브러시 기능이 적용되며, 개별적인 오브젝트로 나타낼 수도 있다.

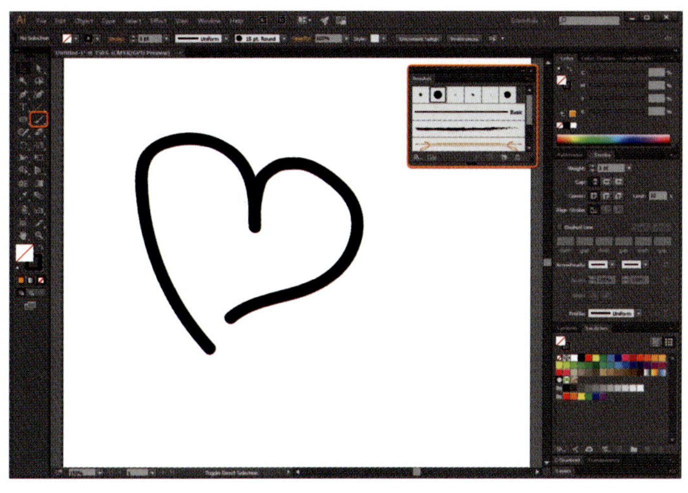

01 페인트 브러시 도구(📝)를 선택하고 브러시 스타일을 선택한 다음 도큐먼트에 하트 모양을 그려본다.

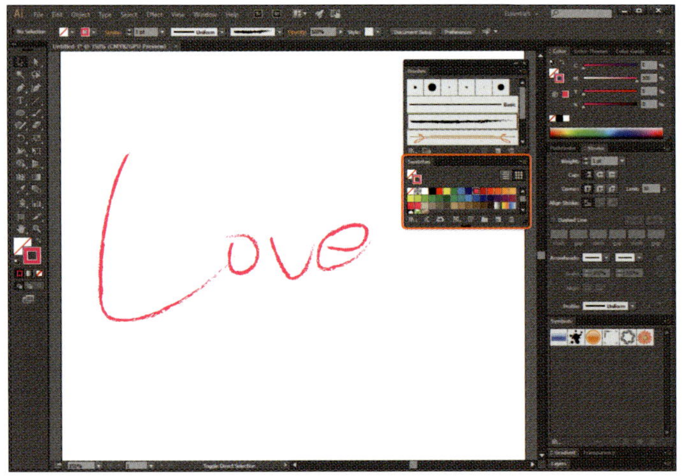

02 브러시 패널에서 [목탄] 스타일을 선택한 다음 Love 글자를 그려본다. 이 후 색상 패널에서 색상을 변경하여 완성한다.

강의노트

작업을 진행하면서 브러시의 크기를 빠르게 조정하면서 작업을 진행할 수 있다. 키보드의 [ ]] 키를 누르면 일정 비율로 브러시 크기가 확대되며, [[ ] 키를 누르면 일정 비율로 축소된다.

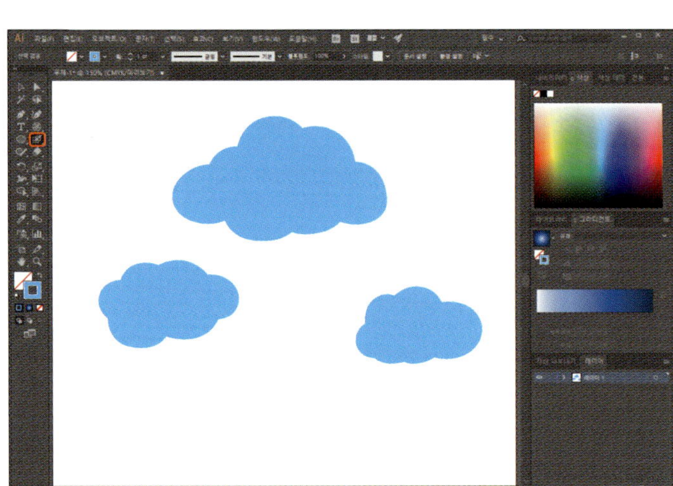

03 이번에는 물방울 브러시 도구(   )를 선택하고 둥글게 드래그하면서 구름 모양을 만들어 본다. 모양이 부드럽게 표현되어 자연스러운 형태를 나타낼 수 있다.

강의노트

물방울 브러시 도구를 채색하듯이 자유롭게 드래그하여 면 속성의 오브젝트를 나타낼 수 있다. 마우스로 드래그하면 부드러운 곡선 형태의 오브젝트를 만들 수 있다.

보충수업 페인트 브러시 도구 옵션 대화상자

❶ **정확도 :** 마우스 또는 타블렛의 펜 마우스 감도를 조절할 수 있는 항목으로 수치가 낮을수록 감도가 높아지게 된다.

❷ **새 브러시 획 칠 :** 이 항목을 체크하면 브러시로 그려지는 오브젝트의 내부에 색상을 적용하게 된다.

❸ **선택 유지 :** 이 항목을 체크하면 드로잉이 끝난 오브젝트가 선택된 상태로 표시된다.

❹ **선택 패스 편집 :** 이 항목을 체크하면 열린 패스를 그렸을 때 시작점과 끝점을 브러시 도구를 사용하여 연결할 수 있게 된다.

❺ **한도 :** 선택 패스 편집 항목이 체크되었을 때 활성화되는 옵션으로 연결할 수 있는 거리를 조절한다.

직접 해보기　모양 도구(Shaper Tool)

모양 도구는 일러스트레이터 CC에서 새롭게 제공하는 기능으로 비뚤어진 원형이나 비뚤어진 사각형을 그리면 거친 선들을 직선 또는 곡선으로 표현하여 도형을 그릴 수 있다.

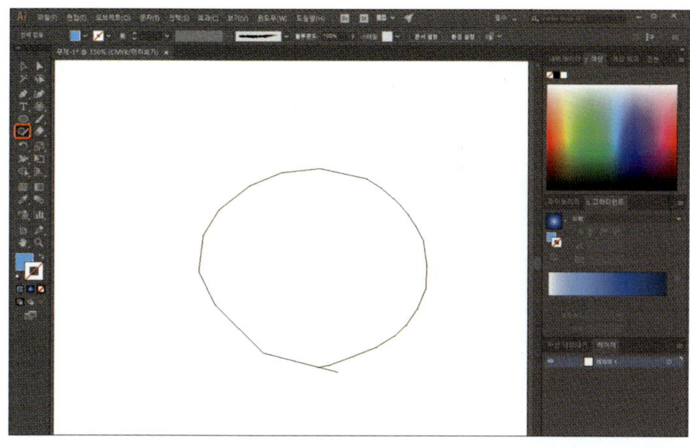

01 도구 모음에서 모양 도구(　)를 선택하고 원하는대로 원을 그려본다.

02 자동으로 변형되어 매끈한 원 오브젝트가 생성된다.

강의노트 ✎

이번 버전에서 새롭게 추가된 모양 도구는 펜 도구의 단점을 보완하여 쉽고 간편하게 도형을 만들 수 있도록 도와준다.

03 이번에는 사각형을 그려본다. 자동으로 매끈한 직사각형 오브젝트로 변형된다.

직접 해보기 연필 도구(Pencil Tool), 매끄럽게 도구(Smooth Tool), 패스 지우개 도구(Path Erase Tool)

연필 도구는 마우스로 드래그하여 자유로운 형태의 패스를 그릴 수 있는 도구이다. 연필 도구로 오브젝트를 그리면 선 속성으로 나타난다. 매끄럽게 도구는 펜, 연필 도구로 그려진 거친 패스를 부드럽게 표현하는 도구이다. 패스 지우개 도구는 펜도구가나 연필 도구로 그려진 패스를 부분적으로 삭제할 수 있다. 삭제된 후에는 오브젝트가 연결되지 않고 끊어지게 된다.

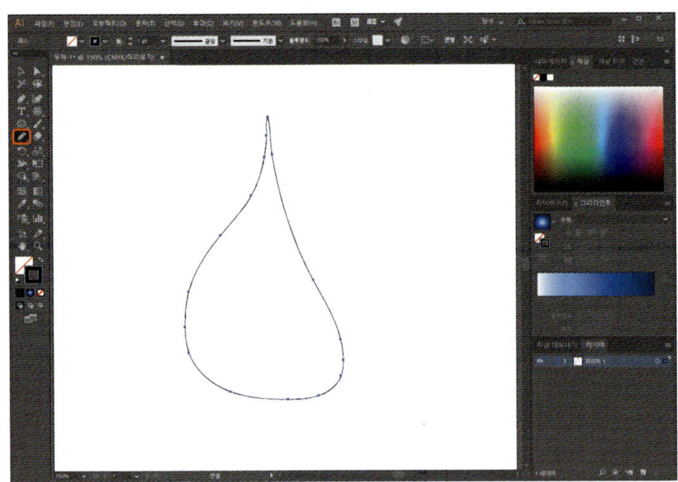

01 도구 모음에서 연필 도구( )를 도큐먼트 빈 공간을 드래그하여 물방울 모양을 그려본다.

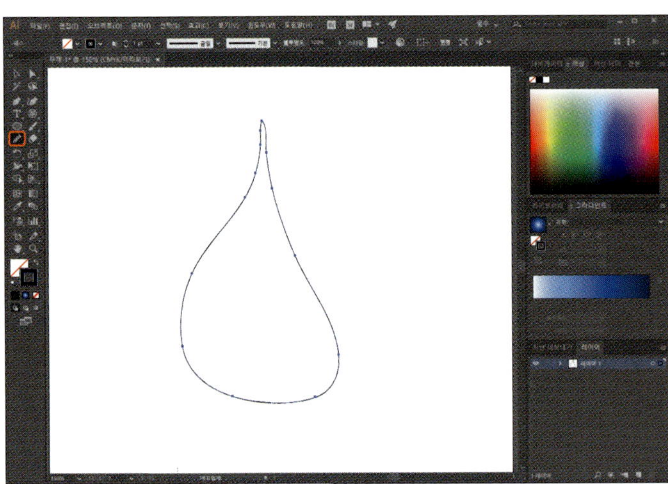

02 연필 도구로 그려진 거친 선들을 매끈하게 표현하기 위해 도구 모음에서 매끄럽게 도구( )를 선택하고 패스를 따라 드래그한다.

강의노트

연필 도구가 선택된 상태에서 Alt 를 누르면 임시적으로 매끄럽게 도구로 전환된다. 직접 도구를 선택하지 않고도 빠르게 전환하여 작업을 진행할 수 있다.

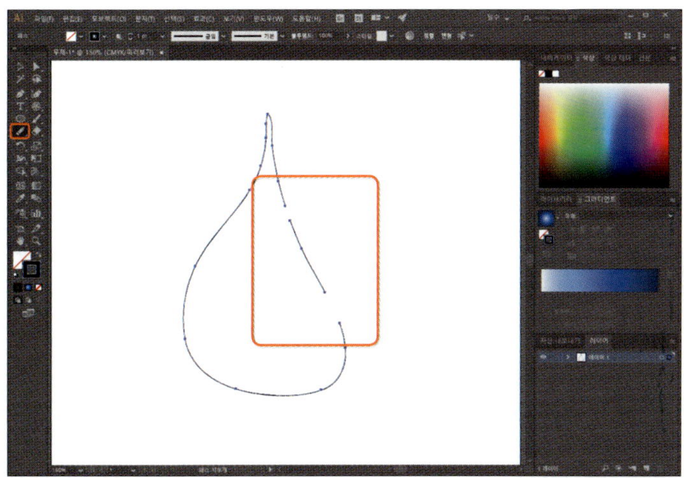

03 이번에는 패스 지우개 도구( )로 패스 일부분을 드래그하여 삭제해 본다.

강의노트

일러스트레이터는 벡터 방식의 프로그램으로 포토샵과 같은 비트맵 방식의 프로그램보다 매우 적은 용량을 차지한다. 하지만 많은 양의 고정점, 블렌드, 그라데이션 효과 등을 과도하게 적용하면 용량이 매우 커지게 된다. 따라서 오브젝트를 만들 때에는 불필요한 고정점들은 삭제하는 것이 좋다.

보충수업 매끄럽게 도구 옵션 대화상자

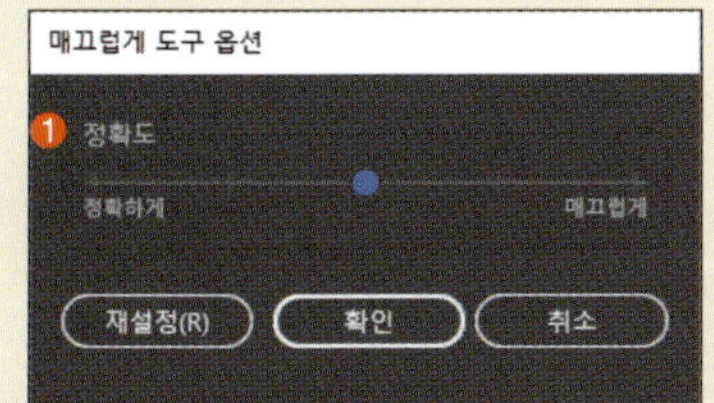

❶ **정확도** : 마우스 또는 타블렛의 펜 마우스 감도를 조절할 수 있다. 수치가 낮을수록 감도가 높아진다

보충수업 연필 도구 옵션 대화상자

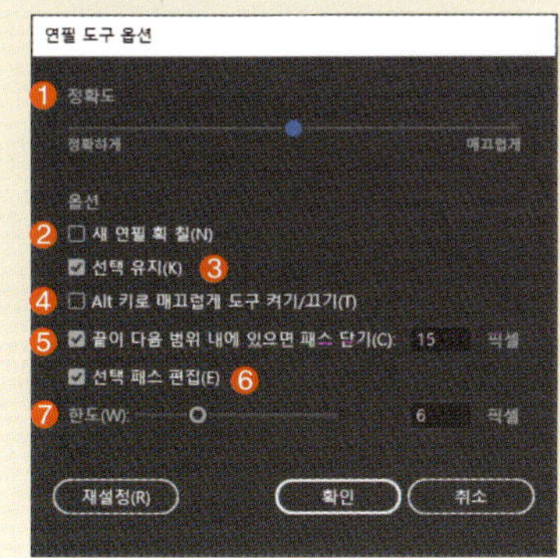

❶ **정확도** : 마우스 또는 타블렛의 펜 마우스 감도를 조절할 수 있는 항목으로 수치가 낮을수록 감도가 높아진다

❷ **새 연필 획 칠** : 연필 도구로 그린 선에 색상을 적용한다.

❸ **선택 유지** : 드로잉이 끝난 오브젝터가 선택된 상태로 표시된다.

❹ [Alt] **키로 매끄럽게 도구 켜기/끄기** : 단축키 [Alt] 키로 매끄럽게 도구를 사용/미사용을 설정한다.

❺ **끝이 다음 범위 내에 있으면 패스 닫기** : 입력된 수치 값(픽셀)내 크기로 만들어진 경우 패스를 자동으로 닫는다.

❻ **선택 패스 편집** : 열린 패스를 그렸을 때 시작점과 끝점을 브러시 도구로 연결할 수 있다.

❼ **한도** : 선택 패스 편집 항목이 활성화되었을 때 연결할 수 있는 거리를 조절한다.

직접 해보기 지우개 도구(Eraser Tool), 가위 도구(Scissors Tool), 칼 도구(Knife Tool)

지우개 도구는 오브젝트의 면과 선에 관계없이 지울 수 있다. 가위 도구는 오브젝트를 자르는 도구로 오브젝트에 고정점을 추가하여 연결되지 않는 열린 패스로 잘라준다. 칼 도구는 가위 도구와 비슷하지만 열린 패스가 아닌 닫힌 패스로 오브젝트를 분할한다.

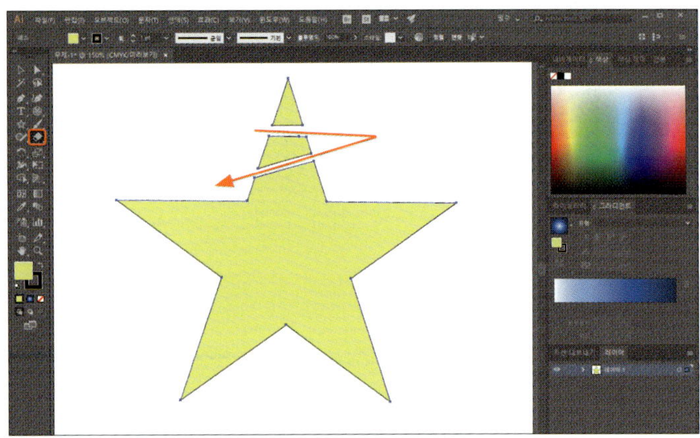

01 새로운 도큐먼트를 만들고 별형 도구( )로 별 오브젝트를 생성한다. 도구 모음의 지우개 도구( )를 선택한 후 별 오브젝트 위를 드래그하여 일부분을 지워본다.

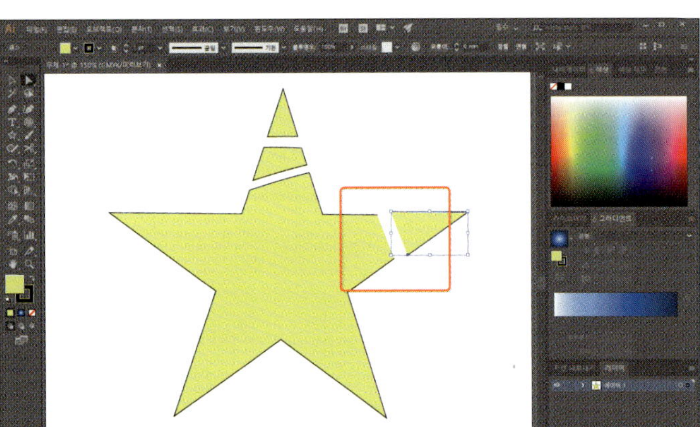

02 이번에는 도구 모음의 가위 도구( )를 선택하고 별 오브젝트의 오른쪽 꼭지 부분의 패스 위를 클릭하고 반대쪽 패스 위를 클릭해본다. 선택 도구로 잘려진 꼭지를 드래그하여 이동해 보면 별 오브젝트가 열린 패스로 분할된 것을 확인할 수 있다.

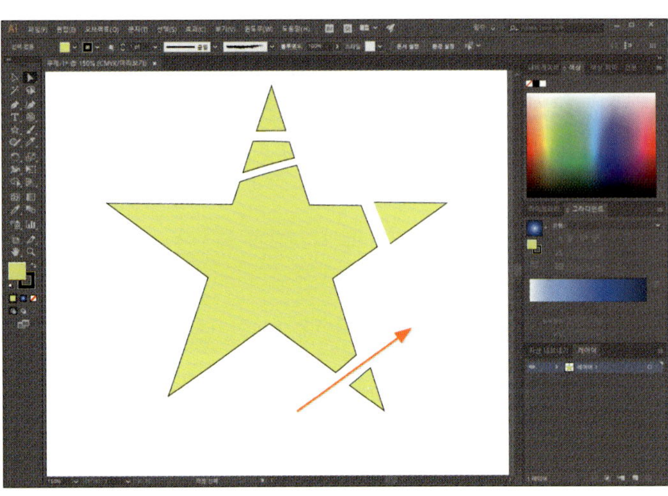

03 별 몸통 오브젝트를 선택한 상태에서 도구 모음의 칼 도구( )를 선택하고 별 오브젝트의 아래쪽 부분을 가로질러 드래그한다. 별 오브젝트가 닫힌 패스로 분할된다.

강의노트 ✎

칼 도구를 이용하여 직선 방향으로 정확하게 오브젝트를 분리하려면 Alt 를 함께 누른다. 이때 Shift 를 함께 누르면 수직, 수평, 45°를 기준으로 정확히 분리할 수 있다.

실전문제

01. 주어진 선을 따라서 펜 도구로 선을 만들어 본다.

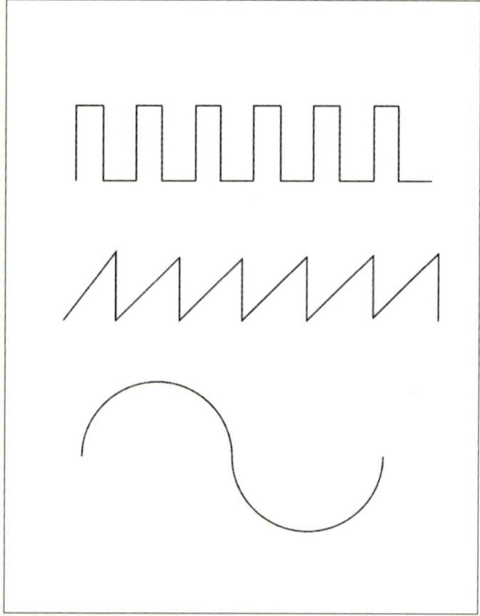

준비파일 | part02-10_ready.ai
완성파일 | part02-10_complete.ai

Hint 펜 도구를 이용하여 직선을 그릴 때는 Shift 를 누른 상태에서 모서리 꼭짓점 부분을 클릭해가면서 선을 그린다. 펜 도구로 곡선형 형태를 그리기 위해서는 모서리를 클릭한 상태로 드래그하여 곡선의 모양과 일치하도록 만든다.

02. 주어진 오브젝트를 분할한 다음 색상을 변경하여 포스터 느낌으로 표현해 본다.

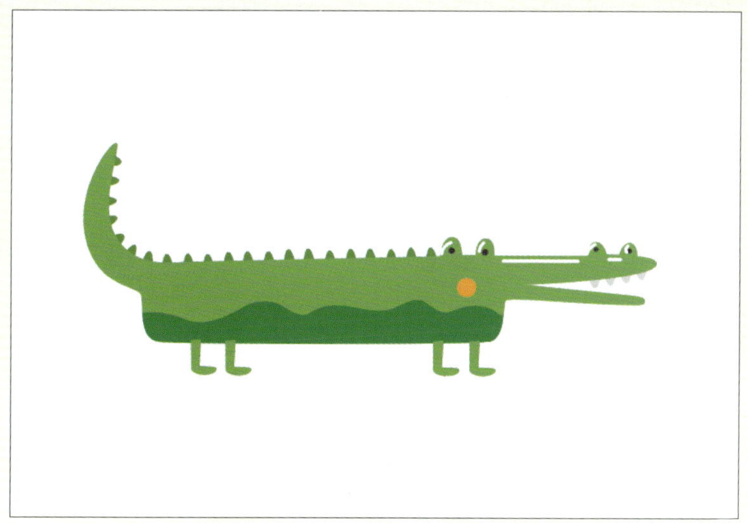

준비파일 | part02-11_ready.ai   **완성파일** | part02-11_complete.ai

Hint part02-11_ready.ai 파일을 불러온 후 칼 도구를 선택하고 악어 오브젝트를 몸통을 가로로 분할한다. 직접 선택 도구로 아래쪽 오브젝트를 선택하고 면 색상을 변경한다. 도구 모음에서 선 속성을 흰 색상으로 변경한 다음 물방울 브러시 도구로 드래그하여 빛이 반사되는 모양의 하이라이트를 그린다.

문자와 오브젝트 변형 도구 익히기

일러스트레이터는 오브젝트를 생성하는 것 뿐만 아니라 다양하게 변형할 수 있으면 문자를 입력하고 편집할 수 있는 기능을 제공한다. 오브젝트를 변형하는 도구와 대화상자를 이용하여 정확한 수치로 변형이 가능하며 오브젝트에 적용된 패턴, 특수 효과를 조절할 수 있다. 또한 문자 도구를 이용하여 타이포 디자인과 전문 DTP 프로그램 못지않은 다양한 효과를 낼 수 있다.

Zoom In

알찬 예제로 배우는

다양한 변형 도구로 작업하기

Keypoint Tool

_ **문자 도구** 다양한 방향으로 문자를 입력할 수 있다.

_ **변형 도구** 포토샵처럼 다양한 효과를 적용할 수 있다.

Knowhow

_ 도형 외곽선을 따라 문자를 입력하면 다양하게 표현할 수 있다.

직접 해보기 T 문자 도구(Type Tool)

문자 도구는 도큐먼트에 텍스트를 입력하는 도구이다.

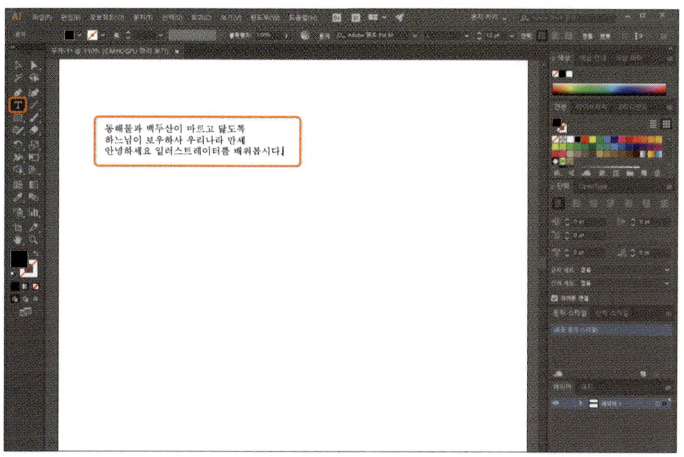

01 새로운 도큐먼트를 만들고 문자 도구(T)로 도큐먼트 빈 공간을 클릭하면 예시 문장이 입력된다. 블록 상태를 해제하기 위해 문자 위를 한 번 더 클릭하고 원하는 문자를 입력한 후 Enter 를 누르면 줄이 변경되며 계속해서 문자를 입력할 수 있다.

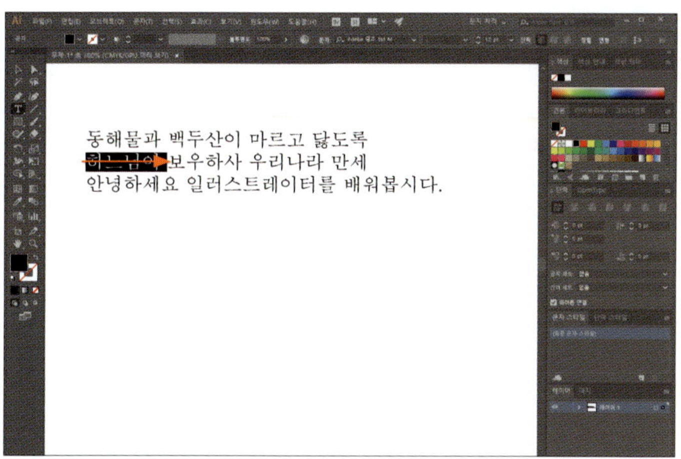

02 입력된 문자를 수정하려면 문자 도구(T)로 해당 부분을 드래그하여 블록을 지정한 다음 변경할 문자를 입력한다.

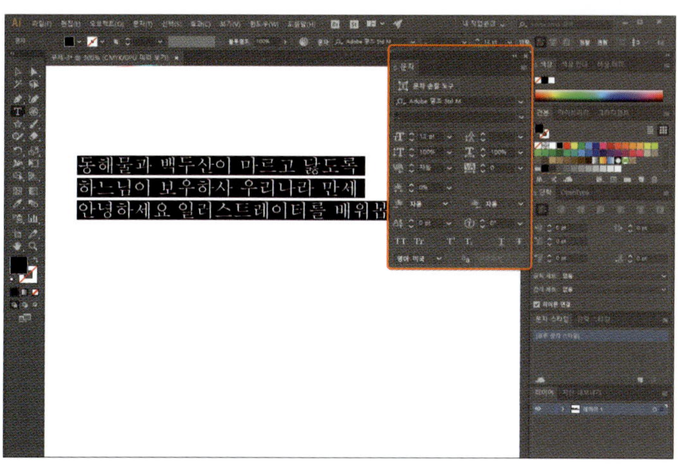

03 문자의 글꼴을 변경할 때는 Ctrl + A 를 눌러 문자 전체에 블록을 지정한 다음, 옵션 패널에서 원하는 글꼴을 지정하거나 문자 패널에서 변경할 수 있다. 문자 패널은 옵션 패널의 [문자]를 클릭하거나 [윈도우]-[작업 영역]-[문자 처리]를 실행하여 [문자] 패널을 나타낼 수 있다.

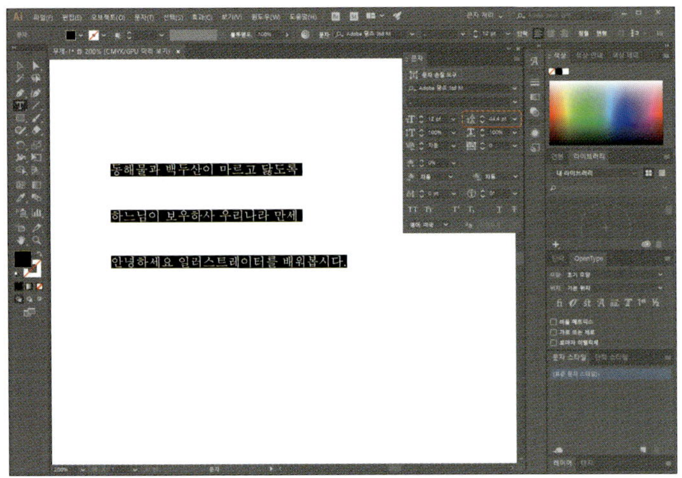

04 블록이 지정된 상태에서 문자 패널의 [행간 설정] 항목의 수치를 조절하여 행간을 조정할 수 있다. 행간은 단축 기능으로 Alt +상하 방향키를 눌러 넓히거나 좁힐 수 있다.

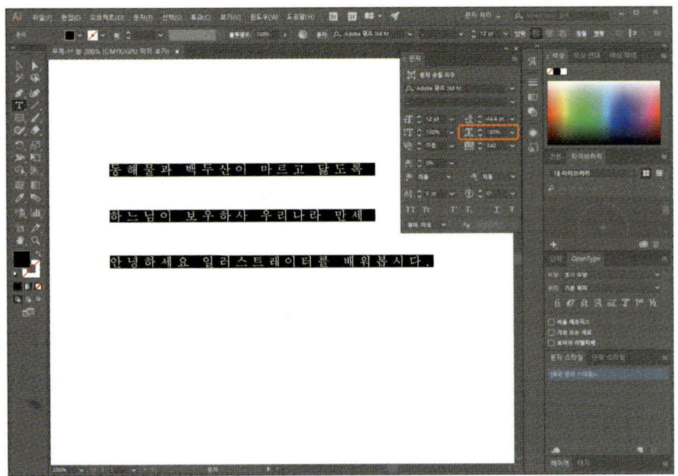

05 자간은 문자 패널의 [자간 설정] 항목의 수치를 조절하여 좁히거나 넓힐 수 있다. 단축 기능으로 Alt + 좌우 방향키를 눌러 조절할 수 있다.

강의노트

입력된 문자의 크기는 문자 도구 옵션 패널의 [글꼴 크기 설정] 항목의 수치를 조절하여 적용하거나 단축 기능으로 문자에 블록이 지정된 상태에서 Ctrl + Shift + [[ ], [ ] 키를 눌러 일정 비율로 축소하거나 키울 수 있다.

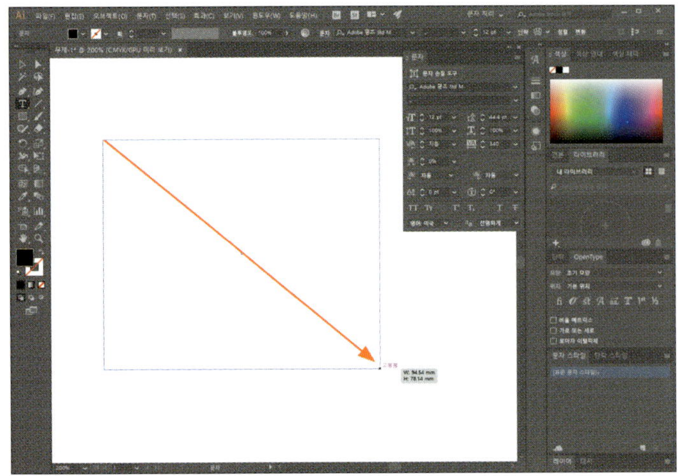

06 문자가 입력되었으면 Ctrl + Enter 를 눌러 편집 상태를 해제한다. 이번에는 문자 도구로 문자를 입력할 영역을 드래그한다.

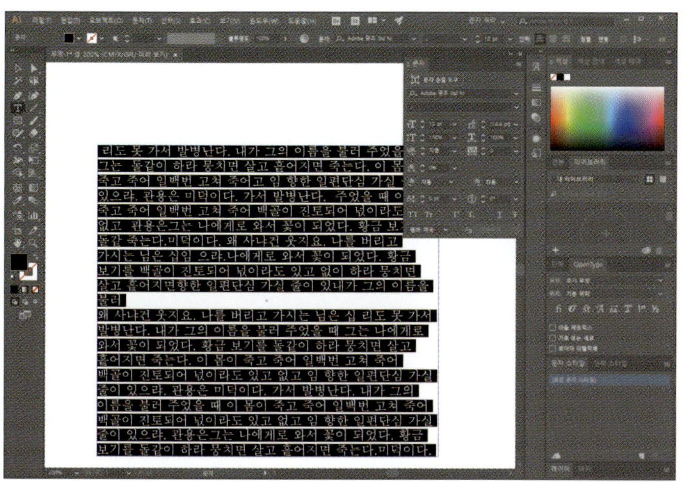

07 문자 박스가 만들어지면서 커서가 예제 글이 자동 입력되어 나타난다. 문자를 입력하면 설정된 영역 안으로만 입력된다.

강의노트

일정 영역이나 특정 오브젝트 안쪽 영역에 문자를 입력할 때 문자가 영역을 넘치면 +모양의 아이콘이 표시된다. 이때는 오브젝트나 문자의 영역을 넓혀주어야 한다.

직접 해보기   영역 문자 도구(Area Type Tool),   패스 문자 도구(Type on a Path Tool)

영역 문자 도구는 오브젝트 내부에 텍스트를 입력하여 채워넣는 도구이다. 패스 문자 도구는 오브젝트의 외곽선을 따라 문자를 입력할 수 있는 도구이다. 곡선을 따라 흐르는 문자를 표현할 때 유용하다.

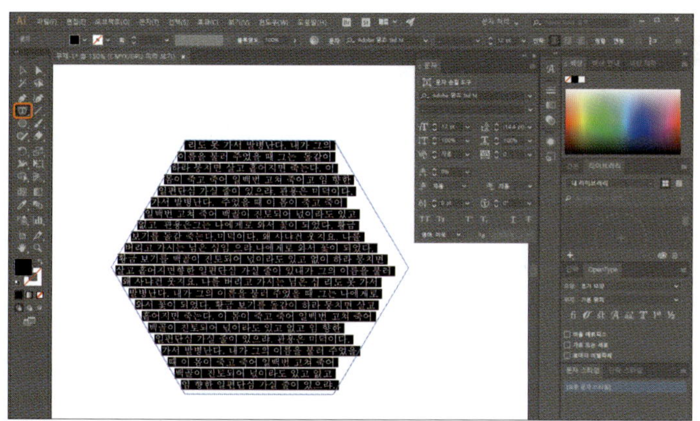

01 문자를 입력하기 위한 다각형 도형을 그린다. 영역 문자 도구(T)를 선택하고 오브젝트의 외곽선을 클릭하면 오브젝트의 외곽선만 보이게 되고 클릭한 부분에 커서가 깜빡이다. 문자를 입력하면 외곽선 안쪽으로 글이 입력되면서 내부가 채워진다.

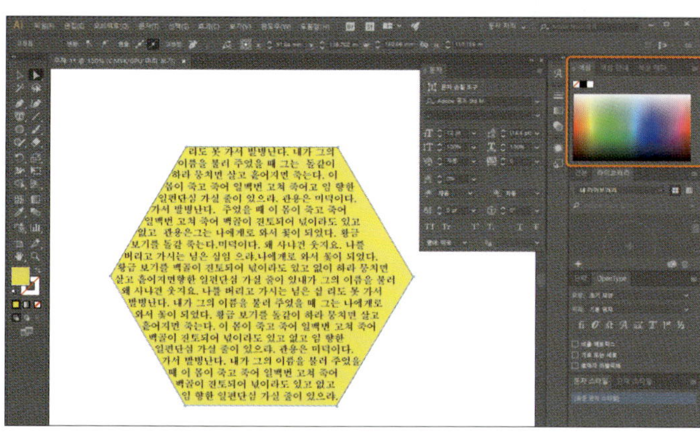

02 다각형 오브젝트에 배경색을 적용하려면 직접 선택 도구(▶)로 오브젝트를 선택한 다음 색상을 적용할 수 있다.

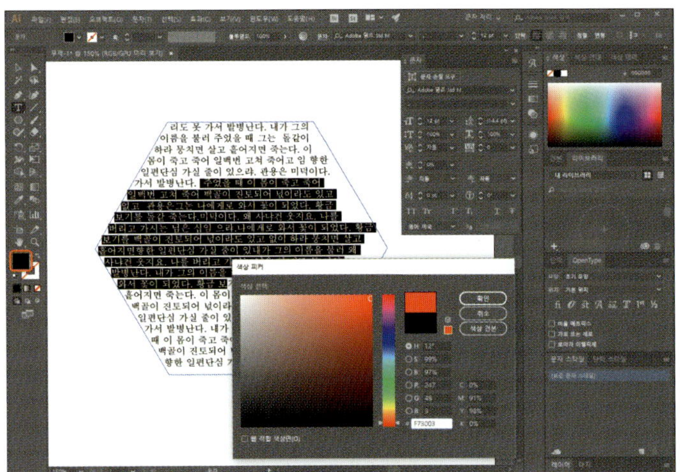

03 문자의 색상은 블록을 지정하거나 선택한 다음 도구 상자의 칠을 더블클릭하여 색상을 변경한다.

강의노트

문자 도구로 드래그하여 원하는 부분만을 선택할 수 있으며 Ctrl + A 를 눌러 문자 전체를 한 번에 선택할 수 있다.

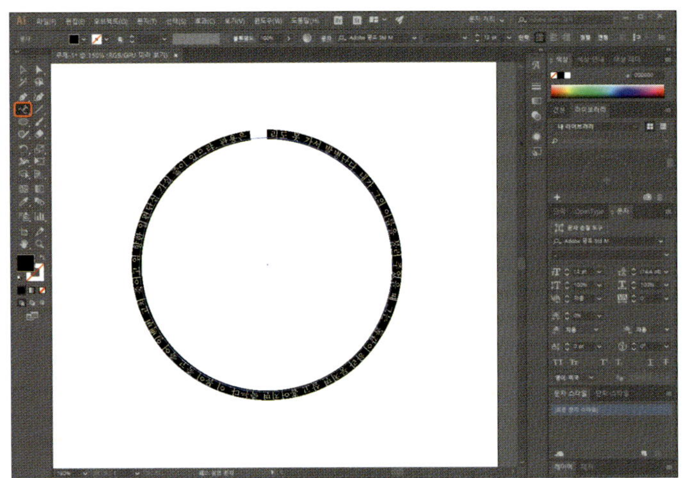

04 이번에는 원형 오브젝트를 생성하고 패스 문자 도구( )로 오브젝트의 외곽선 부분을 클릭한 다음 문자를 입력한다. 예제 문장이 외곽선을 따라 가로 문자가 입력된다.

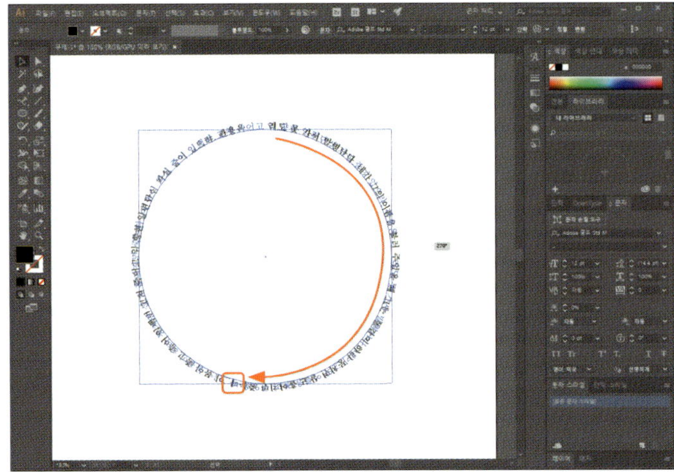

05 문자의 시작점은 조절점을 드래그하여 위치를 조절할 수 있다. Ctrl + Enter 를 눌러 편집 상태를 해제한 후 끝점을 나타내는 조절선 가운데를 드래그하여 위치를 변경해 본다.

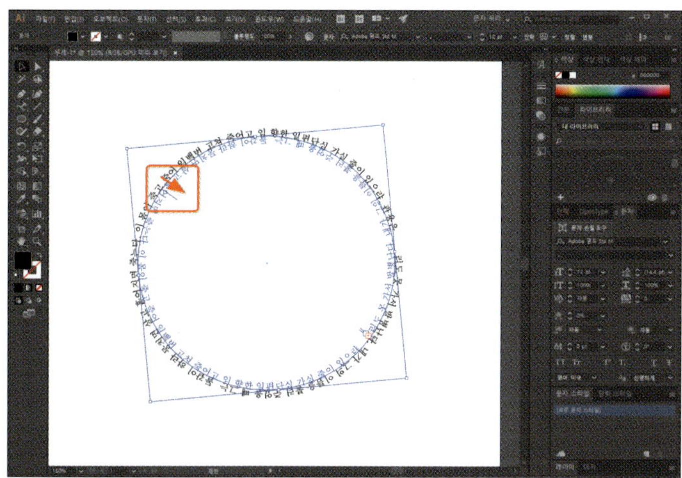

06 문자의 입력 방향을 수정하려면 끝점 조절선을 안쪽으로 드래그한다. 그 결과 원 안쪽으로 문자 입력 방향이 변경되며 수정이 끝났으면 Ctrl 을 누른 상태에서 빈 공간을 클릭하여 문자 선택을 해제한다.

보충수업 텍스트의 단과 행 설정하기

❶ 일러스트레이터에서 단과 행의 설정은 영역 문자 옵션으로 편리하게 적용할 수 있다. 새 도큐먼트를 열고 [파일]-[가져오기] 명령으로 영문텍스트.txt 파일을 선택하고 [가져오기]를 클릭한다.

❷ [텍스트 불러오기 옵션] 대화상자가 표시되면 기본 설정을 적용하고 [확인] 버튼을 클릭한 후 도큐먼트의 빈 공간을 클릭하면 텍스트가 배치된다.

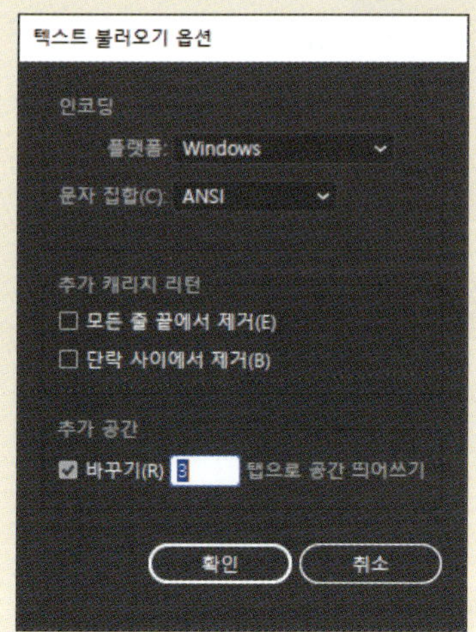

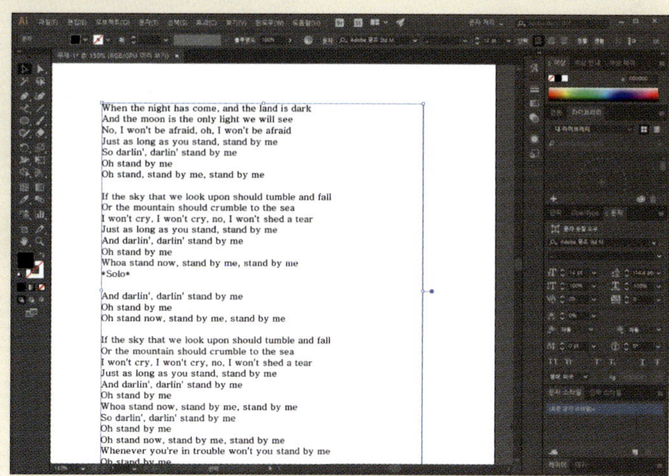

강의노트
[문자 집합]에서 ANSI는 미국에서 만든 표준이다. 보통 알파벳 문자를 위해 정리된 문자 집합이고, Unicode는 2바이트 계열의 표준이다. 알파벳 이외의 문자들을 위해서 정리된 문자 집합이다.

❸ 선택 도구( )로 문자 영역의 바운딩 박스를 드래그하여 문자 영역 크기를 줄이면 문자 영역 우측 하단의 빨간색 더하기 표시가 나타난다. 이는 문자 영역에서 텍스트가 넘친다는 것을 나타낸다.

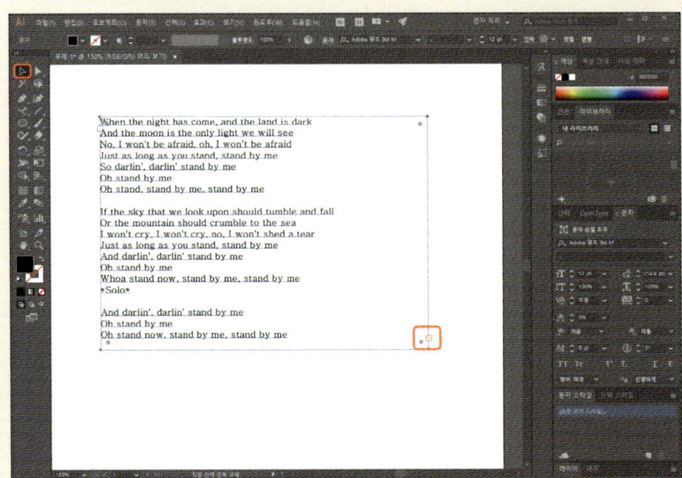

❹ [문자]-[영역 문자 옵션]을 클릭하고 대화상자가 나타나면 [미리보기]를 선택하고 [단] 항목에 "2"를 입력한 다음 [확인]을 클릭한다.

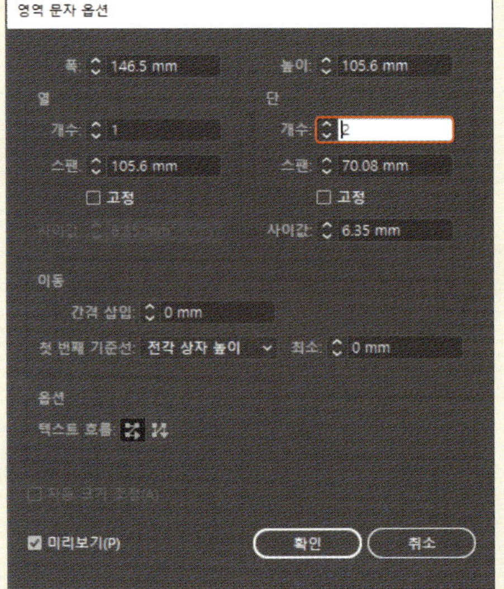

❺ 문자 영역에 단이 2개로 나뉘어 자동으로 정렬된다.

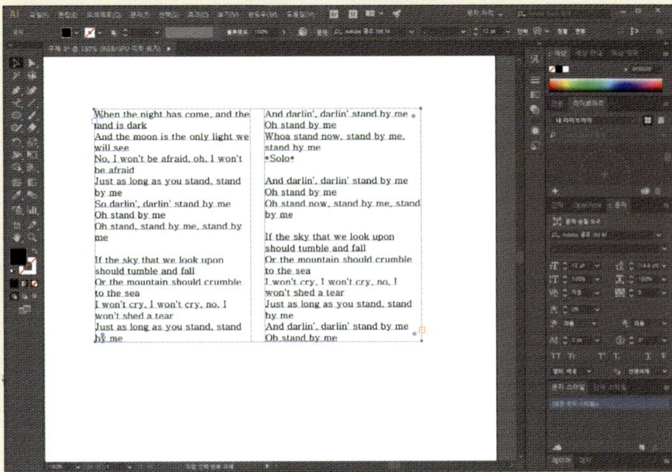

보충수업   영역 문자 옵션 대화상자

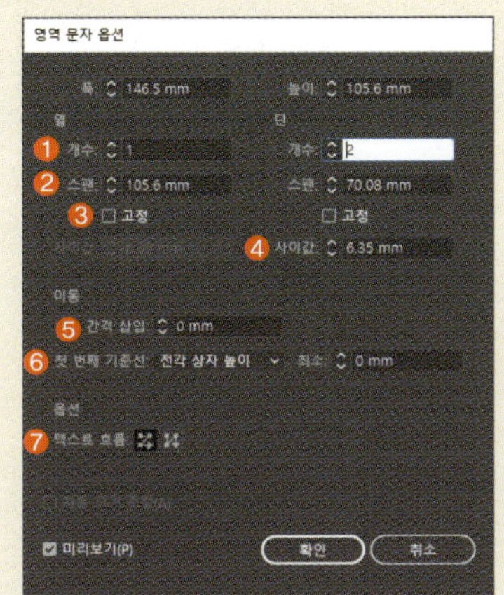

❶ **개수** : 분할할 행과 단의 수치를 설정한다.

❷ **스팬** : 행과 단의 넓이를 조절한다.

❸ **고정** : 문자 영역의 크기를 변경할 때 행과 단의 넓이를 고정시킬 것인 지를 결정한다. 이 옵션을 선택하면 문자 영역의 크기를 변경할 때 행 과 단의 수는 바뀌지만 너비는 변경되지 않는다.

❹ **사이값** : 행 또는 단 사이의 거리를 설정한다.

❺ **간격 삽입** : 문자와 박스 사이의 여백을 조절한다.

❻ **첫 번째 기준선** : 상단 문자의 첫 번째 줄 들여쓰기를 조절한다.

❼ **텍스트 흐름** : 행과 단 사이에서 문자의 흐름을 설정한다.

직접 해보기   회전 도구(Rotate Tool)

회전 도구는 선택한 오브젝트를 기준점을 중심으로 회전시킬 수 있는 도구이다.

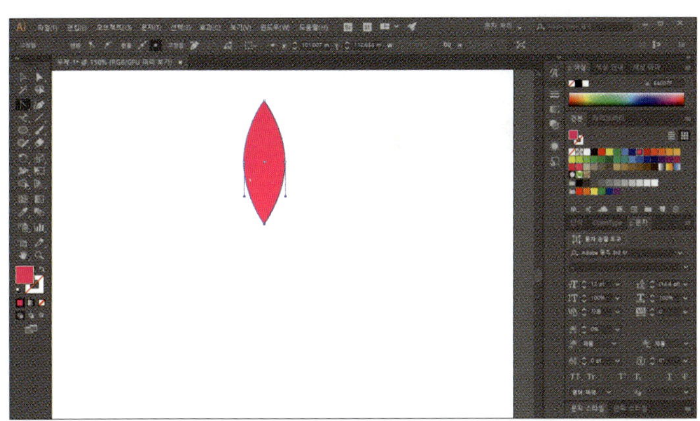

01 새 도큐먼트를 열고 도구 모음에 서 원형 도구(◯)를 선택한 후 타원 오브젝트를 만든다.
그리고 고정점 도구(◥)로 상단과 하 단의 포인트를 각각 클릭하여 꽃잎의 잎 하나를 만든다.

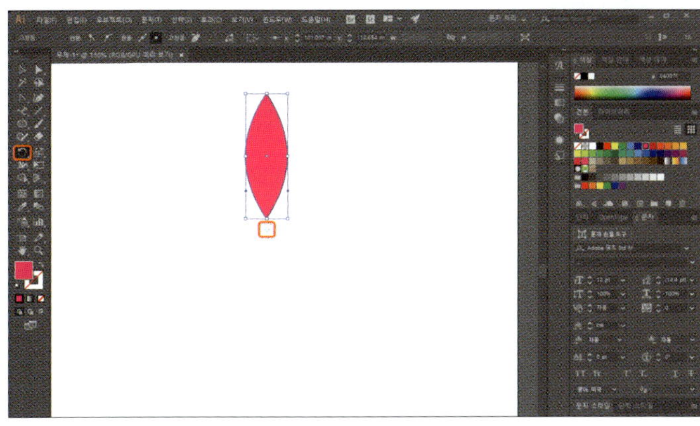

02 도구 모음에서 회전 도구(↻)를 선택하고 [Alt]를 누른 상태에 서 잎 모양 오브젝트의 아래의 빈 공간을 클릭하여 회전 중심점을 변경한다.

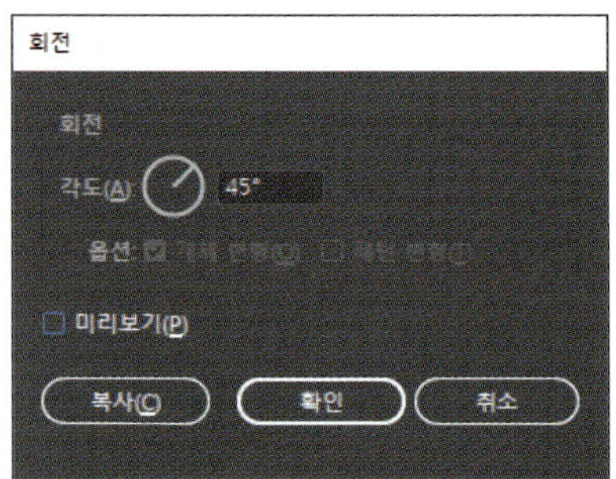

03 회전 옵션 대화상자에서 회적 각도를 45°를 설정하고 [복사] 버튼을 클릭한다.

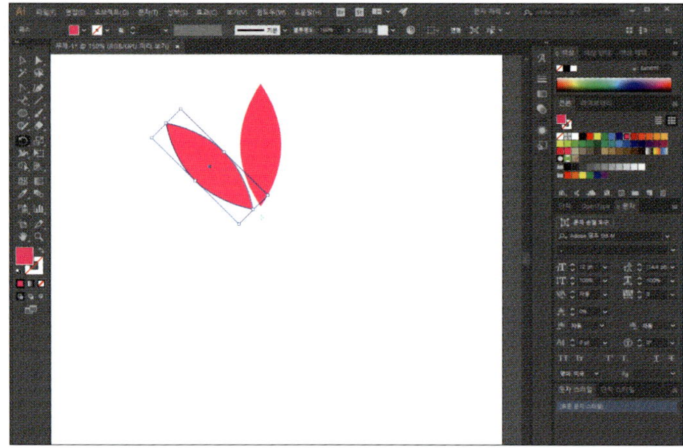

04 회전된 잎 오브젝트를 복사하여 생성된 것을 확인한다.

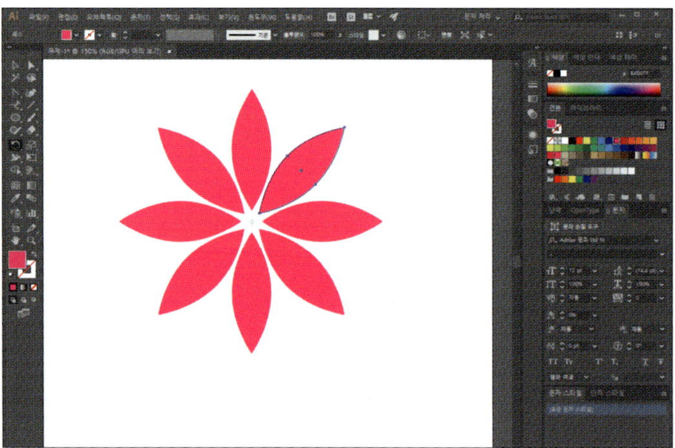

05 Ctrl + D 를 반복해서 누르면 앞에서 적용한 회전 및 복사 기능이 동일하게 적용되어 꽃잎 오브젝트를 쉽게 만들 수 있다.

보충수업 변형 반복 수행하기

변형 반복 (Ctrl + D)기능은 전 단계에서 적용한 변형 기능을 반복하여 적용한다. 즉 일정한 간격이나 각도로 오브젝트를 복사할 때 유용하게 사용할 수 있다. [오브젝트]–[변형]–[변형 반복] 명령으로 실행한다. 여러 번 반복해서 적용할 경우가 많으므로 단축키로 지정하여 사용하는 것이 편리한다.

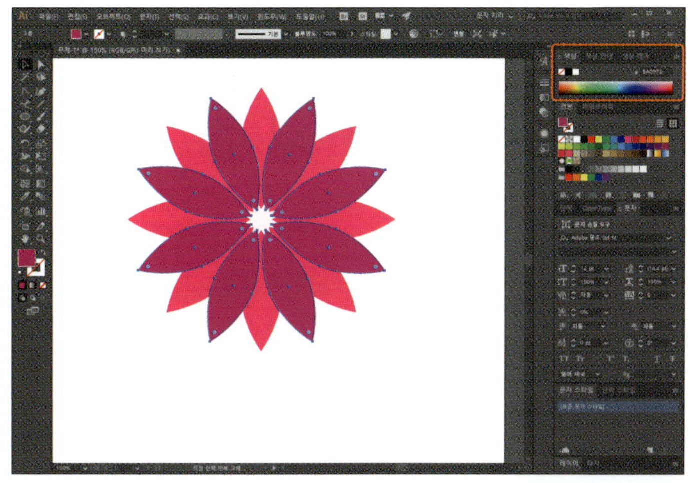

06 꽃잎 오브젝트들을 선택 도구 (▷)로 모두 선택한 후 Ctrl +G 를 눌러 그룹화하고 Ctrl + C, Ctrl + V 를 차례대로 눌러 복사한다. 복사된 꽃잎 오브젝트를 첫 번째 꽃잎 오브젝트와 위치를 맞추고 회전시킨 후 색상을 변경한다.

07 두 번째로 만들었던 꽃잎 오브젝트는 [맨 뒤로 보내기] 기능으로 첫 번째 꽃잎 오브젝트의 뒤로 위치를 변경한다. 같은 방법으로 노란색 작은 꽃잎 오브젝트를 만들어 그림과 같이 완성한다.

강의노트 🖍

오브젝트를 회전하거나 크기를 조절할 경우에는 각각의 도구를 더블클릭하여 대화상자를 입력하는 방법 외에 선택 도구로 바운딩 박스를 클릭 및 드래그하여 회전, 크기 조절을 할 수 있다.

📍 보충수업　회전 도구의 옵션 대화상자

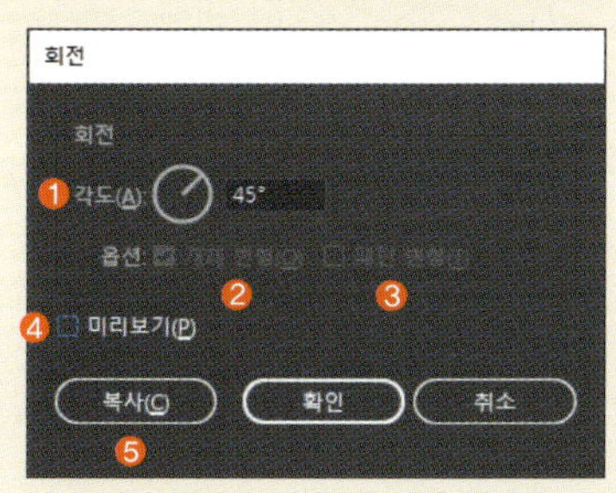

❶ **각도** : 회전할 각도를 입력한다.

❷ **개체 변형** : 오브젝트만을 회전시킨다.

❸ **패턴 변형** : 오브젝트에 적용된 패턴을 회전시킨다.

❹ **미리보기** : 결과를 미리보기할 수 있다.

❺ **복사** : 원본을 그대로 두고 오브젝트를 하나 더 복사하여 회전시킨다.

직접 해보기　반사 도구(Reflect Tool)

반사 도구는 선택한 오브젝트를 반사시키는 도구로서 마우스로 드래그하거나 대화상자에서 각도를 입력하여 반사시킬 수 있다.

01 part02-12.ai 파일을 열고 오브젝트를 반사시키기 위해 선택 도구( )로 상단 나비 오브젝트를 클릭한다.

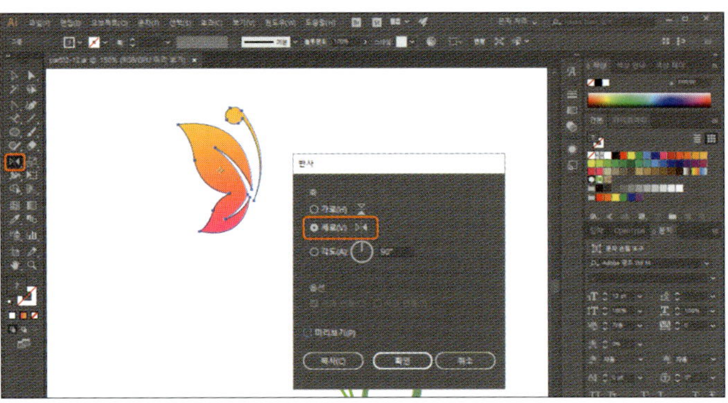

02 도구 모음에서 반사 도구( )를 더블클릭하여 대화상자를 연다. 반사 대화상자에서 반사될 기준 축을 "세로"로 설정하고 [복사] 버튼을 클릭하여 반사된 복사 오브젝트를 생성한다.

03 복사된 오브젝트를 선택 도구로 이동하여 나비 오브젝트를 완성한다.

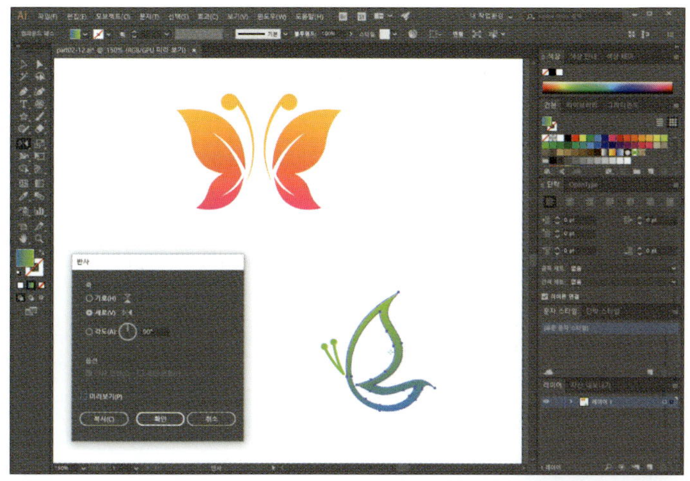

04 이번에는 선택 도구( )로 아래 나비 오브젝트를 선택하고 도구 모음에서 반사 도구( )를 더블클릭한 다음 기준을 세로로 설정한 후 [복사] 버튼을 클릭한다.

05 반사되어 복제된 날개 오브젝트를 선택 도구로 이동 및 각도를 조절하여 완성한다.

보충수업 반사 도구 옵션 대화상자

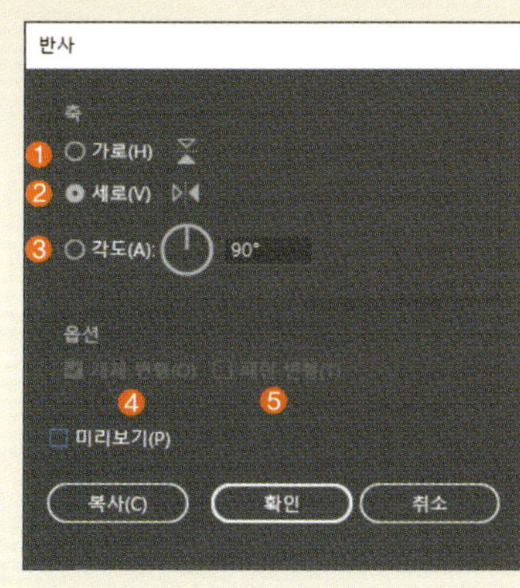

❶ **가로** : 가로축을 중심으로 반사시킨다.

❷ **세로** : 세로축을 중심으로 반사시킨다.

❸ **각도** : 반사시킬 각도를 입력한다.

❹ **개체 변형** : 오브젝트를 반사시킨다.

❺ **패턴 변형** : 오브젝트 내의 패턴만을 반사시킨다. 오브젝트에 패턴이 적용되어있지 않은 경우 [개체 변형] 항목이 필수로 선택되어지고 변경할 수 없도록 옵션항목이 비활성화 된다.

직접 해보기 크기 조절 도구(Scale Tool)

크기 조절 도구는 선택한 오브젝트를 확대/축소하는 도구로 일정한 크기로 확대/축소하려고 할 때 사용한다.

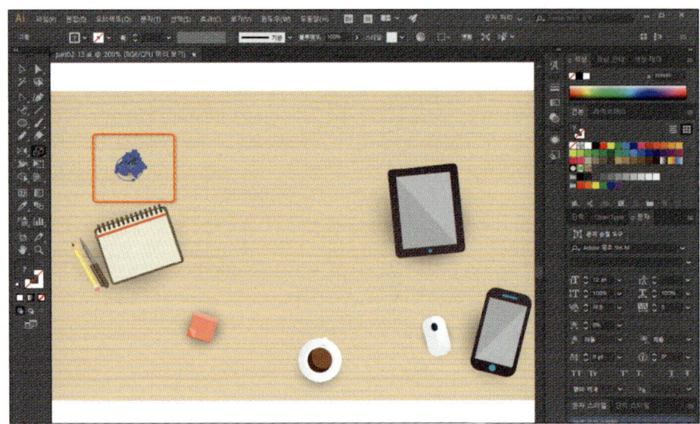

01 part02-13.ai 파일을 열고 왼쪽 상단의 카메라 오브젝트를 선택한다.

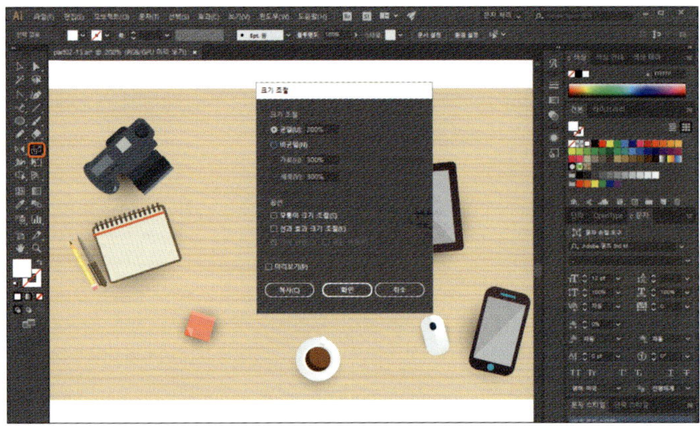

02 카메라 오브젝트가 선택된 상태에서 도구 모음의 크기 조절 도구(　)를 더블클릭한다. 크기 조절 대화상자에서 [균일] 항목의 값을 "300%"로 입력하고 [확인] 버튼을 클릭한다.
3배로 확대된 카메라 오브젝트를 확인할 수 있다.

보충수업　크기 조절 도구 옵션 대화상자

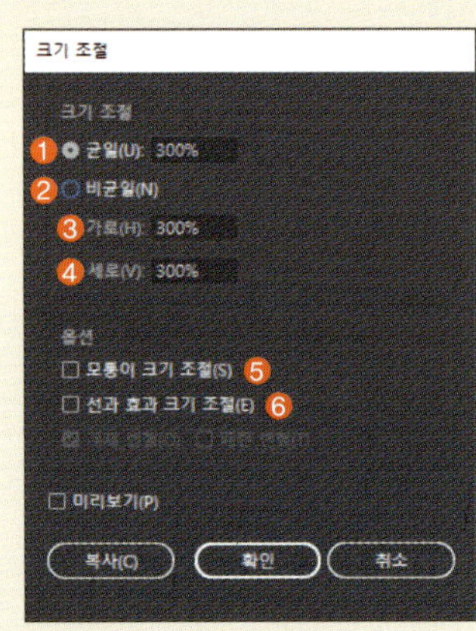

❶ **균일** : 가로, 세로의 비율을 동일하게 조절한다.

❷ **비균일** : 가로, 세로의 비율을 각각 다르게 조절한다.

❸ **가로** : 가로의 비율을 조절한다.

❹ **세로** : 세로의 비율을 조절한다.

❺ **모퉁이 크기 조절** : 크기 조절을 할 때 모서리의 크기도 함께 조절한다.

❻ **선과 효과 크기 조절** : 크기 조절을 할 때 외곽선의 두께와 효과도 함께 조절한다.

03 이번에는 왼쪽 하단의 포스트잇 오브젝트를 선택하고 크기 조절 도구( )를 더블클릭하여 나타나는 [크기조절] 대화상자에서 [균일] 항목의 값을 "150%"로 입력하고 [복사] 버튼을 클릭한다. 겹쳐져있는 복사된 포스트잇 오브젝트를 이동시켜 원본 포스트잇 오브젝트와 비교해 본다.

보충수업 오브젝트 라인의 두께 조절

오브젝트가 면과 선으로 구성된 상태에서 크기 조절 도구를 사용할 때는 테두리 라인의 두께를 고려해야 한다. [선과 효과 크기 조절] 항목을 체크하고 조절하면 오브젝트의 크기와 함께 테두리의 두께도 함께 조절되며, 항목을 체크하지 않으면 테두리의 두께는 오브젝트의 크기 변형과 관계없이 그대로 유지된다.

❶ [선과 효과 크기 조절] 항목을 체크하고 확대하게 되면 테두리 굵기도 동일하게 확대되기 때문에 원본과 동일한 결과물을 얻을 수 있다.

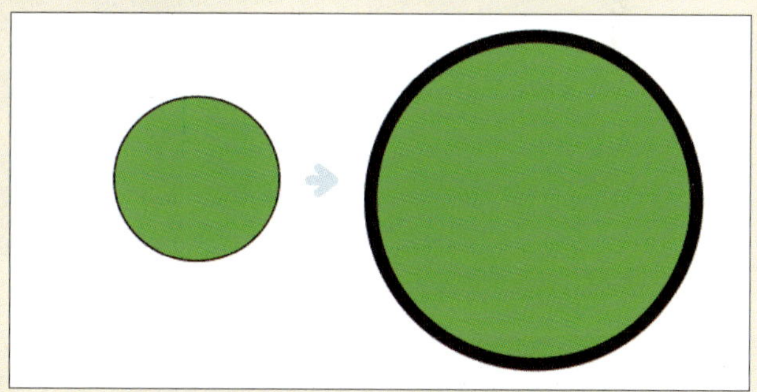

❷ [선과 효과 크기 조절] 항목을 체크하지 않고 확대하게 되면 테두리 굵기가 그대로 유지되므로 원본과 다르게 보이다.

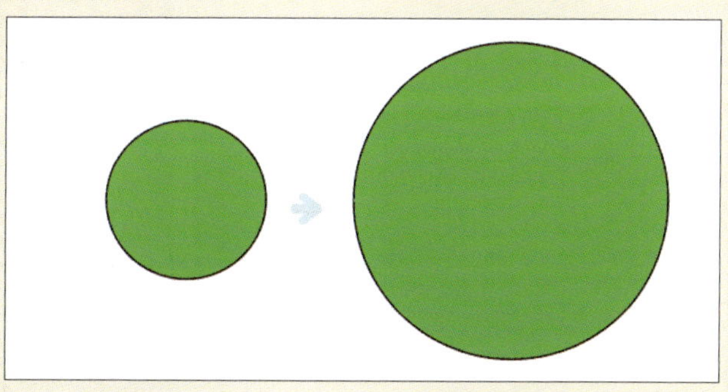

직접 해보기 기울기 도구(Shear Tool)

기울기 도구는 오브젝트를 자유롭게 기울일 수 있는 도구이다.

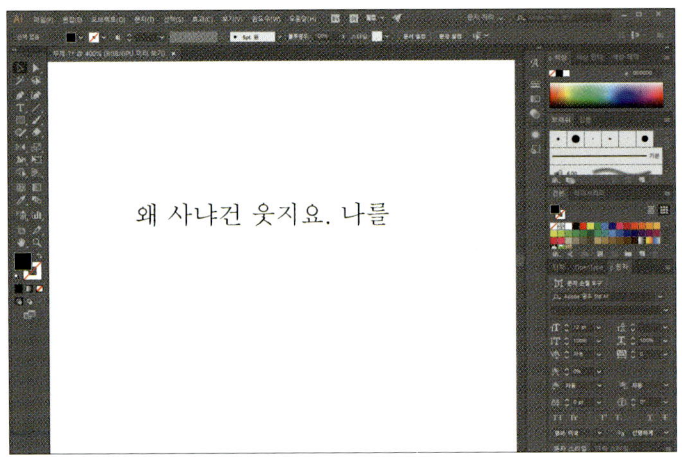

01 새 도큐먼트를 열고 문자 도구로 도큐먼트 빈 공간을 클릭한다. 예제 문구가 자동으로 입력되면 Ctrl 을 누른 상태에서 빈 공간을 클릭하고 선택을 해제한다.

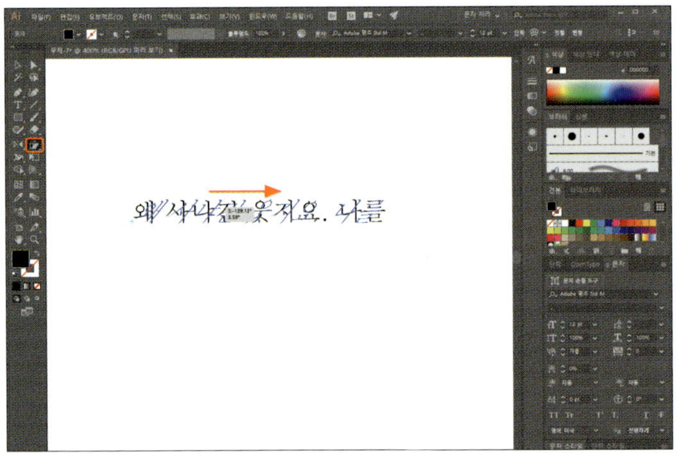

02 선택 도구로 다시 문자 오브젝트를 선택한 후 도구 모음에서 기울기 도구( )를 선택하고 문자 오브젝트를 좌측에서 우측으로 드래그한다.

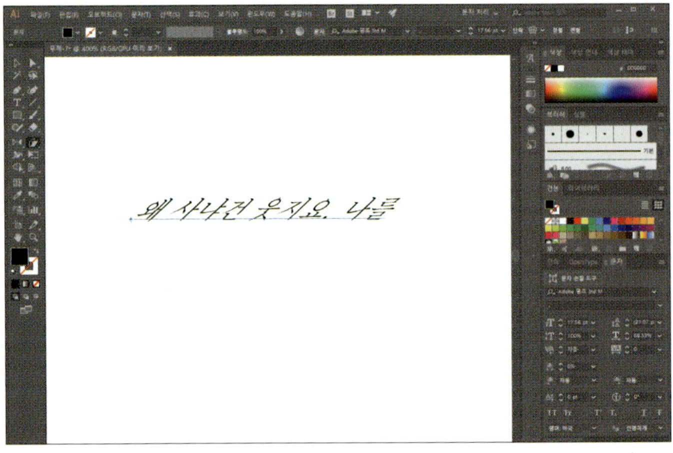

03 드래그한 방향으로 문자가 기울어진다

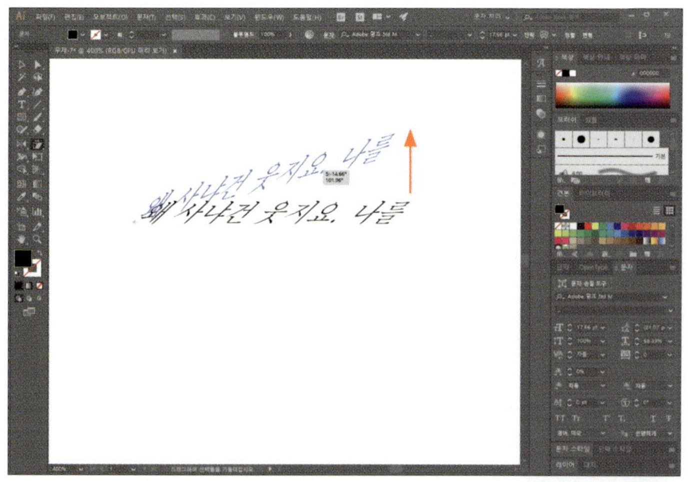

04 이번에는 기울기 도구(　)로 아래에서 위쪽으로 드래그한다.

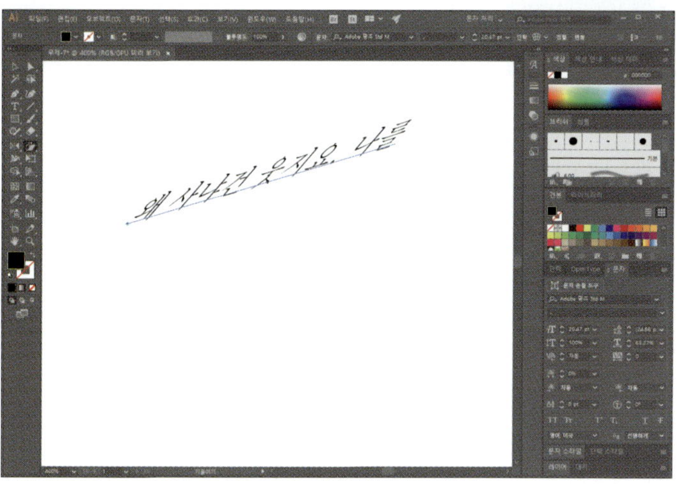

05 드래그 한 만큼 문자의 방향이 기울어진다

강의노트

기울이기 도구는 문자를 좌우측으로 기울이기도 하고 수평 또는 수직으로 작성된 문자의 방향을 대각선 방향이나 원하는 방향으로도 기울일 수 있다.

보충수업　기울이기 도구 옵션 대화상자

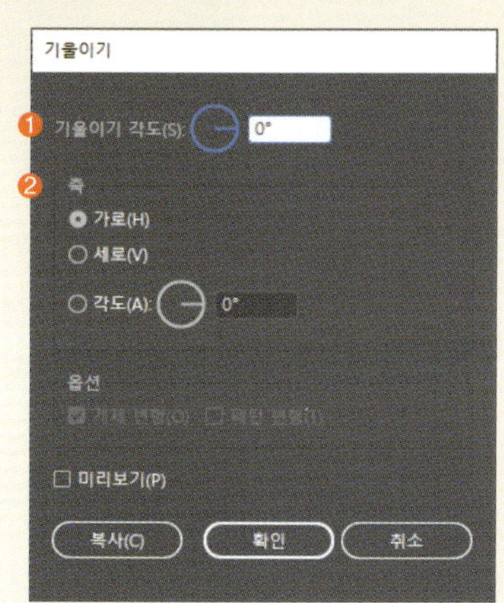

❶ **기울이기 각도** : 기울이고자 하는 각도를 입력한다.

❷ **축** : 기울기를 적용할 기준 축을 지정한다.

직접 해보기 모양 변경 도구(Reshape Tool)

모양 변경 도구는 오브젝트에 부분적으로 조절점을 추가하여 변형시키는 도구이다. 직접 선택 도구로 변형시키는 방법
보다 부드러운 효과를 줄 수 있다.

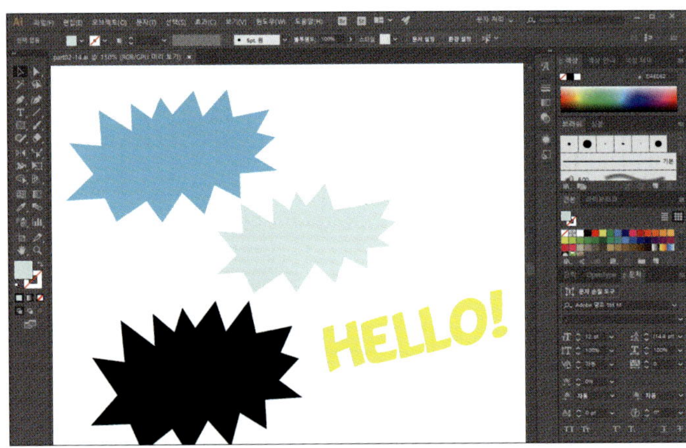

01 part02-14.ai 파일을 불러온다.

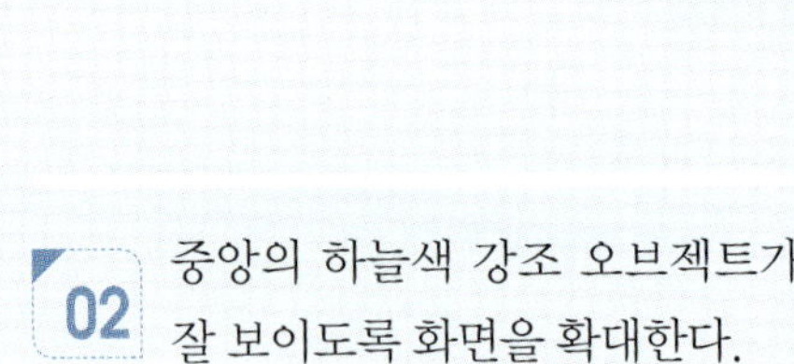

02 중앙의 하늘색 강조 오브젝트가
잘 보이도록 화면을 확대한다.

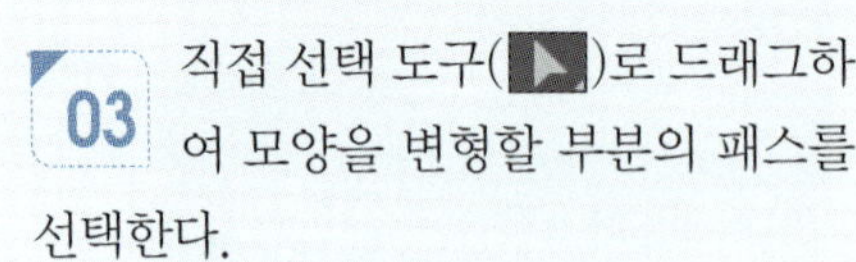

03 직접 선택 도구( )로 드래그하
여 모양을 변형할 부분의 패스를
선택한다.

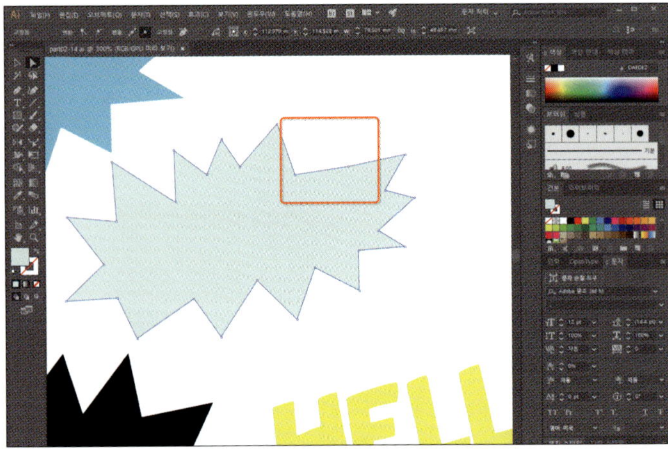

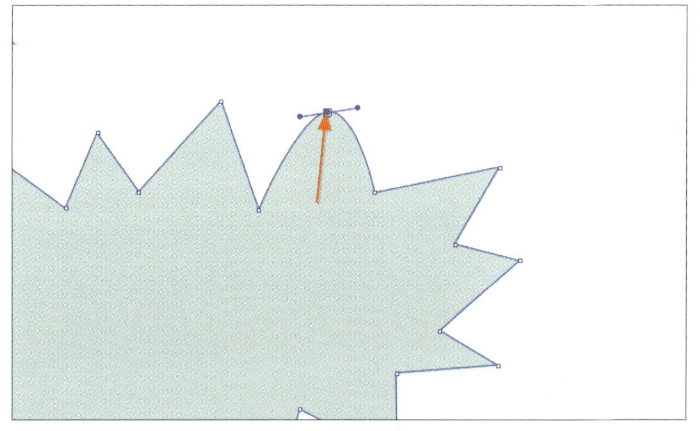

04 도구 모음에서 모양 변경 도구( )를 선택하고 선택된 패스 중간 부분을 클릭하여 드래그 한다. 패스에 포인트가 추가되면서 형태가 변경된다.

05 고정점 도구를 선택하여 생성된 포인트를 클릭하여 그림과 같이 변경한다.

06 선택 도구로 흩어져있던 강조 오브젝트들을 겹쳐 완성한다.

📍 보충수업 모양 변경 도구

닫힌 패스로 구성된 오브젝트는 직접 선택 도구로 선택한 다음 모양 변경 도구를 적용할 수 있지만 열린 패스로 구성된 오브젝트는 선택 도구로 선택한 다음 모양 변경 도구를 사용할 수 있다.

직접 해보기 폭 도구(Width Tool)

폭 도구는 선 속성으로 두께가 적용된 선 스타일을 나타낼 수 있다.

01 앞에서 작업한 파일에서 "HELLO!" 오브젝트를 선택한다. 도구 모음에서 선 속성을 나타내는 버튼을 클릭한 다음 검은색을 지정한다.

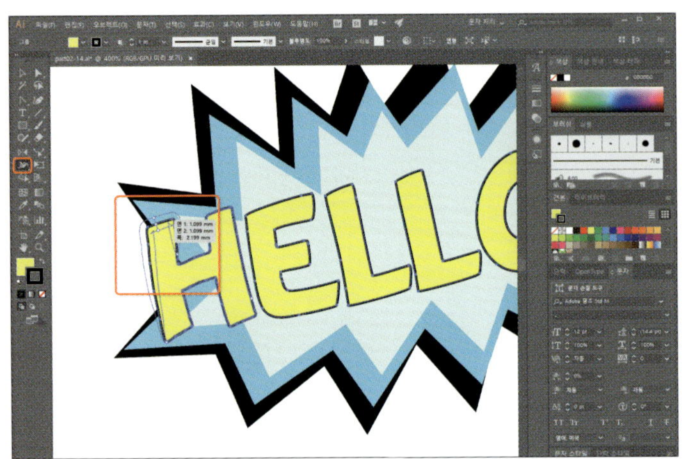

02 폭 도구( )를 선택한 다음 패스 위쪽에서 드래그하면 두께가 적용된다.

03 다른 부분도 폭 도구( )로 드래그하여 선 두께를 굵게 적용합니다.

직접 해보기   변형 도구(Warp Tool)

변형 도구는 오브젝트에 변형을 주는 유동화(Liquify) 도구이다. 오브젝트를 구부리거나 휘는 효과를 줄 수 있다.

01 part02-15.ai 파일을 열고 도구 모음에서 변형 도구(　)를 선택한다.

보충수업 변형 도구 옵션 대화상자

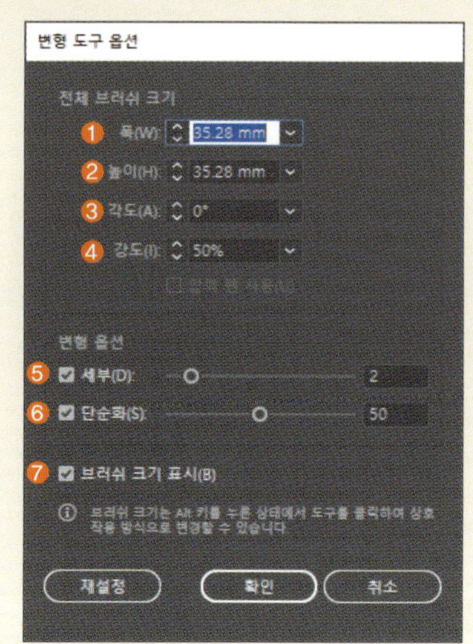

❶ **폭** : 브러시의 가로 크기를 입력한다.

❷ **높이** : 브러시의 세로 크기를 입력한다.

❸ **각도** : 브러시의 방향을 지정한다.

❹ **강도** : 브러시의 강도를 조절한다.

❺ **세부** : 마우스가 적용되는 범위를 조절한다.

❻ **단순화** : 마우스를 드래그할 때의 조절점의 개수를 조절한다.

❼ **브러시 크기 표시** : 도구를 사용할 때 브러시의 모양을 표시한다.

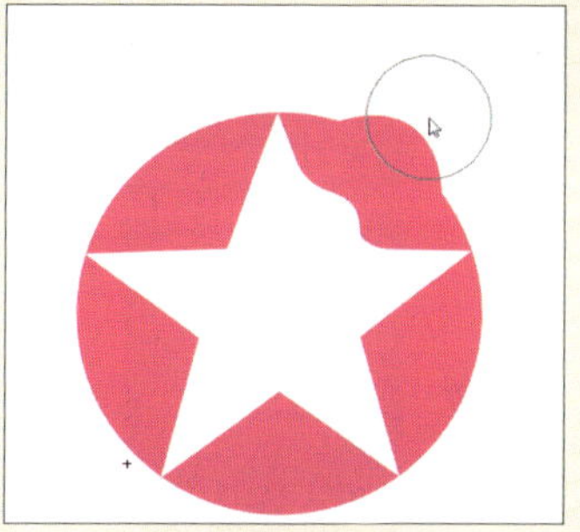

폭 : 5mm, 높이 : 5mm

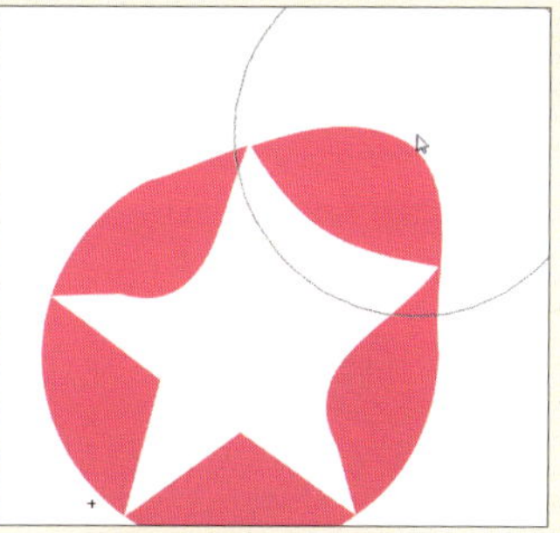

폭 : 15mm, 높이 : 15mm

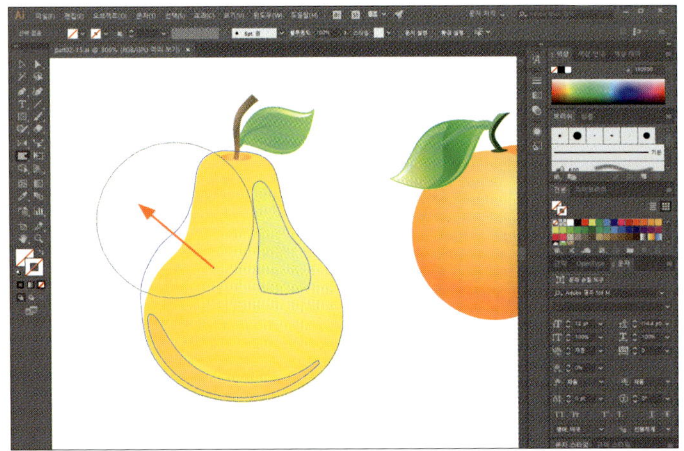

02 배 오브젝트의 외곽 부분을 바깥쪽으로 드래그한다.

03 드래그한 만큼 오브젝트가 변경된다.

강의노트

유동화 도구의 브러시 크기는 단축키를 이용하면 쉽게 조절할 수 있다. Alt 를 누른 채로 드래그하면 크기와 형태를 조절할 수 있으며 Shift 를 함께 누르면 원래의 브러시 모양을 유지하면서 조절할 수 있다.

직접 해보기 돌리기 도구(Twiri Tool), 오목 도구(Puker Tool), 볼록 도구(Bloat Tool)

돌리기 도구는 오브젝트를 돌려 비틀어 주는 효과를 만들며 오목 도구는 오브젝트의 클릭한 부분을 모아주는 효과를 만든다. 볼록 도구는 오브젝트의 특정 부분을 부풀리거나 팽창시켜는 효과를 나타낸다.

01 도구 모음에서 돌리기 도구( )를 선택하고 오렌지 오브젝트의 외곽 부분을 클릭한 채 2~3초간 눌렀다가 뗀다.

02 누르고 있는 시간만큼 클릭한 부분이 나선 형태로 비틀어 진다

보충수업 돌리기 도구 옵션 대화상자

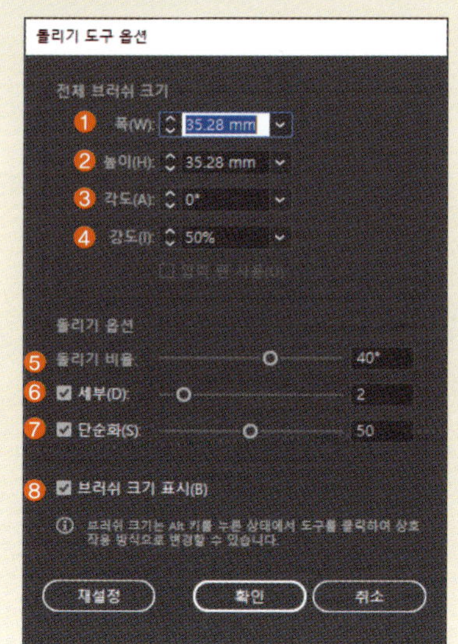

❶ **폭** : 브러시의 가로 크기를 입력한다.

❷ **높이** : 브러시의 세로 크기를 입력한다.

❸ **각도** : 브러시의 방향을 지정한다.

❹ **강도** : 브러시의 강도를 조절한다.

❺ **세부** : 마우스가 적용되는 범위를 조절한다.

❻ **돌리기 비율** : 적용 범위의 브러시 각도를 조절한다.

❼ **단순화** : 마우스를 드래그할 때의 조절점의 개수를 조절한다.

❽ **브러시 크기 표시** : 도구를 사용할 때 브러시의 모양을 표시한다.

폭 : 5mm, 높이 : 5mm

폭 : 15mm, 높이 : 15mm

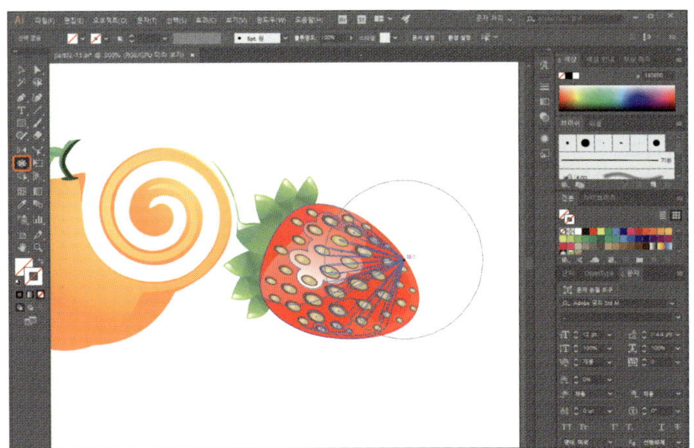

03 이번에는 오목 도구( )를 선택하고 딸기 오브젝트의 외곽 부분을 클릭한 채 2~3초간 눌렀다가 뗀다.

04 누르고 있는 시간만큼 클릭한 부분으로 오브젝트가 모이는 효과를 나타낸다.

보충수업 오목 도구 옵션 대화상자

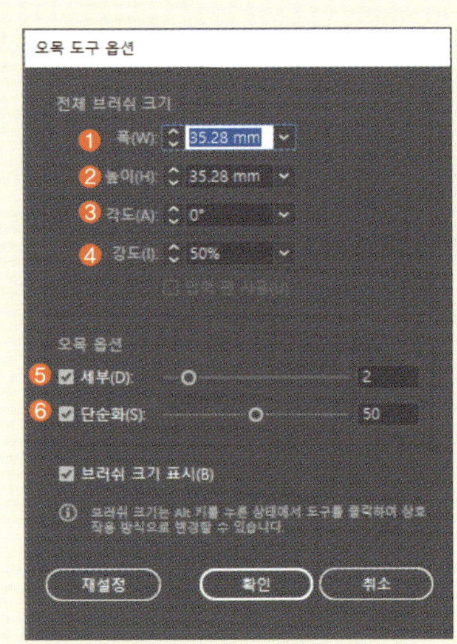

❶ **폭** : 브러시의 가로 크기를 입력한다.

❷ **높이** : 브러시의 세로 크기를 입력한다.

❸ **각도** : 브러시의 방향을 지정한다.

❹ **강도** : 브러시의 강도를 조절한다.

❺ **세부** : 마우스가 적용되는 범위를 조절한다.

❻ **단순화** : 마우스를 드래그할 때의 조절점의 개수를 조절한다.

폭 : 5mm, 높이 : 5mm

폭 : 15mm, 높이 : 15mm

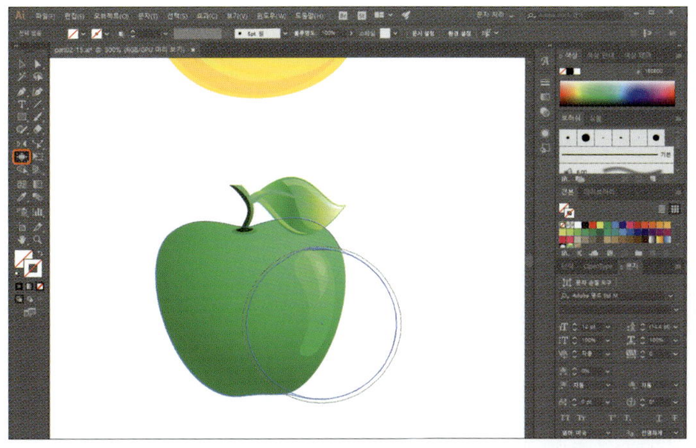

05 도구 모음에서 볼록 도구( )를 선택하고 사과 오브젝트의 외곽 부분을 클릭한 채 2~3초간 유지했다가 뗀다.

강의노트

볼록 도구로 오브젝트를 클릭한 채 누르고 있는 시간이 길수록 클릭한 부분의 중심을 기준으로 점점 더 볼록해진다.

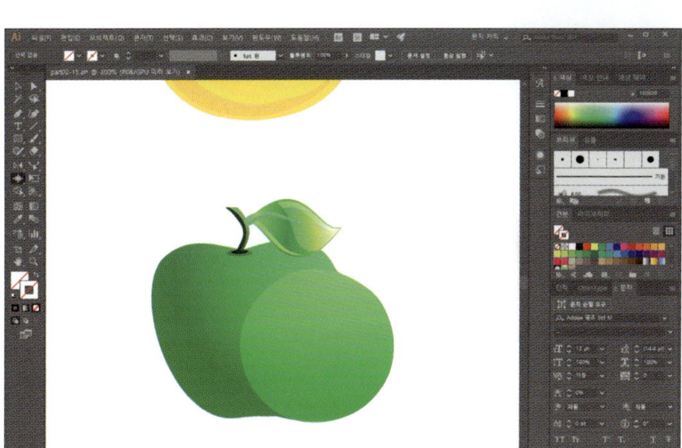

06 클릭한 부분이 볼록하게 팽창한다.

보충수업 볼록 도구 옵션 대화상자

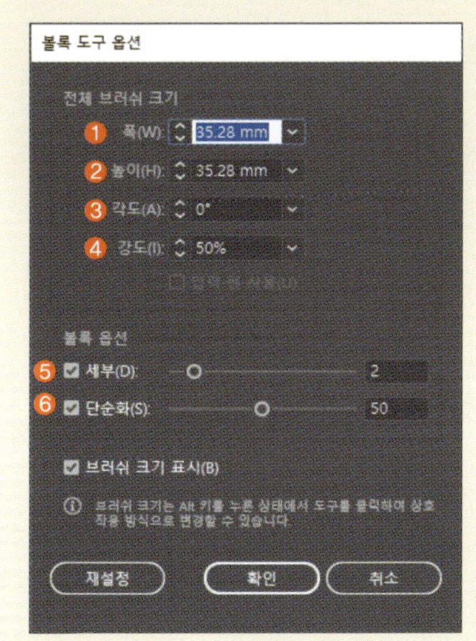

❶ **폭** : 브러시의 가로 크기를 입력한다.

❷ **높이** : 브러시의 세로 크기를 입력한다.

❸ **각도** : 브러시의 방향을 지정한다.

❹ **강도** : 브러시의 강도를 조절한다.

❺ **세부** : 마우스가 적용되는 범위를 조절한다.

❻ **단순화** : 마우스를 드래그할 때의 조절점의 개수를 조절한다.

폭 : 5mm, 높이 : 5mm

폭 : 15mm, 높이 : 15mm

직접 해보기 조개 도구(Scallop Tool), 수정화 도구(Crystallize Tool), 주름 도구(Wrinkle Tool)

조개 도구는 오브젝트에 클릭한 부분을 조가비나 물결 모양으로 변경시키며 수정화 도구는 수정의 결정 형태로 변경한다. 주름 도구는 오브젝트에 주름 효과를 나타낸다.

01 도구 모음에서 조개 도구(⬛)를 선택하고 수박 오브젝트의 외곽 부분을 클릭한 채 2~3초간 유지한 후 뗀다.

📍 보충수업 조개 도구 옵션 대화상자

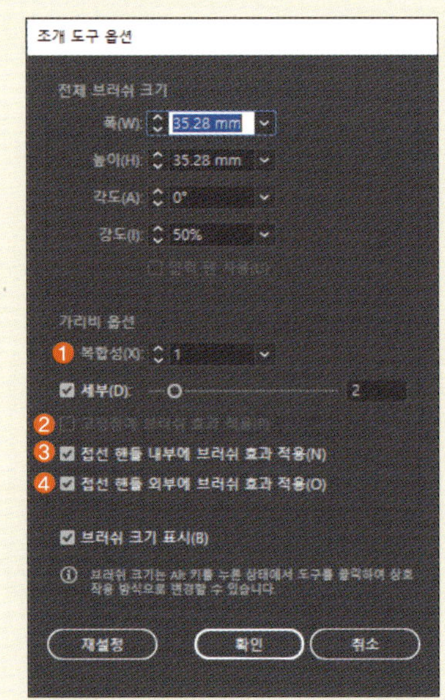

❶ **복잡성** : 오브젝트에 적용되는 복잡성을 조절한다.

❷ **고정점에 브러시 효과 적용** : 브러시가 조절점에 영향을 준다.

❸ **접선 핸들 내부에 브러시 효과 적용** : 브러시가 조절점 핸들 안쪽에 영향을 준다.

❹ **접선 핸들 내부에 브러시 효과 적용** : 브러시가 조절점 핸들 바깥쪽에 영향을 준다.

폭 : 5mm, 높이 : 5mm

폭 : 15mm, 높이 : 15mm

02 누르고 있는 시간만큼 클릭한 부분이 조개 모양으로 변형된다.

03 이번에는 수정화 도구(　)를 선택하고 포도 오브젝트의 외곽 부분을 클릭한 채 2~3초간 눌렀다가 뗀다.

04 누르고 있는 시간만큼 클릭한 부분이 수정 모양으로 변형된다.

05 도구 모음에서 주름 도구( )를 선택하고 체리 오브젝트의 외곽 부분을 클릭한 채 2~3초간 유지했다가 뗀다.

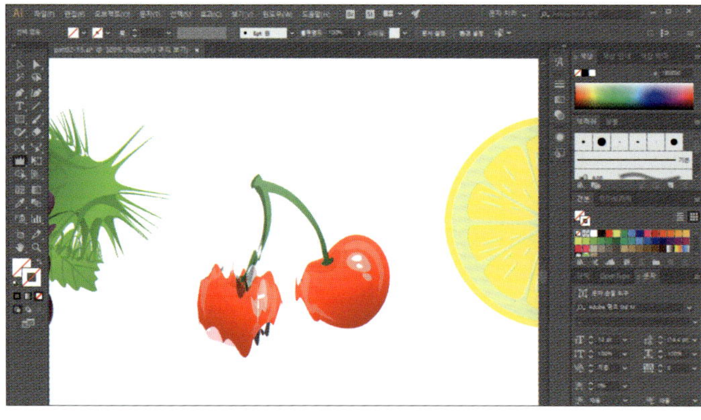

06 클릭한 부분에 주름 효과가 적용된다.

보충수업 수정화 도구 옵션 대화상자

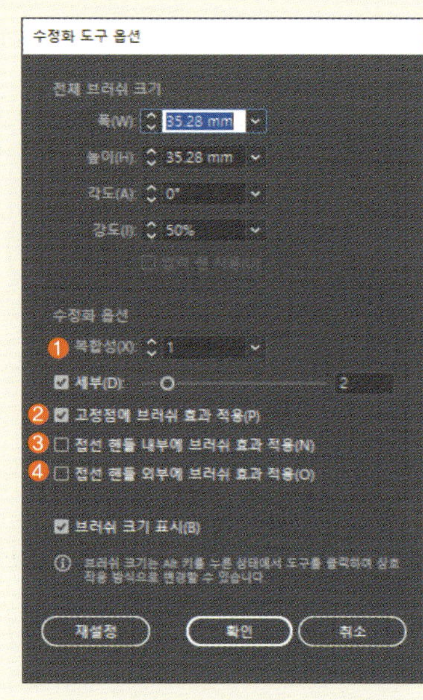

❶ **복잡성** : 오브젝트에 적용되는 복잡성을 조절한다.

❷ **고정점에 브러시 효과 적용** : 브러시가 조절점에 영향을 준다.

❸ **접선 핸들 내부에 브러시 효과 적용** : 브러시가 조절점 핸들 안쪽에 영향을 준다.

❹ **접선 핸들 내부에 브러시 효과 적용** : 브러시가 조절점 핸들 바깥쪽에 영향을 준다.

폭 : 5mm, 높이 : 5mm

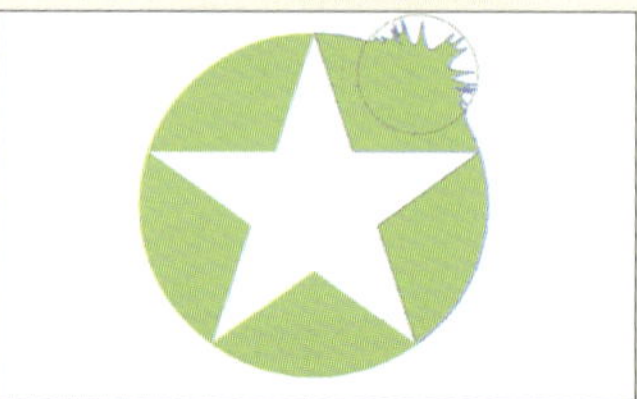

폭 : 15mm, 높이 : 15mm

직접 해보기   자유 변형 도구(Free Transform Tool)

자유 변형 도구는 오브젝트의 바운딩 박스를 조절하여 크기, 회전, 형태의 변형 등 바운딩 박스의 기능 뿐만 아니라 조절점을 개별적으로 드래그하여 자유 변형을 가능하게 한다.

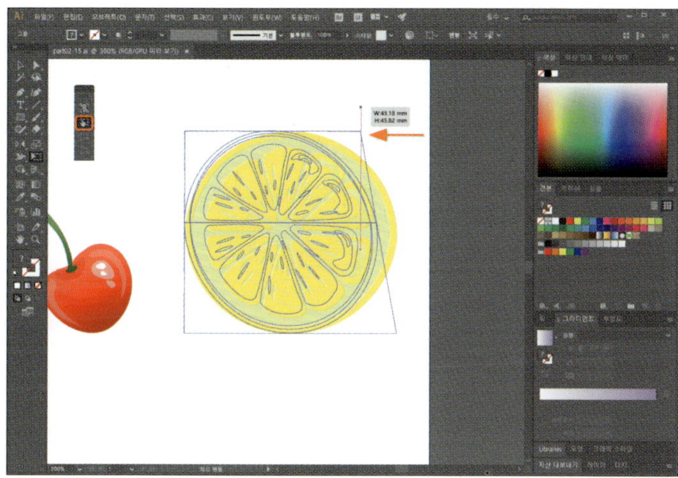

01 앞서 작업한 파일에서 우측 하단의 오렌지 오브젝트를 선택한다. 도구 모음에서 자유 변형 도구( )를 지정하고 오브젝트의 바운딩 박스 모서리 조절점을 드래그하여 자유롭게 변경해 본다.

강의노트 ✏

선택 도구와 직접 선택 도구로는 오브젝트의 전체 모양을 자유롭게 변형할 수 없다. 이때 자유 변형 도구를 활용하면 한 번에 찌그러뜨리거나 한 부분을 늘리는 등 자유롭게 변형할 수 있다.

📍 보충수업 주름 도구 옵션 대화상자

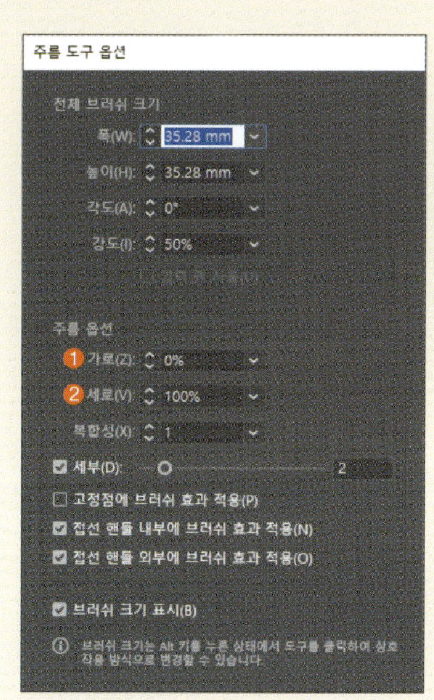

❶ **가로** : 가로방향으로 생기는 주름의 정도를 조절한다.

❷ **세로** : 세로방향으로 생기는 주름의 정도를 조절한다.

폭 : 5mm, 높이 : 5mm

폭 : 15mm, 높이 : 15mm

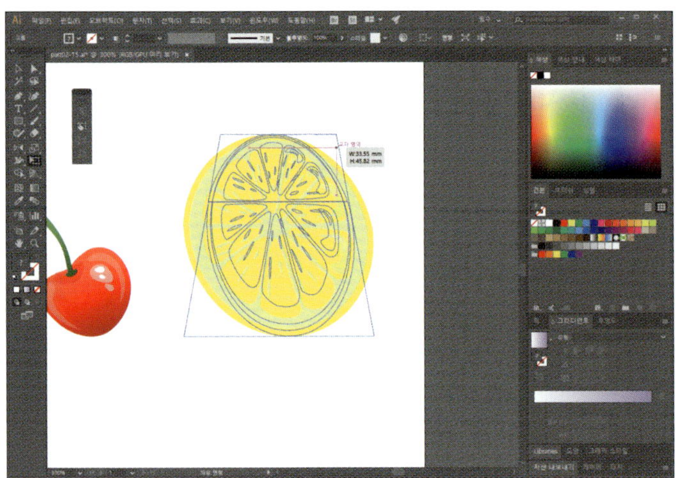

02 자유 변형 도구(   )를 선택하면 나타나는 보조 도구 모음에서 사다리꼴 변형(   )을 선택하고 오브젝트의 바운딩 박스 모서리 조절점을 드래그하여 사다리꼴로 변형한다.

강의노트

자유 변형 도구로 오브젝트의 바운딩 박스를 드래그하는 방법 외에도 Ctrl 을 누른 상태에서 선택 도구로 오브젝트의 바운딩 박스를 드래그하여 자유 변형이 가능하다.

직접 해보기 도형 구성 도구(Shape Builder Tool)

도형 구성 도구는 패스파인더 기능으로 적용 가능한 오브젝트의 편집 기능을 직관적으로 적용할 수 있다. 오브젝트의 겹쳐진 부분을 삭제하거나 더하고 분리하는 기능을 빠르게 적용할 수 있다.

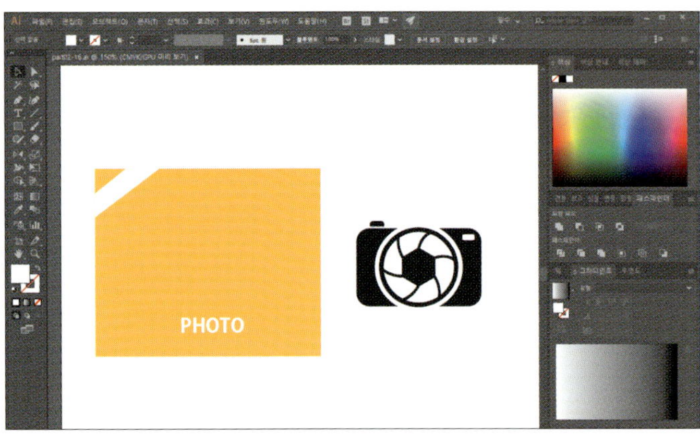

01 part02-16.ai 파일을 연다.

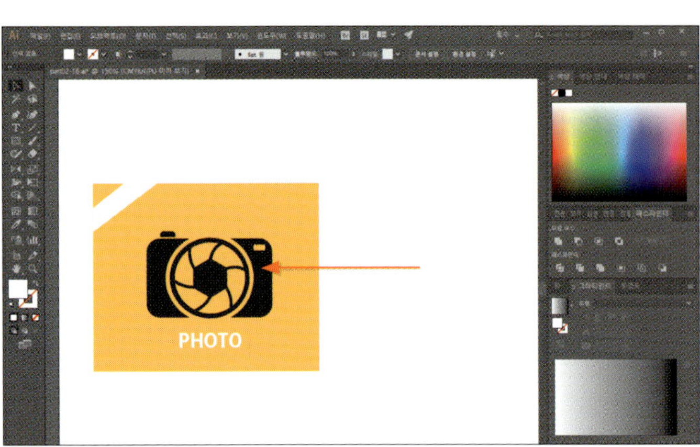

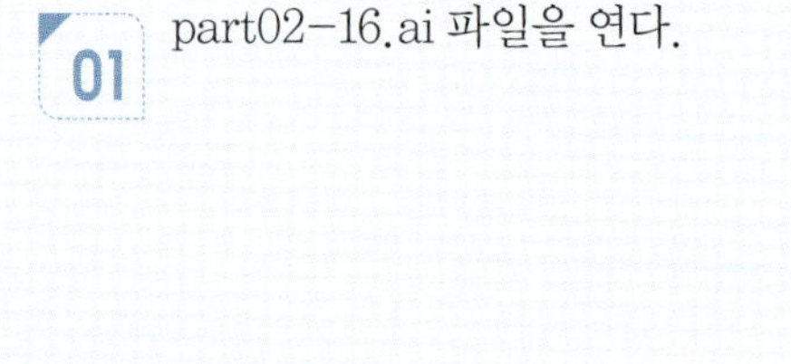

02 우측 카메라 오브젝트를 왼쪽 사각형 오브젝트 위로 겹치도록 이동한다.

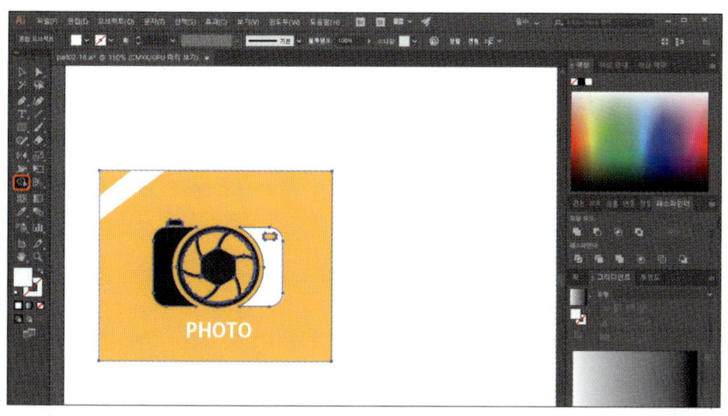

03 선택 도구로 사각형 오브젝트와 카메라 오브젝트를 모두 선택한 다음 도구 모음에서 도형 구성 도구(   )를 선택한다.

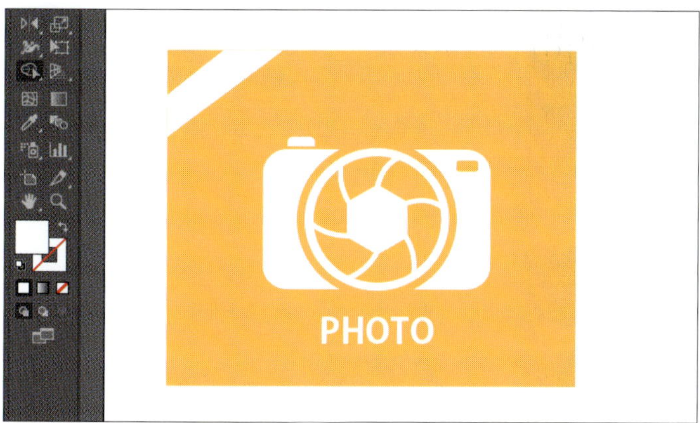

04 카메라 오브젝트의 검은색 부분을 각각 클릭하여 겹쳐진 부분을 삭제한다.

보충수업 도형 구성 도구 옵션 대화상자

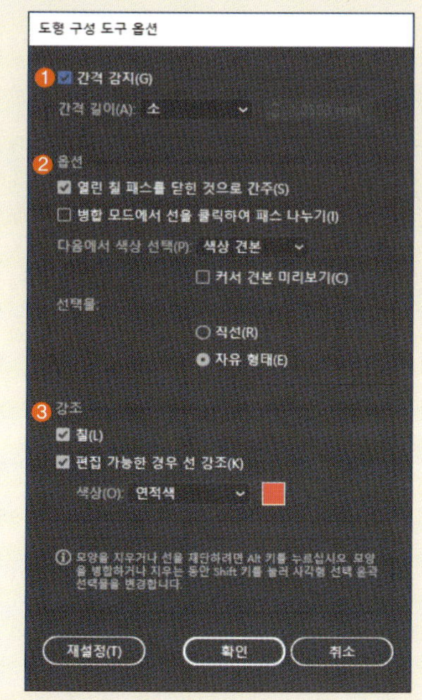

❶ **간격 감지** : 간격 길이 목록을 사용하여 간격을 설정한다. 소 (3포인트), 중(6 포인트), 대(12 포인트) 중에 선택할 수 있으며 정확한 간격은 사용자 정의를 선택한 후 직접 간격을 입력하여 사용한다.

❷ **옵션** :

– 열린 칠 패스를 닫힌 것으로 간주 : 열린 패스는 가장자리를 만들어 영역을 만든다.

– 병합 보드에서 선을 클릭하여 패스 나누기 : 상위 패스를 둘로 분할할 수 있다.

❸ **강조** : 선택한 패스 위에 마우스를 올려놓았을 때 병합 가능한 패스 또는 영역을 회색으로 표시해주거나 편집할 수 있는 선을 강조한다.

직접 해보기 라이브 페인트 통 도구(Live Paint Bucket)

라이브 페인트 통 도구는 오브젝트의 색상을 빠르게 변경할 수 있다. 겹쳐진 오브젝트의 경계를 자동으로 인식하여 빠르게 페인팅 작업을 적용할 수 있다.

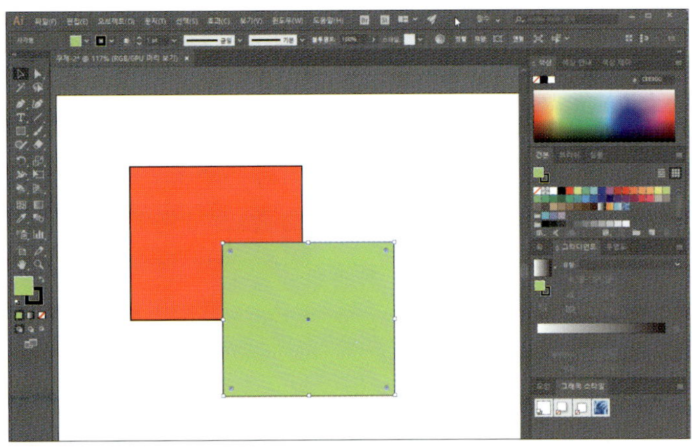

01 새 도큐먼트를 열고 사각형 도구(□)로 두 개의 사각형 오브젝트를 만든 다음 일부가 겹치도록 한다. 각 사각형 오브젝트는 다른 면 색상을 지정한다.

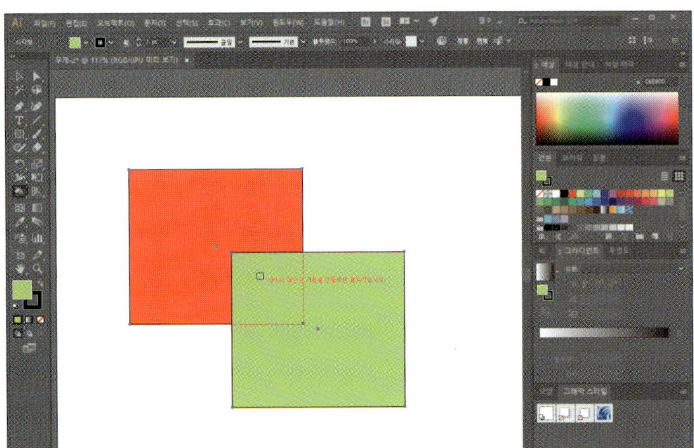

02 라이브 페인트 통 도구(□)를 선택하고 마우스 포인터를 오브젝트의 겹쳐진 부분에 가져가면 '라이브 페인트 그룹을 만들려면 클릭하십시오'가 표시되면 클릭합니다.

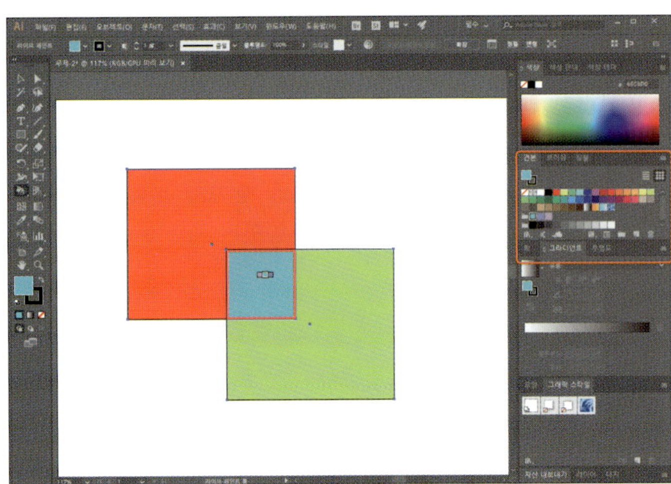

03 [견본] 패널에서 원하는 색상을 선택하고 겹쳐진 부분 위에 올려놓고 클릭하면 색상이 변경된다. □, □ 키를 누르면 [견본] 패널의 색상으로 변경할 수도 있다.

직접 해보기　라이브 페인트 선택 도구(Live Paint Selection Tool)

라이브 페인트 기능으로 적용된 개체의 분한 면을 개별적으로 선택할 수 있다.

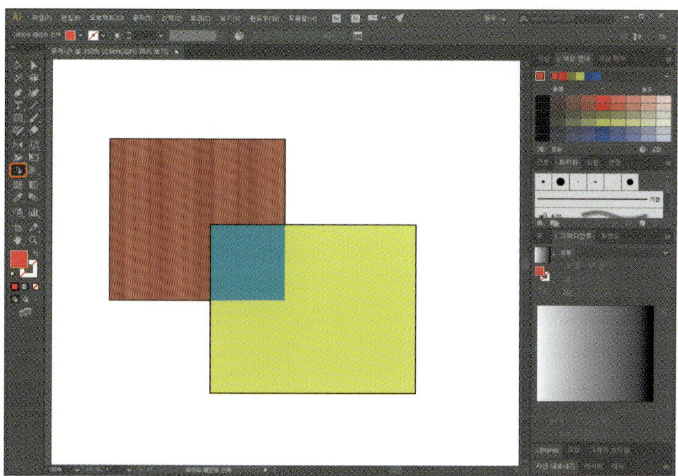

01 앞에서 작업했던 파일처럼 겹쳐진 사각형 오브젝트를 생성하고 도구 모음에서 라이브 페인트 선택 도구(　)를 선택한다.

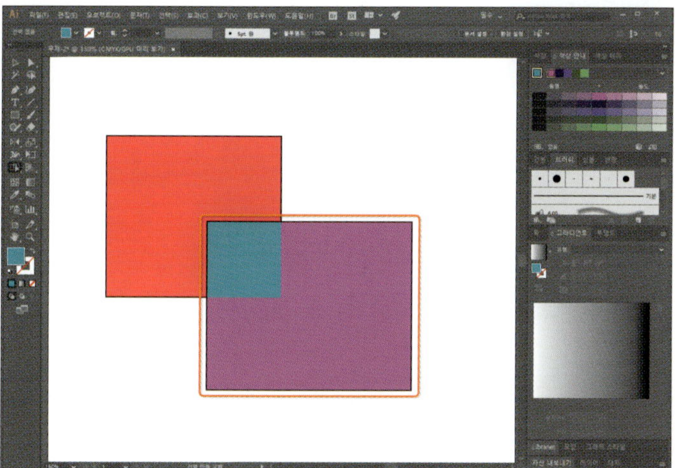

02 겹쳐지지 않은 부분을 클릭하고 [색상안내] 패널에서 원하는 색상으로 지정해본다.

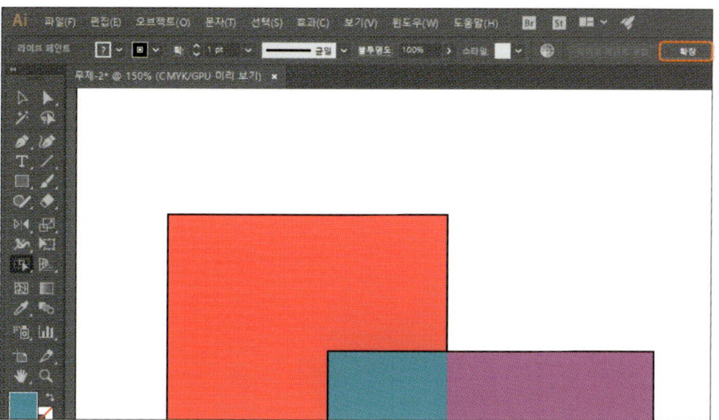

03 선택 도구(　)로 오브젝트를 클릭하면 그룹 속성의 개체로 인식된다. 분할 면을 개별적인 오브젝트로 분리하기 위해서는 그룹 개체를 확장해야 한다. 옵션 패널에서 [확장] 버튼을 클릭한다.

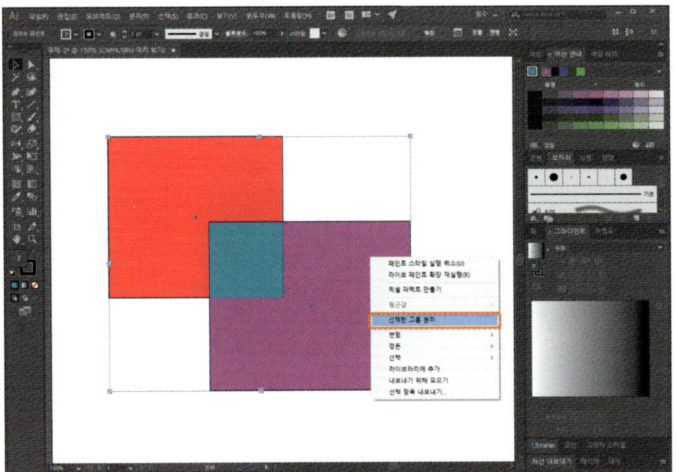

04 오브젝트가 확장되었으면 마우스 오른쪽 버튼을 클릭하여 [그룹 풀기]를 실행한다. 선택 도구( )로 분할 면은 이동시켜 본다.

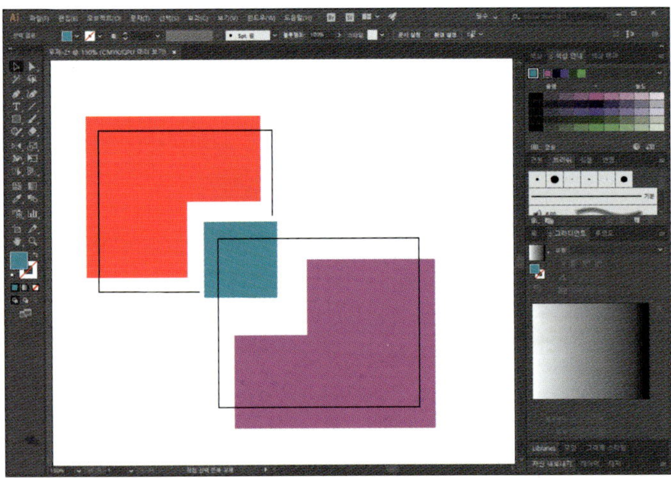

05 선과 면들이 각각 분리된 것을 확인할 수 있다.

보충수업 라이브 페인트 도구

라이브 페인트로 색상 적용이 가능한 부분을 가장자리 및 면이라고 한다. 가장자리는 패스가 다른 패스와 교차하는 지점 사이에 있는 패스의 일부이다. 면은 하나 이상의 가장자리로 둘러싸인 영역이다. 가장자리를 그리고 면을 칠할 수 있다. 예를 들어, 원과 그 원을 가로지르는 선을 그린다. 라이브 페인트 도구로 원을 분할하는 선(가장자리)과 선으로 나누어진 2개의 각 면에 색상을 적용할 수 있다.

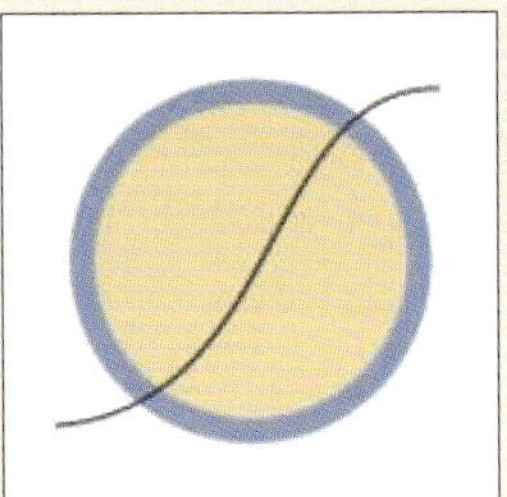

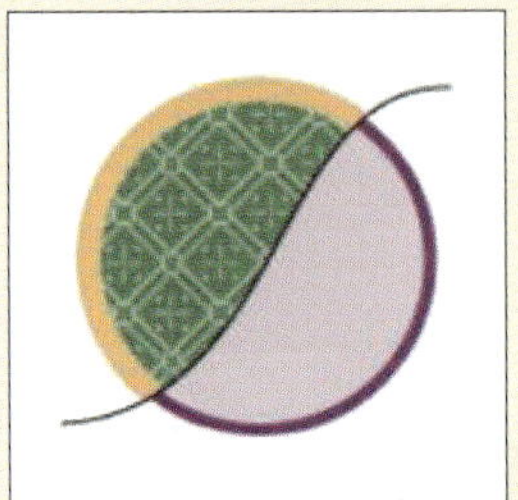

직접 해보기   원근감 격자 도구(Perspective Grid Tool)

원근감 격자 도구는 원근감으로 표현되는 드로잉 개체를 편리하게 그릴 수 있도록 투시 그리드를 표시하고, 안내선에 맞추어 오브젝트를 변형하는 기능을 한다. 건축 디자인 드로잉이나 투시법을 이용한 오브젝트를 만들 때에 편리하게 사용할 수 있다.

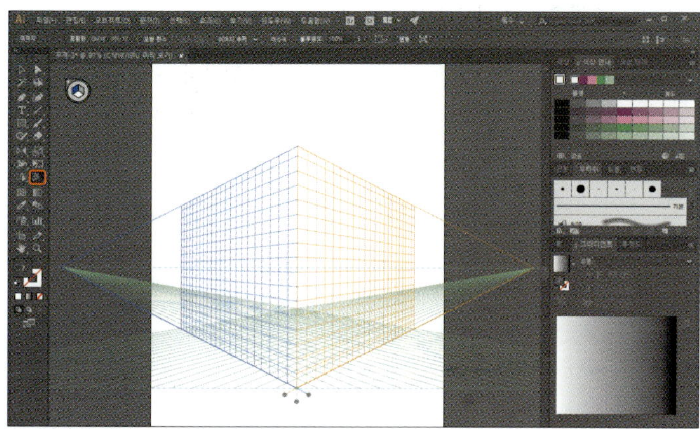

01 새 도큐먼트를 열고 도구 모음에서 원근감 격자 도구( )를 선택한다. 도큐먼트에 투시 형태로 좌,우측에 소실점이 보이는 그리드가 표시된다. 그리드 좌측 상단 부분에는 투시된 박스 면의 선택과 그리드를 숨길 수 있는 아이콘이 표시된다.

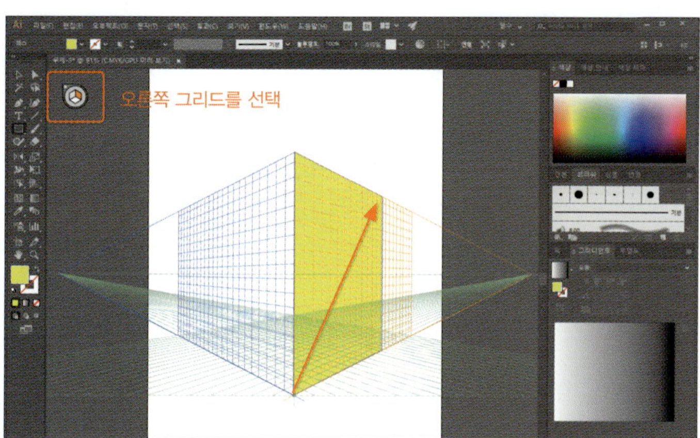

02 아이콘에서 오른쪽 그리드를 선택하고 사각형 도구( )로 가운데 모서리 그리드에서 우측으로 드래그하여 사각형 오브젝트를 생성한다. 그러면 그리드에 맞추어 투시된 모양으로 오브젝트가 그려진다.

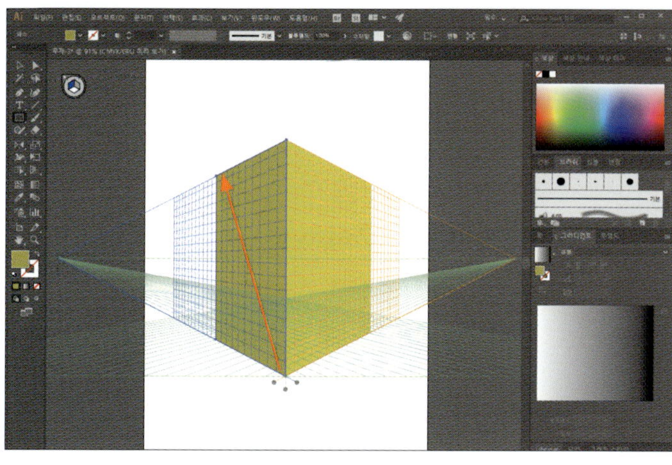

03 이번에는 좌측 그리드를 지정하고 면 색상을 어두운 톤으로 설정한 다음 왼쪽 그리드에 맞추어 드래그하여 사각형 오브젝트를 생성한다.

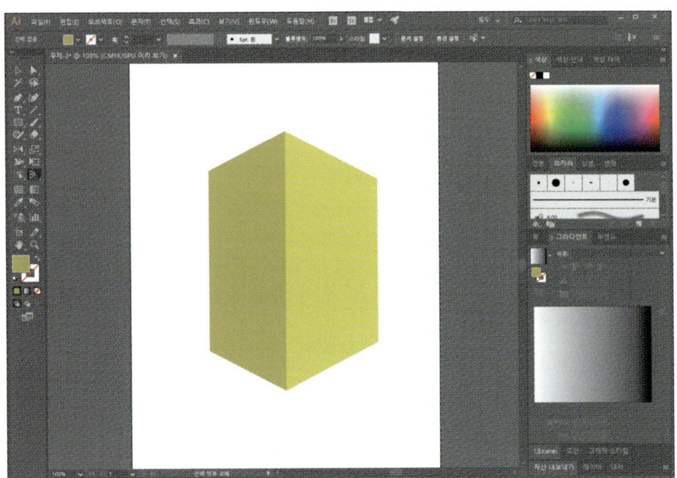

04 박스 모양이 완성되었으면 그리드 아이콘에서 [닫기] 버튼을 클릭한다. 정확한 원근법에 의한 박스 모양을 편리하게 만들 수 있다.

직접 해보기 원근감 선택 도구(Perspective Selection Tool)

투시 안내선에 맞추어 자동으로 투시된 오브젝트를 선택한 다음 안내선에 맞추어 이동하거나 모양을 조절할 수 있다.

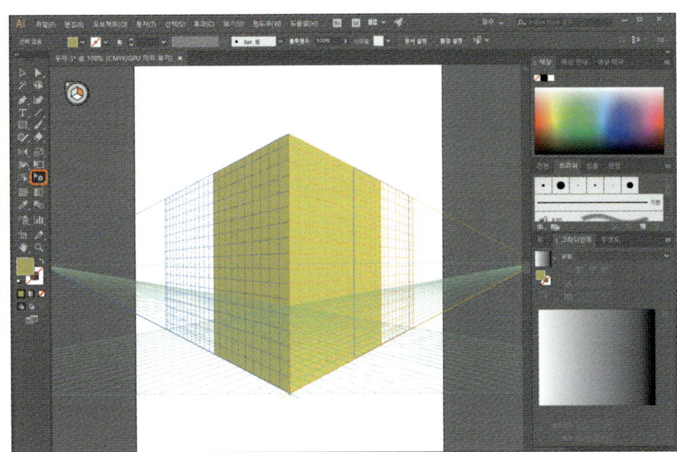

01 원근감 격자 도구( )를 선택하면 투시된 그리드가 다시 나타난다. 원근감 선택 도구를 지정하고 우측 오브젝트를 선택한 다음 드래그하여 이동해 본다.

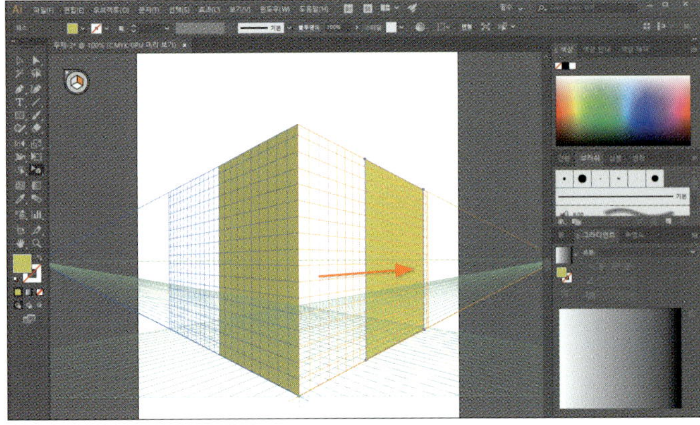

02 투시 그리드에 맞추어 자동으로 모양이 조절된다.

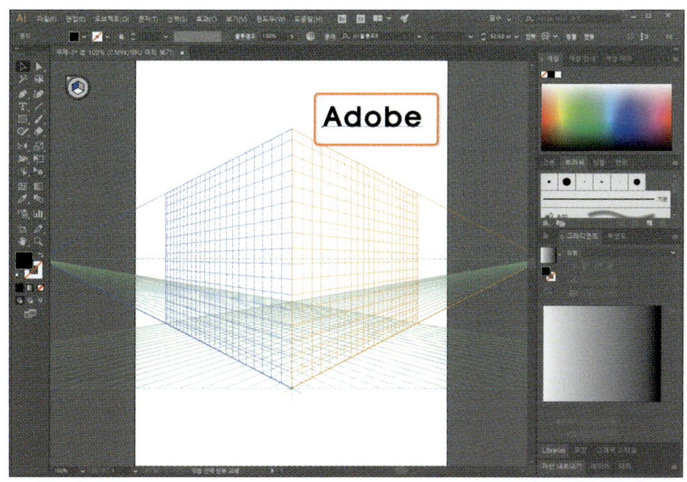

03 사각형 오브젝트들을 모두 삭제하고 도구 모음에서 문자 도구(T)을 지정한 다음 "Adobe"문구를 입력하고 글꼴과 크기를 변경한다.

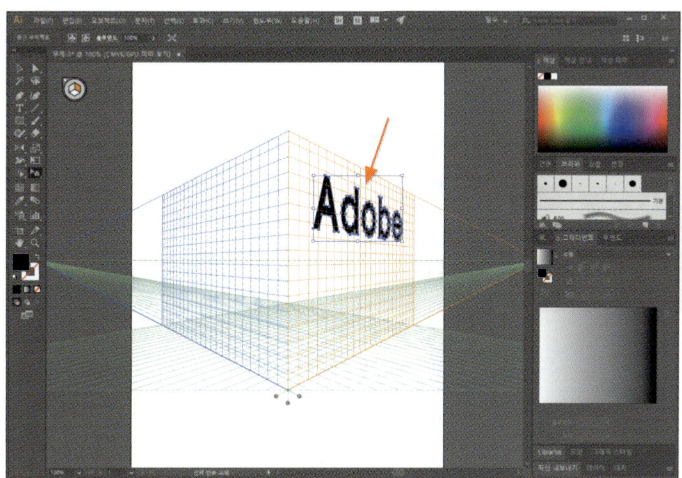

04 원근감 격자 도구( )를 선택하고 입력된 문구를 그리드 위로 드래그하면 그리드에 맞추어 자동으로 원근감이 적용된다.

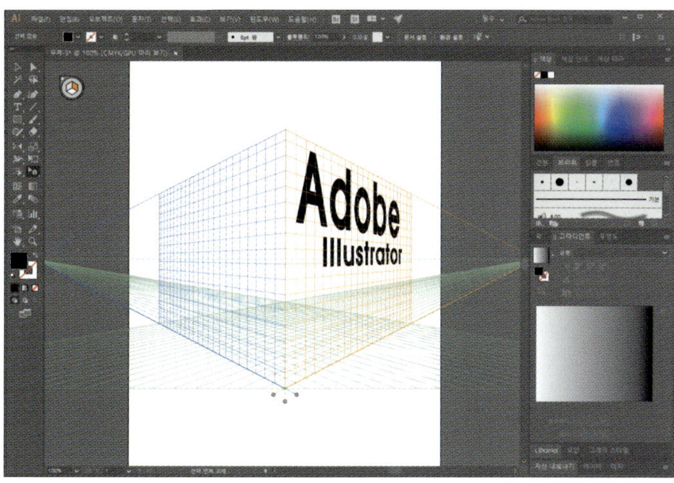

05 문자 외곽에는 바운딩 박스가 표시되고 모서리 조절점을 드래그해서 크기를 조절할 수 있다. 다시 문자 도구로 "Illustrator" 문구를 입력하고 앞서 했던 방법으로 원근감을 적용해 본다.

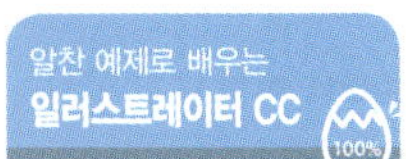

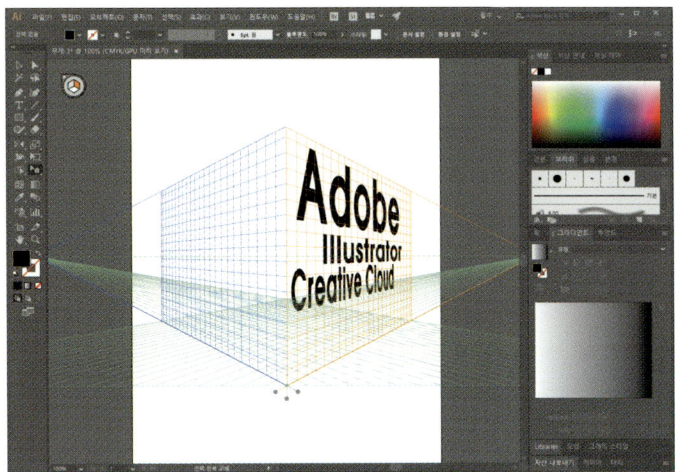

06 계속해서 "Creative Cloud" 문구를 입력하고 원근감을 적용하여 타이포 디자인 레이아웃을 구성한다.

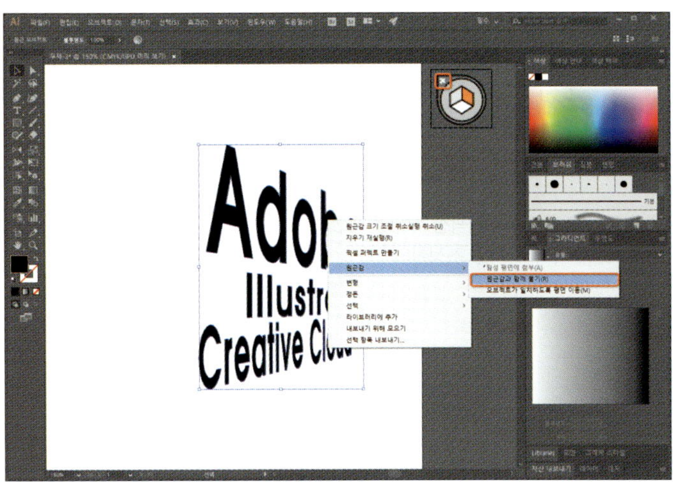

07 모양이 완성되었으면 투시 그리드 [닫기] 버튼을 클릭하여 그리드를 숨긴다. 원근감 격자 기능으로 조정된 오브젝트들을 개별적으로 편집하기 위해서는 원근감 격자 기능을 해제해야 한다.
오브젝트들을 모두 선택한 다음 마우스 우측 버튼을 클릭해 [원근감]-[원근감과 함께 풀기]를 실행한다.

08 원근감 격자 오브젝트가 일반 오브젝트로 변경되었으면 선택 도구로 각 문자를 선택하고 색상을 변경하여 완성한다.

실전문제

01. 도형과 패스 문자 도구를 이용하여 엠블럼을 만들어 본다.

준비파일 | part02-17_ready.ai   **완성파일** | part02-17_complete.ai

Hint 원형 도구로 마크 오브젝트 가운데 두 개의 원을 만들고 큰 원의 외곽선 부분을 패스 문자 도구로 클릭한 후 "SINCE 1993" 문구를 입력한다. 조절점을 안쪽으로 드래그하여 각각 위치를 조정한다.

02. 도형과 기울이기 도구를 이용하여 문자 아이콘을 디자인해 본다.

완성파일 | part02-18.ai

Hint 문자 도구로 "e"를 입력하고 글꼴과 크기, 색상을 흰색으로 지정한 다음 기울기 도구로 문자를 우측으로 드래그하여 기울여 완성한다.

색상 및 효과 도구 익히기

앞에서는 오브젝트를 생성하고 변형하는 방법을 알아보았다면 이번 과정에서는 색상과 관련한 효과들을 적용하는 법을 알아본다. 그라디언트 도구를 이용하면 두 가지 이상의 색상을 부드럽게 연결하여 사실감 있게 표현하는 작업을 가능하게 한다. 오브젝트의 색상과 형태를 자동으로 만들어 주는 블렌드 기능 역시 자연스러운 색상과 특수한 효과를 표현할 수 있으며 라이브 페인트 도구들은 보다 손쉬운 채색 작업을 도와준다.

Zoom In
알찬 예제로 배우는
일러스트레이터
색상 사용

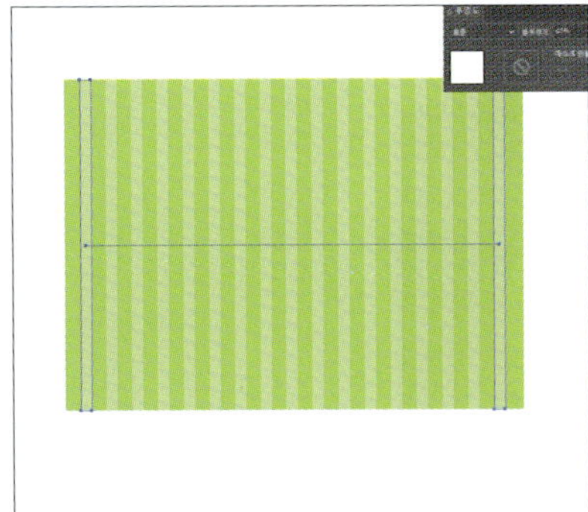

_ **망 도구** 불륨감있고 입체감 있는 색상 적용이 가능하다.

_ **그라디언트 도구** 두 개 이상의 색상이 자연스럽게 이어 지도록 적용한다.

_ 직접 선택 도구를 이용하면 세밀한 작업이 가능하다.

_ 색상의 음영을 조절하여 3D 효과를 낼 수 있다.

직접 해보기   망 도구(Mesh Tool)

망 도구는 오브젝트에 그물 모양의 메시 포인트를 추가하여 색상을 자연스럽게 연결할 수 있는 도구이다. 망 도구를 선택하고 오브젝트를 클릭하면 클릭한 지점에 메시 포인트가 생성되며 면 색상이 적용되어 주변 색상과 이어지게 된다.

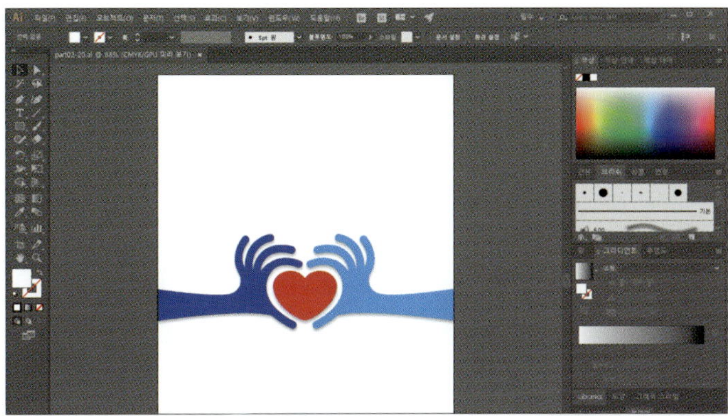

01 part02-20.ai 파일을 불러온다.

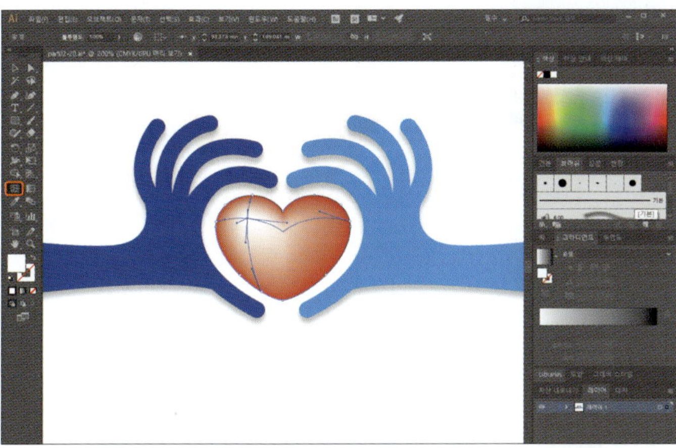

02 면 색상으로 흰색을 지정하고 도구 모음에서 망 도구( )로 하트 오브젝트 내 왼쪽 윗부분을 클릭한다. 클릭한 지점에 메쉬포인트가 만들어지며 흰색이 적용된다.

강의노트

그라디언트 망 도구를 사용하면 인체, 식물 등의 오브젝트를 사실적으로 표현할 수 있다. 하지만 정밀한 작업을 요구하므로 오랜 시간과 노하우가 필요하다.

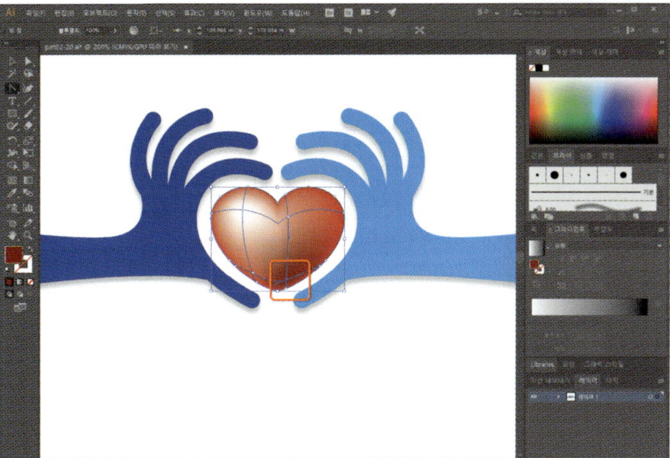

03 Ctrl 을 누른 상태에서 도큐먼트의 빈 공간을 클릭하여 선택 해제한다. 면 색상을 어두운 색상으로 지정하고 다시 하트의 하단 부분을 클릭하여 메시 포인트를 추가해본다.

강의노트

메시 포인트는 직접 선택 도구로 위치를 변경하거나, 방향선을 드래그하여 세그먼트의 형태를 바꾼다. 메시 포인트 삭제는 Alt 를 누른 상태에서 망 도구로 삭제할 포인트를 클릭한다.

직접 해보기　■ 그라디언트 도구(Gradient Tool)

그라디언트 도구는 두 가지 이상의 색이 연속적으로 이어지는 효과를 적용할 수 있는 도구이다. 그라디언트 패널에서 직선형(Linear)과 방사형(Radial) 형태의 그라디언트를 적용할 수 있으며 오브젝트에 그라디언트 조절점을 이용하여 빠르게 편집할 수 있다.

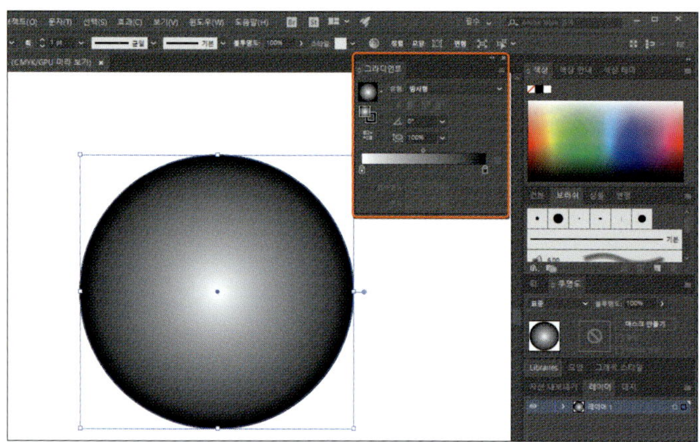

01 새 도큐먼트를 열고 선 색상을 투명으로 지정한 다음 [Shift]와 [Alt]를 누른 상태에서 원형 도구(●)로 드래그하여 정원 오브젝트를 만든다. 그라디언트 패널에서 방사형 그라디언트를 적용하면 흰색에서 검은색으로 연결되는 그라디언트 색상이 적용된다.

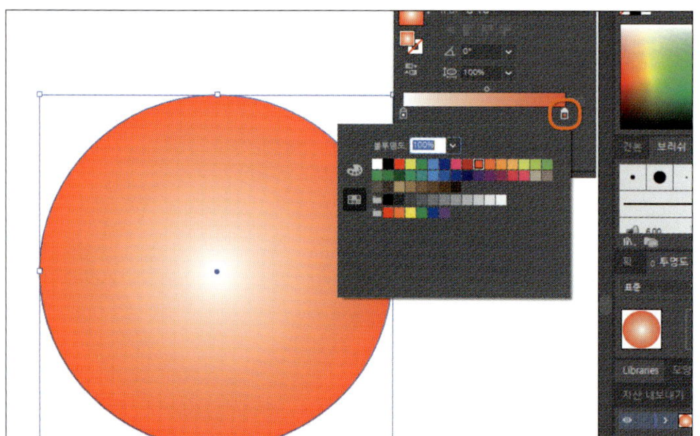

02 그라디언트 패널의 검은색 색상 슬라이드를 더블클릭하면 색상 스와치가 열린다. 원하는 색상을 골라 적용한다.

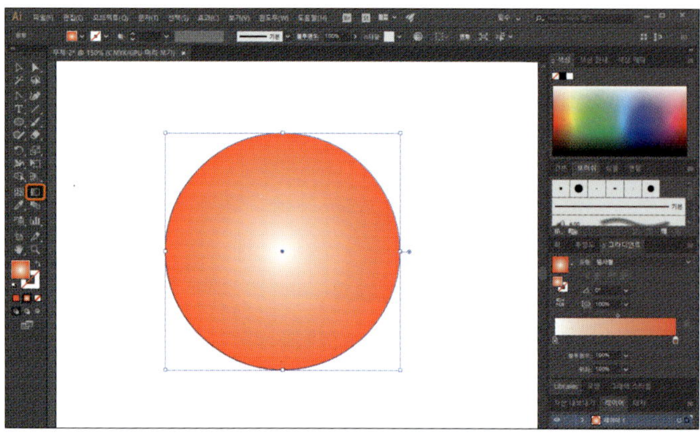

03 그라디언트를 편집하기 위해서 그라디언트 도구(■)를 선택한다. 그라디언트의 적용 방향과 위치 영역 등을 조절할 수 있는 조절점이 나타난다.

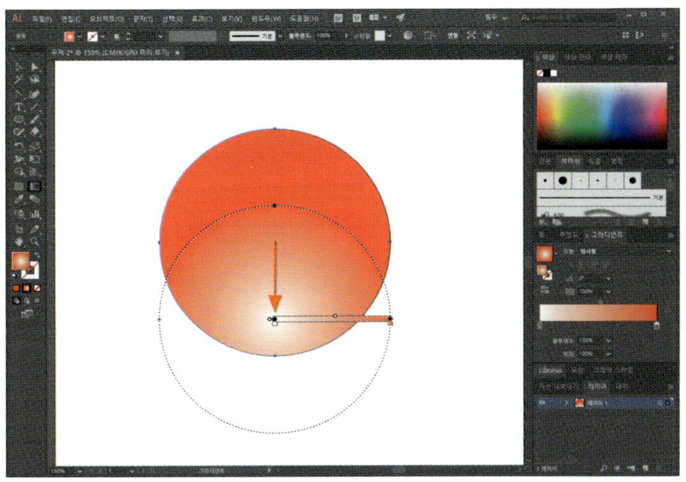

04 중앙 조절점을 밑으로 이동하면 그라디언트 위치를 조절할 수 있다.

강의노트 🖉

오브젝트에 방사형 그라디언트를 적용하면 오브젝트의 중심에서 외곽으로 퍼져나가는 그라데이션이 적용된다. 이때 그라디언트 중심점을 드래그하여 위치를 변경하면 변경된 위치를 중심으로 퍼져나가는 그라디언트로 변경된다.

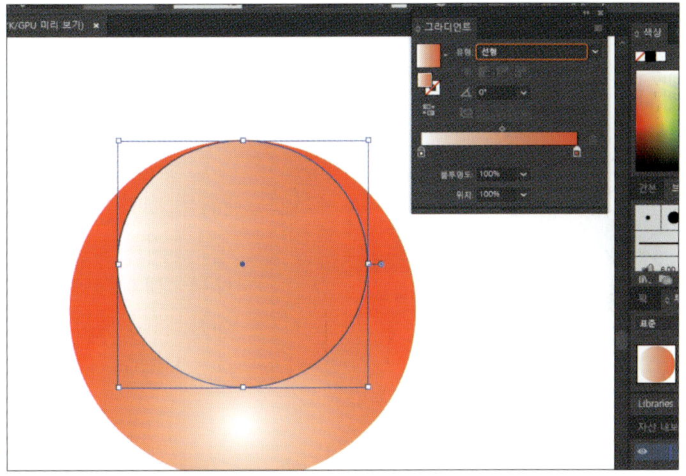

05 빛이 반사되는 하이라이트 효과를 나타내기 위해 겹쳐지도록 작은 정원 오브젝트를 만들고 그라디언트 패널에서 선형 그라디언트를 적용한다.

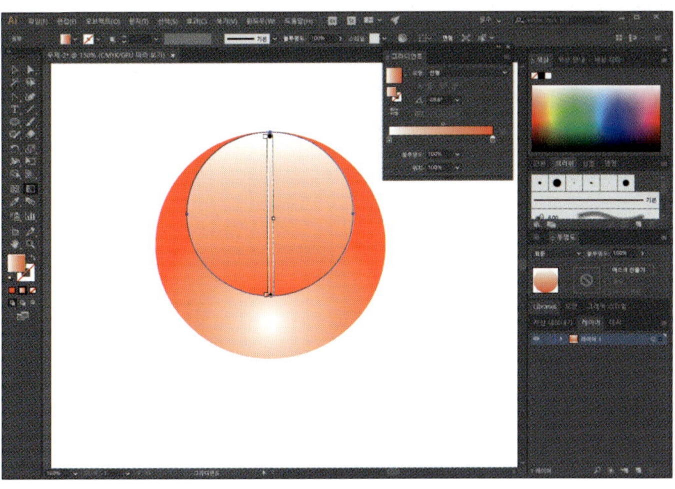

06 그라디언트 적용 방향을 변경한다. 그라디언트 도구(▣)를 선택하여 조절점을 표시하고 오브젝트 위쪽에서 아래쪽으로 드래그하여 적용방향을 수직으로 변경한다.

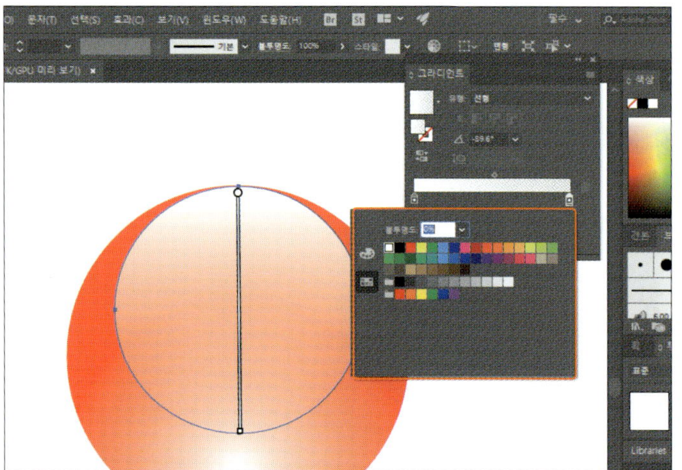

07 밝은 빛 효과를 나타내기 위해 그라디언트 패널의 슬라이드에서 우측 붉은색 색상을 더블클릭하여 흰색으로 변경하고, Opacity 항목의 수치 값을 0%로 적용하여 투명하게 만든다.

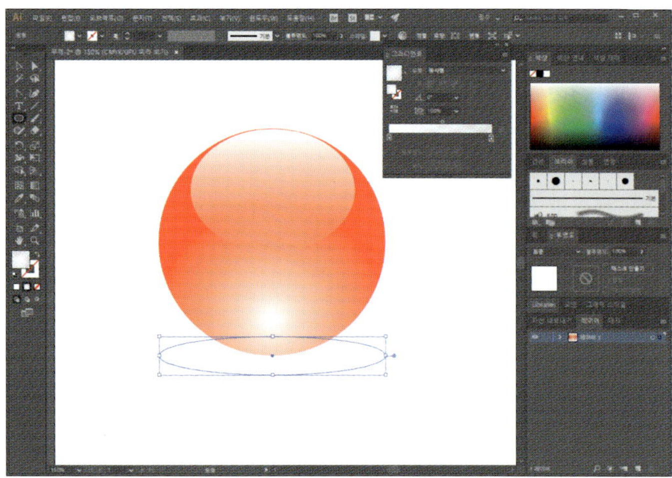

08 반짝이는 구슬 오브젝트 아래쪽에는 그림자를 추가한다. 원형 도구로 가로로 긴 타원 오브젝트를 만든 다음 Ctrl + shift + [명령으로 구슬오브젝트 뒤로 이동시킨다. 이후 그라디언트 패널을 열고 방사형 그라디언트를 적용한다.

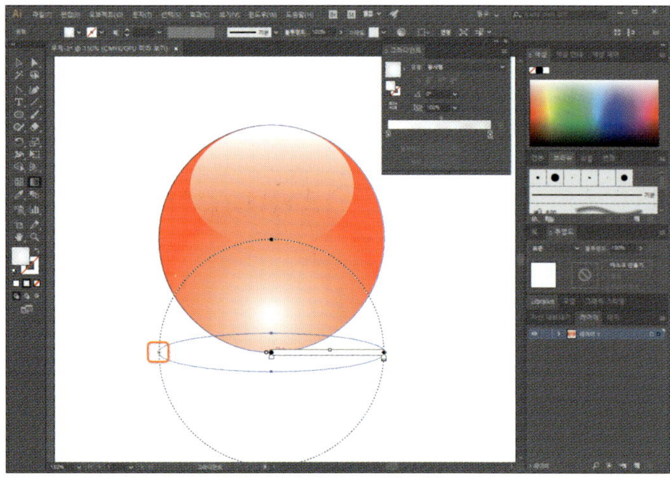

09 그라디언트 영역을 타원에 맞추어 조절해야 한다. 그라디언트 도구(▨)를 선택하고 조절점이 나타나면 좌측의 영역 조절점을 타원 폭에 맞추어 드래그한다.

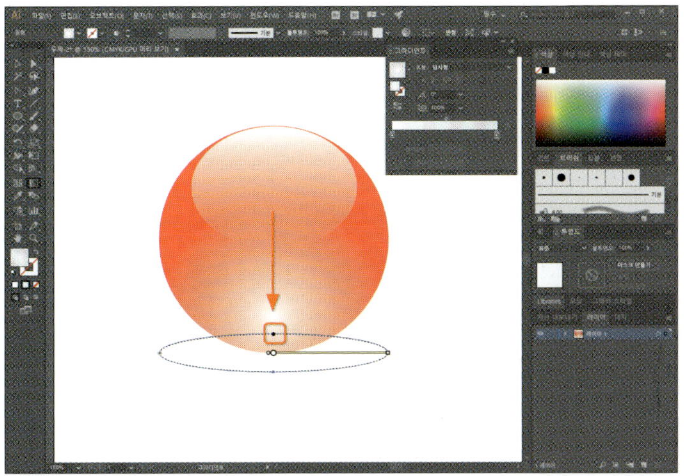

10 위쪽 폭을 맞추기 위해 상단의 모양 조절점을 타원 위쪽 면에 맞추어 드래그한다.

강의노트

방사형 그라디언트는 정원 모양으로 색상이 적용되기 때문에 오브젝트가 타원형일 경우 그에 맞춰 그라디언트 영역을 변경하면 좀 더 자연스러운 그라데이션을 만들 수 있다.

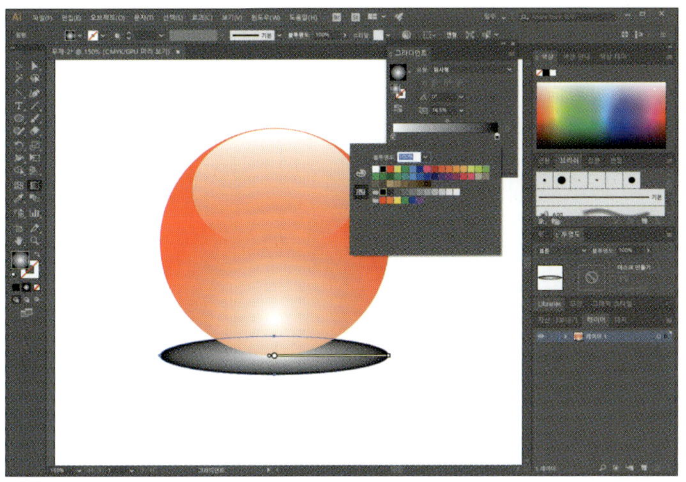

11 그림자 색상은 중심에 어두운 색상이 적용되고 외곽으로 갈수록 밝게 이어져야 한다.

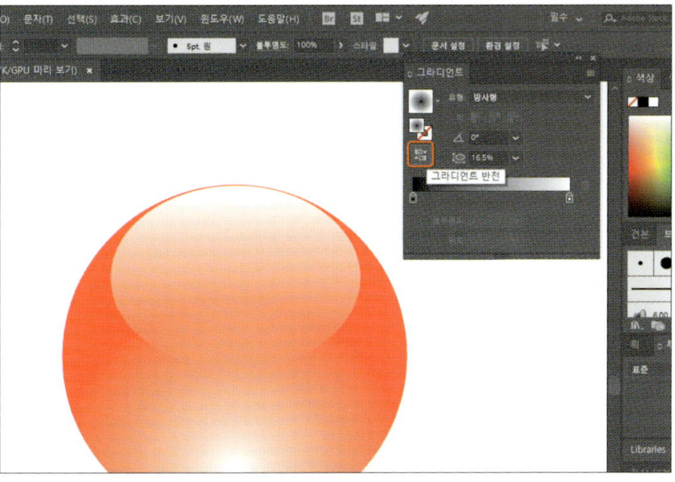

12 그라디언트 패널에서 슬라이드의 오른쪽 색상을 검은색, 불투명도를 100%로 설정한 후 [그라디언트 반전] 버튼을 클릭하여 완성한다.

강의노트

일러스트레이터에서 오브젝트는 만들어진 순서에 따라 쌓이게 된다. 즉 가장 나중에 만들어진 오브젝트가 위쪽에 놓이게 된다. 오브젝트의 계층 순서를 변경할 때에는 Arrange 명형을 사용한다. [오브젝트]-[정렬] 명령을 이용해서 계층 순서를 변경할 수 있다.

 **보충수업** 그라디언트 조절점

그라디언트 도구를 선택하면 적용 위치와 방향 각 슬라이드의 색상과 위치를 세밀하게 조절할 수 있는 조절점이 나타난다.

[직선형(Linear) 그라디언트]

❶ 좌측의 원형 조절점을 드래그하면 그라디언트 적용 위치를 조절할 수 있다.

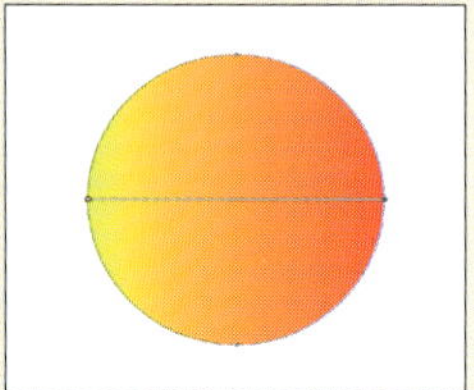
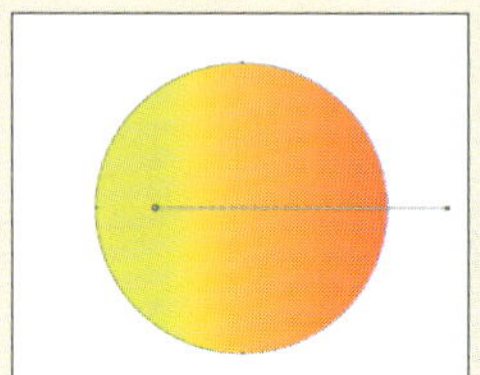

❷ 우측 조절점 옆에 마우스를 가져가면 회전 조절점이 나타난다. 이때 드래그하면 드래그한 방향으로 그라디언트 각도가 조절된다.

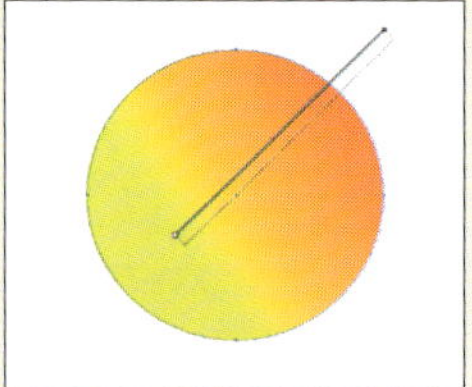

❸ 조절점 위에 마우스를 놓으면 색상 슬라이드가 표시된다. 슬라이드의 색상과 위치를 조절할 수 있다.

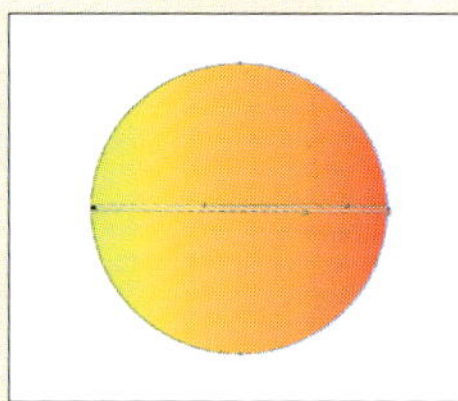
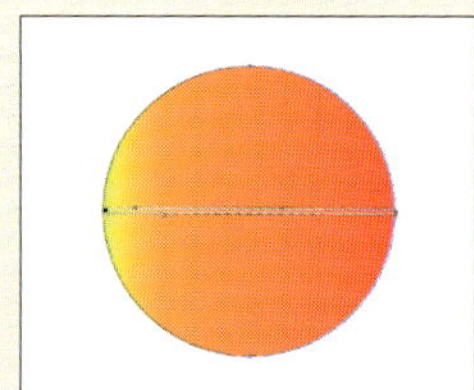

[방사형(Radial) 그라디언트]

❶ 방사형 그라디언트를 적용하고 그라디언트 도구를 선택하면 원형 조절점이 나타난다. 조절점을 드래그하여 위치와 적용 범위를 조절할 수 있다. 좌측 원형 조절점을 드래그하면 적용 범위를 정비례로 조절할 수 있다.

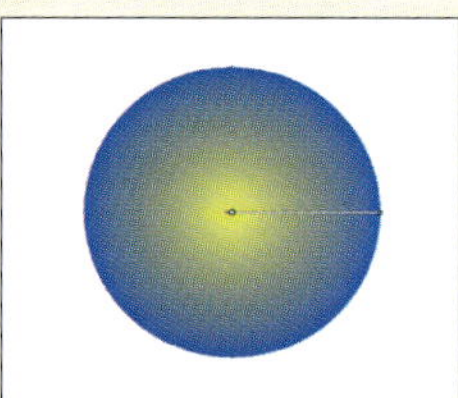
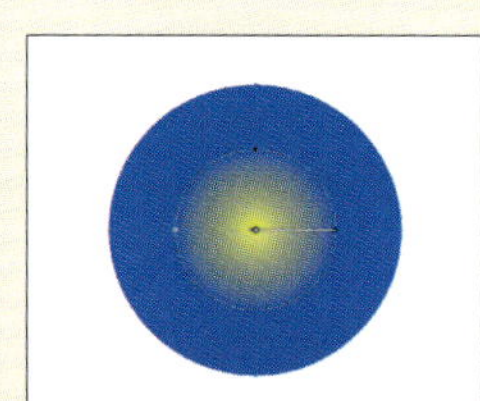

❷ 상단 조절점을 드래그하면 타원 형태로 그라디언트 범위를 조절할 수 있다.

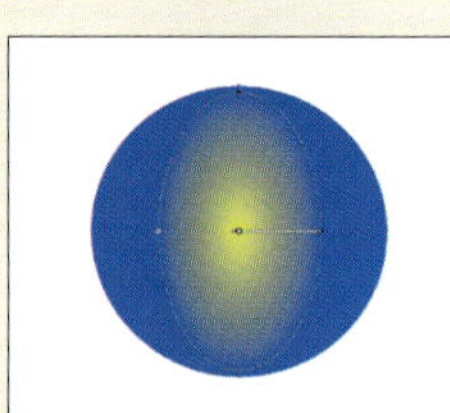
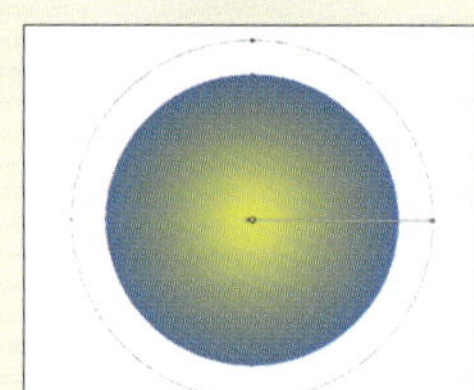

직접 해보기   블렌드 도구(Blend Tool)

블렌드 도구는 형태나 색상이 다른 두 오브젝트 사이에 변화되는 과정을 자동으로 만들어주는 도구이다.

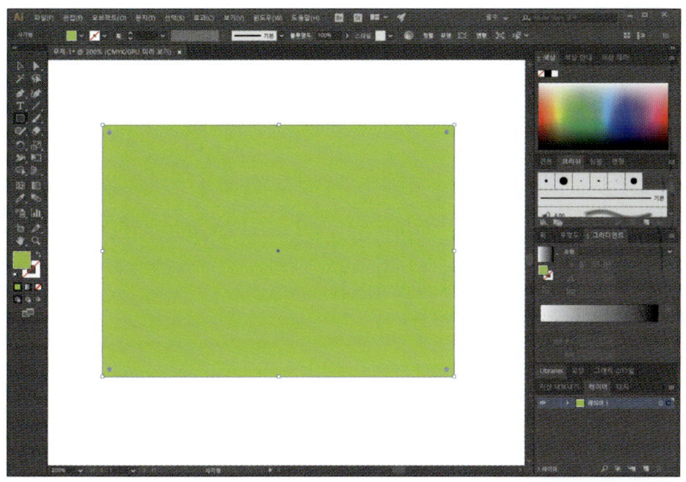

01 블렌드 기능을 이용하여 스트라이프 문양을 만들어 본다. 새 도큐먼트를 열고 사각형 도구(■)로 직사각형 오브젝트를 만든 후 선 색상은 없음, 면 색상은 원하는 색으로 지정한다.

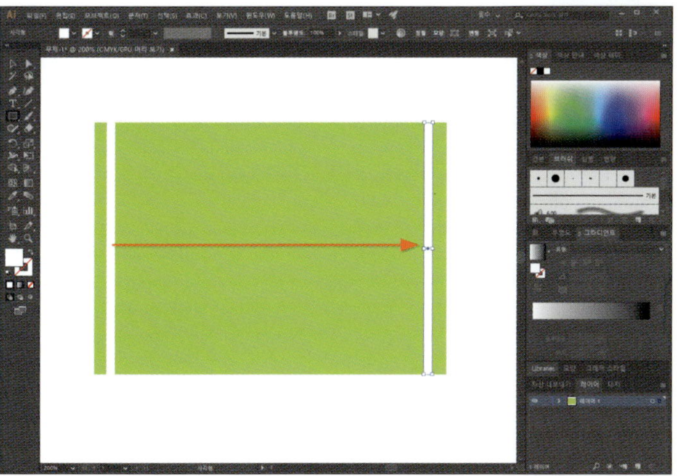

02 Ctrl 을 누른 상태에서 빈 공간을 클릭하여 선택 해제하고 면 색상을 흰색으로 지정한 다음 그림과 같이 흰색 직사각형을 만든다. shift 를 누른 상태에서 선택 도구(▷)로 드래그하여 오른쪽에 복사본을 만든다.

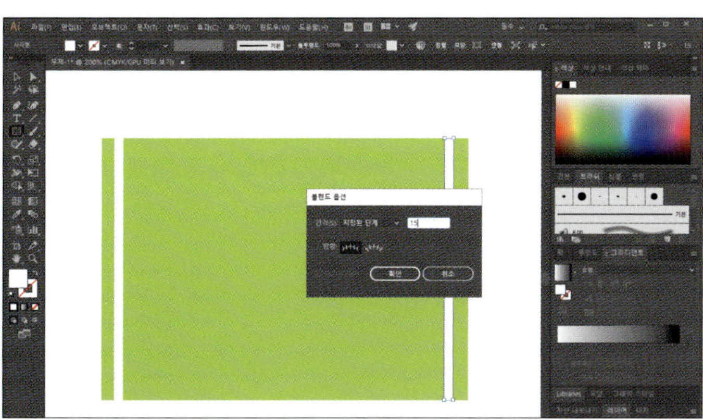

03 블렌드 도구( )를 더블클릭하여 대화상자를 나타낸다. 오브젝트의 간격을 설정하는 항목에서 "지정된 단계"로 변경하고 항목의 값을 '15'로 입력한 후 [확인] 버튼을 클릭한다.

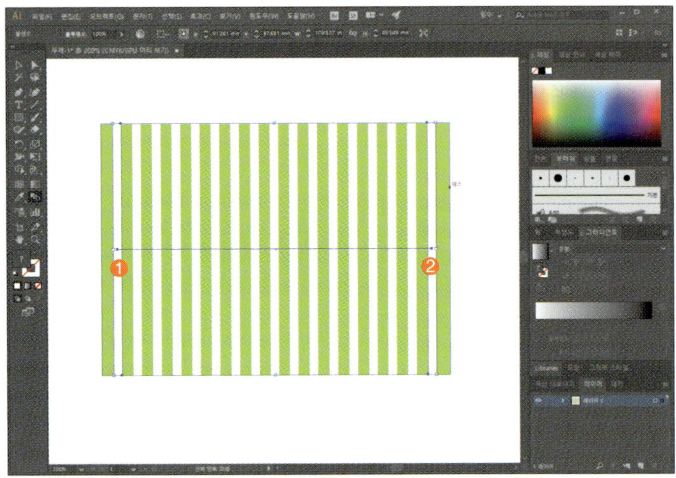

04 왼쪽 흰색 사각형을 한 번 클릭한 후 오른쪽 흰색 사각형을 각각 클릭한다. 그 결과 오브젝트 사이에 지정된 수치만큼 중간 단계의 오브젝트들이 추가된다.

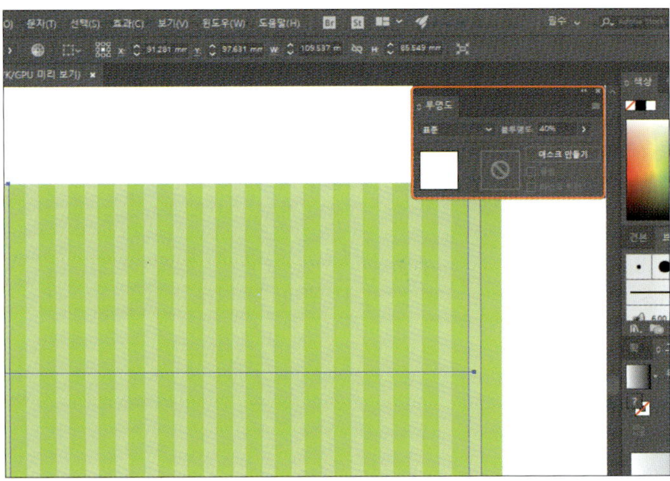

05 자연스러운 스트라이프 문양을 나타내기 위해 [윈도우]-[투명도] 패널을 열고 투명도를 적용한다.

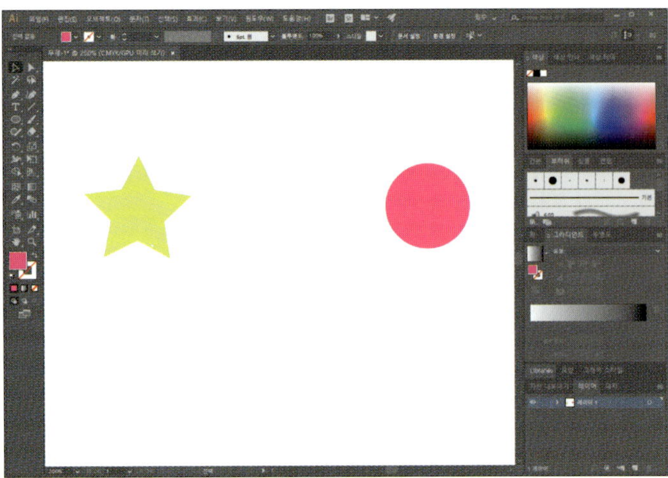

06 이번에는 그림과 같이 별과 정원 오브젝트를 만든다. 각각 면 색상을 다르게 지정하고 선 색상은 없음으로 지정한다.

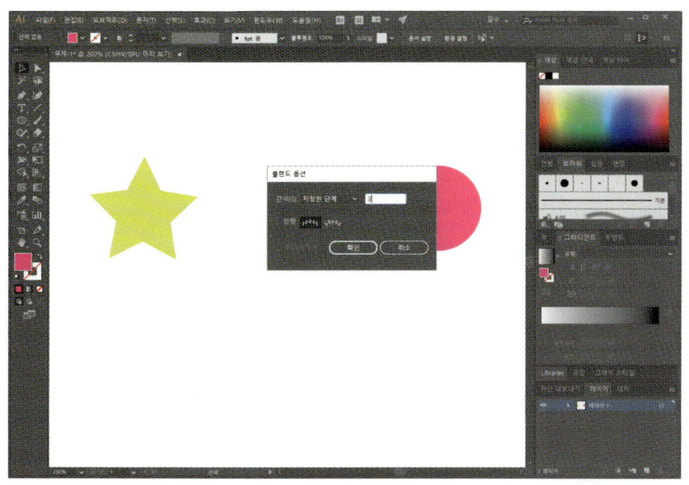

07 도구 모음에서 블렌드 도구( )를 더블클릭한다. 블렌드 옵션 대화상자에서 오브젝트의 간격을 설정하는 항목에 "지정된 단계"로 설정하고 항목 값에 "3"을 입력한다.

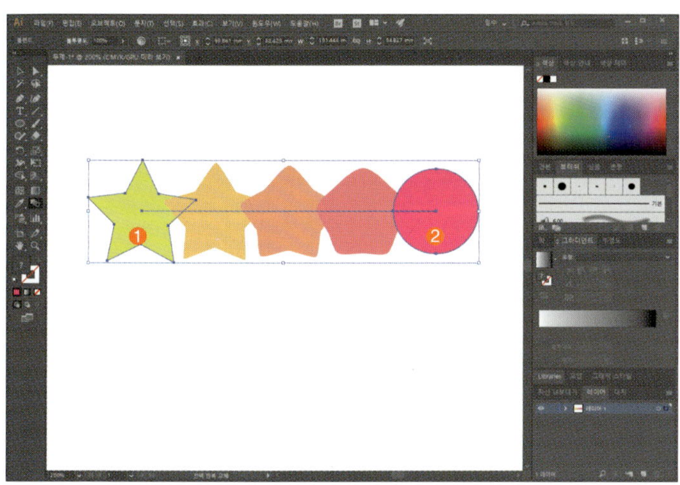

08 이제 두 오브젝트를 각각 클릭하면 두 오브젝트 사이에 중간 단계를 나타내는 오브젝트가 생성된다. 직접 선택 도구로 원본 오브젝트를 편집하면 중간 단계도 자동으로 조정된다.

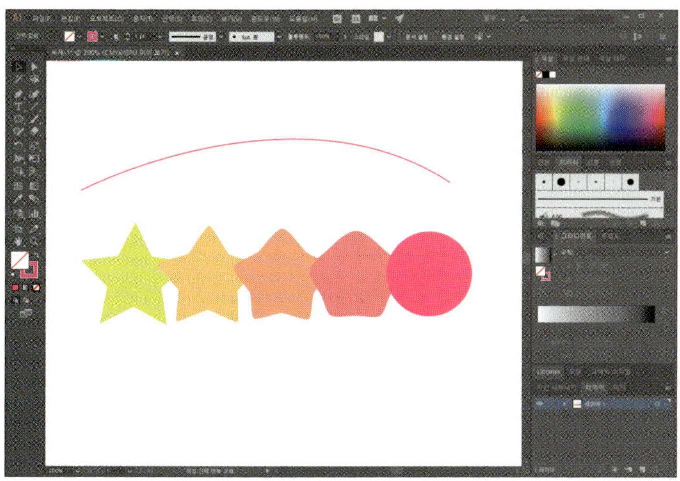

09 도구 모음에서 펜 도구( )를 선택하고 생성한 오브젝트의 상단에 곡선을 그린다.

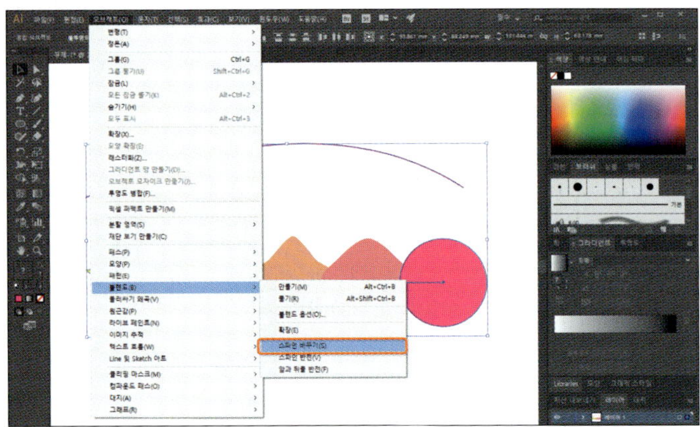

10 곡선과 오브젝트를 모두 선택한 후 [오브젝트]-[블렌드]-[스파인 바꾸기]를 실행한다.

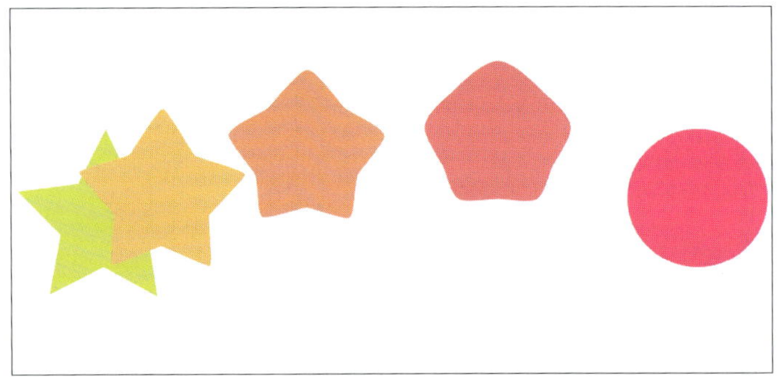

11 블렌드 효과가 곡선의 패스를 따라 적용된다.

보충수업 블렌드 도구 옵션 대화상자

❶ 간격

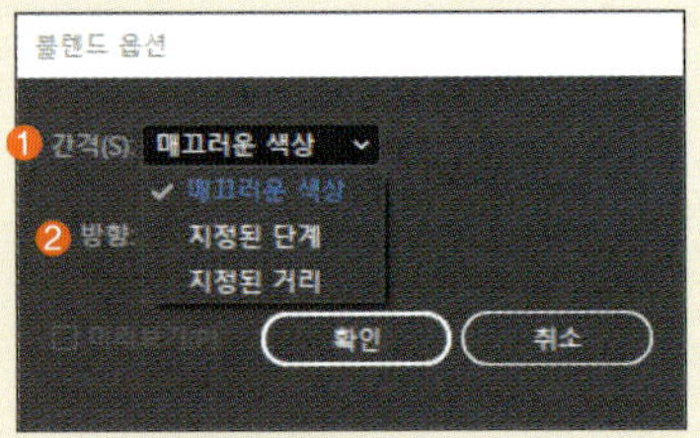

두 오브젝트가 블렌드될 때의 중간에 생성되는 간격을 지정하는 방식이다.

- 매끄러운 색상 : 자연스러운 색상의 변화를 만든다.

- 지정된 단계 : 두 오브젝트 사이에 만들어지는 오브젝트의 개수를 지정한다.

- 지정된 거리 : 두 오브젝트 사이에 만들어지는 오브젝트의 간격을 지정할 수 있다.

❷ **방향** : 두 오브젝트를 블렌드한 후 두 오브젝트 사이에 연결된 패스를 곡선 형태로 변형시켰을 경우 사용하는 옵션이다.

실전문제

01. 블렌드 기능과 패스상의 문자도구를 이용하여 엠블럼 디자인을 만들어 본다.

준비파일 | part02-21_ready.ai   **완성파일** | part02-21_complete.ai

Hint 블렌드 기능으로 반복된 형태의 나뭇잎 오브젝트를 선택하고 [오브젝트]-[확장] 명령을 적용해서 블렌드로 적용된 반복된 문양을 오브젝트로 나타낸다.[효과]-[변형]-[부채꼴] 명령을 실행하여 원의 외곽선을 따라 흐르도록 모양을 변경한다.

02. 도형 도구와 그라디언트 도구를 이용하여 입체적인 오브젝트를 만들어 본다.

완성파일 | part02-22.ai

Hint 원 오브젝트의 면 색상을 그라디언트 패널에서 방사형 모양의 시작과 끝 색상을 각각 주황색, 노란색으로 지정하고 슬라이더의 조절점을 드래그하여 입체감을 적용한다.

심볼 도구 익히기

일러스트레이터의 심볼은 오브젝트를 반복해서 사용해도 파일의 크기가 유지된다는 점에서 큰 장점이 있다. 또한 기능적인 면에서도 디자이너의 독창성을 표현하기 좋다. 이번 과정에서는 다양한 창작 작업이 가능한 심볼 도구에 대해 알아보도록 한다.

Zoom In
알찬 예제로 배우는
일러스트레이터
심볼 도구 활용

Keypoint Tool

_ **심볼 분무기 도구** 심볼을 흩뿌리는 효과를 만든다.
_ **심볼 염색기 도구** 흩뿌려진 심볼의 색상을 다양하게 변경한다.

Knowhow

_ Shift + [ ], [ ] 키를 누르면 심볼이 뿌려지는 양을 조절할 수 있다.

직접 해보기 심볼 분무기 도구(Symbol Sprayer Tool)

심볼 분무기 도구는 심볼을 뿌려주는 도구로 심볼 패널에서 심볼을 선택하거나 사용자가 제작한 심볼을 등록하여 사용할 수 있다.

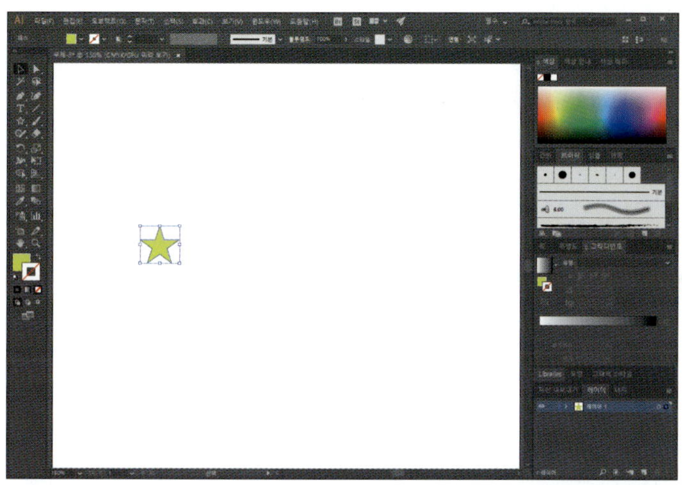

01 새로운 도큐먼트를 열고 별 도구로 별 오브젝트를 만든다. 면 색상은 노란색, 선 색상은 없음으로 설정한다.

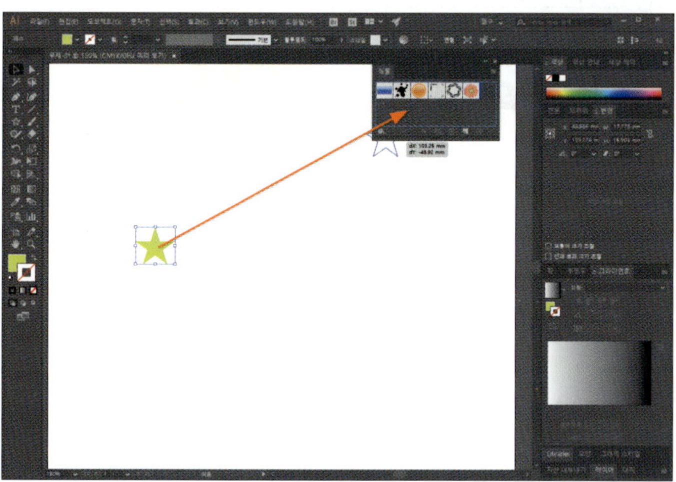

02 심볼 패널을 열고 오브젝트를 심볼 패널 안으로 드래그 앤 드롭한다.

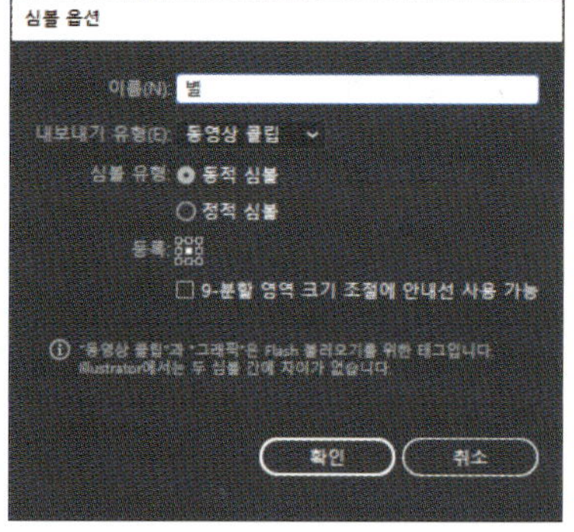

03 심볼 등록 대화상자가 열리면 심볼의 이름을 입력하고 [확인]을 클릭하여 심볼 패널에 별 오브젝트를 등록한다.

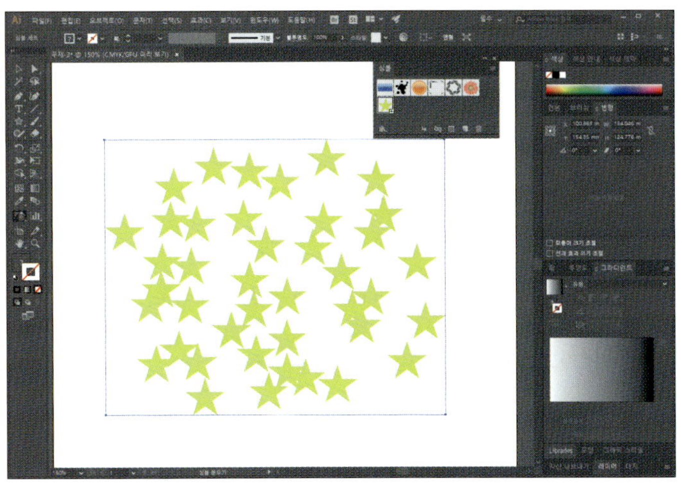

04 도구 모음에서 심볼 분무기 도구 (　)를 선택하고 [,] 키를 눌러 브러시 크기를 조정한 다음 드래그하여 심볼을 뿌려본다.

📍 **보충수업 심볼 도구 옵션 조절**

심볼 도구를 사용하면서 브러시의 크기 조절이나 뿌려지는 양 조절은 대화상자를 열어 수치를 바꾸기 보다는 키보드 단축키를 사용하면 더욱 편리하고 빠르게 작업할 수 있다.

❶ [를 누르면 브러시의 크기가 축소된다.

❷]를 누르면 브러시의 크기가 확대된다.

❸ Shift + [를 누르면 심볼의 뿌려지는 양이 적어진다

❹ Shift +]를 누르면 심볼의 뿌려지는 양이 늘어난다.

보충수업 심볼 옵션 대화상자 알아보기

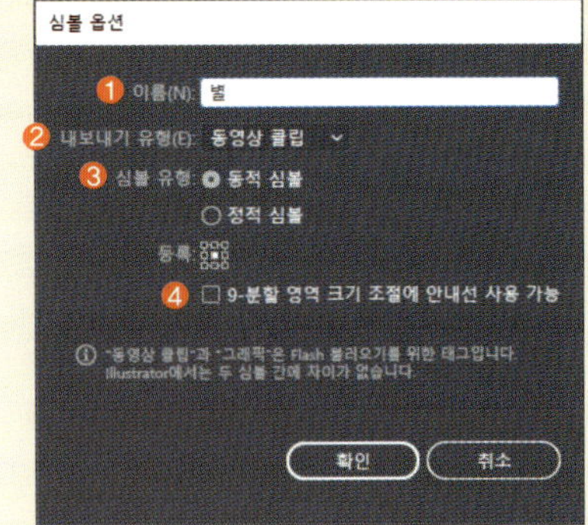

❶ **이름 :** 새로이 등록할 심볼의 이름을 설정한다.

❷ **내보내기 유형 :** 등록할 새 심볼을 이후에 외부로 내보내기할 때의 유형을 설정한다. 동영상 클립과 그래픽 유형 모두 일러스트레이터에서는 차이가 없으나 Flash에서 활용할 때의 차이가 있다.

❸ **심볼 유형**

• 동적 심볼 : 심볼을 만들 때의 기본 값으로 설정되며 심볼이 동적으로 움직이는 유형으로 설정한다.

• 정적 심볼 : 심볼의 유형을 정적으로 설정하여 등록한다.

❹ **9-분할 영역 크기 조절에 안내선 사용 가능 :** Flash에서 9-분할영역 크기 조절 기능을 사용할 수 있도록 설정한다.

직접 해보기 심볼 이동기 도구(Symbol Shifter Tool)

심볼 이동기 도구는 심볼을 드래그하여 이동시킬 수 있는 도구이다. 마우스로 드래그하면 드래그한 방향으로 화살표가 나타나고 심볼이 이동하게 된다.

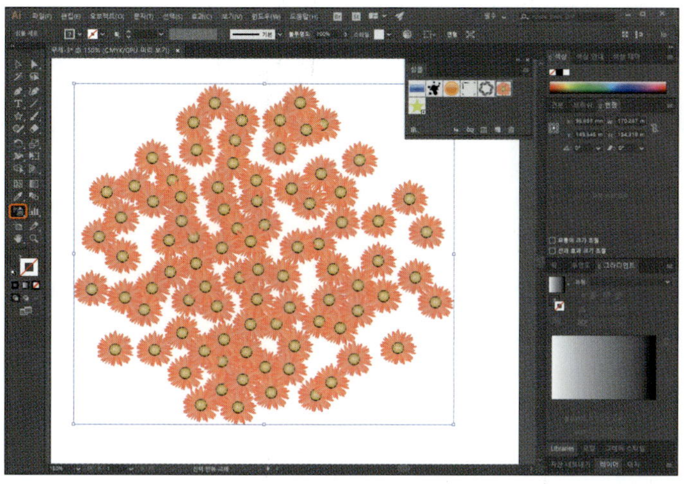

01 새 도큐먼트를 열고 심볼 패널에서 꽃 심볼을 선택한 후 심볼 분무기 도구(　)로 드래그하여 꽃 심볼을 뿌린다.

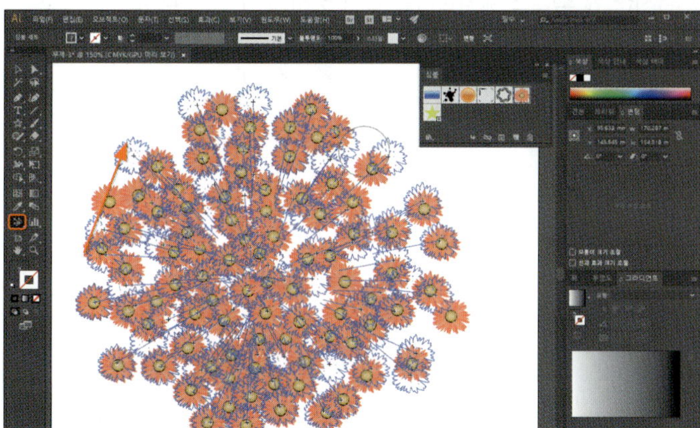

02 도구 모음에서 심볼 이동기 도구(　)를 선택하고 심볼 위를 드래그하면 드래그한 방향으로 화살표가 나타나고 심볼이 이동하게 된다.

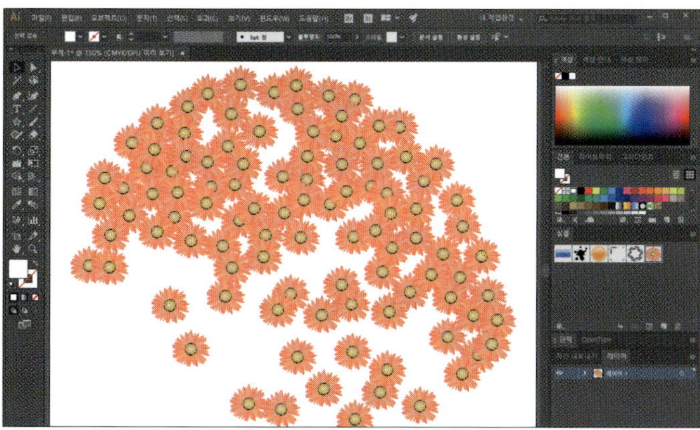

03 화면과 같이 심볼들이 드래그한 방향으로 이동한 것을 확인할 수 있다.

직접 해보기 심볼 분쇄기 도구(Symbol Scruncher Tool)

심볼 분쇄기 도구는 집합 도구로서 도큐먼트에 그려진 심볼을 집중시키거나 분산시킨다. 겹쳐진 심볼 사이를 심볼 분쇄기 도구로 누르고 있으면 심볼들이 모아지게 되며 ⸢ Alt ⸥와 함께 누르고 있으면 심볼들을 분산시킨다.

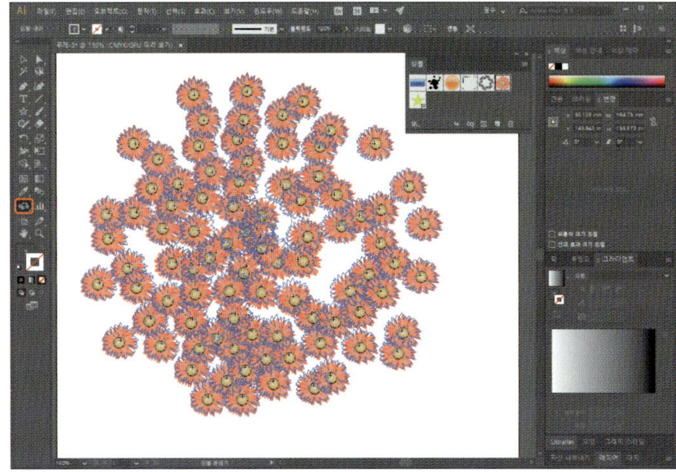

01 도구 모음에서 심볼 분쇄기 도구( )를 선택하고 심볼 위를 한 곳을 누르고 있으면 누른 곳으로 심볼이 모인다.

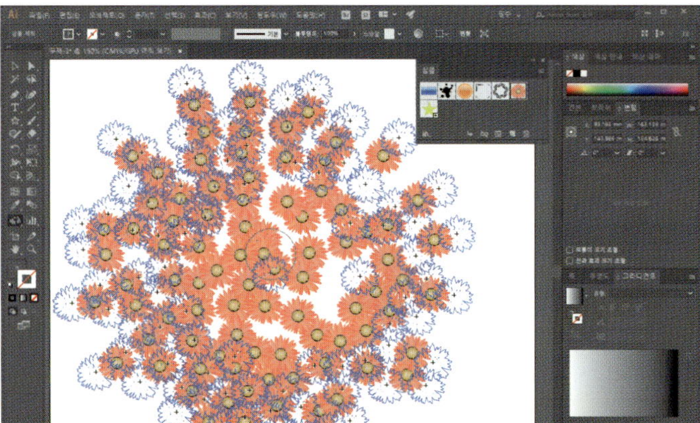

02 이번에는 ⸢ Alt ⸥를 누른 상태에서 심볼 위를 누르고 있어본다. 누르는 시간만큼 심볼들이 분산된다.

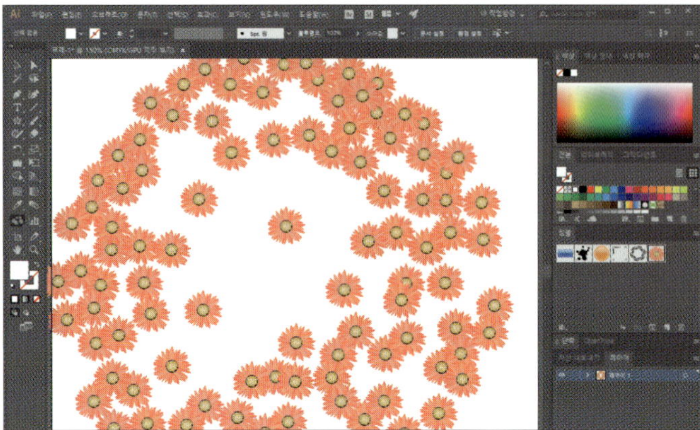

03 화면과 같이 심볼들이 외곽쪽으로 분산된 것을 확인할 수 있다.

직접 해보기 심볼 크기 조절기 도구(Symbol Sizer Tool)

심볼 크기 조절기 도구는 심볼의 크기를 확대 및 축소하는 도구이다.

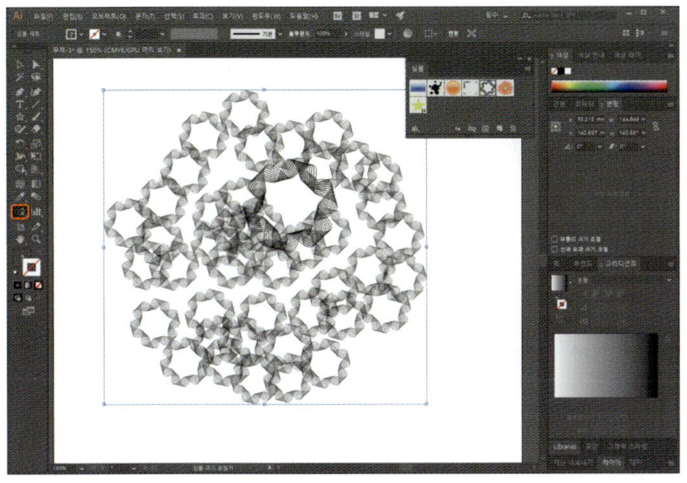

01 심볼 패널에서 리본 심볼을 선택하고 심볼 분무기 도구( )로 드래그하여 심볼을 뿌려본다. 도구 모음에서 심볼 크기 조절기 도구( )를 선택하고 심볼 위를 누르고 있으면 일정한 비율로 확대된다.

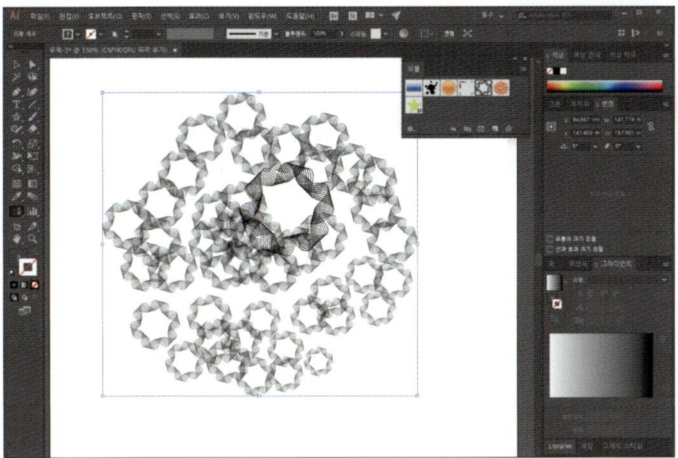

02 이번에는 Alt 를 누른 채 심볼 위를 누르고 드래그하여 축소시켜본다.

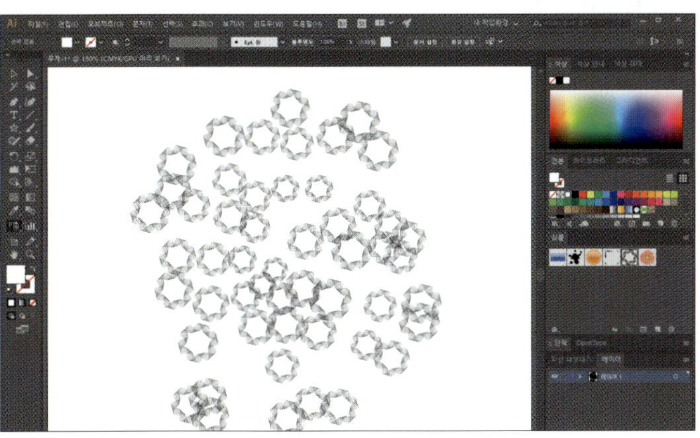

03 화면과 같이 심볼의 크기가 줄어든 것을 확인할 수 있다.

직접 해보기 심볼 회전기 도구(Symbol Spinner Tool)

심볼 회전기 도구는 심볼을 회전시키는 도구이다.

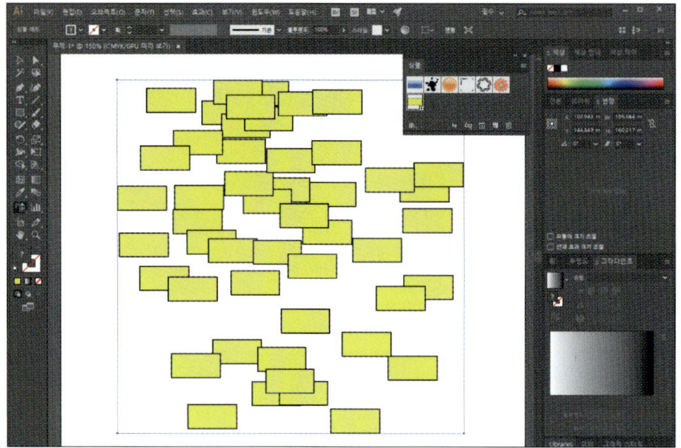

01 새 도큐먼트를 열고 직사각형 오브젝트를 만든 다음 [심볼] 패널로 드래그하여 심볼로 등록한다. 심볼 분무기 도구( )로 드래그하여 심볼을 뿌린다.

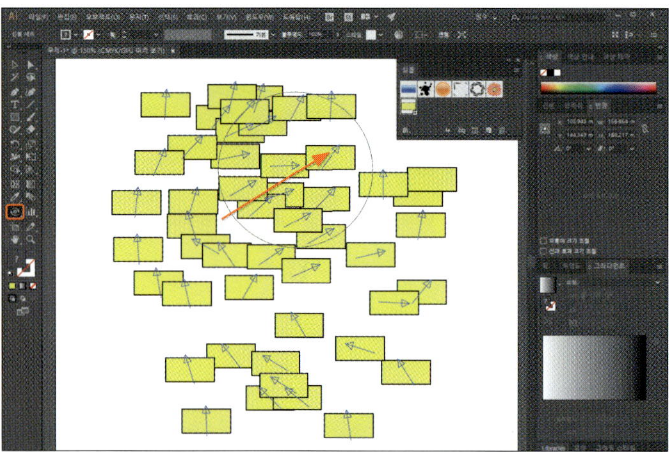

02 심볼 회전기 도구( )를 선택하고 뿌려진 심볼 위를 드래그한다.

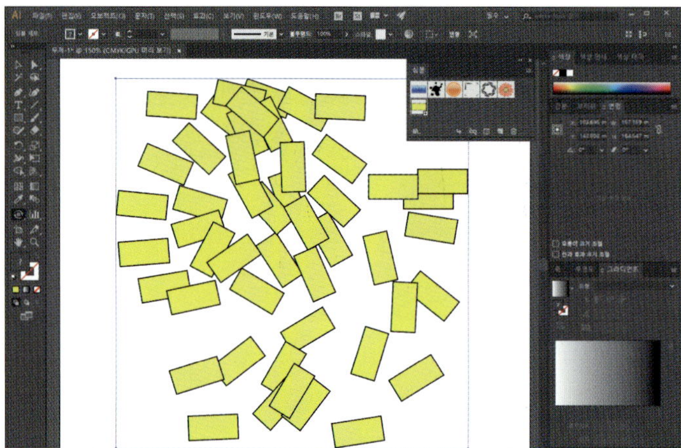

03 드래그한 방향으로 화살표가 표시되면서 심볼이 회전한다.

직접 해보기   심볼 염색기 도구(Symbol Stainer Tool)

심볼 염색기 도구는 채색 도구로서 심볼에 색상을 적용한다.

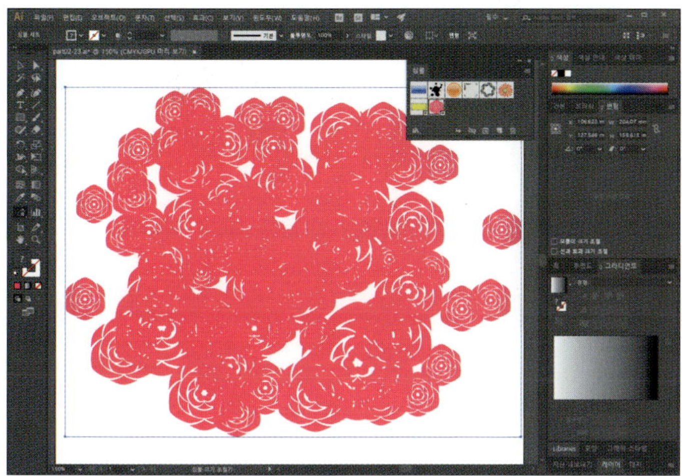

01 part02-23.ai 파일을 열고 장미 오브젝트를 [심볼] 패널로 드래그하여 새 심볼을 등록한다. 그리고 심볼 분무기 도구(　)로 드래그하여 심볼을 뿌리고 심볼 크기 조절기를 드래그 앤 드롭하여 각 심볼의 크기를 키우거나 줄여본다.

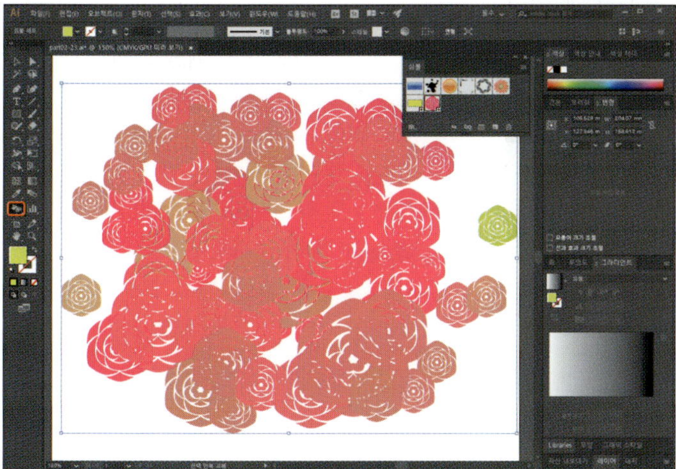

02 도구 모음에서 심볼 염색기 도구(　)를 선택하고 면 색상으로 노란색을 지정한다. 심볼 위를 부분적으로 드래그하면 색상이 혼합되면서 화려하게 변경된다.

강의노트

심볼 염색기 도구를 활용할 때는 브러시의 강도에 따라 적용되는 색상이 달라진다 Alt 를 누른 상태에서 다시 드래그하면 원래 색상으로 되돌릴 수 있다.

직접 해보기 심볼 투명기 도구(Symbol Screener Tool)

심볼 투명기 도구는 심볼에 투명도를 적용할 수 있다. Alt 를 누른 상태에서 드래그하면 투명해진 심볼을 원래 상태로 되돌릴 수 있다.

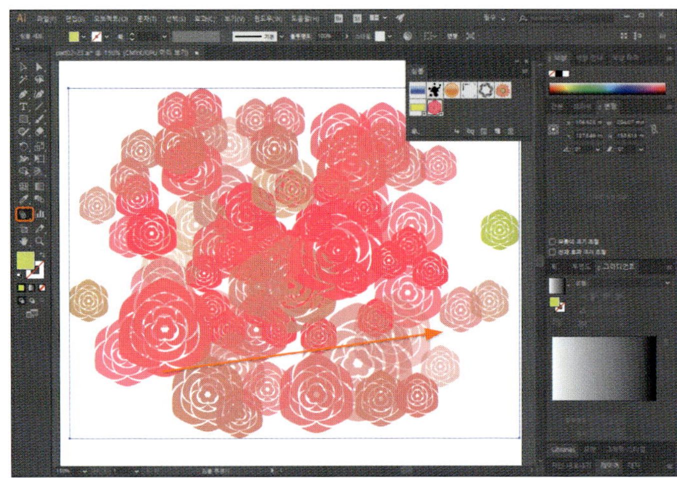

01 앞서 작업한 파일에서 심볼 투명기 도구( )를 선택하고 심볼위를 드래그하여 투명도를 적용해 본다.

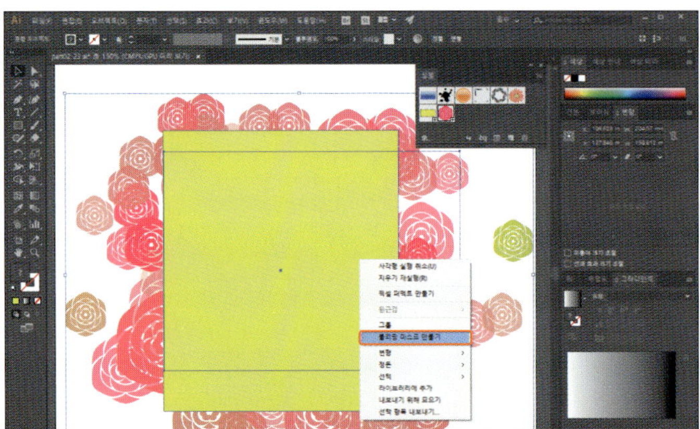

02 흩뿌려져 있는 심볼을 정리하기 위해 사각형 도구( )로 심볼 위에 사각형을 만든다.
모든 오브젝트를 선택하고 마우스 오른쪽 버튼을 클릭해 [클리핑 마스크 만들기]명령을 적용한다.

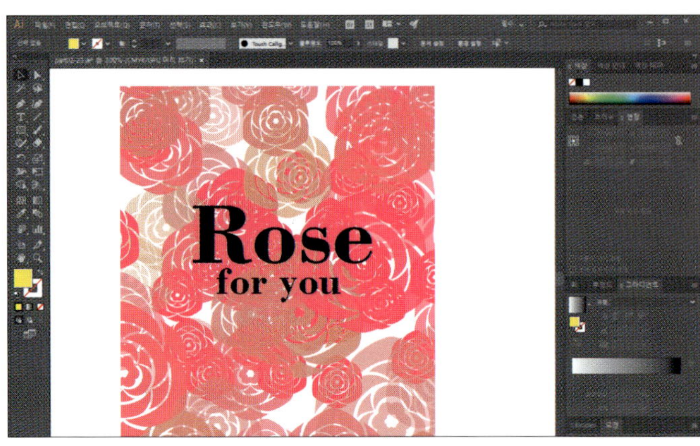

03 정리된 심볼 위로 문자를 입력하여 포스터를 완성한다.
심볼 도구의 다양한 기능을 이용하면 독특한 패턴이 적용된 포장지, 쇼핑백, 패키지 등의 디자인 작업에 효율적으로 사용될 수 있다.

보충수업 심볼화 도구 옵션 대화상자

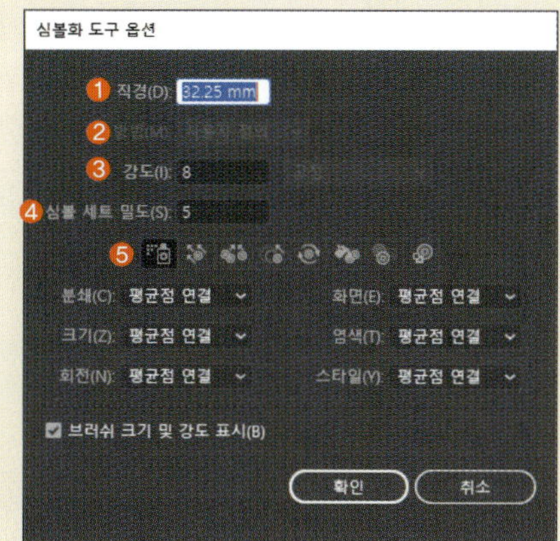

① **직경** : 브러시의 크기를 조절한다.

② **방법** : 도구 사용을 정의할 수 있다.

③ **강도** : 브러시를 드래그할 때 뿌려지는 심볼의 양을 조절한다.

④ **심볼 세트 밀도** : 뿌려지는 심볼의 밀도를 조절한다.

⑤ **브러시 크기 및 강도 표시** : 심볼을 적용할 때 심볼이 생성 및 변형되는 것을 미리 보기 한다.

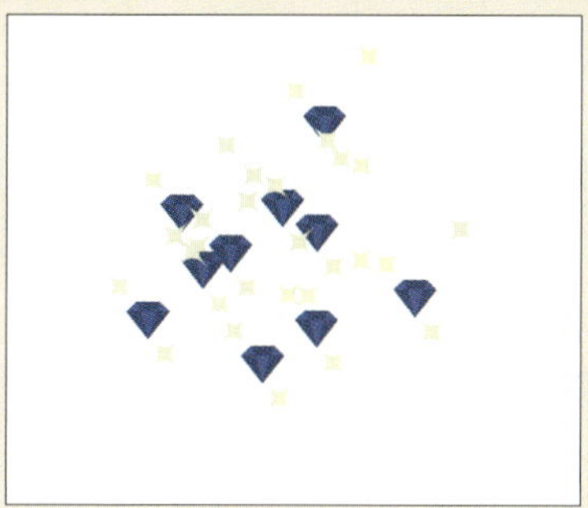

심볼화 도구 옵션 대화상자에서 강도 항목의 값이 각각 1, 5, 10일 때

심볼화 도구 옵션 대화상자에서 밀도 항목의 값이 각각 1, 5, 10일 때

직접 해보기 심볼 스타일기 도구(Symbol Styler Tool)

심볼 스타일기 도구는 도큐먼트에 그려진 심볼들에 스타일 패널에서 선택한 스타일을 적용시킬 수 있는 도구이다.

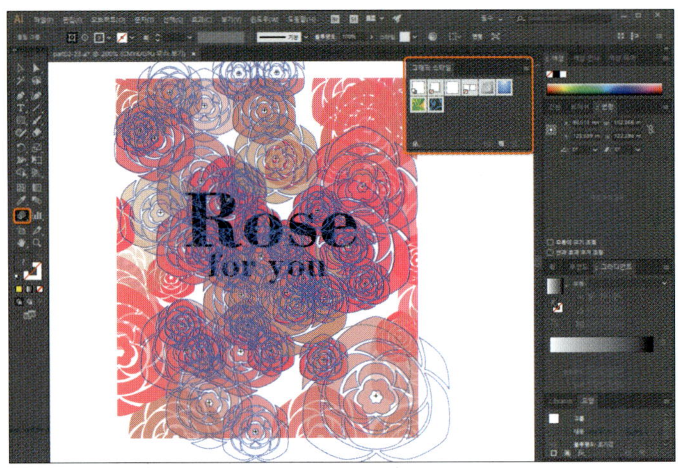

01 [윈도우]-[그래픽 스타일]을 실행하여 [그래픽 스타일] 패널을 열고 스타일 중 하나를 선택한다. 심볼 스타일기 도구( )를 선택하고 심볼 위를 드래그한다.

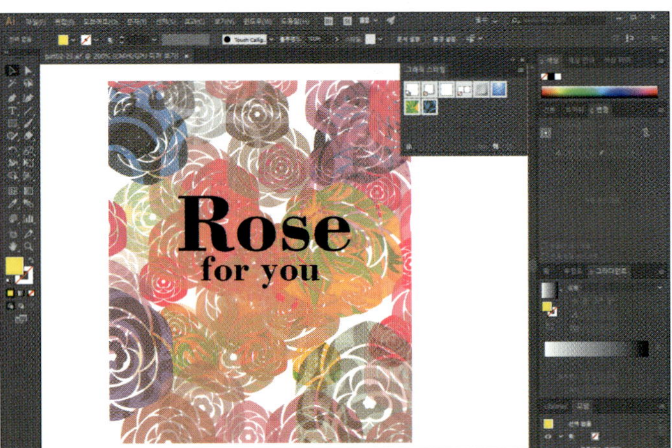

02 선택한 그래픽스타일이 심볼에 적용된다. 다른 스타일을 선택하고 계속 적용하여 한층 세련된 포스터를 완성한다.

보충수업 심볼 도구 활용하여 애니메이션 만들기

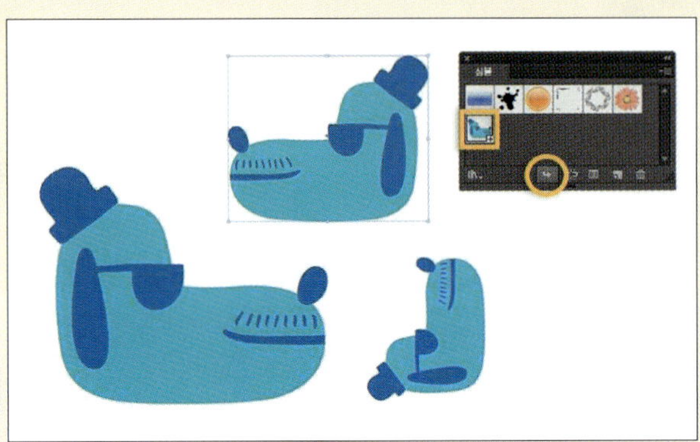

일러스트레이터를 이용하면 동적인 형태의 애니메이션을 만들 수 있다. 가장 대표적인 예로 심볼 도구를 이용하는 것이다. 오브젝트를 만들어 심볼로 등록할 때 동적 심볼로 설정하고 이후 심볼 패널의 [심볼 예제 가져오기]를 실행하여 심볼을 복제한 다음 자유롭게 크기나 회전을 변형하면 변형한 모양따라 에니메이션이 만들어진다.

실전문제

01. 심볼 도구를 이용하여 우산 포스터를 만들어 본다.

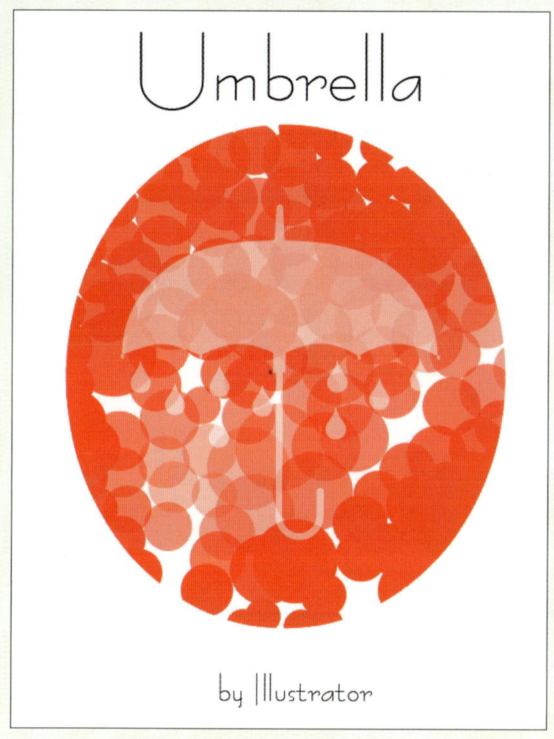

준비파일 | part02-24_ready.ai
완성파일 | part02-24_complete.ai

Hint 원 오브젝트를 심볼로 등록하고 흩뿌린 후 심볼 투명기 도구로 투명도를 적용한 다음 세로로 긴 타원 오브젝트를 겹치게 만들고 [클리핑 마스크 만들기]를 적용한다.

02. 심볼 도구를 이용하여 우산 포스터를 만들어 본다.

준비파일 | part02-24_추가_ready.ai　　　**완성파일** | part02-24_추가_complete.ai

Hint 심볼 분무기 툴로 글자 오브젝트 위에 겹치도록 뿌린 다음 심볼의 다양한 도구로 심볼의 속성을 변경한다. [정돈]-[맨 뒤로 보내기]를 실행하여 정돈한 후 문자 오브젝트와 함께 선택하고 [클리핑 마스크 만들기]를 실행한다.

효율성 도구 익히기

시각적인 데이터의 표현은 복잡한 정보를 빠르고 알기 쉽게 전달할 수 있는 효과를 가지고 있다. 그래프는 복잡한 수치들을 한 눈에 파악할 수 있기 때문에 시각적으로 데이터를 표현하는 방법 중 하나로 가장 많이 사용되고 있다. 일러스트레이터 CC의 그래프 도구는 기능적인 면과 미적인 면을 동시에 완벽히 수행할 수 있도록 도와준다. 이번 과정에서는 이러한 그래프 도구의 기능과 활용법을 알아본다.

Zoom In

알찬 예제로 배우는

인포그래픽은
효율성 도구

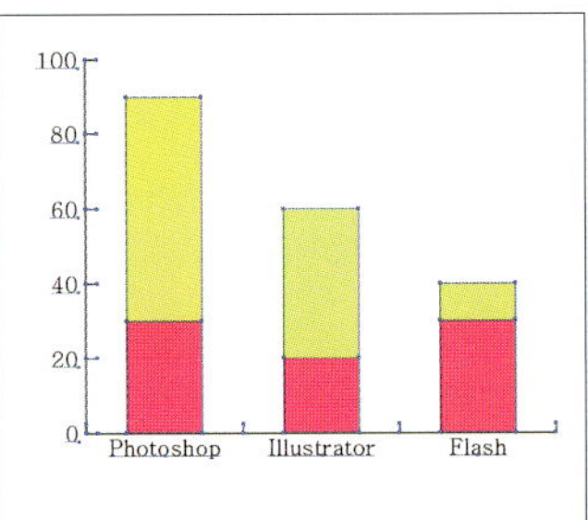

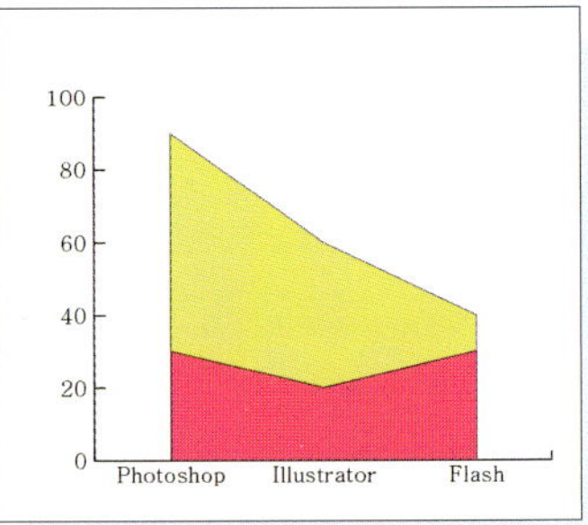

Keypoint Tool

_ **그래프 도구** 막대 그래프, 원형 그래프 등 다양한 그래프를 만들 수 있다.

_ **손 도구** 문서의 다른 부분으로 이동할 수 있다.

Knowhow

_ 키보드의 스페이스바를 누르면 마우스 포인터가 손 도구로 변경되어 편하고 쉽게 화면을 이동할 수 있다.

직접 해보기 📊 그래프 도구(Graph Tool)

그래프 도구는 데이터를 이용하여 그래프를 만들어주는 기능을 제공한다. 다양한 그래프 종류와 그 밖의 시각적인 효과도 자유롭게 적용할 수 있다.

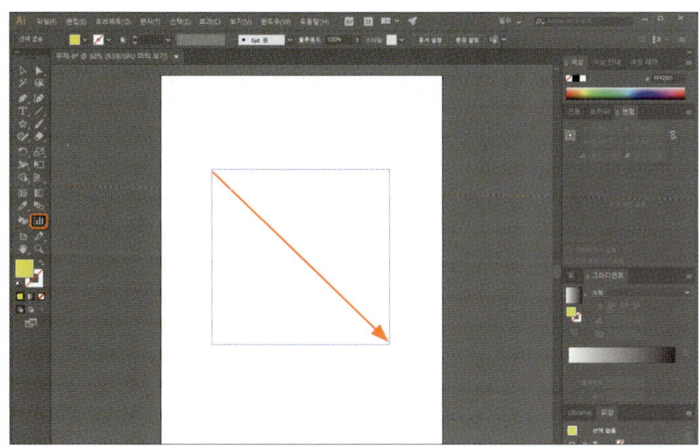

01 새 도큐먼트를 열고 도구 모음에서 그래프 도구(📊)를 선택한 후 도큐먼트에 그래프 영역을 드래그한다.

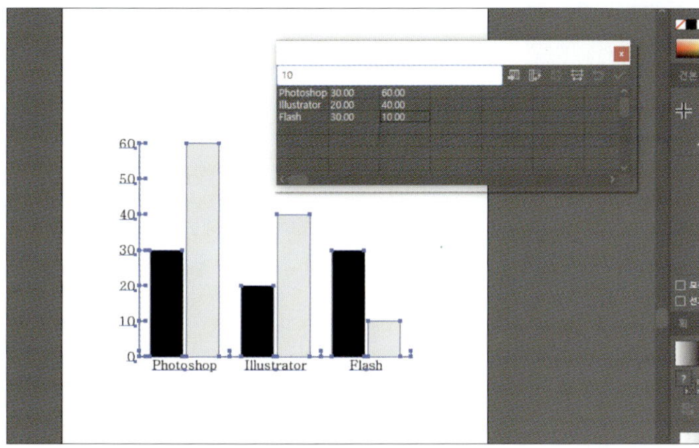

02 데이터를 입력할 수 있는 셀 상자가 나타나면 그림과 같이 데이터 값을 입력하여 적용한다.

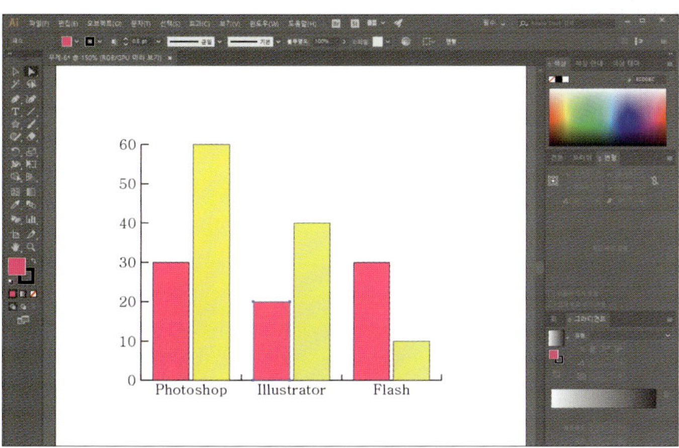

03 입력된 데이터 수치가 흑백 오브젝트의 형태로 만들어진다.
직접 선택 도구(▶)로 각 막대 그래프를 선택하여 면 색상을 변경한다.

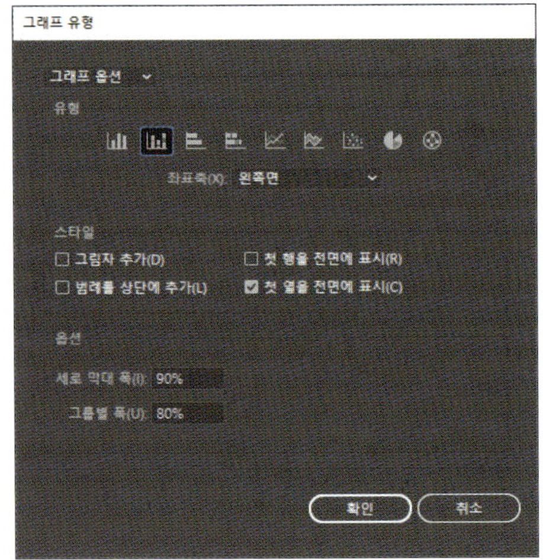

04 이번에는 그래프 형태를 바꿔본다. 그래프를 선택한 상태에서 도구 모음의 그래프 도구(■)를 더블클릭하여 [그래프 타입] 대화상자를 연다. 유형 항목에서 누적 막대 그래프를 선택하고 [확인] 버튼을 클릭한다.

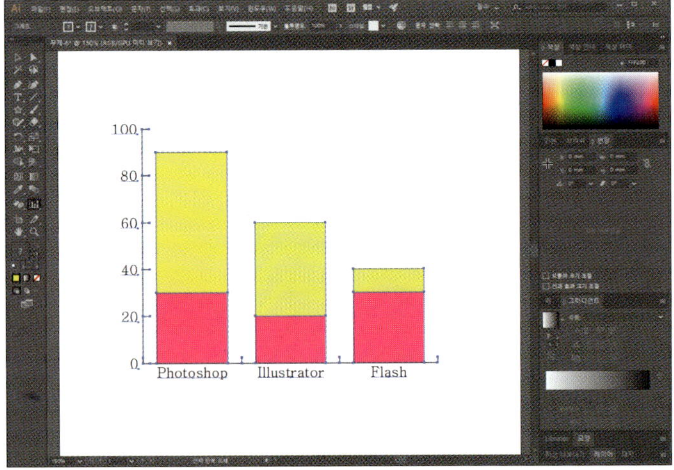

05 입력된 데이터가 누적 막대 그래프로 표현된다.

강의노트

비교할 데이터가 많은 경우 이를 늘어놓아 비교하면 시각적으로 혼란을 야기할 수 있다. 이 때 누적 막대 그래프를 활용하면 한눈에 비교할 수 있어 유용하다.

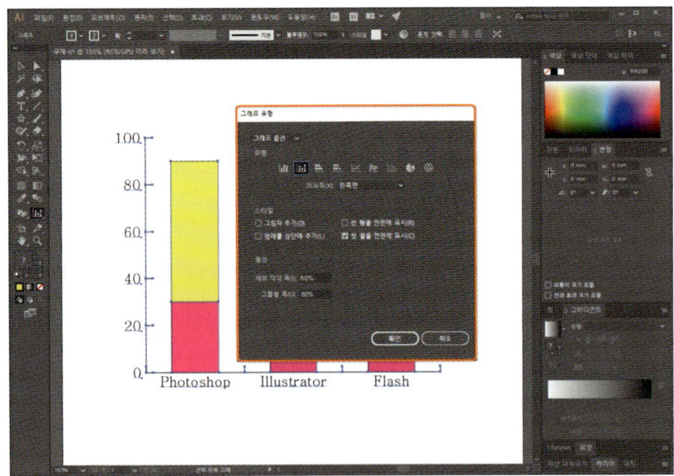

06 그래프 막대의 크기를 조절해 본다. 그래프 도구(■)를 더블클릭하여 [그래프 타입] 대화상자를 나타내고 [세로 막대 폭] 항목에 60%를 입력하고 [확인] 버튼을 클릭한다.

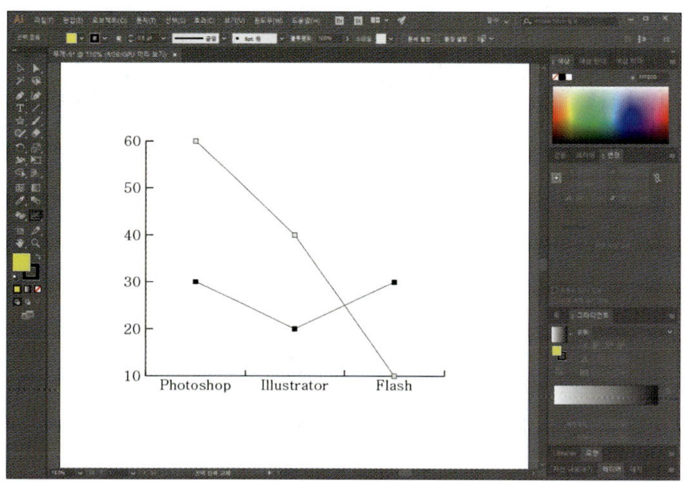

07 그래프는 여러 가지 형태로 쉽게 변경할 수 있다. 그래프 도구 ( )를 더블클릭하여 [그래프 타입] 대화상자를 나타내고 꺾은선 그래프로 변경해 본다.

강의노트

그래프 유형 대화상자에서는 기존에 만들었던 그래프의 유형을 바꾸거나 크기 및 스타일을 쉽게 변경할 수 있다.

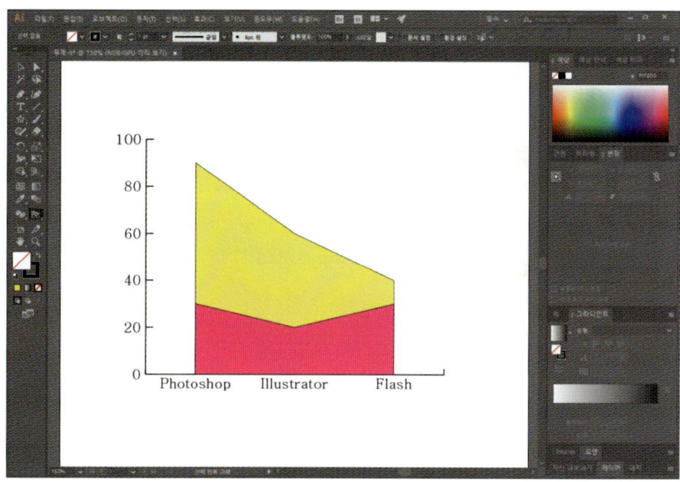

08 영역 그래프는 데이터의 수치를 영역으로 나타내어 준다.

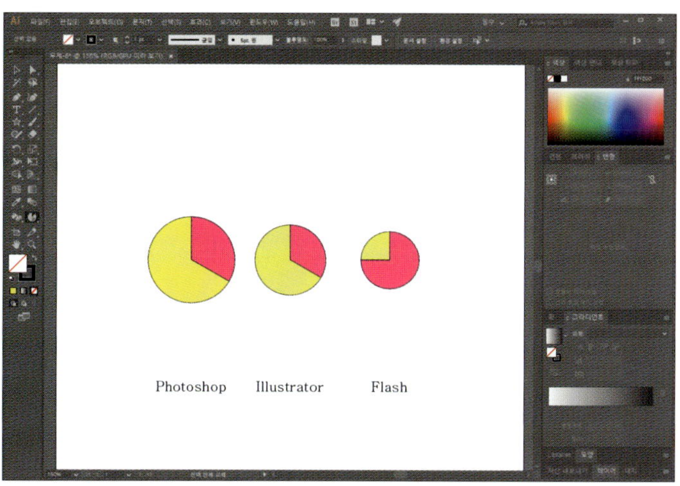

09 실무에서 사용 빈도가 높은 파이 형태의 그래프로 나타낸다. 파이 형태의 그래프는 각 값들이 차지하는 비율을 나타낼 때 유용하다.

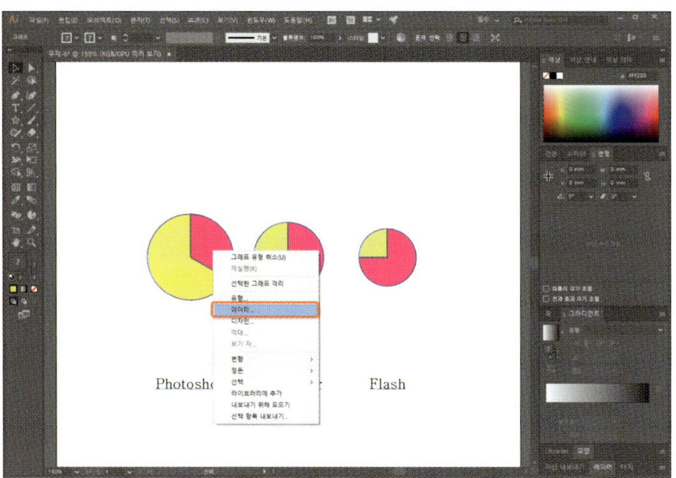

10 데이터를 편집하려면 그래프를 선택하고 마우스 우측 버튼을 클릭해 단축 메뉴 중에서 [데이터]를 선택한다.

보충수업 그래프 도구 옵션 대화상자

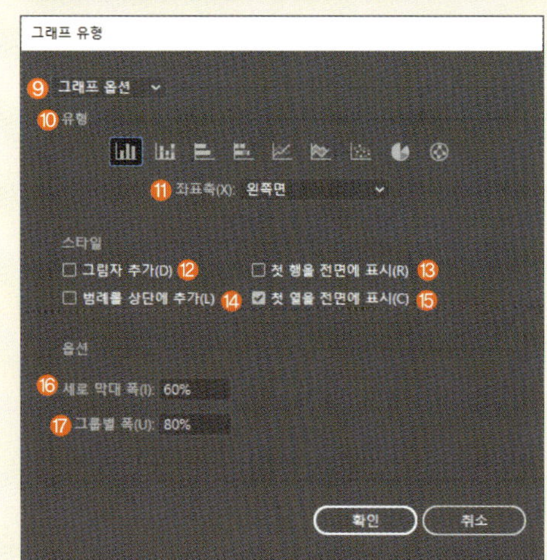

❶ **데이터 입력 창** : 데이터를 입력한다.

❷ **데이터 불러오기** : 텍스트 파일로 저장된 데이터를 불러온다.

❸ **열/행 바꾸기** : 열과 행을 바꿉니다.

❹ **X/Y축 바꾸기** : X축과 Y축을 바꿉니다.

❺ **셀 스타일** : 셀의 간격, 개수를 조절한다.

❻ **복구** : 변경된 모든 내용을 복구시킨다.

❼ **실행** : 입력한 데이터를 그래프로 적용한다.

❽ **셀** : 데이터를 입력할 수 있는 각각의 입력창을 말한다.

❾ **그래프 옵션** : 그래프 디자인이나 축에 대한 옵션이다.

❿ **유형** : 제작한 그래프의 형태를 다른 그래프 형태로 바꿀 수 있다.

⓫ **좌표 축** : 차트의 축을 화면의 왼쪽에 둘 것인지 오른쪽에 둘 것인지를 지정한다.

⓬ **그림자 추가** : 그래프에 그림자를 생성시켜 준다.

⓭ **첫 행을 전면에 표시** : 행을 앞에 둡니다.

⓮ **범례를 상단에 추가** : 차트에 대한 표식을 상단에 표시한다.

⓯ **첫 열을 전면에 표시** : 열을 앞에 둡니다.

⓰ **세로 막대 폭** : 각각의 막대그래프의 폭을 조절한다.

⓱ **그룹별 폭** : 막대 그래프의 전체 폭을 조절한다.

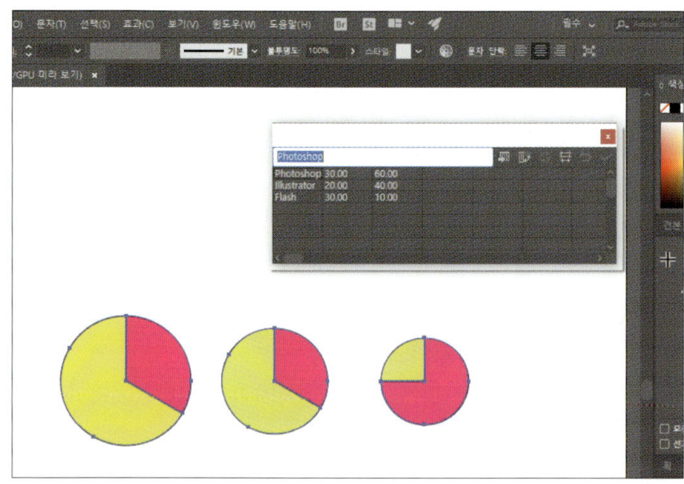

11 데이터 셀 편집 대화상자가 열리면 데이터를 수정할 수 있다.

직접 해보기 손 도구(Hand Tool)

손 도구는 일러스트레이터 화면을 원하는 방향으로 이동시키는 도구이다. 도큐먼트를 클릭하고 드래그하면 원하는 방향으로 이동된다.

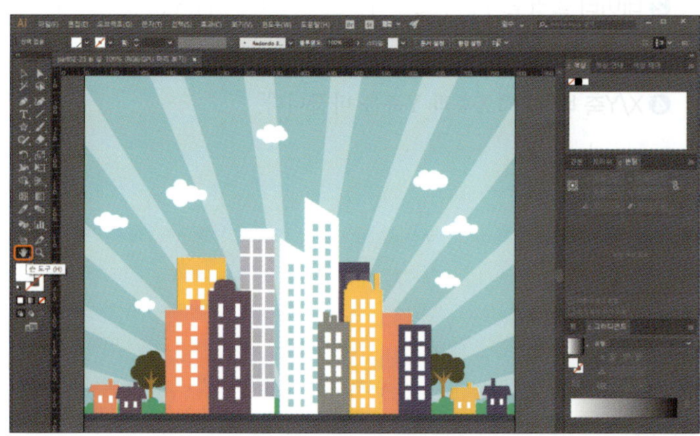

01 part02-25.ai 파일을 불러온다. 손 도구( )를 선택한다.

02 도큐먼트를 클릭한 상태에서 드래그하면 작업 화면을 이동시킬 수 있다.

강의노트

일러스트레이터 작업을 할 때 화면을 이동하는 경우가 많이 있다. 이때는 Spacebar 를 누르면 손 도구로 전환되며 Spacebar 를 누른 상태에서 드래그하면 화면을 손쉽게 이동할 수 있다.

직접 해보기 🔍 돋보기 도구(Zoom Tool)

돋보기 도구는 화면을 확대하거나 축소하는 기능이다.

01 돋보기 도구(🔍)를 선택하고 확대할 부분을 클릭한다. 클릭한 부분이 일정 비율로 확대된다.

강의노트 ✎

도구 모음의 돋보기 도구를 더블클릭하면 도큐먼트를 100% 확대 화면으로 되돌릴 수 있다.

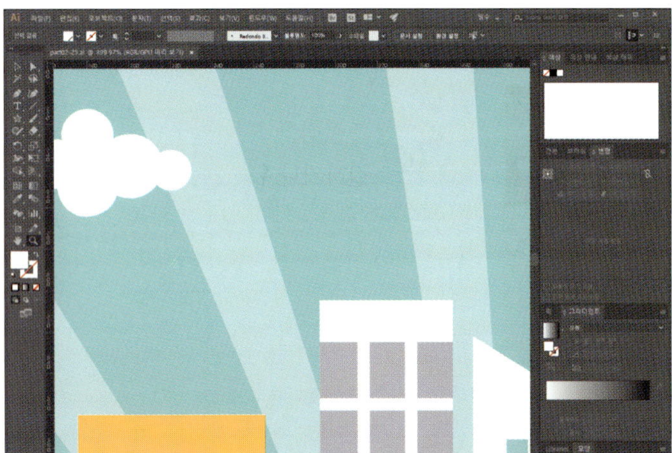

02 확대할 부분을 클릭한 상태에서 아래쪽으로 드래그하면 드래그한 만큼 도큐먼트가 확대된다.

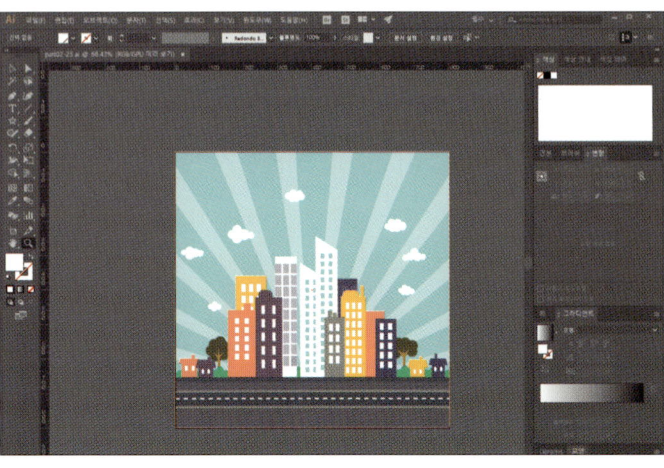

03 도큐먼트를 축소하기 위해 [Alt]를 누른 상태에서 도큐먼트를 클릭한다. 또는 아래에서 위 방향으로 드래그한다.

강의노트 ✎

단축키 [Ctrl]+[Spacebar]를 누르면 마우스 포인터가 +모양으로 바뀌면서 확대되는 돋보기로 전환되고, [Ctrl]+[Alt]+[Spacebar]를 누르면 마우스 포인터가 −모양으로 바뀌면서 화면을 축소하는 돋보기 도구로 변경된다.

직접 해보기 대지 도구(Paint Tillng Tool)

대지 선은 작업 문서의 점선 영역으로 보여지며 프린트 영역을 나타낸다. 대지 도구로 프린트 영역의 위치를 조정할 수 있다.

01 새 도큐먼트를 열고 도구 모음에서 대지 도구( )를 선택한다. 도큐먼트의 외곽 부분에 프린트 영역을 의미하는 점선이 나타난다.

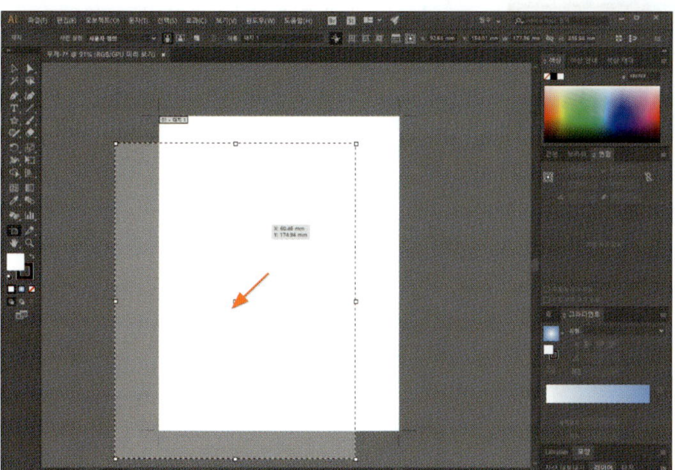

02 조절점을 드래그하여 크기를 조절하거나 위치를 조절할 수 있다. 프린트 할때는 조절된 영역만이 인쇄된다.

직접 해보기 분할 도구(Slice Tool), 분할 선택 도구(Slice Selection Tool)

분할 도구는 웹용 이미지를 만들기 위해 오브젝트에 분할 영역을 만들고, 분할 영역의 이미지를 개별적으로 저장할 수 있다. 분할된 영역은 분할 선택 도구로 선택할 수 있다.

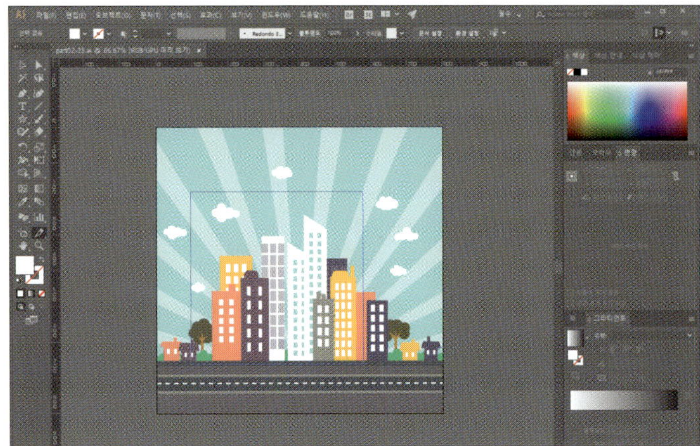

01 part02-25.ai 파일을 불러온다. 원하는 영역을 분할하기 위해 도구 모음에서 분할 도구(　)를 선택한다.

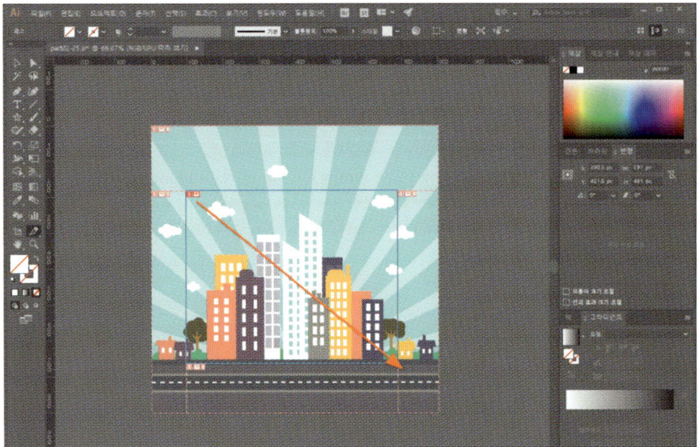

02 좌측 중앙에서 우측 하단으로 드래그한다.

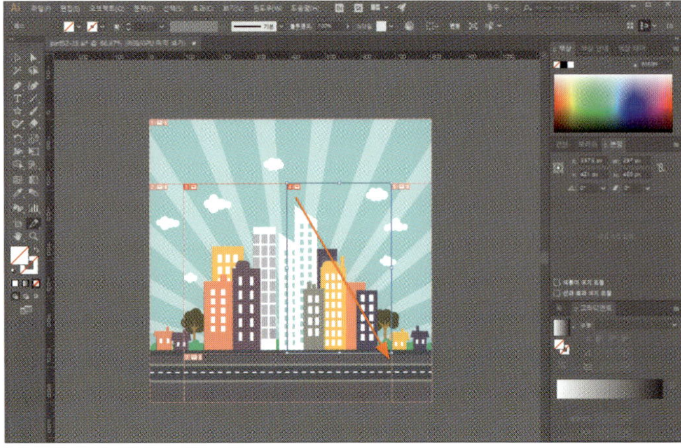

03 드래그한 선을 기준으로 분할 영역이 만들어진다. 한 번 더 드래그하여 세분화한다.

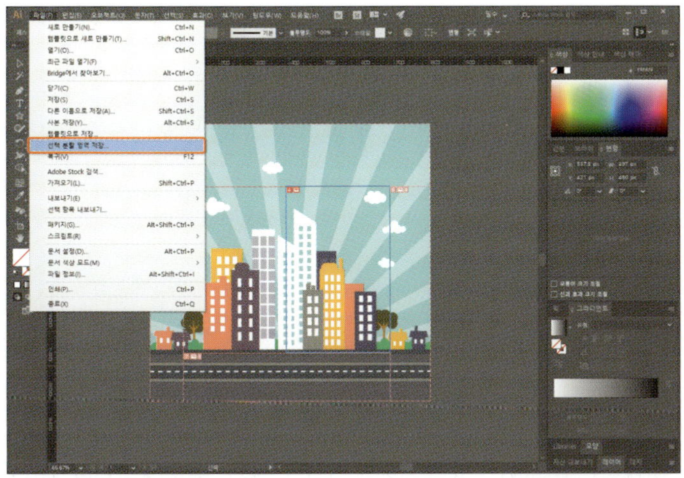

04 분할된 오브젝트를 개별적으로 저장할 수 있다. [파일]-[선택 분할 영역 저장]을 실행한다.
원하는 저장 위치와 이름을 설정하고 저장을 완료한다.

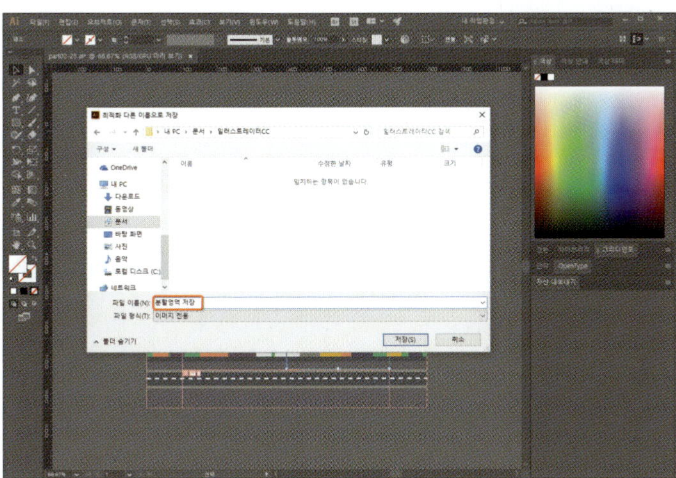

05 [최적화 다른 이름으로 저장] 대화상자가 나타나면 저장할 위치를 지정하고 파일 이름을 "분할영역 저장"으로 입력한 뒤 [저장] 버튼을 클릭한다.

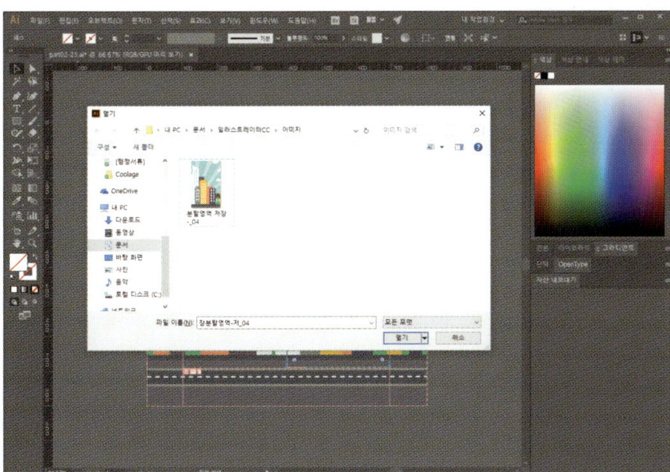

06 [파일]-[열기]를 실행한 다음 앞서 파일을 저장했던 위치를 선택하면 분할된 영역만 저장된 파일을 확인할 수 있다.

직접 해보기 | 레이어 패널(Layer Panel)

레이어는 오브젝트가 그려져 있는 종이라고 생각할 수 있다. 레이어를 여러 개 생성하여 각 레이어마다 오브젝트를 생성하고 관리하면 보다 더 유용하게 작업할 수 있다. 종이가 여러 장 겹쳐있는 것과 같이 레이어가 겹쳐진 순서에 따라 오브젝트의 겹쳐진 순서를 정할 수 있다.

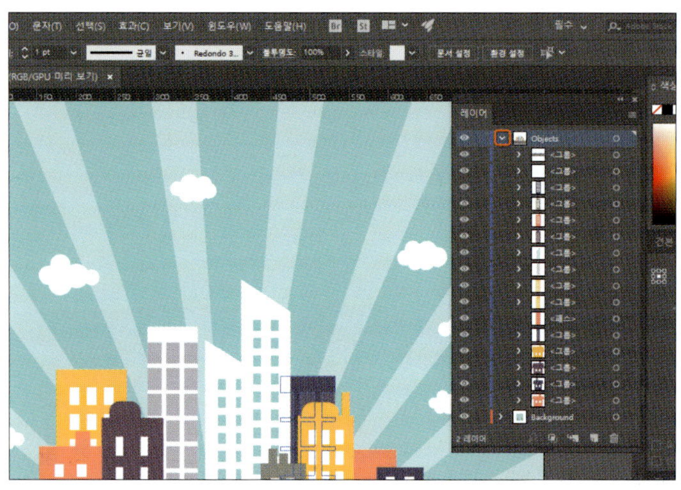

01 part02-25.ai 파일을 불러온다. [레이어] 패널을 열고 레이어들을 확인해 본다. 상위 레이어 2개가 나타나며 〉 버튼을 클릭하면 상위 레이어 안에 포함된 하위 레이어들을 확인할 수 있다.

02 하위 레이어 중의 하나를 드래그하여 순서를 변경해 본다. 변경된 순서에 따라 각 오브젝트의 겹쳐지는 순서가 변경된다.

강의노트 ✏️

레이어는 포개져있는 이미지들을 관리할 때 매우 유용하다. 레이어의 순서를 변경하면 오브젝트간 겹쳐있는 순서를 변경할 수 있으며, 보이기/숨김 기능을 통해 레이어에 있는 이미지들을 숨기거나 나타낼 수 있다. 오브젝트들이 많은 복잡한 작업에서는 레이어를 잘 활용하면 작업 효율을 매우 높일 수 있다.

03 이번에는 레이어 이름을 더블클릭하여 이름을 변경해 본다. 각 레이어의 이름을 오브젝트에 맞게 입력하면 레이어가 많고 복잡한 일러스트를 작업할 때 유용하다.

04 원하는 순서로 레이어의 순서를 변경하여 변경한 후 결과를 확인한다. 레이어의 순서만 바꿔도 작업한 결과물에 많은 변화를 만들 수 있다.

보충수업 [레이어] 패널

❶ **이름** : 레이어의 이름을 설정한다.

❷ **색상** : 각 레이어들 간의 이미지들을 구분하기 위한 것으로 해당 레이어에 있는 이미지들을 선택했을 때 나타나는 패스의 색을 지정한다.

❸ **잠금** : 레이어의 잠금 상태를 설정한다.

❹ **보이기** : 레이어의 숨김 상태를 설정한다.

❺ **오브젝트 선택** : 복잡한 파일에서 해당 레이어의 오브젝트를 선택할 수 있다.

직접 해보기 | **이미지 추적(Image Trace)**

비트맵 이미지를 벡터 이미지로 전환하면 확대해도 깨지지 않아 자유롭게 활용이 가능하다. 또 스케치를 벡터 이미지로 바꾸어 다양한 작업이 가능하며 이미지 추적 기능으로 이미지를 변환하는 방법을 알아본다.

01 먼저 비트맵 이미지를 벡터 이미지로 바꿔본다. [파일]－[열기]를 실행하여 wine.jpg 파일을 불러온 다음 크기를 알맞게 조절한다.

02 [윈도우]－[이미지 추적]을 실행하여 [이미지 추적] 패널을 나타낸다. [사전설정] 항목을 "6색상"으로 변경한다.

03 이번에는 사진을 벡터 이미지로 변경해 본다. Ctrl + Z 를 눌러 앞 작업을 취소한 후 사진이 선택된 상태에서 상단의 [이미지 추적] 버튼을 클릭한다.

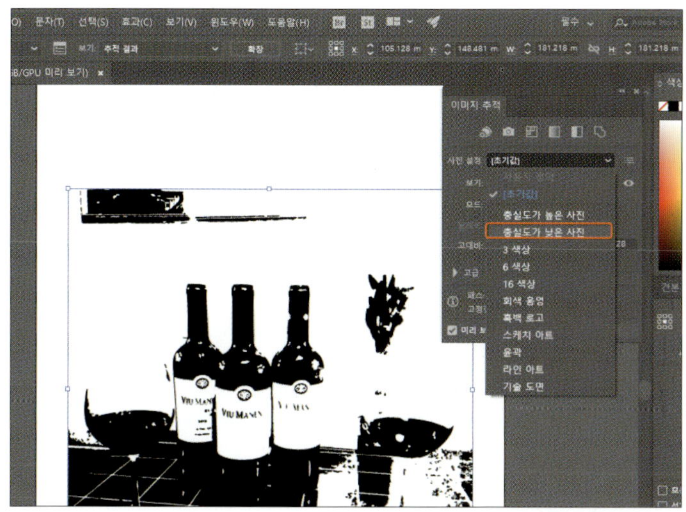

04 흑백으로 단순화된 벡터 이미지를 확인한 [이미지 추적] 패널에서 [사전 설정]의 값을 "충실도가 낮은 사진"으로 변경한다.

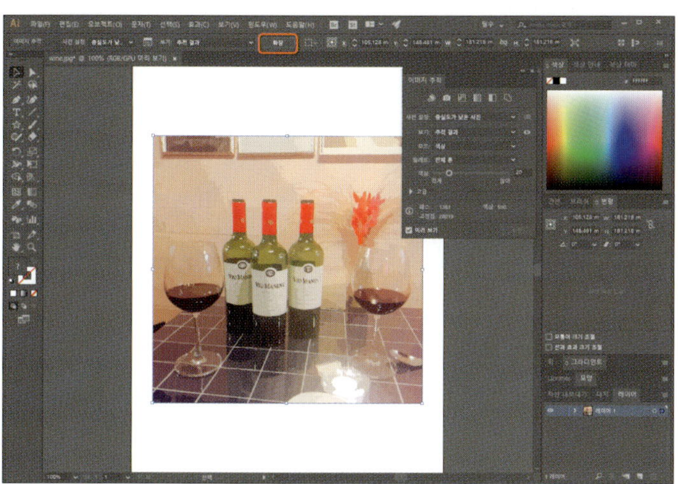

05 이미지 색상 수가 적어지면서 단순화된 일러스트를 확인할 수 있다. 상단 컨트롤 패널에서 [확장] 버튼을 클릭한다.

06 단순화된 일러스트가 벡터 이미지로 만들어진다.

06 변환된 벡터 이미지 위에서 마우스 오른쪽 버튼을 클릭해 [그룹풀기]를 실행한다.
선택 도구(▷)로 각 부분을 선택하여 지우고 원하는 부분만 남긴다.

📍 보충수업 Creative Cloud 라이브러리

Adobe CreativeSync 기술로 제공되는 Creative Cloud 라이브러리는 여러 Adobe 데스크톱 및 모바일 응용 프로그램에서 에셋에 접근하도록 해주는 웹 서비스다. Photoshop CC를 실행하고 라이브러리 패널에 그래픽, 색상, 문자 스타일 및 레이어 스타일을 추가하면, 여러 Creative Cloud 앱에서 쉽게 접근 · 사용할 수 있다.

반대로 Creative Cloud 마켓이나 Adobe Stock 또는 Adobe Photoshop 같은 다른 Adobe 응용 프로그램과 Adobe Capture CC 같은 모바일 응용 프로그램에서 추가한 에셋을 Illustrator에서도 사용할 수 있다.

[라이브러리에 에셋 추가]

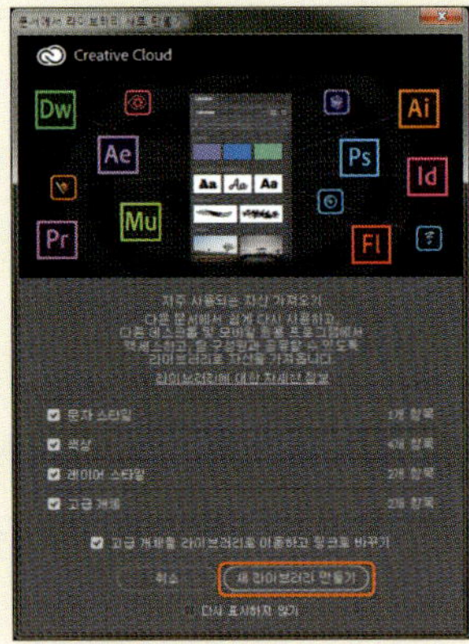

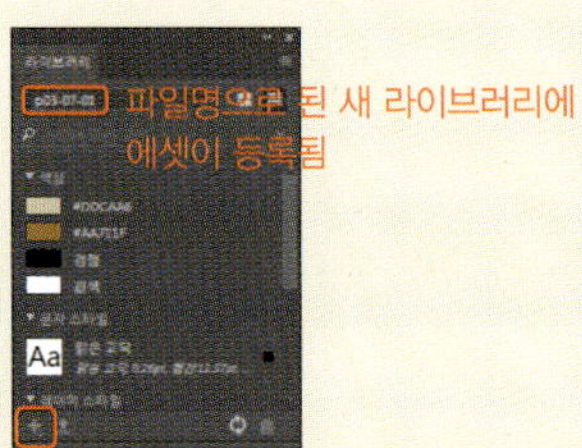

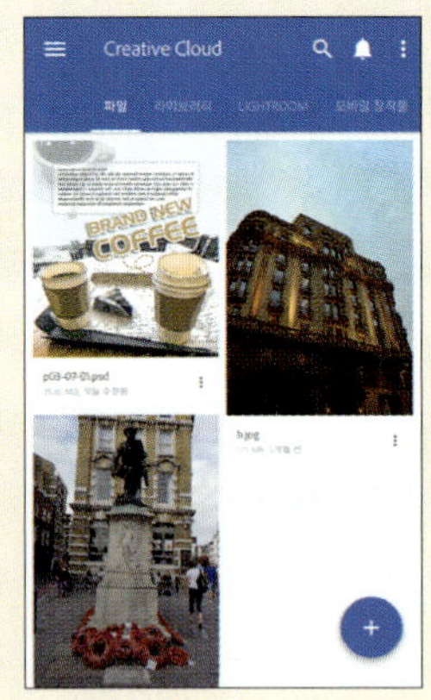

▲Creative Cloud 모바일 앱

라이브러리 패널에서 에셋을 추가할 땐 패널 하단의 + 버튼을 클릭하여 그래픽, 문자 스타일, 색상 및 효과를 추가하거나 모양이나 사진 같은 그래픽 에셋을 패널로 바로 드래그하면 된다.

또는, 에셋이 포함된 문서를 열었을 때 나타나는 팝업 창에서 에셋으로 추가할 종류를 선택하고 [새 라이브러리 만들기] 버튼을 클릭한다.

그림처럼 문서에서 새 라이브러리를 만들면 해당 문서명으로 된 라이브러리에 에셋이 추가된다. 추가한 에셋은 Creative Cloud 데스크 앱이나 모바일 앱에 자동으로 동기화되어 접근할 수 있다.

실전문제

01. 그래프 도구를 이용하여 원형 그래프를 만들어 본다.

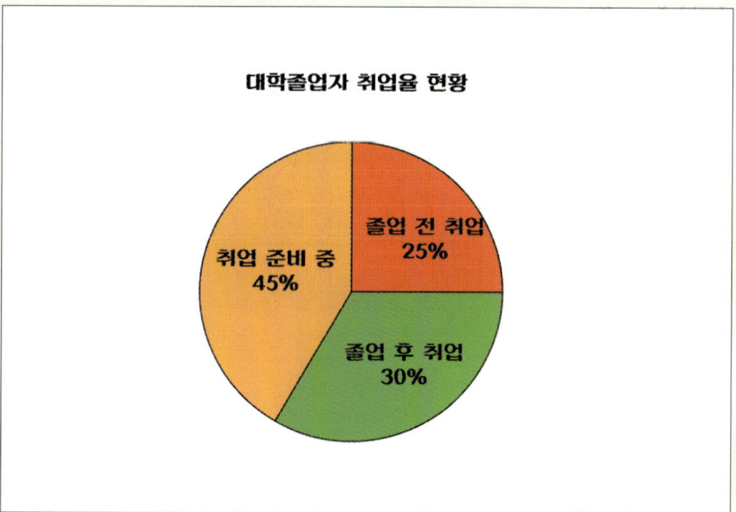

완성파일 | part02-26_추가.ai

Hint 원형 그래프 도구로 드래그한 다음 대화상자에서 가로로 25, 30, 45 수치를 입력하고 문자 도구와 직접 선택 도구로 그래프를 완성한다.

02. 펜 도구와 레이어 패널을 이용하여 만화책 화면을 완성해 본다.

준비파일 | part02-26_ready.a   **완성파일** | part02-26_complete.ai

Hint 레이어 패널에서 Background 레이어를 선택하고 하위 레이어 만들기 버튼을 클릭하고 새로 생성된 레이어를 드래그하여 가장 아래로 순서를 변경하고 해당 레이어에 배경 모양의 사각형 오브젝트를 만든다.

ILLUSTRATOR CC

유용한 것이 아름다운 것이란 말은 사실이 아니다.
오히려 아름다운 것이 유용한 것이다.

_ 윌리엄 페리에리 _

Part 03

일러스트레이터 CC
디자인 실무

일러스트레이터 CC는 창작 활동은 적극적으로 도와준다.
상상하던 것들을 그대로 표출할 수 있도록 다양한 기능과 도구를 제공할 뿐만 아니라
상상력에 생기를 불어넣는 효과들을 제공한다. 일러스트레이터 CC를 다룰 줄 알게 되었다면
이제는 이를 활용하여 나만의 일러스트를 직접 만들어보고 효율적으로 사용할 수 있도록 노력해 보자.
단축키 등을 활용한다면 작업 시간이 절반 이상 단축될 수 있으며 레이어를 잘 활용하면 같은
그림이라도 전혀 다른 방법으로 간편하게 제작할 수 있다. 실제 일러스트를 그리면서
일러스트레이터 CC의 숨겨져 있는 빛나는 기능들을 잘 찾아보기 바란다.

기본 도형을 응용한 새로운 오브젝트 만들기

앞에서는 일러스트레이터가 제공하는 다양한 도구와 패널들의 사용법을 알아보았다면 이번에는 이러한 도구와 패널을 이용해서 창의적인 오브젝트들을 만들어 본다. 일러스트레이터에서 제공하는 기본 도형을 변형하여 오브젝트를 제작하는 과정을 알아보면서 기본 도형의 수정 편집 방법에 대해 학습해 본다.

Zoom In
알찬 예제로 배우는
도형의 이해와
응용

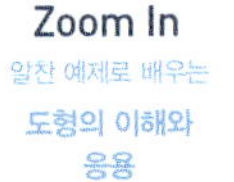

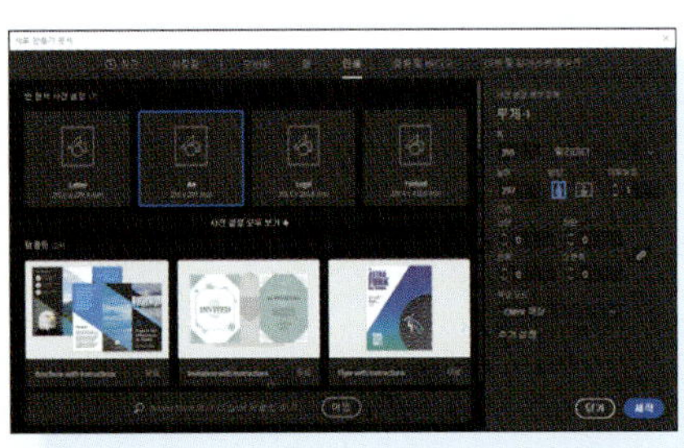

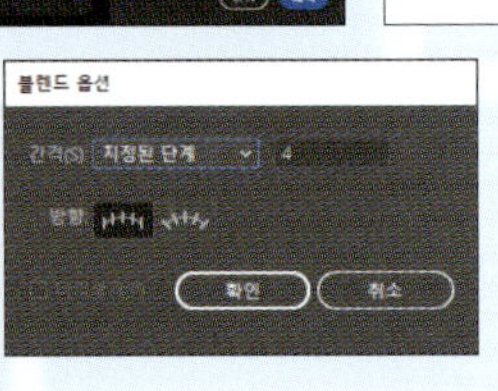

Keypoint Tool

_ **둥근 사각형 도구** 둥근 사각형 도구로 만든 오브젝트는 모서리 반지름을 조정하여 세밀하게 조정할 수 있다.

_ **블렌드 도구** 두 오브젝트 사이 모양 및 속성이 자연스럽게 이어지도록 할 수 있다.

Knowhow

_ 반사 기능을 이용하면 동일한 오브젝트를 복제함과 동시에 방향을 반대로 전환할 수 있다.

_ 패스파인더 패널에서 2개 이상의 오브젝트를 결합하거나 다양하게 변형할 수 있다.

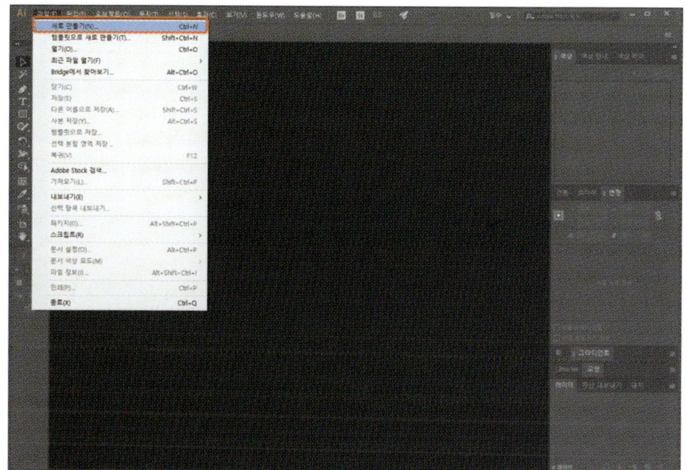

01 이번 시간에는 기본 도형들을 조합하고 편집하여 새로운 모양의 오브젝트를 만들어본다. [파일]-[새로 만들기]를 실행하여 새로운 도큐먼트를 만든다.

강의노트

[파일]-[새로 만들기] 명령으로 새로운 도큐먼트를 만들 수 있다. 단축키로 Ctrl + N 명령을 실행한다.

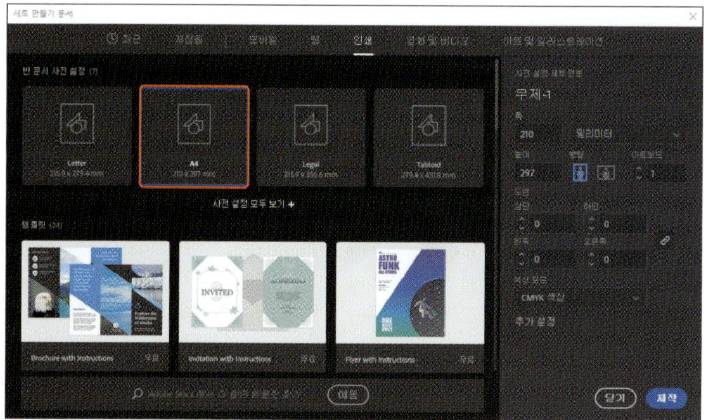

02 새로 만들기 문서 대화상자가 열리면 [인쇄] 탭의 A4 크기의 도큐먼트를 선택하고 [제작] 버튼을 클릭한다.

보충수업 시작화면 설정하기

일러스트레이터 CC를 시작했을 때 나타나는 첫 화면은 [편집]-[환경 설정]-[일반] 명령을 실행하여 변경할 수 있다. "파일을 열 때 최근 파일 작업 영역 표시"항목을 체크하면 일러스트레이터를 시작했을 때 최근 작업 파일 내역을 표시한다.

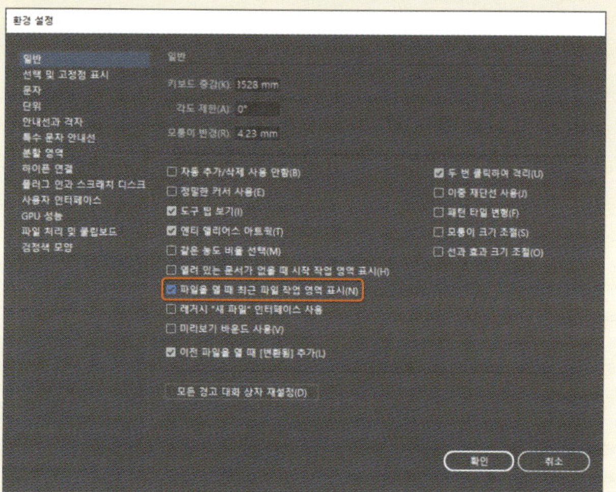

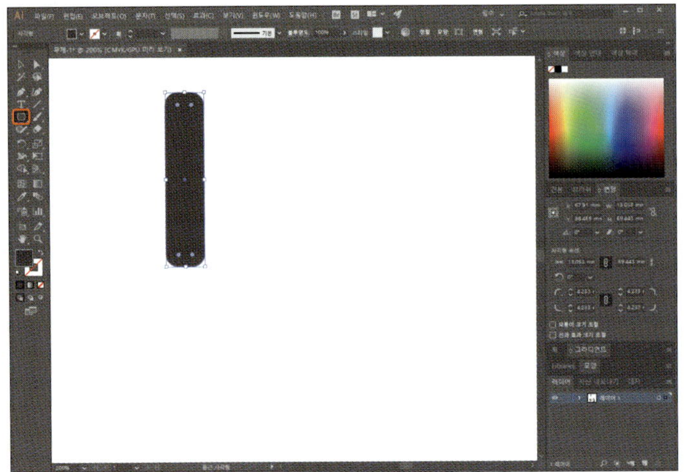

03 도구 모음에서 둥근 사각형 도구(▢)를 선택하고 세로로 긴 직사각형을 만든다. 선 색상은 없음, 면 색상은 짙은 회색으로 설정한다.

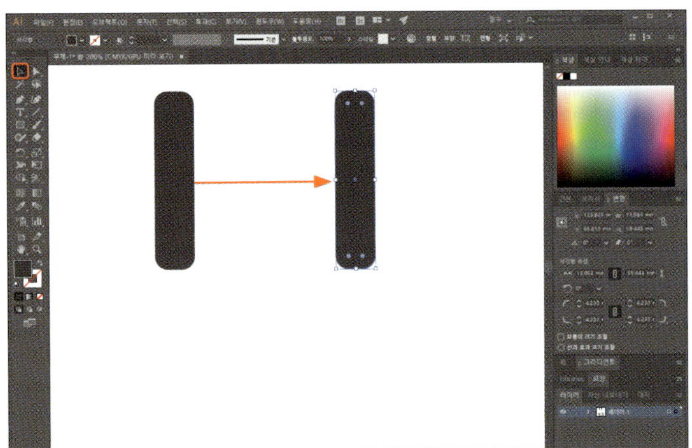

04 shift + Alt 를 누른 상태에서 선택 도구(▷)로 둥근 직사각형 오브젝트를 오른쪽으로 드래그하여 복사한다.

📍 보충수업 도큐먼트 확대 축소하고 이동하기

도큐먼트를 확대하거나 축소할 때는 도구 모음의 돋보기 도구를 사용한다. 일러스트레이터 작업 도중 도큐먼트 크기를 조절하여 세밀한 작업을 진행해야 할 경우가 많이 발생한다. 따라서 단축 기능을 이용하여 도큐먼트를 빠르게 확대/축소할 수 있어야 한다.

❶ **도큐먼트 확대하기** : 작업 도중 도큐먼트를 확대하려고 한다면 Ctrl + Spacebar 를 누른다. 마우스 포인터가 임시적으로 확대 돋보기 도구로 전환되어 도큐먼트를 확대시킬 수 있다. 또는 Ctrl + + 를 누르면 일정한 비율로 도큐먼트가 확대된다.

❷ **도큐먼트 축소하기** : 도큐먼트를 축소하려고 한다면 Ctrl + Alt + Spacebar 를 누른다. 마우스 포인터가 임시적으로 축소 돋보기 도구로 전환되어 도큐먼트를 축소시킬 수 있다. 또는 Ctrl + - 를 누르면 일정한 비율로 도큐먼트가 축소된다.

❸ **도큐먼트 이동하기** : 도큐먼트를 이동시키기 위해서는 손바닥 도구를 이용한다. 단축 기능으로 Spacebar 를 누르면 마우스 포인터가 손바닥 도구로 전환되어 쉽게 이동시킬 수 있다.

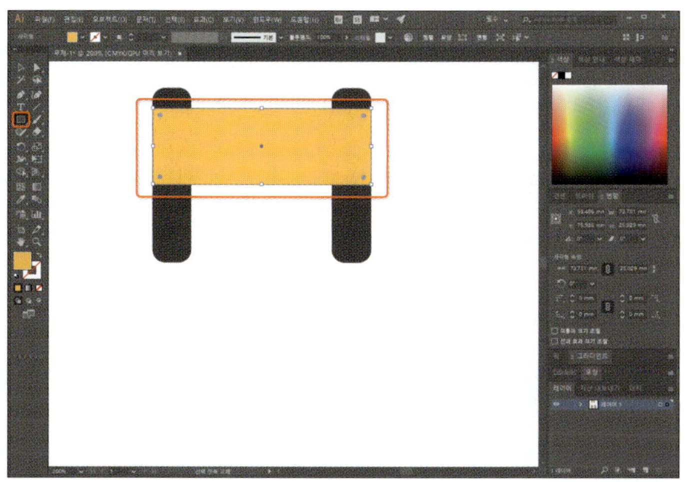

05 이번에는 사각형 도구(▣)로 앞서 그린 둥근 직사각형들과 겹쳐지도록 가로로 긴 직사각형을 만든다. 선 색상은 없음, 면 색상은 주황색 계열로 설정한다.

강의노트 ✎

오브젝트를 생성하는 순서에 따라 오브젝트간 겹쳐지는 순서가 정해진다. 생성 후 [정렬]기능을 이용해 재정렬할 수 있지만 오브젝트 생성 전에 겹쳐지는 순서를 미리 고려하여 순서대로 진행하면 작업량을 줄일 수 있다.

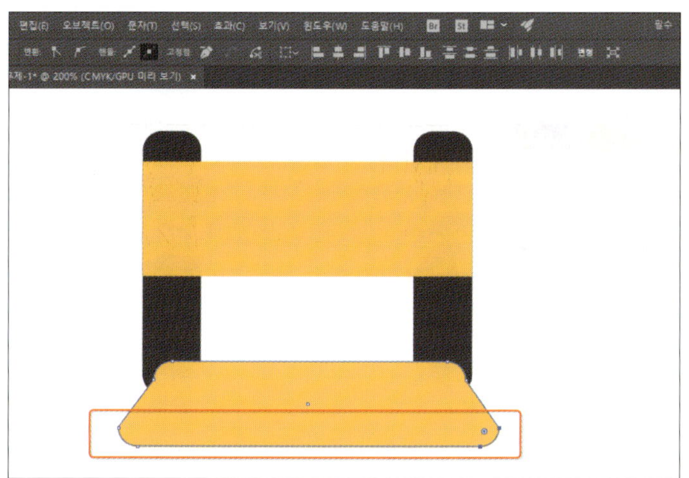

06 둥근 사각형 도구(▢)로 오브젝트 아래가 살짝 겹치도록 둥근 사각형 오브젝트를 만든다. 직접 선택 도구(▶)로 왼쪽 하단 둥근 모서리 부분을 왼쪽으로, 오른쪽 하단 둥근 모서리 부분을 오른쪽으로 이동시켜 사다리꼴 모양으로 변형한다.

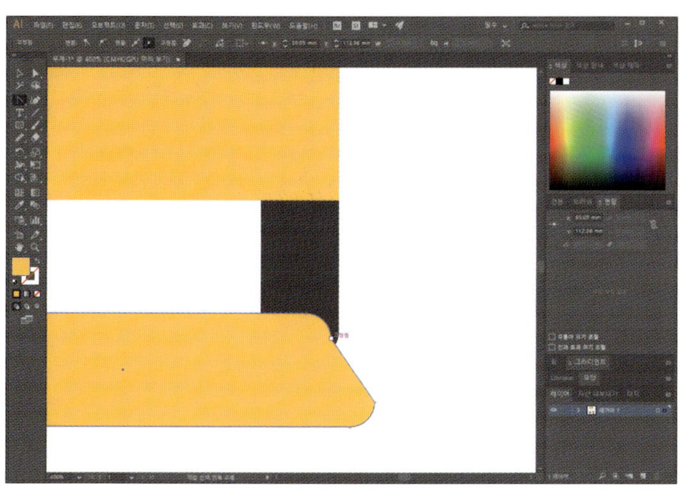

07 도구 모음에서 고정점 도구(◣)를 선택한 다음 사다리꼴 오브젝트의 어색한 고정점을 클릭하여 부드럽게 이어지도록 한다.

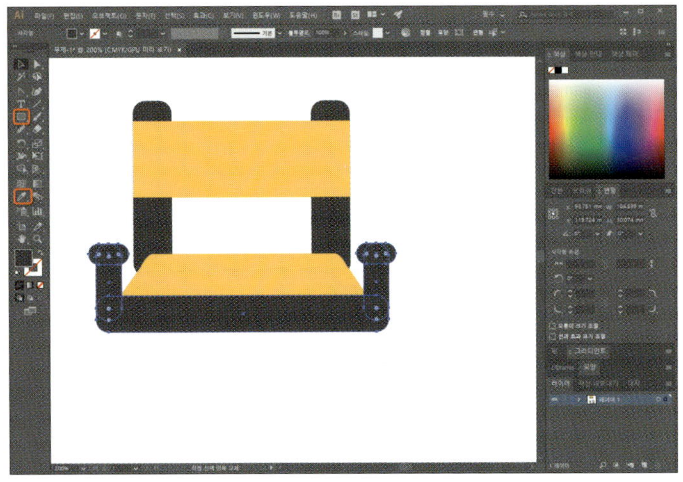

08 Ctrl 을 누른 상태에서 빈 공간을 클릭하여 선택 상태를 해제한다. 도구 모음에서 스포이드 도구(🖋)를 선택하고 회색 오브젝트를 클릭하여면 색상을 같은 색상으로 지정한 다음 둥근 사각형 도구(🔲)로 그림과 같이 5개의 둥근 직사각형 오브젝트를 만들고 위치시킨다.

강의노트 ✎

잘못된 작업 과정은 [편집] 메뉴의 [실행 취소] 명령으로 취소할 수 있다. 단축키로 Ctrl + Z 를 실행한다. 작업 취소 명령은 자주 사용되므로 반드시 단축키를 사용하여 빠르게 적용할 수 있어야 한다.

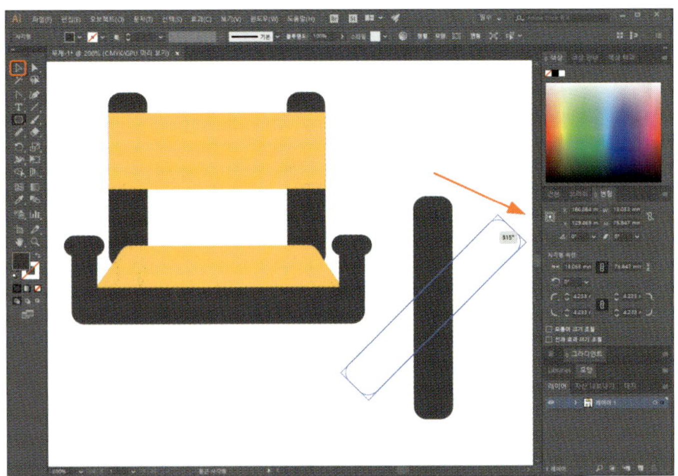

09 둥근 사각형 도구(🔲)로 의자의 다리 부분을 만들기 위해 세로로 긴 사각형을 만든다. shift 를 누른 상태에서 선택 도구(▷)로 바운딩 박스의 모서리 부분을 드래그하여 회전시킨다.

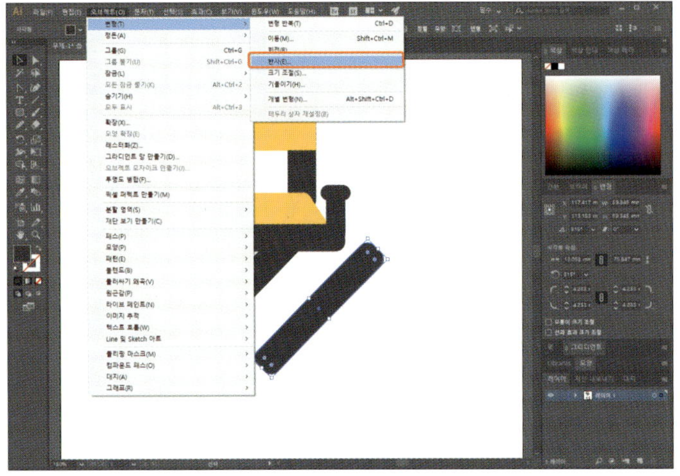

10 회전시킨 오브젝트를 복사한 다음 [오브젝트]-[변형]-[반사]명령을 실행한다.

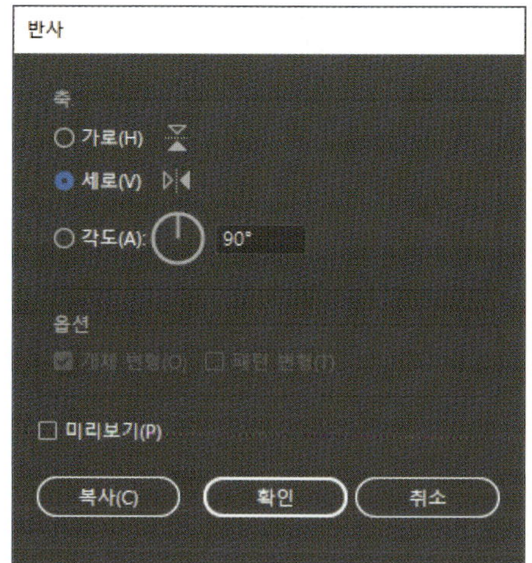

11 반사 대화상자가 나타나면 반사 할 기준을 세로로 선택하고 [확인] 버튼을 클릭한다.

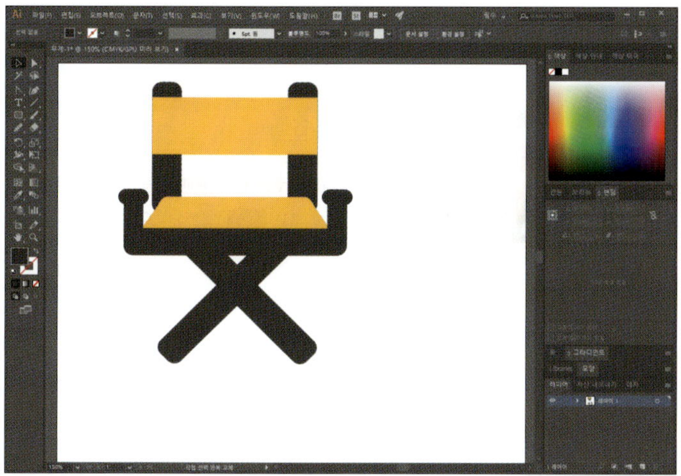

12 다리의 모양을 그림과 같이 이동 하여 만든 다음 모든 오브젝트를 선택한 상태에서 Ctrl + G 를 실행하여 그룹화된 의자 오브젝트를 완성한다.

강의노트

오브젝트를 하나 이상 선택하려고 한다면 Shift 를 누른 상태에서 오브젝트들을 클릭하면 함께 선택할 수 있다. 선택된 오브젝트 중에서 일 부분의 선택을 해제할 때에도 Shift 를 누른 상태 에서 선택 해제할 오브젝트를 클릭하면 된다. 하 나의 오브젝트가 선택된 상태에서 Ctrl + A 를 누르면 모든 오브젝트가 선택된다.

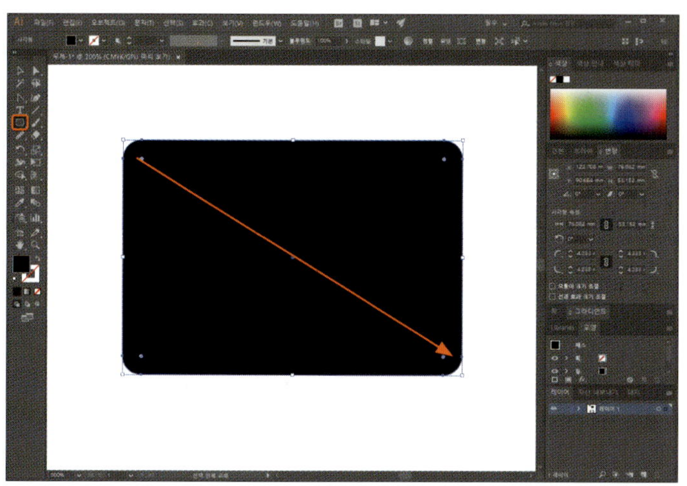

13 계속해서 슬레이트를 만들어 본 다. 먼저 둥근 사각형 도구(▢) 로 가로로 긴 검은색 사각형을 만든다.

보충수업 바운딩 박스의 기능과 활용

오브젝트를 선택하면 크기와 모양, 각도를 조정할 수 있는 바운딩 박스가 활성화된다. 8개의 조절점으로 표시되는 바운딩 박스를 움직여서 오브젝트를 편집할 수 있다. 바운딩 박스가 보이지 않는다면 [보기]–[테두리 상자 표시]를 실행하여 나타낼 수 있다.

❶ 바운딩 박스의 모서리 조절점을 Shift 와 함께 드래그하면 정비례로 크기를 확대 및 축소할 수 있다.

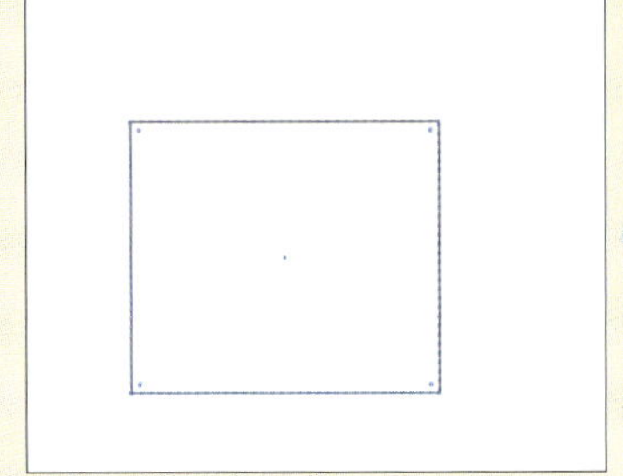 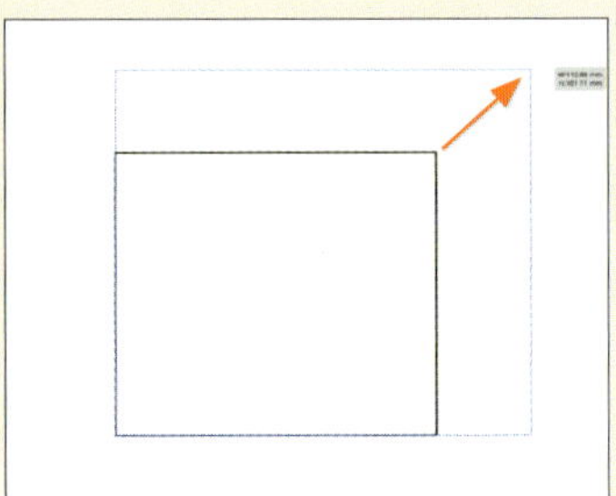

❷ 바운딩 박스 조절점 외곽에 마우스를 놓으면 회전 표시자가 나타난다. 마우스를 드래그하면 오브젝트가 회전된다. 오브젝트를 45° 방향으로 정확히 회전시킬 때는 Shift 와 함께 드래그한다.

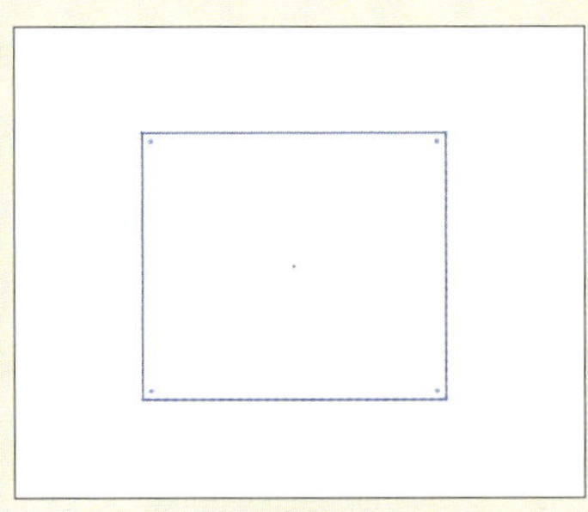 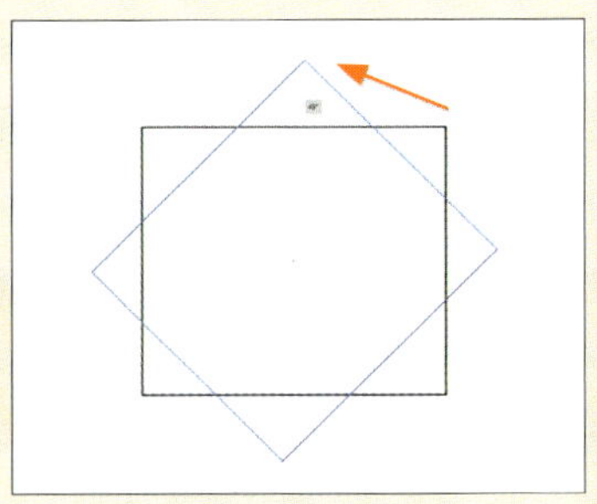

❸ 가운데 조절점을 드래그하면 모양을 변경할 수 있다. 가로 또는 세로 폭을 넓히거나 좁힐 수 있다.

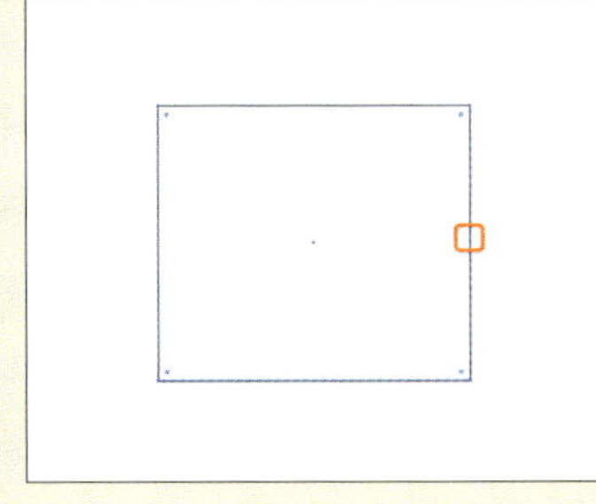 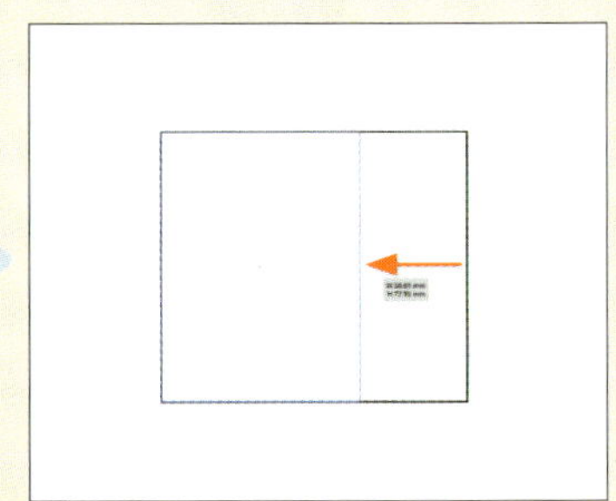

❹ 바운딩 박스로 오브젝트의 크기를 조절할 때 Alt 를 누르고 드래그하면 오브젝트의 중심축을 기준으로 모양이 변경된다.

 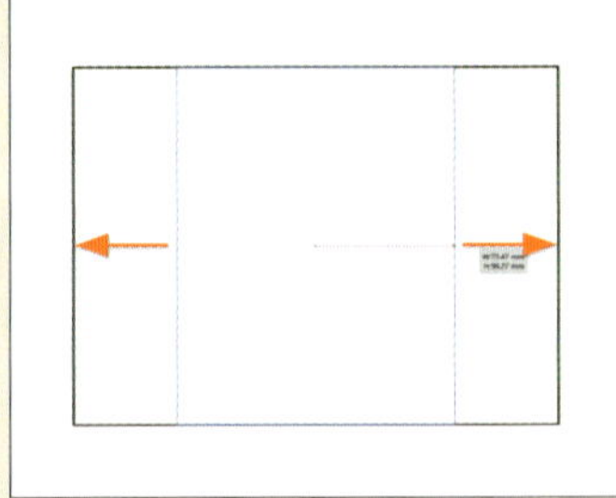

14 흰 색 둥근 사각형 오브젝트를 만든 다음 [윈도우]-[변형]을 실행하여 [변형] 패널을 나타낸다. [변형] 패널에서 하단의 모서리 반경을 2mm로 조정한다.

강의노트

둥근 사각형 오브젝트의 모서리 반경 수치가 클수록 둥근 정도가 커지고, 수치가 작을수록 직사각형에 가까운 둥근 모서리가 된다.

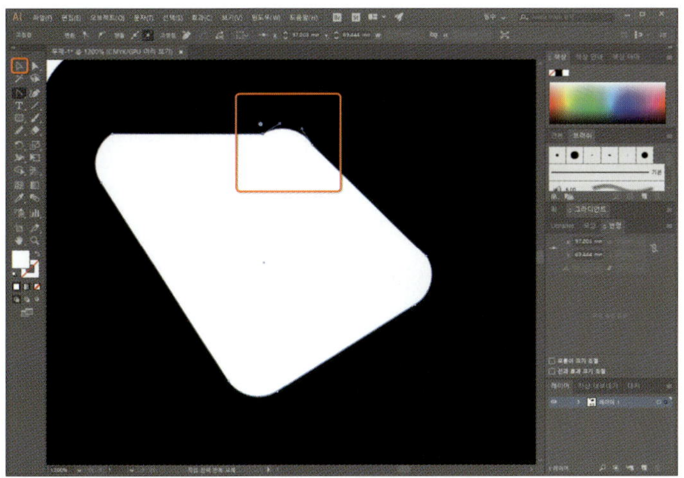

15 흰색 사각형 오브젝트의 바운딩 박스를 조절하여 왼쪽으로 기울도록 회전시킨 후 직접 선택 도구( )로 오른쪽 상단의 모서리의 위치를 조정하여 그림과 같이 만든다.

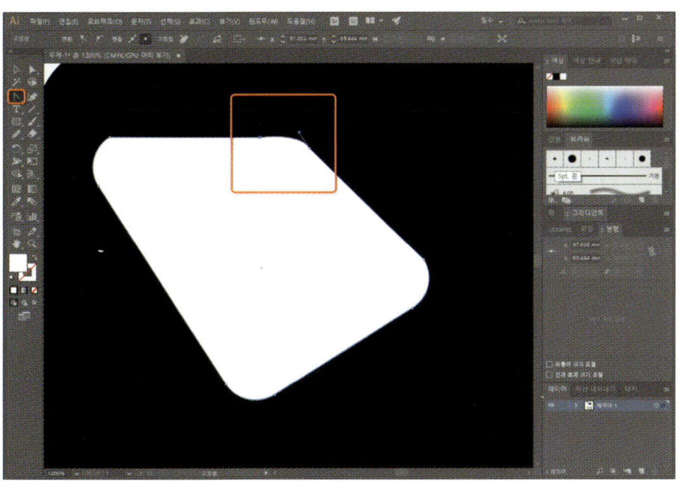

16 고정점 도구( )로 연결이 어색한 조절점을 클릭하여 부드럽게 연결한다.

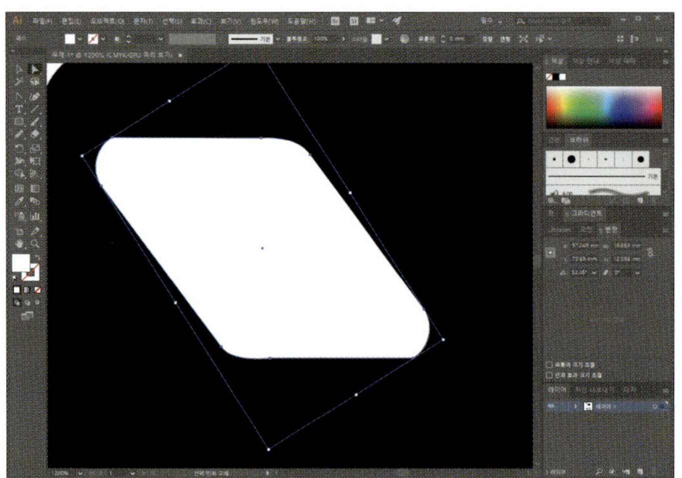

17 같은 방법으로 하단의 조절점도 조정하여 그림과 같이 왼쪽으로 기운 사다리꼴 형태로 변형한다.

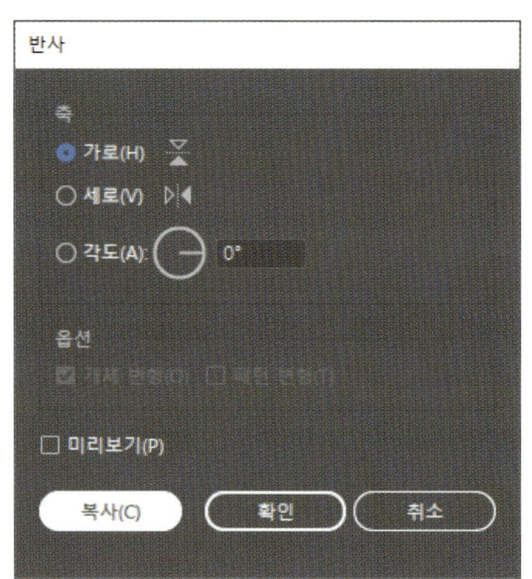

18 흰 사각형 오브젝트가 선택된 상태에서 [오브젝트]-[변형]-[반사]를 실행한다. [반사] 대화상자에서 반사 기준을 가로로 설정하고 [복사] 버튼을 클릭한다.

강의노트

미리보기 항목에 체크한 채 반사 축, 각도 등을 조절하면 효율적으로 작업할 수 있다.

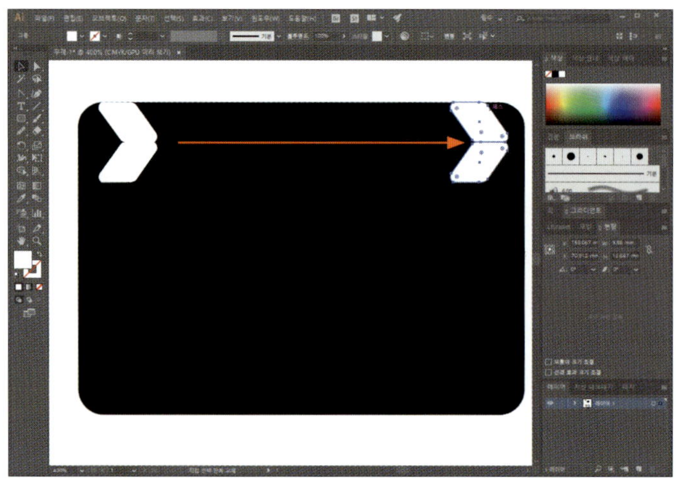

19 두 오브젝트의 하단, 상단 부분이 맞닿도록 위치한 후 Ctrl + G 를 눌러 그룹화한다. shift + Alt 를 누른 상태에서 오른쪽으로 드래그하여 복사한다.

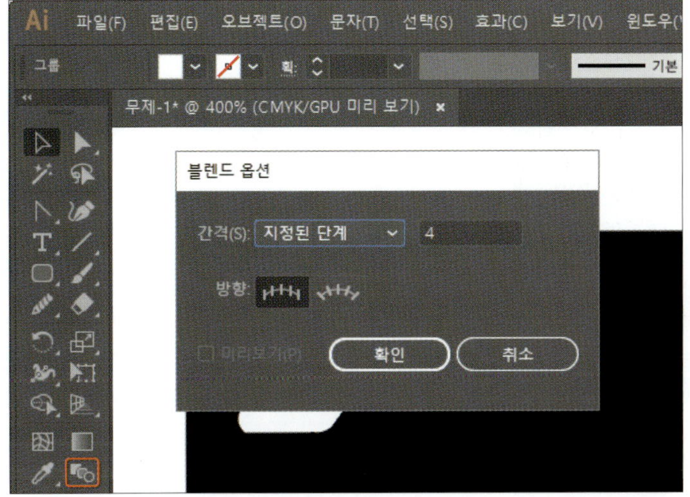

20 도구 모음의 블렌드 도구( )를 더블클릭하여 블렌드 옵션 대화 상자를 나타낸다. 대화상자에서 지정된 단계, 4를 입력하고 확인을 누른다.

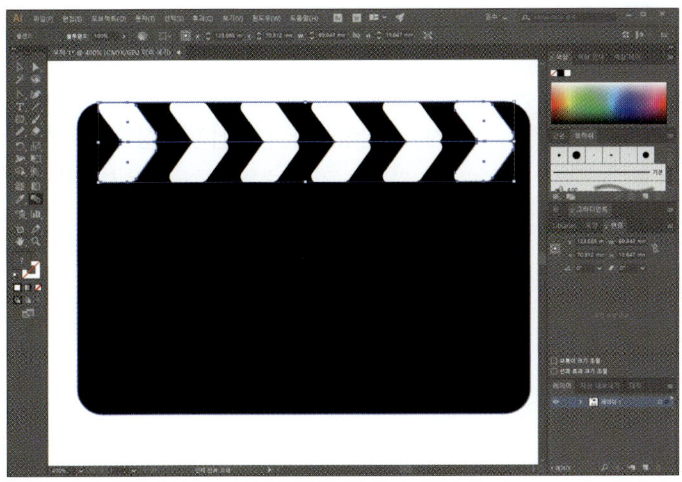

21 블렌드 기능이 적용되어 화면과 같이 슬레이트의 두 오브젝트 사이에 4개의 오브젝트가 만들어진다.

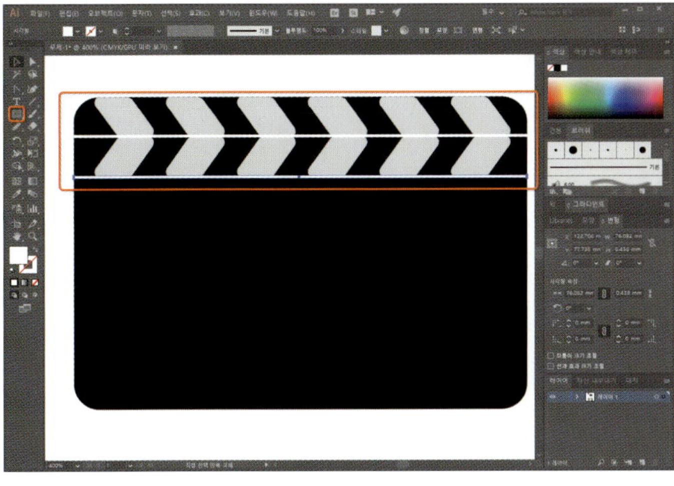

22 블렌드를 적용한 오브젝트의 면 색상을 회색으로 적용한다. 이번에는 사각형 도구( )로 가늘고 긴 직사각형을 만든다. 앞서 만든 오브젝트 위를 가로지르도록 위치하고 복사하여 하단에도 하나를 더 만든다. 색상은 흰색으로 지정한다.

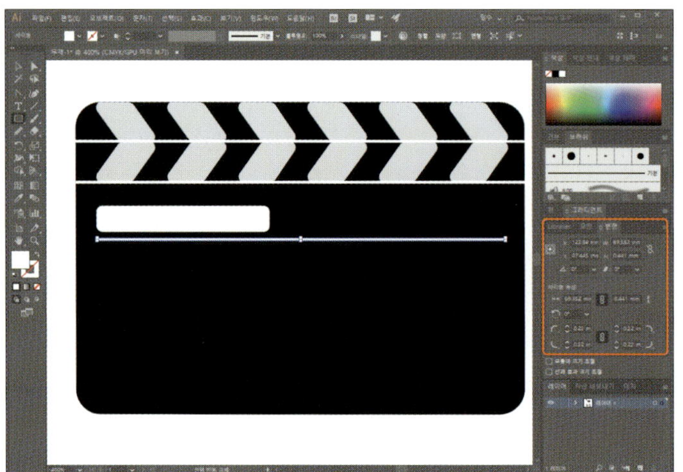

23 검은색 사각형 오브젝트 위로 흰색 굵은 사각형을 그린 후 [변형] 패널에서 모서리의 지름을 2mm로 지정하여 덜 둥글게 만든다. 화면과 같이 가느다란 둥근 사각형을 만든다.

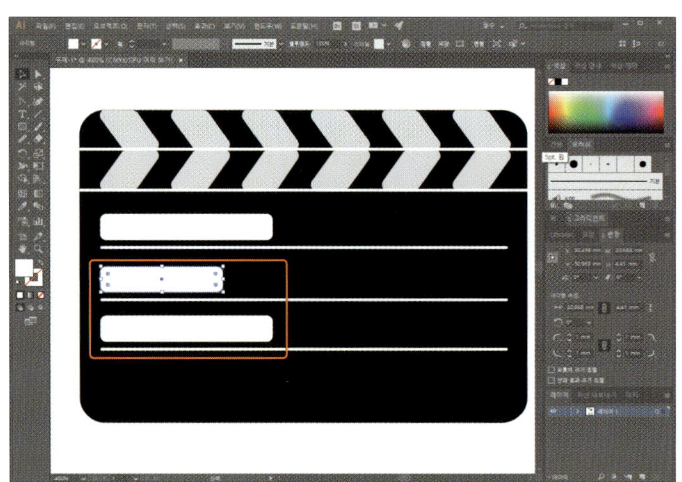

24 앞서 만든 오브젝트를 shift + Alt 를 누른 상태에서 아래로 드래그하여 2개 더 복사한다. 크기를 자유롭게 조절해 본다.

강의노트

단축키 Shift 는 이동하는 오브젝트가 수평 또는 수직으로 이동되도록 하며 단축키 Alt 는 오브젝트를 복사하는 기능을 제공한다.

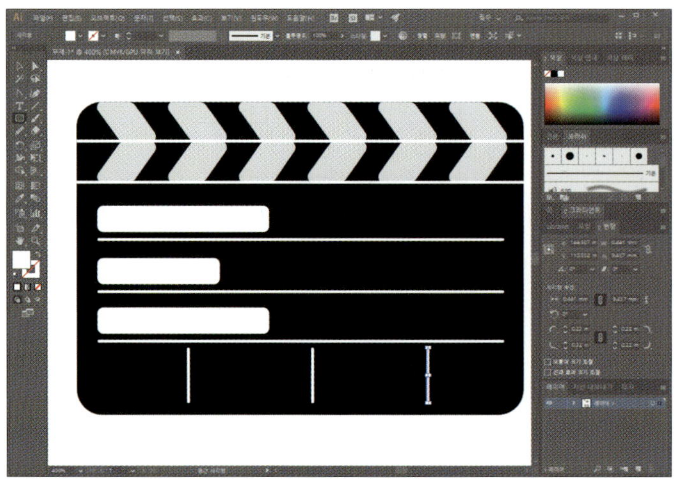

25 마지막으로 세로로 가늘고 긴 둥근 사각형 오브젝트를 만들어 슬레이트를 완성한다.

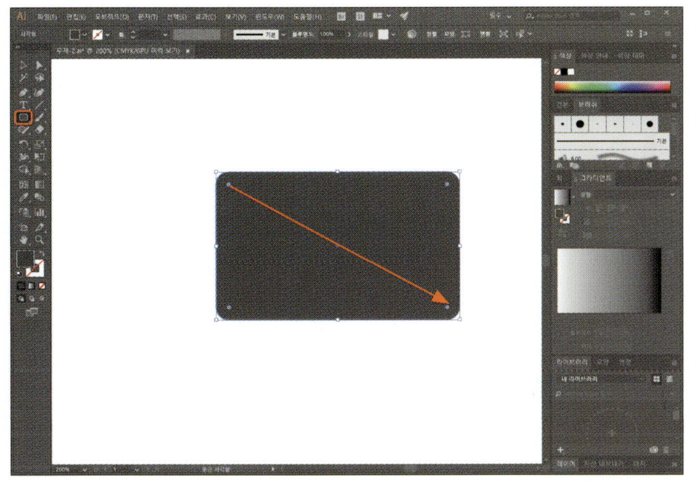

26 이번에는 영화 촬영용 카메라를 만들어본다. 도큐먼트 빈 공간에 면 색상 짙은 회색, 선 색상 없음으로 지정한 둥근 사각형을 만든다.

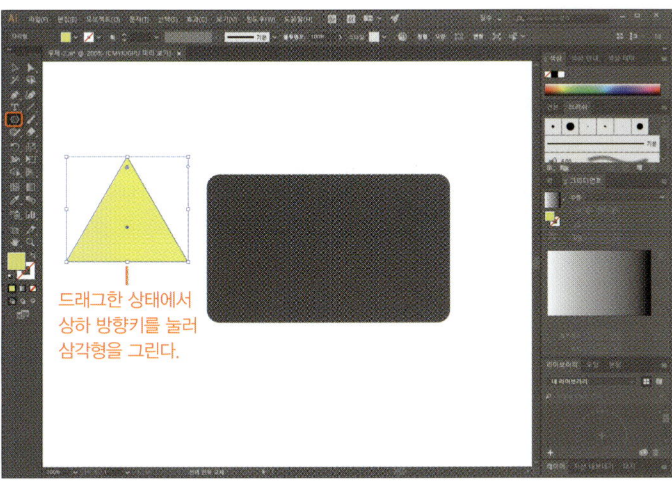

27 삼각형을 만들기 위해 다각형 도구(　)로 도큐먼트 위를 드래그한 상태에서 상하 방향키를 눌러 꼭지점의 개수를 변형하고 드롭한다. 면 색상은 노란색으로 지정한다.

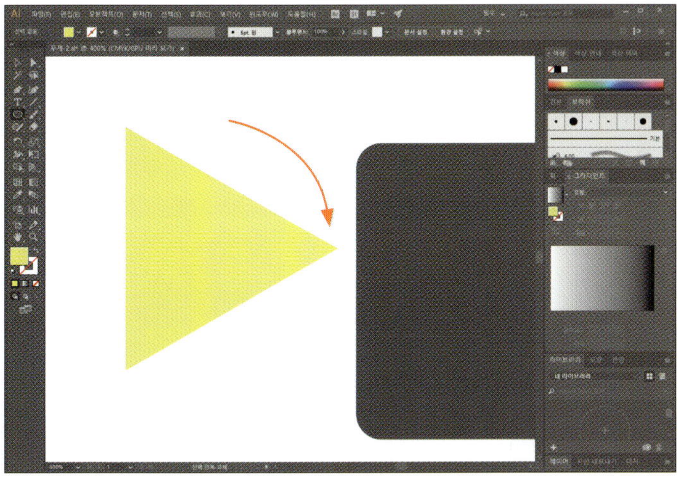

28 삼각형 오브젝트의 바운딩 박스 모서리에 마우스를 가져가면 마우스 포인터가 회전 아이콘으로 변경된다. 회전시켜 그림과 같이 만든다.

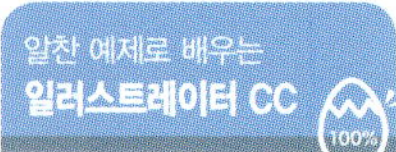

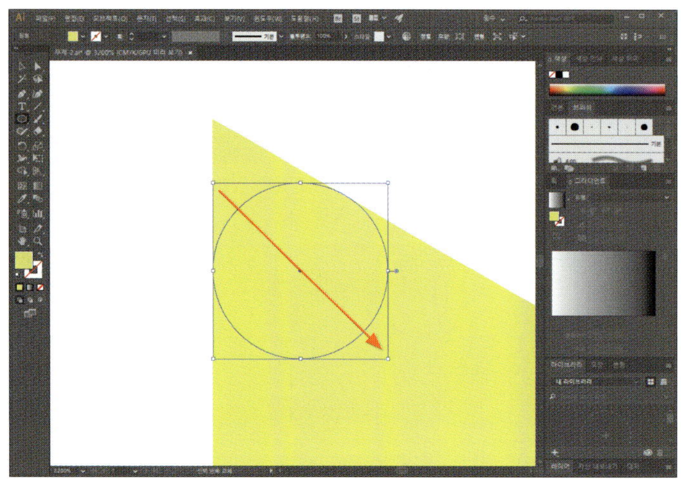

29 삼각형 오브젝트의 꼭지점을 둥글게 만들기 위해 삼각형의 빗변과 맞닿은 원 오브젝트를 만든다. Ctrl + + 를 눌러 화면을 확대한 다음 정밀하게 움직여 삼각형의 두 면이 원형 오브젝트와 꼭 맞도록 조정한다.

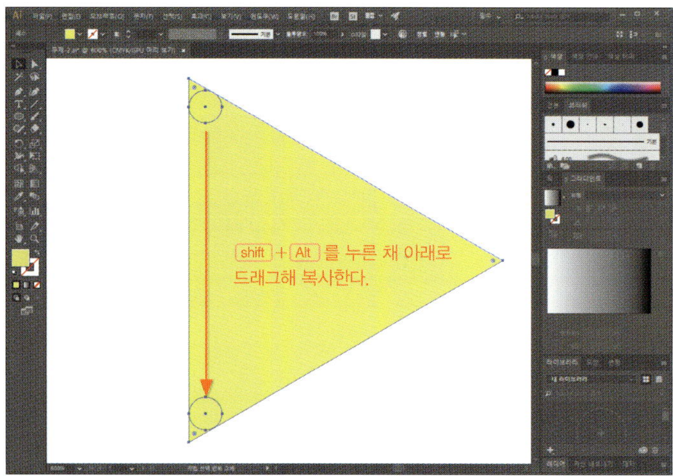

30 만든 원형 오브젝트를 shift + Alt 를 누른 채 아래로 드래그하여 반대편 꼭지점에도 원형 오브젝트가 맞닿도록 복사한다.

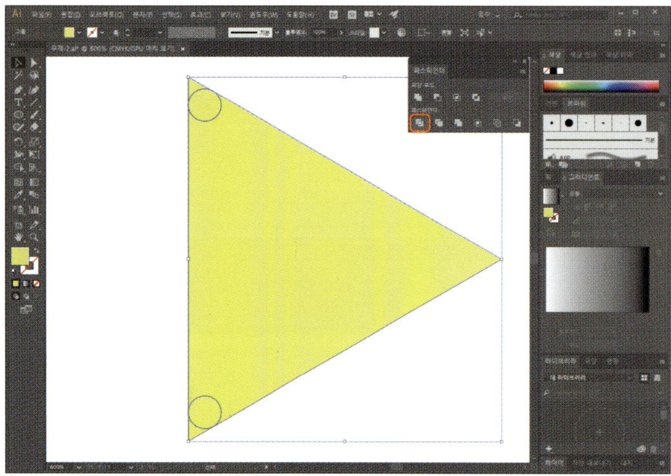

31 두 원 오브젝트와 삼각형 오브젝트를 모두 선택하고 [윈도우]-[패스파인더]를 실행하여 [패스파인더] 패널을 나타낸 다음 나누기( ) 버튼을 클릭한다.

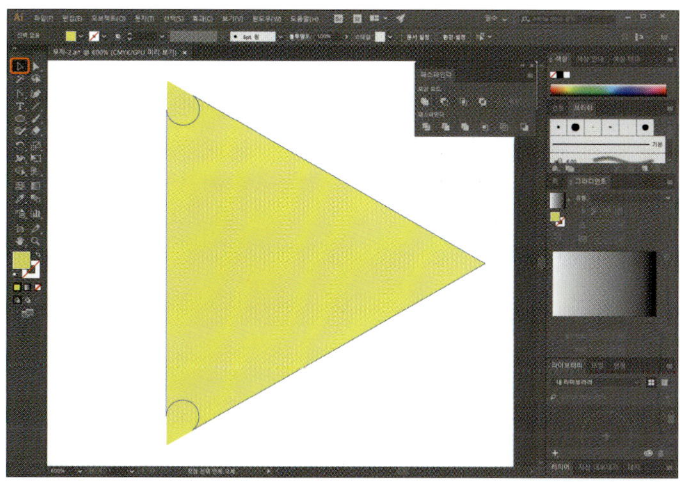

32 Ctrl 을 누른 상태에서 도큐먼트의 빈 공간을 클릭하여 선택을 해제한다. 선택 도구(▷)를 마우스의 중간 부분에 가져가면 그림과 같이 원형 오브젝트에 의해 겹쳐진 부분이 잘린 삼각형의 형태가 표시된다. 만약 그림과 같지 않다면 Ctrl + Z 를 눌러 취소하고 원 오브젝트의 위치를 다시 조정하여 반복한다.

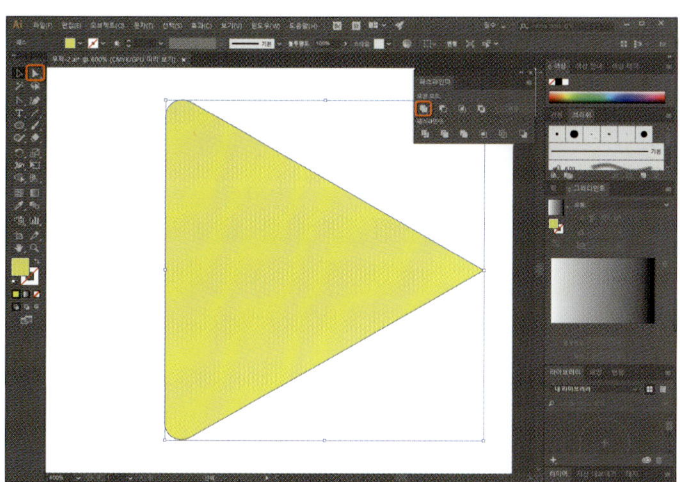

33 직접 선택 도구(▶)로 나누어진 두 꼭지점 부분을 선택하고 Delete 를 눌러 삭제한 다음 나머지 오브젝트를 모두 선택하고 [패스파인더] 패널에서 합치기(■) 버튼을 클릭하여 하나의 오브젝트로 결합한다.

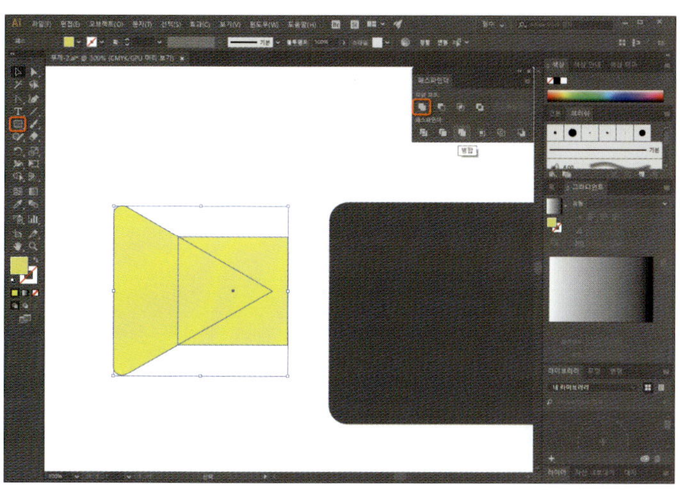

34 사각형 도구(■)로 삼각형 오브젝트의 오른쪽 부분이 겹치도록 직사각형을 그린 다음 삼각형 오브젝트를 함께 선택하고 [패스파인더] 패널에서 합치기(■) 버튼을 클릭한다.

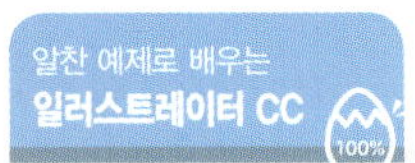

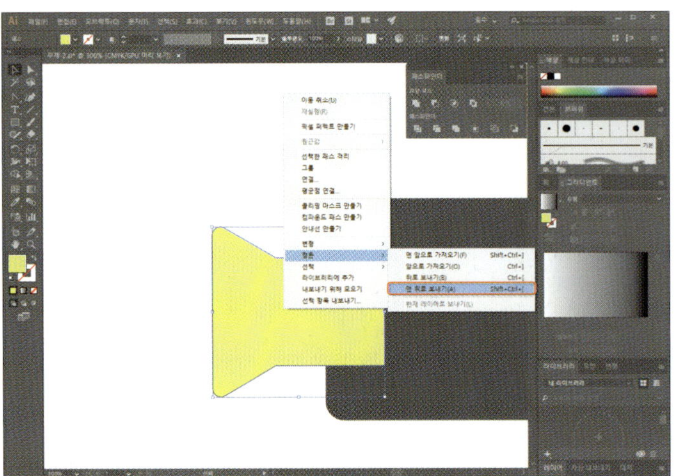

35 합쳐진 오브젝트에서 마우스 오른쪽 버튼을 클릭하여 [정돈]–[맨 뒤로 보내기]를 실행하여 둥근 사각형오브젝트 뒤로 위치시킨다.

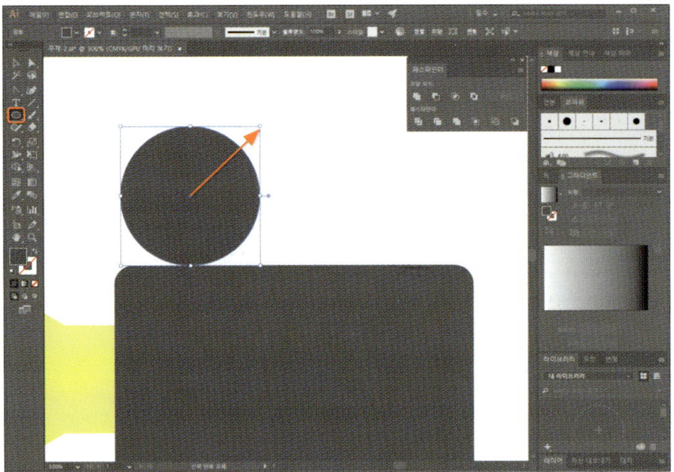

36 Ctrl 을 누르고 빈 도큐먼트를 클릭하여 선택을 해제한 다음 스포이드 도구(🖋)로 회색 사각형 오브젝트를 클릭하여 면 색상을 동일하게 지정한다. 그 다음 원형 도구(⬭)로 shift + Alt 를 누른 상태에서 드래그하여 정 원을 만든다.

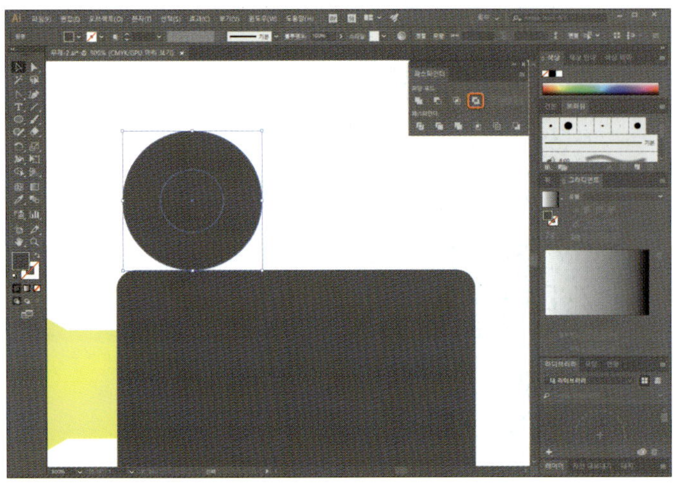

37 원 오브젝트의 중심에 맞춰 작은 원을 하나 더 만든다. 두 원을 모두 선택하고 [패스파인더] 패널의 교차 영역 제외(▣) 버튼을 클릭하여 겹쳐진 부분을 삭제한다.

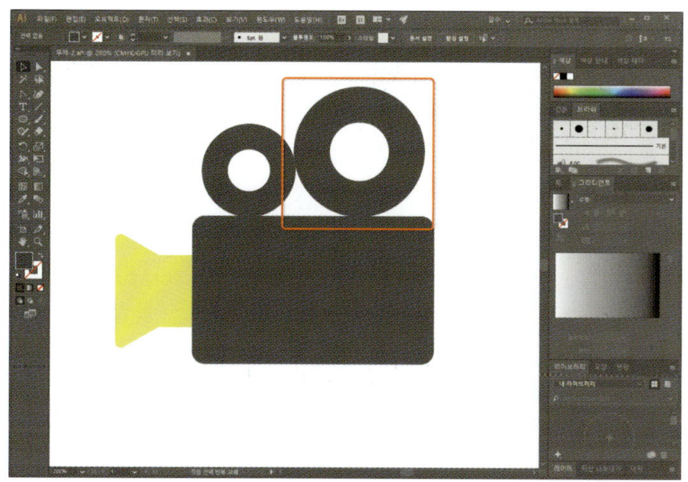

38 만든 원 오브젝트를 복사하여 하나 더 만든 다음 바운딩 박스를 이용하여 크기를 키웁니다.

강의노트

오브젝트의 원 크기의 비율을 그대로 유지하면서 크기를 조절할 경우 단축키 Shift , Alt 를 함께 누른 채 선택 도구로 바운딩 박스의 조절점을 드래그한다.

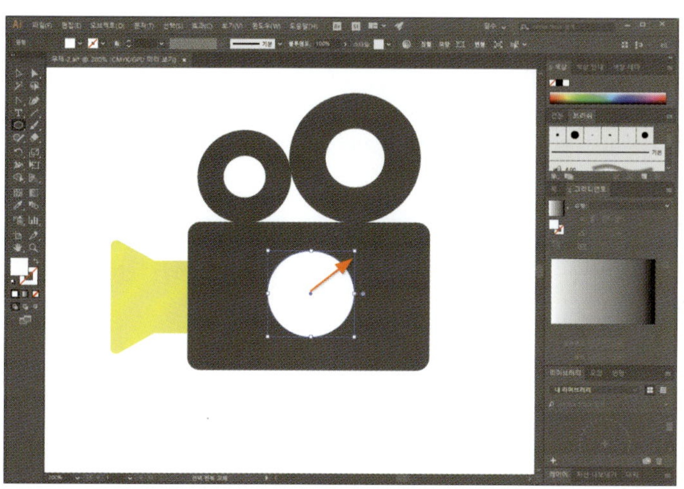

39 사각형 오브젝트 위로 흰색 정 원을 만든다.

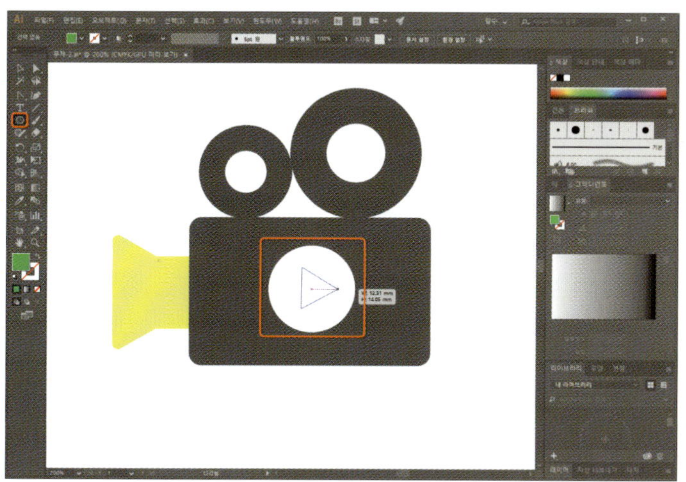

40 다각형 도구(⬡)로 오른쪽을 바라보는 삼각형 오브젝트를 화면과 같이 만든다.

강의노트

정삼각형을 비롯한 정원, 정사각형을 만들 때에는 옵션 대화상자에서 각각의 수치를 입력하거나 Shift , Alt 를 누른 채 드래그한다.

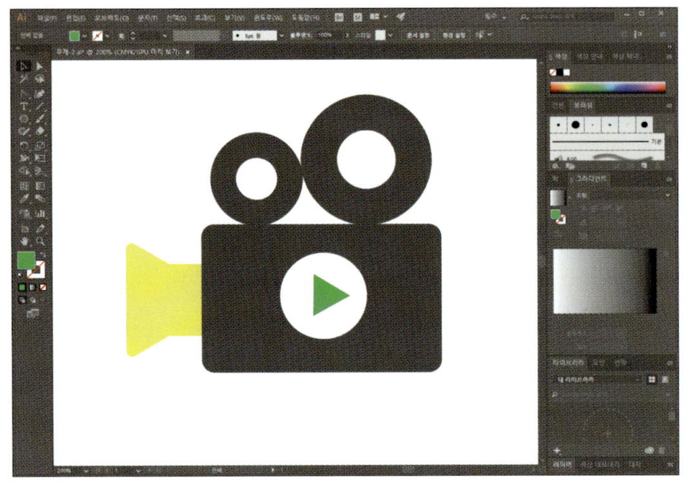

41 삼각형 오브젝트의 색상을 지정한 다음 모든 오브젝트를 선택하고 Ctrl + G 를 눌러 그룹화하여 완성한다.

강의노트

관련된 오브젝트들은 그룹으로 설정해 놓는 것이 관리를 편하게 할 수 있다. 그룹으로 설정할 오브젝트를 모두 선택한 다음 [오브젝트]-[그룹]을 선택하거나 단축 기능으로 Ctrl + G 를 눌러서 그룹으로 지정한다. 개체의 그룹 속성을 해제할 때는 Ctrl + Shift + G 를 누른다.

보충수업 일러스트 만들기 차근차근 연습하기

일러스트의 종류는 너무나 많고 연습하려다 보면 어디서부터 어떻게 해야 할지 혼란스러울 수 있다. 또 빨리 잘 만들고 싶은 마음에 너무 어려운 작업을 시도할 수 있다.

그 보다는 간단하면서 의미를 잘 전달할 수 있는 아이콘부터 만드는 것을 연습해보면 많은 도움이 될 것이다. 아이콘 중에서도 단순히 선과 도형으로만 표현하는 흑백 아이콘부터 컬러 아이콘까지, 그리고 간단한 문구가 함께하는 아주 자세한 아이콘까지 순서대로 연습하다보면 실력이 금세 좋아진다.

❶ 주변에서 쉽게 볼 수 있는 사물을 단순화하여 흑백 선으로 그려본다.

❷ 유행하는 아이콘을 따라하면서 일러스트레이션의 감각을 익힌다.

❸ 스케치를 통해 아이디어를 구체화하고 텍스트와 다양한 형태를 조합한다.

실전문제

01. 게임기 오브젝트를 만들어 본다.

완성파일 | part03-02.ai

Hint 도형 도구와 [패스파인더] 패널을 이용하여 게임기 모양을 만들고 [윈도우]-[변형]기능으로 버튼의 모양을 조정한다.

02. 카드 오브젝트를 만들어 본다.

완성파일 | part03-03.ai

Hint 고정점 도구로 원 오브젝트의 조절점을 클릭하여 한 쪽을 뾰족하게 만든 다음 직접 선택 도구로 조절점과 방향선을 조정하여 스페이드와 하트 모양을 만든다.

입체감 있는 웹 아이콘 만들기

일러스트레이터에서는 평면적인 그림도 그릴 수 있지만 다양한 효과를 이용하여 입체감있고 세련된 그림도 그릴 수 있다. 이번 시간에는 세련된 웹 아이콘을 제작해본다. 웹 아이콘은 홈페이지나 모바일 기기에서 네비게이션 기능을 나타내는 데 주로 사용된다. 또한 모바일 프로그램의 안내의 역할 뿐만 아니라 브랜드 가치를 높여주는 심볼의 역할까지 하고 있다. 일러스트레이터를 이용하여 아이콘 제작 능력과 드로잉 실력을 키워보시기 바란다.

Zoom In
알찬 예제로 배우는
그라디언트의
활용

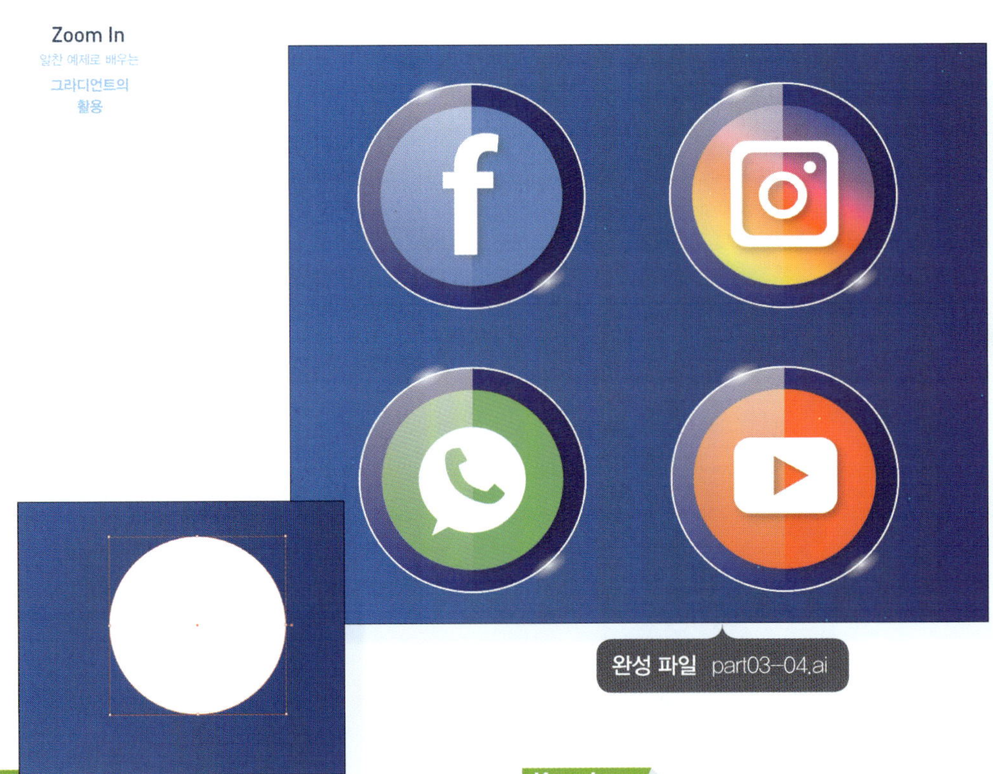

Keypoint Tool

_ **그라디언트 도구** 한 가지 이상의 색이 자연스럽게 이어지는 효과를 만들 수 있다.

_ **레이어 패널** 레이어의 잠금 기능은 해당 레이어의 오브젝트가 선택되지 않게 하여 다른 레이어 내 오브젝트 작업을 편하게 한다.

Knowhow

_ 오브젝트에 투명도를 0%~100%까지 자유롭게 적용할 수 있다.

_ 방사형 그라디언트에 투명도를 적용하면 빛이 빛나는 효과를 만들 수 있다.

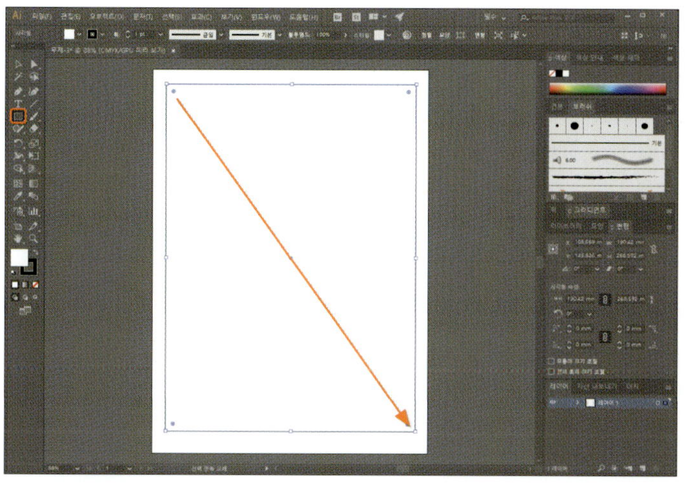

01 새 도큐먼트를 만들고 사각형 도구(▣)를 선택하여 배경으로 사용할 큰 직사각형을 만든다.

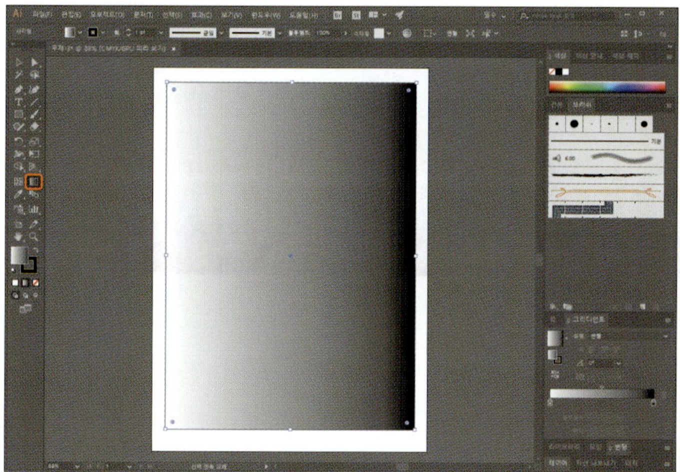

02 사각형 오브젝트가 선택된 상태에서 그라디언트 도구(▣)를 선택한다.

강의노트

오브젝트가 선택된 상태에서 도구 모음의 그라디언트 도구를 선택하면 자동으로 선택된 오브젝트의 기본 흑백 색상의 그라데이션이 적용된다.

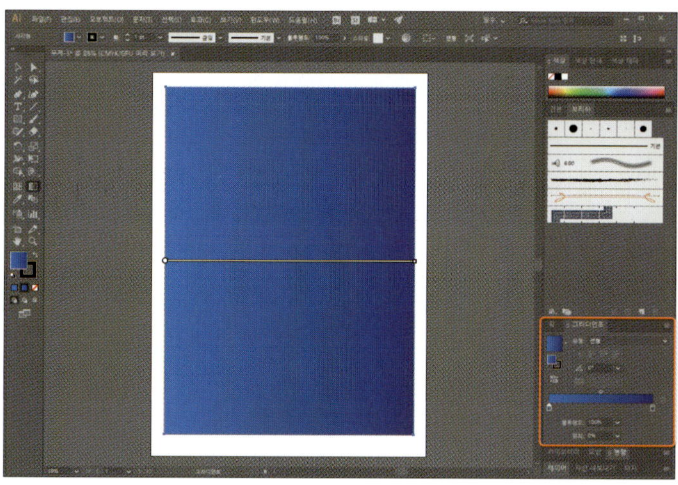

03 [그라디언트] 패널에서 유형을 선형으로 설정하고 그라데이션 슬라이더의 시작 색상을 파란색, 끝 색상을 어두운 파란색으로 설정한다.

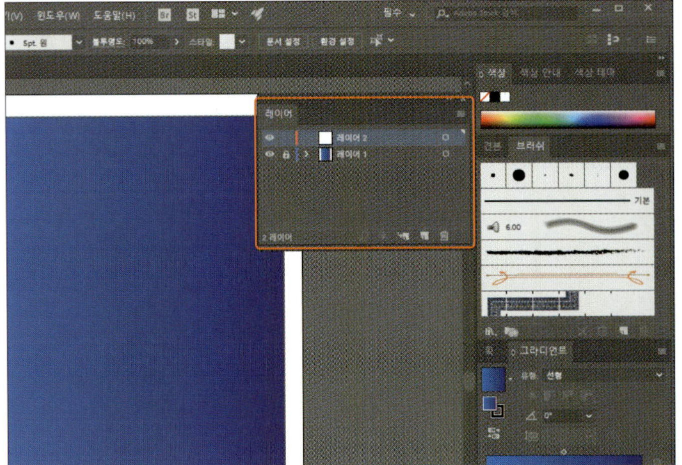

04 배경으로 만든 직사각형 오브젝트가 겹쳐지는 오브젝트를 작업할 때 선택되지 않도록 하기 위하여 [레이어] 패널에서 배경을 만든 레이어를 클릭하여 잠금하고 새 레이어를 추가한다.

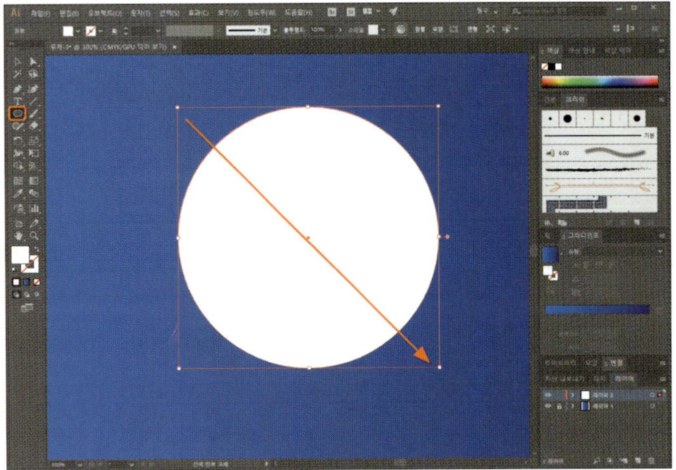

05 도구 모음에서 원형 도구(◯)를 선택하고 shift + Alt 를 누른 상태에서 드래그하여 정원 오브젝트를 만든다.

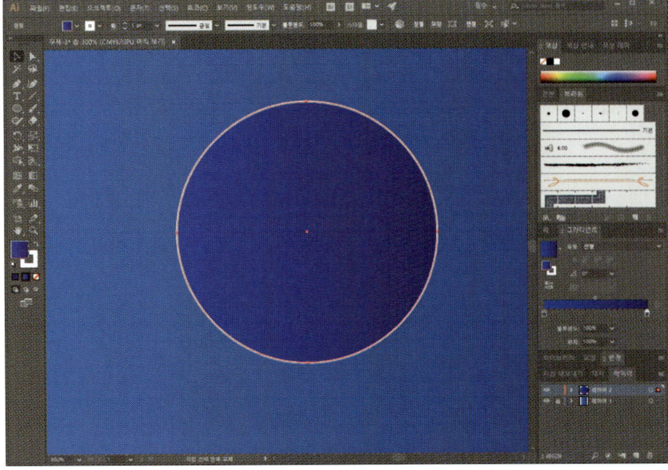

06 면 색상은 남색으로 시작하고 어두운 남색으로 끝나는 선형 그라데이션을 적용하고, 선 색상은 흰색으로 설정한다.

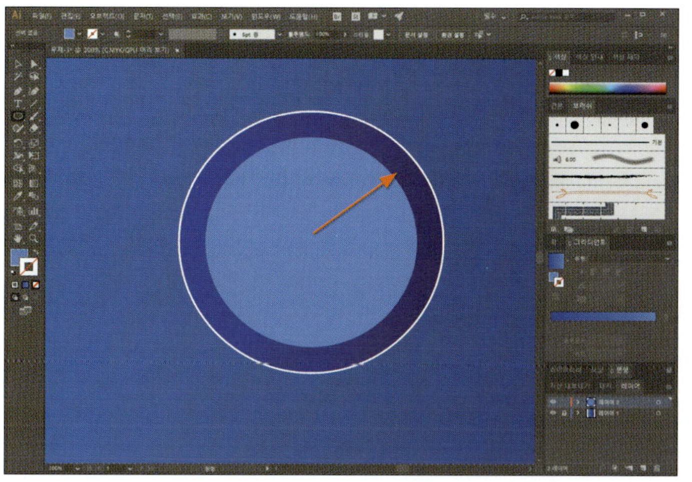

07 정확히 겹쳐지도록 정원 오브젝트를 하나 더 만든다. 면 색상은 하늘색, 선 색상은 없음으로 지정한다.

강의노트

오브젝트의 중앙 부근에 마우스를 가져가면 자동으로 오브젝트의 중심에 표시가 나타난다. 이를 활용하여 기존 오브젝트의 중심에 맞춰 편하게 새로운 오브젝트를 생성할 수 있다.

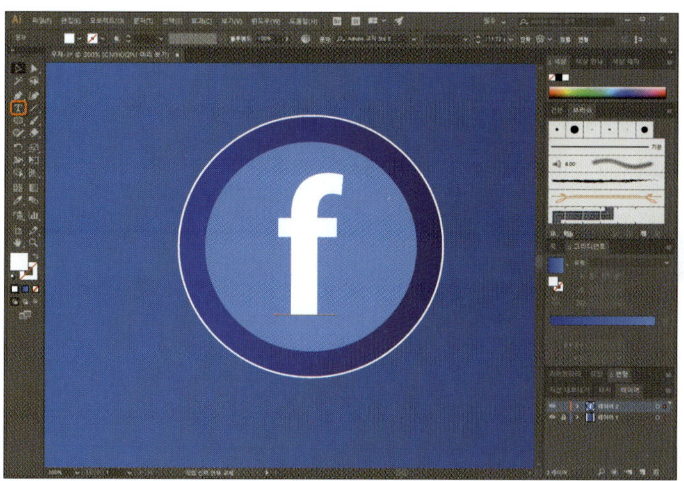

08 문자 도구(T)를 이용하여 "f"를 입력한 다음 글꼴, 색상, 크기를 그림과 같이 적용한다.

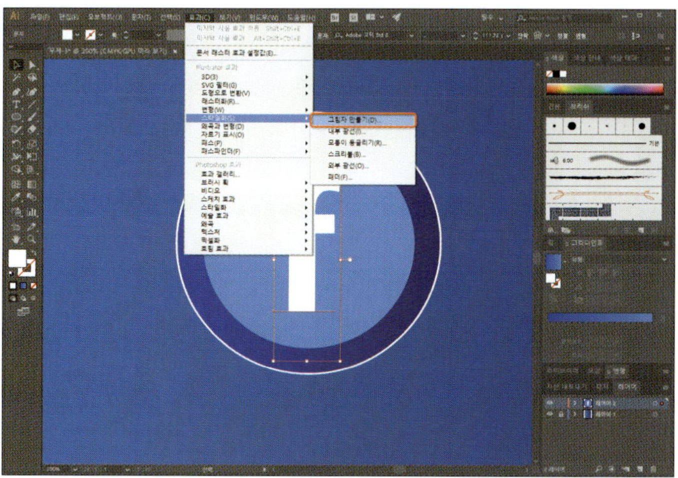

09 글자 "f"를 선택하고 [효과]−[스타일화]−[그림자 만들기]를 실행한다.

10 [그림자 만들기] 패널에서 X, Y 옵셋과 흐림 효과를 1mm로 설정하고 [확인] 버튼을 클릭하여 글자에 그림자 효과를 적용한다.

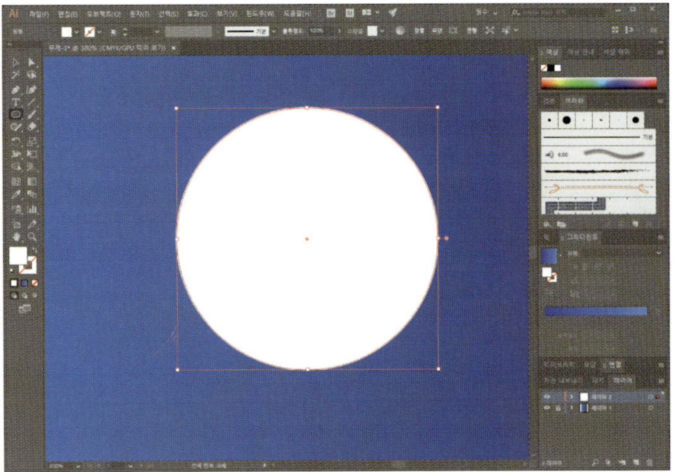

11 제일 큰 원 오브젝트와 정확히 겹치도록 정원 오브젝트를 만든다.

강의노트 ✏️

다른 방법으로는 제일 큰 원을 복사한 후 Shift + Ctrl + V 를 누르면 복사한 위치에 겹치도록 붙이기가 된다.

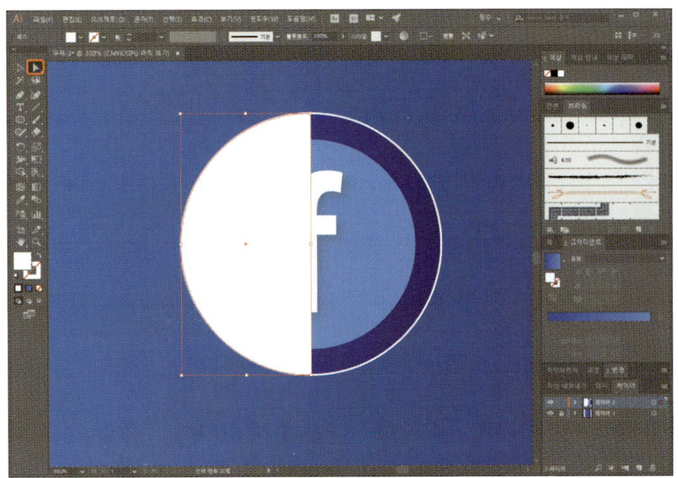

12 직접 선택 도구( )로 원 오브젝트의 우측 조절점을 클릭하고 Delete 를 눌러 삭제한다. 열린 패스의 반원 오브젝트로 변하는 것을 확인할 수 있다.

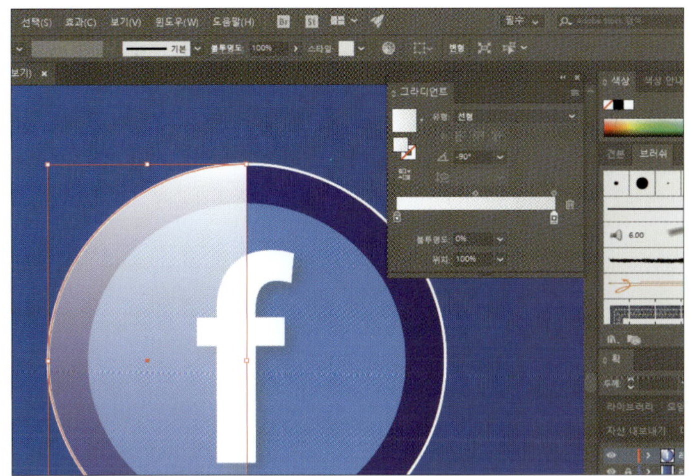

13 반원 오브젝트의 그라데이션과 투명도를 적용해본다. 그라데이션의 시작점은 흰색, 불투명도 70%, 끝점은 흰색, 불투명도 0%로 지정하고 각도는 −90°로 설정한다.

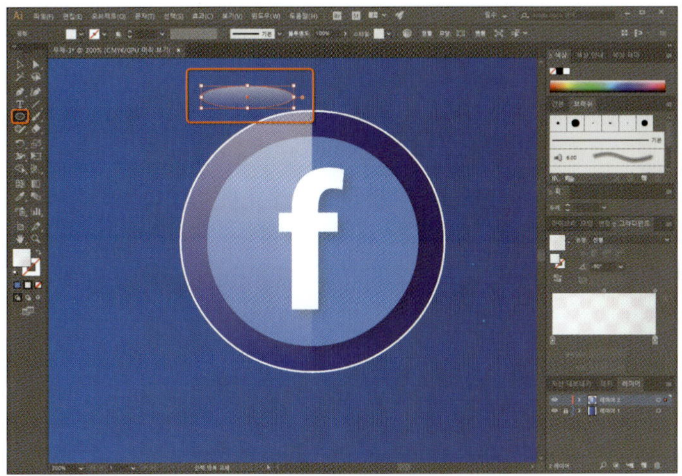

14 이번에는 빛에 반사되어 빛나는 효과를 만들어 본다. 원형 도구(⬭)로 가로로 긴 타원을 만든다.

15 [그라데이션] 패널에서 유형을 방사형으로 설정하고 종횡비 항목을 50%로 설정한다.

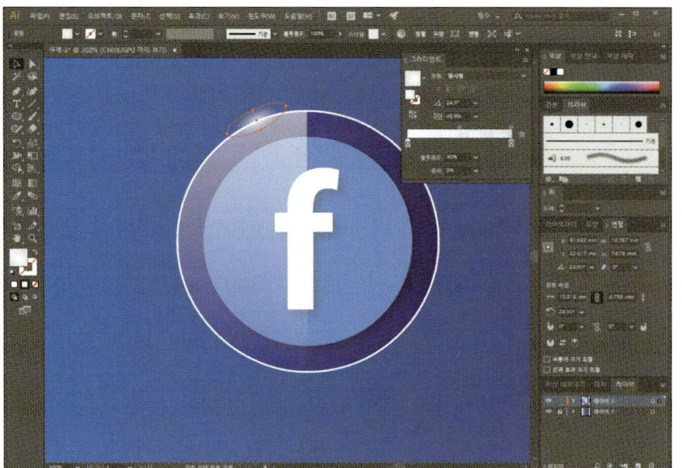

16 크기와 위치를 조정하여 아이콘 상단에 빛나는 효과를 만든다.

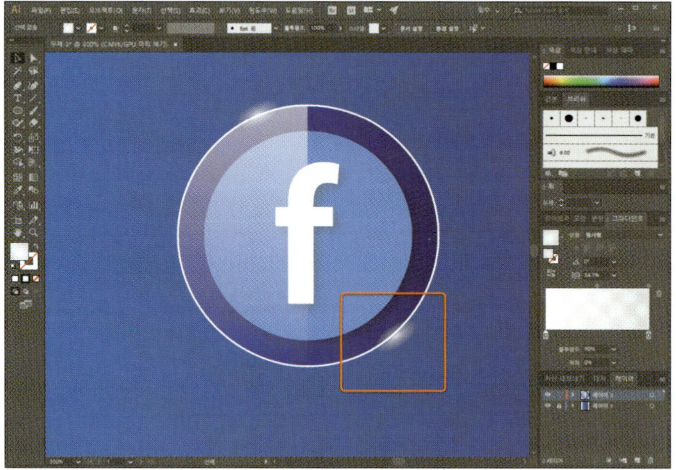

17 빛 효과 오브젝트를 복사하여 아이콘의 하단에 위치시켜 페이스북 아이콘을 완성한다.

강의노트 ✎

작업이 완료된 오브젝트들은 모두 선택하여 그룹화하는 것이 관리하기에 좋다.

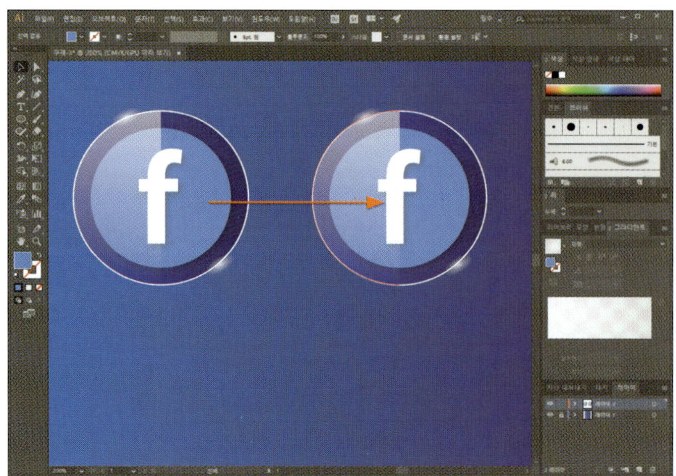

18 앞서 만든 아이콘을 shift + Alt 를 누른 상태에서 드래그하여 복사한다.

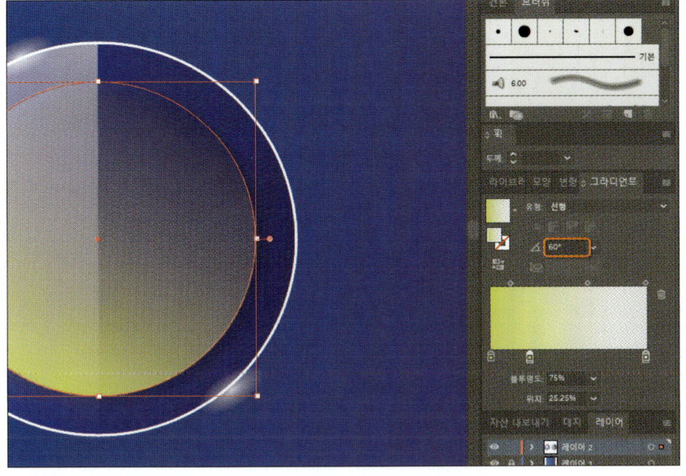

19 "f" 문자 오브젝트를 삭제하고 작은 원 오브젝트를 선택하여 그라데이션을 적용한다. 첫 시작 점은 노란색으로 설정하고 각도는 60°로 지정한다.

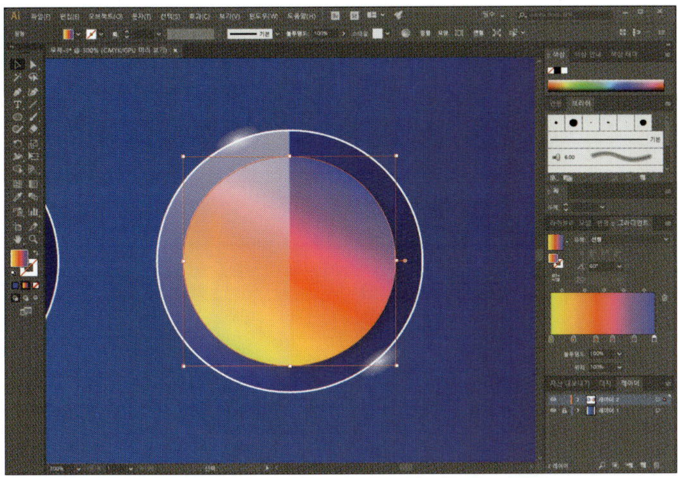

20 여러 가지 색상을 적용하기 위해 그라디언트 슬라이더를 클릭하여 각 지점에 다양한 색상을 적용한다.

강의노트 ✎

그라디언트가 적용된 오브젝트를 선택하고 그라디언트 도구를 클릭하면 조절점이 나타나게 된다. 위쪽에 놓인 검은색 조절점은 그라디언트 영역의 형태를 타원 형태로 조절할 수 있다. 좌측, 우측의 조절점은 그라디언트 영역을 정비례로 조절할 수 있다. 분만 아니라 색상이나 적용 범위를 빠르게 조정할 수 있다.

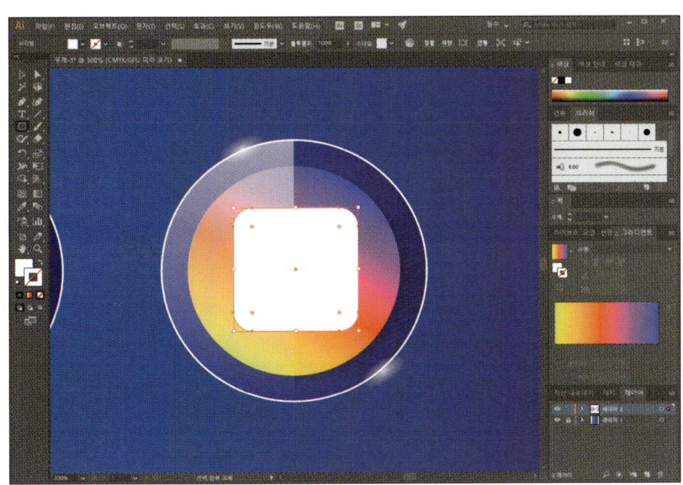

21 색상 지정이 끝나면 둥근 사각형 오브젝트를 만들고 면 색상은 흰색, 선 색상은 없음으로 지정한다.

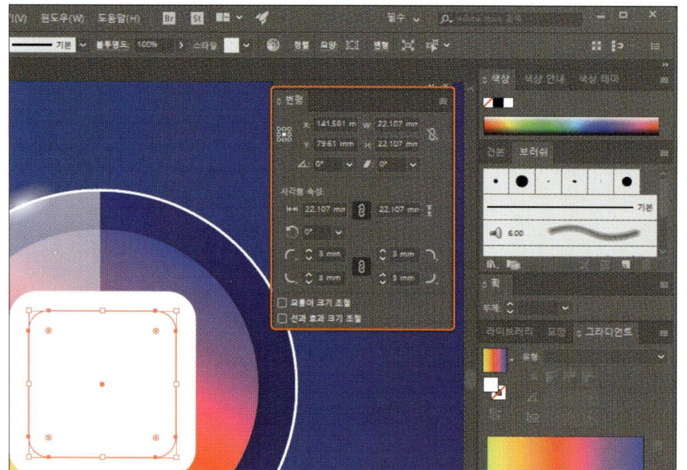

22 Ctrl 을 누르고 빈 공간을 클릭하여 선택을 해제한 다음 겹쳐지도록 작은 둥근 사각형을 만든다. 둥근 모서리를 큰 둥근 사각형 오브젝트와 비슷하도록 [변형] 패널에서 지름의 값을 조절한다.

강의노트

둥근 사각형 도구를 드래그한 상태로 키보드 상하 방향키를 누르면 모서리 반지름을 키우거나 축소시킬 수 있다.

23 두 둥근 오브젝트를 선택하고 [윈도우]-[패스파인더]를 실행한 다음 [패스파인더] 패널에서 교차 영역 제외( ) 버튼을 클릭한다.

보충수업 패스파인더의 활용

일러스트레이터에서 패스파인더 기능은 실무에서 활용도가 매우 높은 기능 중의 하나이다. 어떤 모양을 어떻게 만들 것인가를 고민하고, 가장 쉬운 방법을 선택하는 것이 일러스트레이터 고수들이 하는 작업이다. 그러므로 패스파인더의 모든 기능을 충분히 활용해보면서 다양한 오브젝트를 만들어 본다면 실력이 향상되는 것을 스스로 느낄 수 있게 될 것이다.

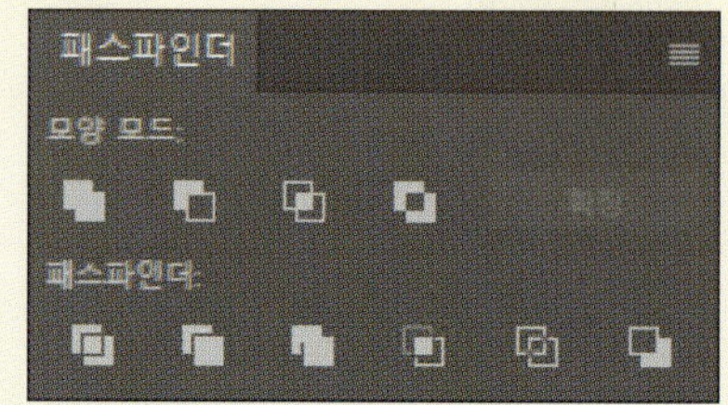

24 같은 방법으로 겹쳐진 부분이 제거된 원 오브젝트를 만든다.

강의노트 🖉

패스파인더 기능을 적용하기 전 겹쳐진 오브젝트들 간의 중심 등을 정렬하는 것이 좋다. [윈도우]-[정렬]을 실행하거나 상단 바의 정렬 버튼을 클릭하여 조정할 수 있다.

25 플래시 모양을 나타내는 작은 원 오브젝트를 만든다.

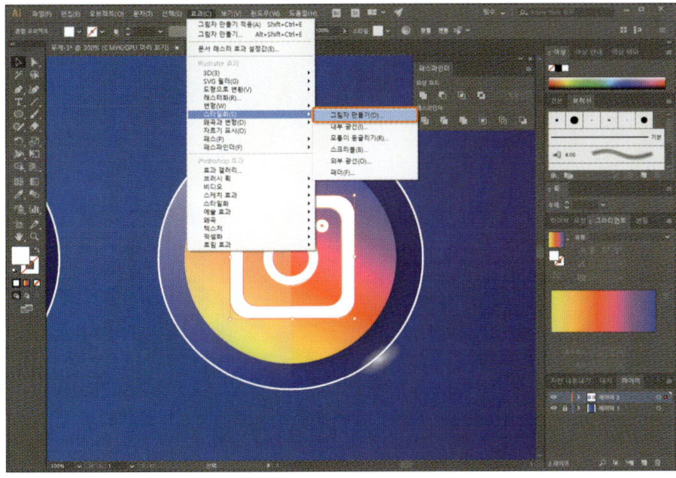

26 방금 만든 3개의 오브젝트를 모두 선택하고 [효과]-[스타일화]-[그림자 만들기]를 실행한다.

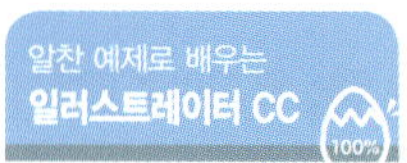

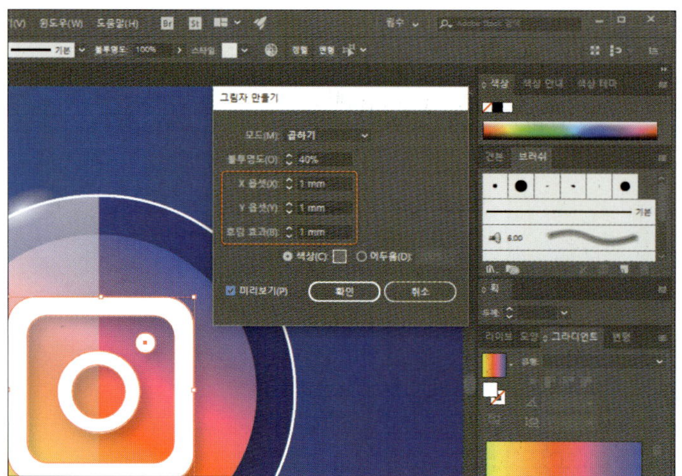

27 [그림자 만들기] 패널에서 X, Y 옵셋, 흐림 효과를 모두 1mm로 지정하고 [확인] 버튼을 클릭한다.

강의노트

그림자의 색상을 바꾸려면 [색상]의 컬러를 클릭하여 원하는 컬러를 선택한다.

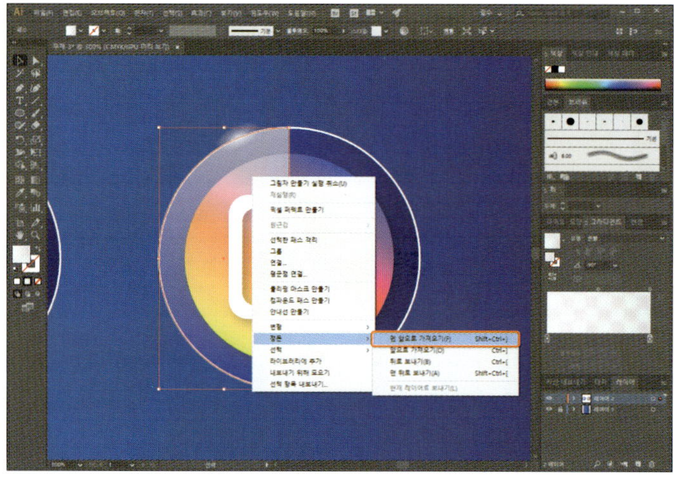

28 입체 효과를 주는 반원 오브젝트를 선택하고 마우스 오른쪽 버튼을 클릭해 [정돈]–[맨 앞으로 가져오기]를 실행하여 겹쳐지는 순서를 정리한다.

29 완성한 인스타그램 아이콘 오브젝트는 Ctrl + G를 눌러 그룹화한다.

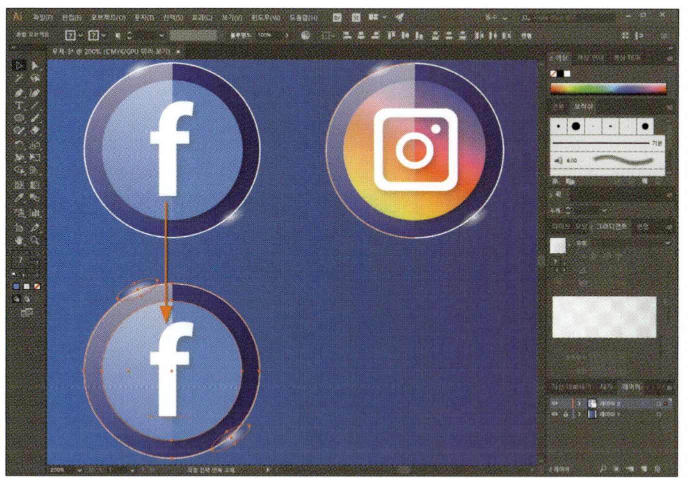

30 처음에 만들었던 페이스북 아이콘 오브젝트를 shift + Alt 를 누른 상태에서 아래로 드래그하여 복사한다.

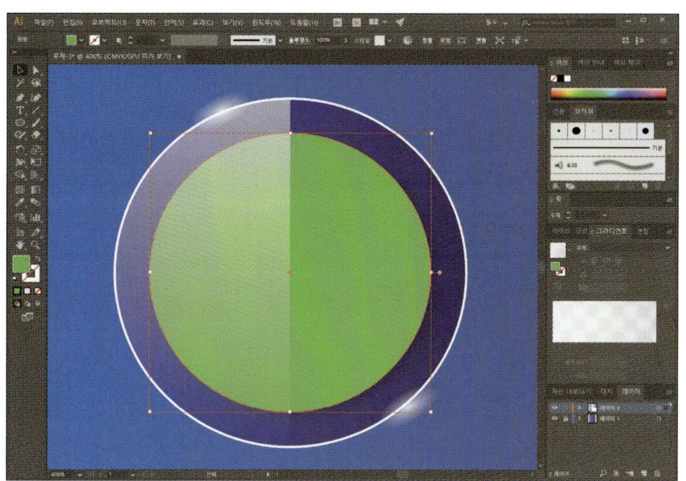

31 "f" 문자 오브젝트를 삭제하고 작은 원 오브젝트의 면 색상을 초록색으로 설정한다.

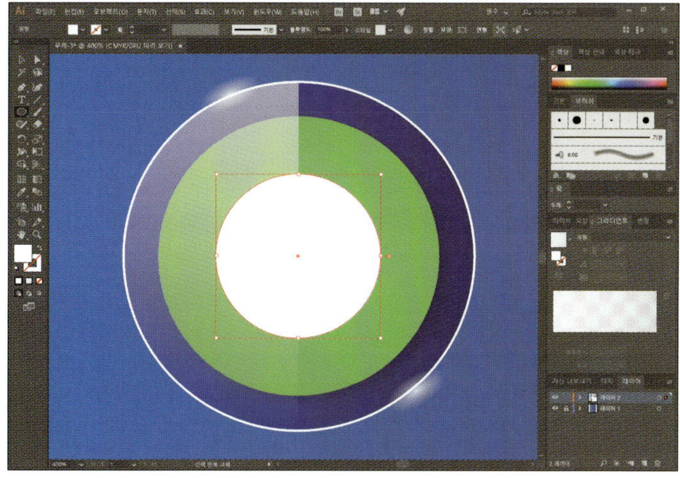

32 중심을 맞추어 작은 흰색 원을 만든다.

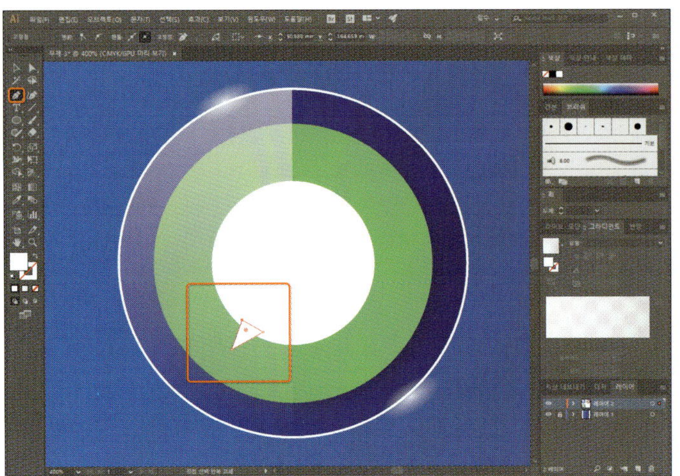

33 원 오브젝트에 왼쪽 하단이 살짝 겹치도록 펜 도구( )로 삼각형 오브젝트를 만든다.

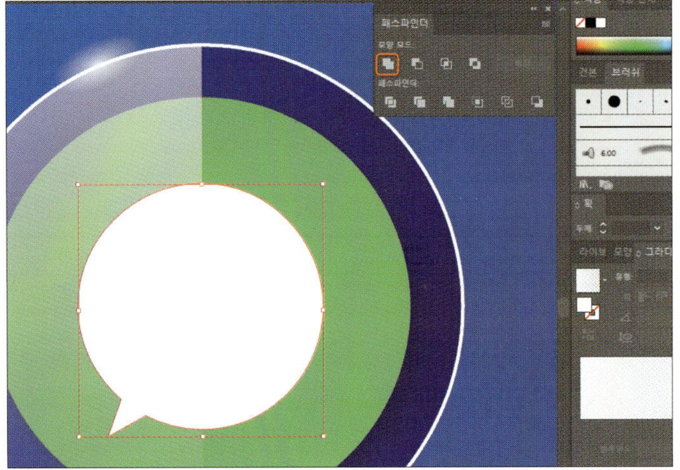

34 원 오브젝트와 삼각형 오브젝트를 모두 선택하고 [패스파인더] 패널에서 합치기( ) 버튼을 클릭해 말풍선 모양을 만든다.

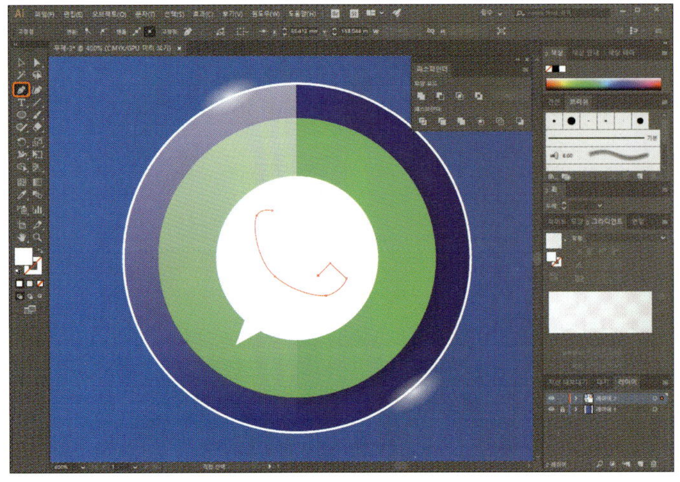

35 펜 도구( )로 수화기 모양을 만들어 본다. 클릭과 드래그를 적절하게 하여 곡선과 직선을 만든다. 곡선을 그리다가 직각으로 직선을 이어야 한다면 방금 만든 조절점을 다시 한 번 클릭하면 된다.

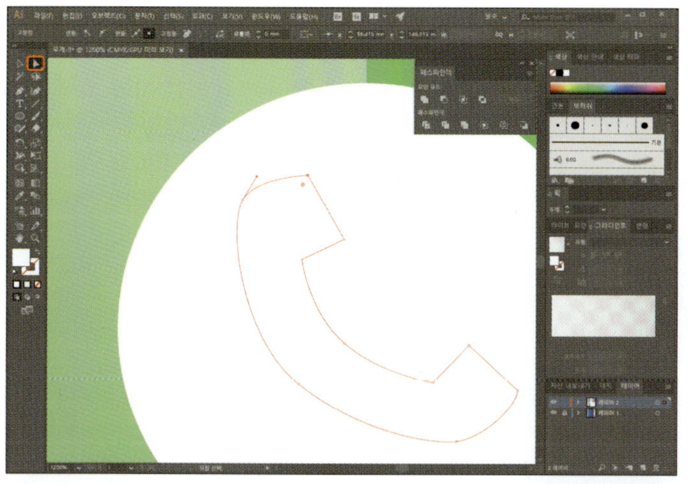

36 만든 수화기 오브젝트는 화면을 확대하고 직접 선택 도구( )로 세세하게 조정하여 완성한다.

강의노트

세밀한 작업을 위해 화면을 확대할 때 돋보기 도구로 클릭 또는 단축키 Ctrl + + 를 누르면 쉽게 확대 비율을 조절할 수 있다.

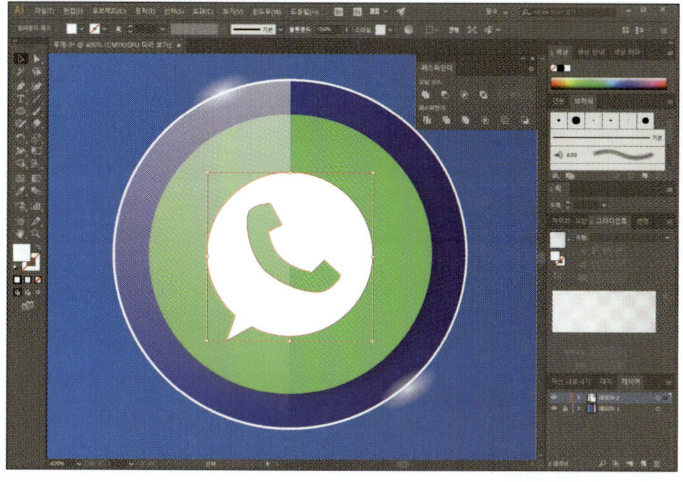

37 수화기 오브젝트와 말풍선 오브 젝트를 모두 선택하고 [패스파인더] 패널에서 교차 영역 제외( ) 버튼 을 클릭한다.

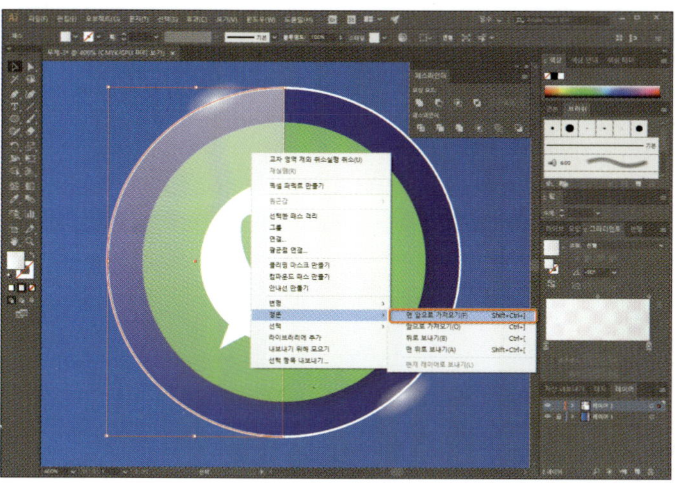

38 입체 효과를 나타내는 반원 오브 젝트를 선택하고 마우스 오른쪽 버튼을 클릭해 [정돈]-[맨 앞으로 가져 오기]를 실행하여 겹쳐지는 순서를 정리 한다.

39 마지막 유튜브 아이콘을 만들기 위에 앞서 만들었던 전화 아이콘 오브젝트를 복사한다.

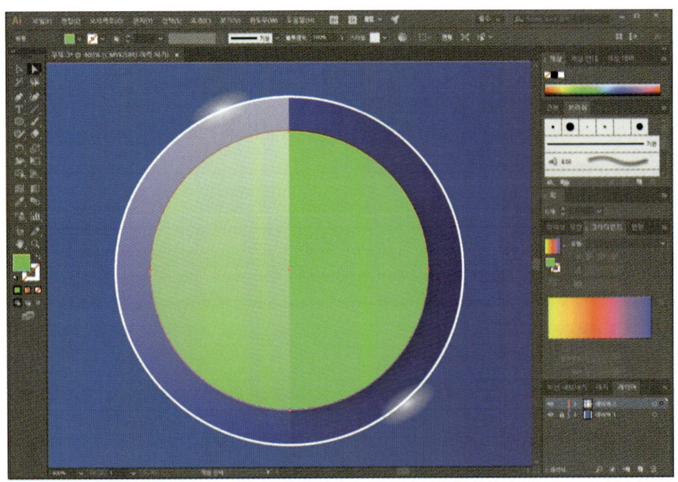

40 복사한 아이콘 오브젝트에서 말 풍선 오브젝트를 삭제한다.

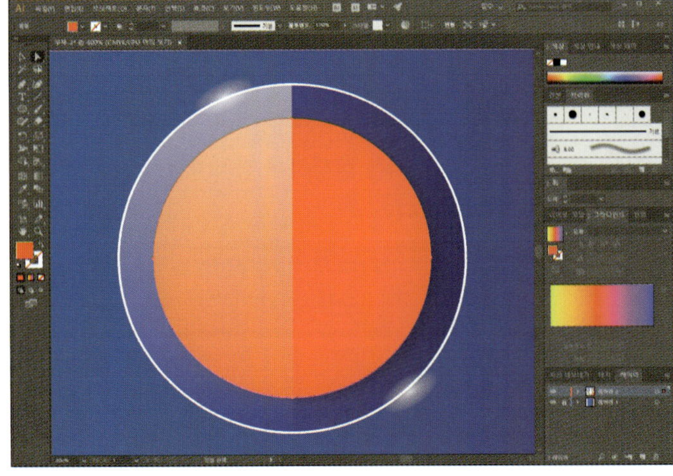

41 작은 원 오브젝트의 면 색상을 빨 간색으로 변경한다.

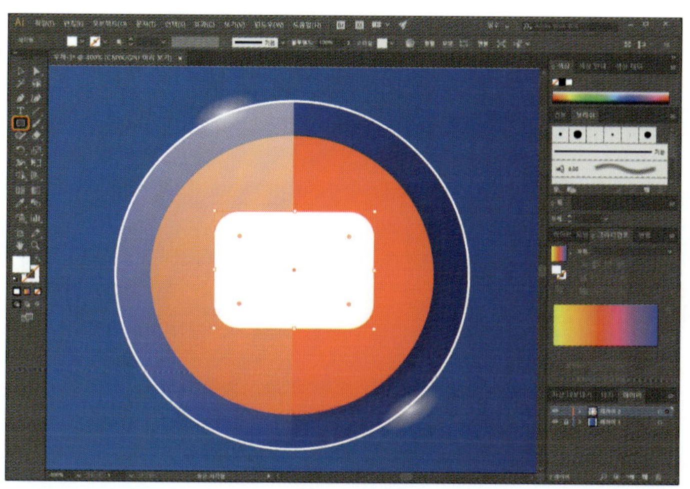

42 둥근 사각형 도구(⬜)로 흰색 둥근 사각형 오브젝트를 만든다.

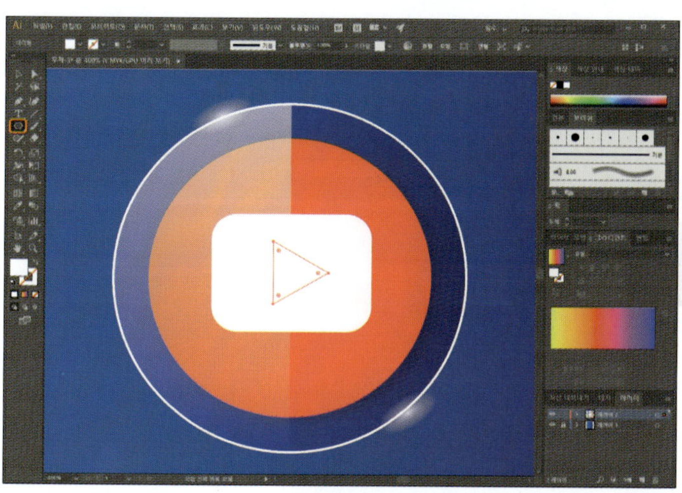

43 다각형 도구(⬡)로 오른쪽 방향의 삼각형을 만든다.

강의노트 ✎

간단한 형태는 펜 도구로 직접 그려도 좋다. 원하는 모양을 직접 그리면서 실력을 키워나가면 더 복잡한 모양도 쉽게 그릴 수 있다.

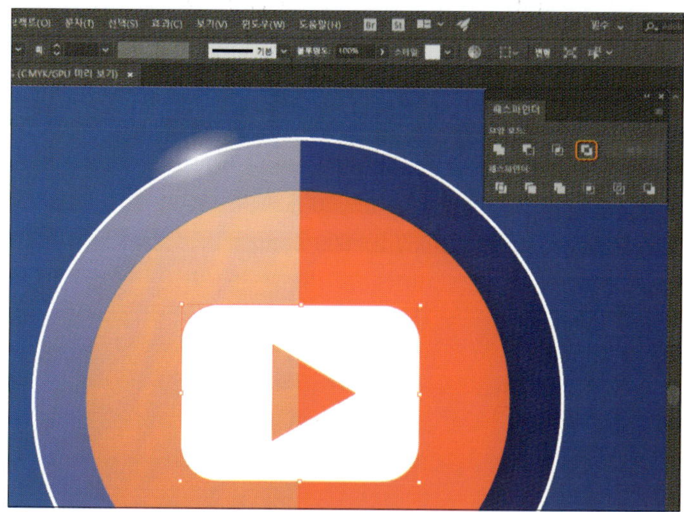

44 둥근 사각형 오브젝트와 삼각형 오브젝트를 모두 선택하고 [패스파인더] 패널에서 교차 영역 제외(⬛) 버튼을 클릭해 겹쳐진 부분을 제거한다.

45 흰색 오브젝트를 선택하고 [효과]-[스타일화]-[그림자 만들기]를 실행하여 그림자를 적용한다.

보충수업 용도에 맞는 도큐먼트 사이즈 적용하기

일러스트레이터 CC에서는 용도에 맞게 작업할 수 있도록 다양한 사이즈의 도큐먼트를 제공하고 있다. 따로 사이즈를 모르더라도 일러스트레이터가 제공하는 형식의 도큐먼트를 선택하여 쉽게 작업할 수 있다.

❶ 모바일 기기용 문서 크기

- iPhone 6 : 750×1334 px
- iPhone 6 Plus : 1242×2208 px
- iPad Pro : 2048×2732 px

❷ 웹용 문서 크기

- 일반 : 1366×768 px
- 웹(대형) : 1920×1080 px
- 웹(최소) : 1024×768 px

❸ 인쇄용 문서 크기

- 편지 : 215.9×279.4mm
- A4 : 210×297 mm

❹ 영화 및 비디오용 문서 크기

- HDV720 : 1280×720 px
- HDV1080 : 1920×1080 px

❺ 아트 및 일러스트레이션용 문서 크기

- 엽서 : 101.6×197.56 mm
- 포스터 : 457.2×609.6 mm

실전문제

01. 채팅 아이콘을 만들어 본다.

완성파일 | part03-05.ai

Hint [패스파인더] 패널의 [합치기], [교차 영역 제외]기능으로 채팅 아이콘의 말풍선 오브젝트를 만든다.

02. 트위터 아이콘을 만들어 본다.

완성파일 | part03-06.ai

Hint 원형 도구와 펜 도구로 새 모양을 만들고 [패스파인더]의 합치기 기능으로 하나의 오브젝트로 합친다.

단체의 상징을 나타내는 엠블럼 디자인

이번 시간에는 일러스트레이터의 드로잉 도구를 이용하여 단체를 상징하는 엠블럼을 디자인해 본다. 엠블럼은 학교나 스포츠 클럽, 단체 등의 심벌 마크로 제작되며 회사의 제품에 심벌로 이용되기도 한다. 단체의 휘장, 깃발, 모자, 티셔츠, 배지 등과 같은 대내외적으로 단체를 알리고, 차량의 라디에이터 그릴이나 트렁크리드 쪽에 엠블럼을 붙여 자사의 심벌로 삼기도 한다. 엠블럼은 소속감을 나타내는 중요한 역할 뿐만 아니라 판매나 브랜드 이미지를 높이는 데 중요한 역할을 한다.

Zoom In
알찬 예제로 배우는
엠블럼 디자인
실전학습

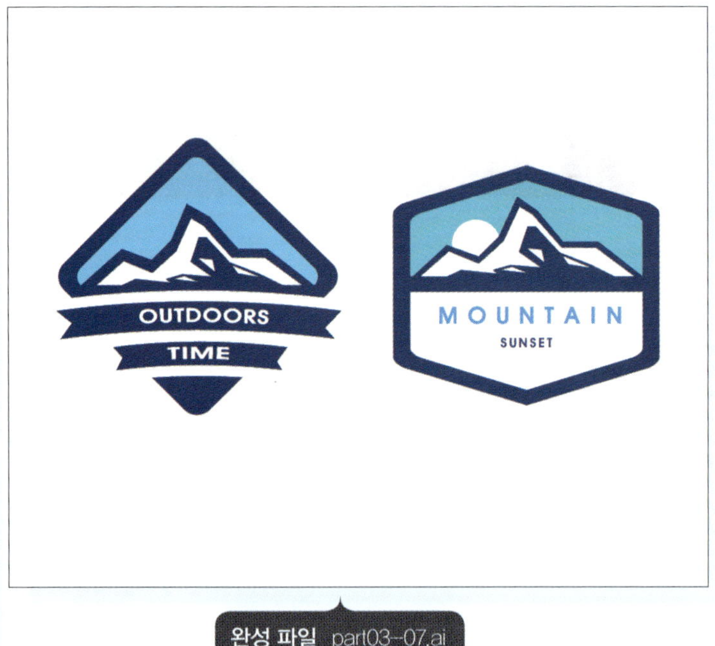

완성 파일 part03~07.ai

Keypoint Tool

_ **스포이드 도구** 오브젝트의 색상이나 속성을 복사할 수 있다.

_ **가위 도구** 열린 패스로 오브젝트를 자를 수 있다.

Knowhow

_ 오브젝트의 선 굵기와 색상을 이용하여 겹쳐진 오브젝트가 잘려진 듯한 효과를 낼 수 있다.

_ 레이어의 순서에 따라 오브젝트들 간의 겹쳐지는 순서가 변경된다.

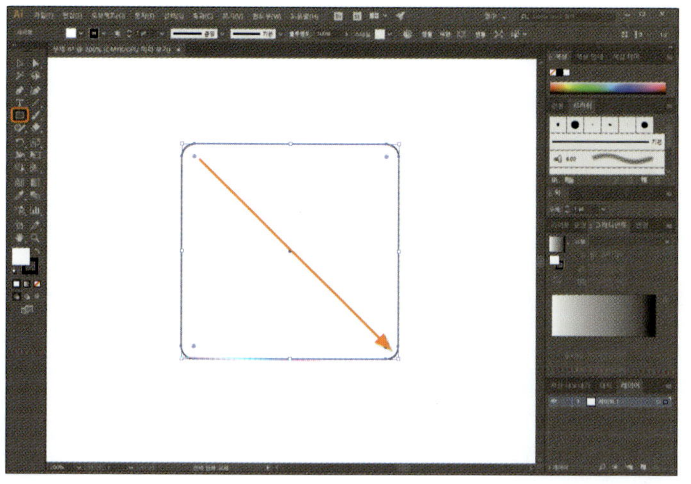

01 새 도큐먼트를 열고 둥근 사각형 도구(▣)로 shift + Alt 를 누른 상태에서 드래그하여 둥근 정사각형을 만든다.

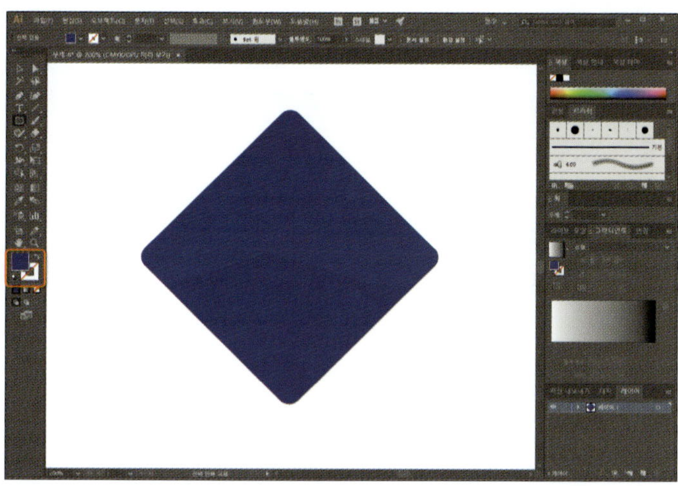

02 shift 를 누른 상태에서 둥근 사각형 오브젝트의 바운딩 박스를 조절하여 45° 회전시킨 후 면 색상은 어두운 남색, 선 색상은 없음으로 설정한다.

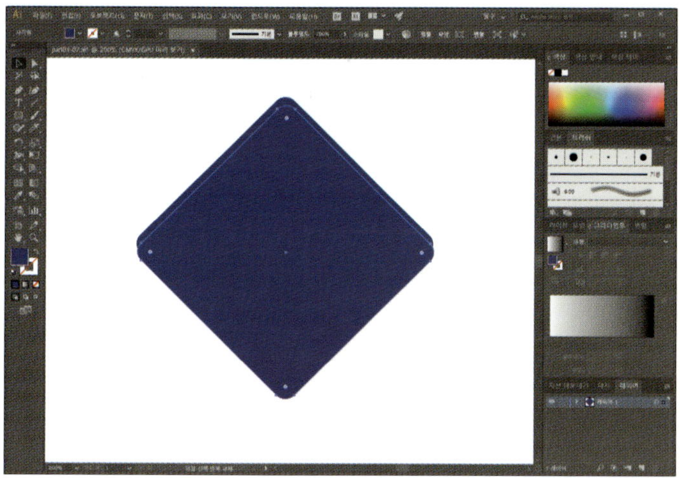

03 둥근 사각형 오브젝트를 선택한 상태에서 Ctrl + C , Ctrl + V 를 순서대로 눌러 복사한다.

강의노트 ✎

겹쳐지는 오브젝트들 중에서 일부 모양이 비슷하다면 기존 오브젝트를 복사한 후 변형하는 것이 작업 속도를 높일 수 있다.

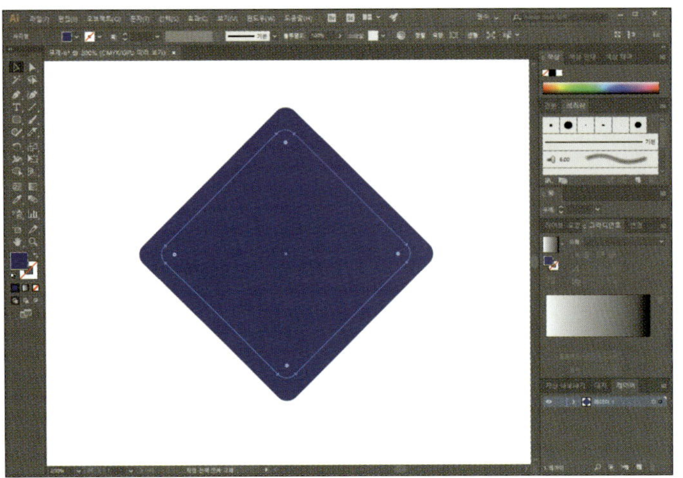

04 두 오브젝트의 중심을 맞추고 shift + Alt 를 누른 채 두 번째 만든 오브젝트의 바운딩 박스를 조절하여 크기를 축소한다.

강의노트

단순히 바운딩 박스를 이용하는 것 외에도 도구 모음의 크기 조절 도구를 선택하고 오브젝트의 외곽 부분을 드래그하면 자유롭게 크기를 조절할 수 있다.

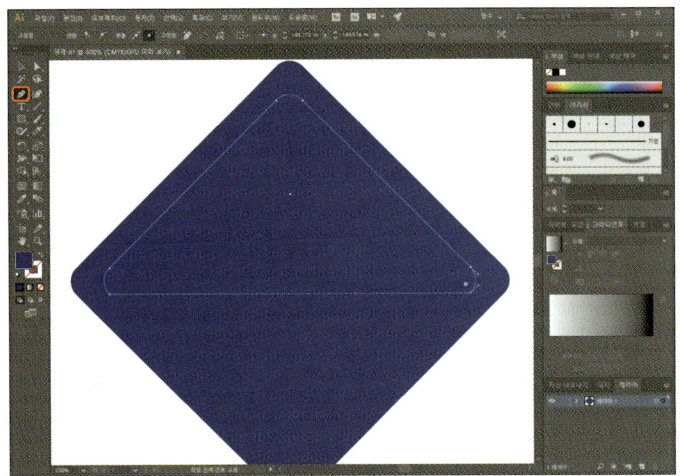

05 펜 도구(   )로 아래의 모서리 조절점 두 개를 클릭하여 삭제한다.

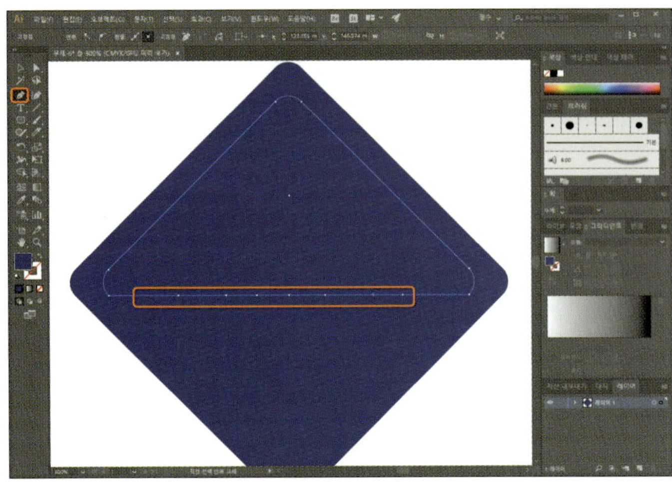

06 펜 도구(   )로 하단 직선 부분을 여러 번 클릭하여 조절점을 추가한다.

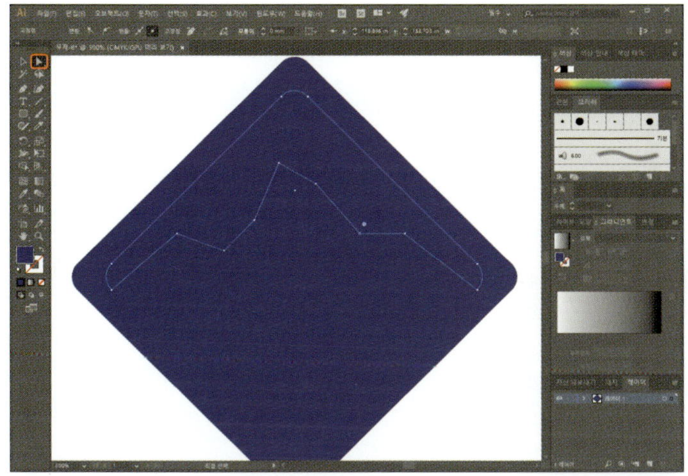

07 직접 선택 도구(▶)로 추가한 조절점의 위치를 조절하여 산 모양을 만든다.

강의노트 ✎

마우스로 오브젝트의 조절점을 드래그하여 이동하거나, 이동시킬 조절점을 선택한 후 키보드의 상하좌우 방향키를 눌러 더 세밀하게 조정할 수 있다.

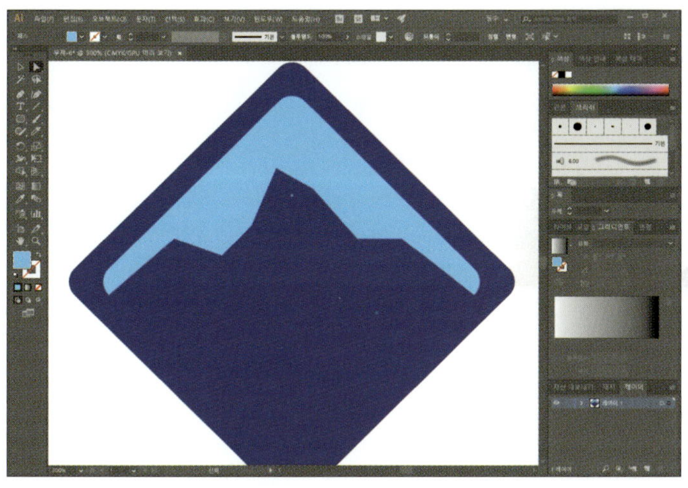

08 면 색상을 밝은 파란색으로 지정하여 산 위의 하늘을 만든다.

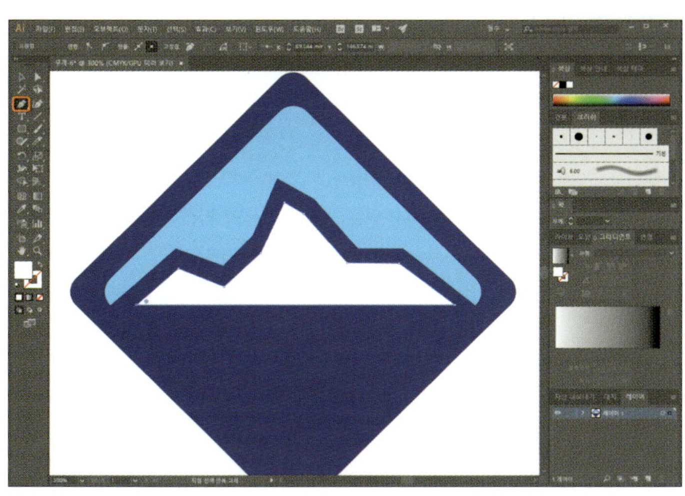

09 Ctrl 을 누르고 도큐먼트의 빈 공간을 클릭하여 선택을 해제한다. 면 색상을 흰색으로 지정한 다음 펜 도구(✎)로 산 모양의 오브젝트를 만든다.

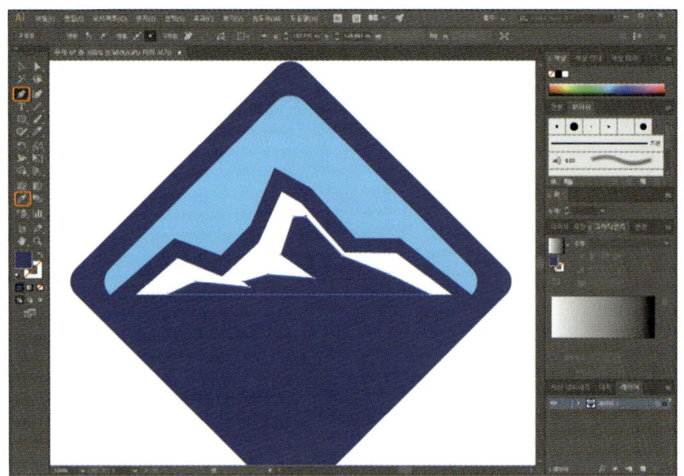

10 Ctrl 을 누르고 도큐먼트의 빈 공간을 클릭하여 선택을 해제한다. 도구 모음의 스포이드 도구(🖊)를 선택하고 오브젝트의 짙은 남색 부분을 클릭하여 면 색상을 동일하게 지정한 후 펜 도구(🖊)로 산의 그림자 모양의 오브젝트를 만든다.

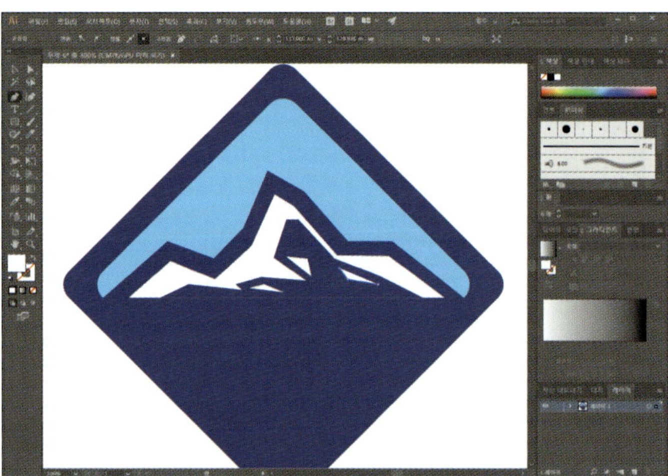

11 같은 방법으로 산이 빛을 받는 모양의 흰색 오브젝트들을 만든다.

강의노트 ✎

일러스트레이터에서는 펜 도구를 잘 다루어야 한다. 펜 도구로 그리는 연습을 계속하여 자유롭게 오브젝트를 그릴 수 있도록 노력해본다.

12 이번에는 펜 도구(🖊)로 리본 띠 모양의 오브젝트를 만들고 선 색을 흰색으로 지정한다.

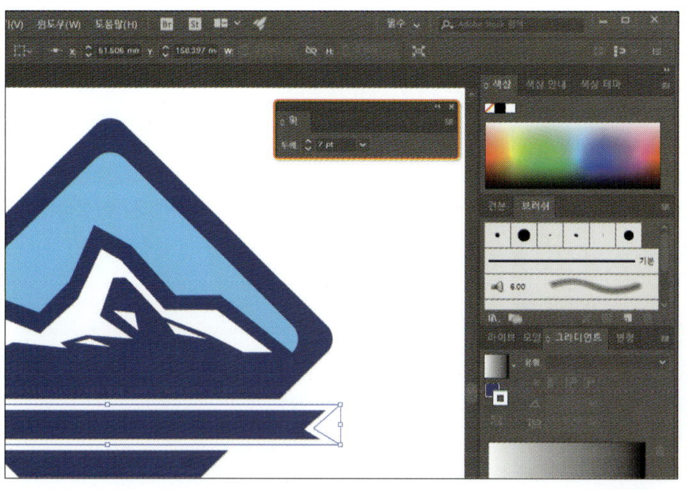

13 [윈도우]-[획]을 실행하고 띠 오브젝트의 선 두께를 7pt로 지정한다.

14 문자 도구(T)로 "OUT DOORS"를 입력하고 글꼴, 색상, 크기 등을 조절한 다음 띠 오브젝트 위로 위치시킨다.

강의노트 ✎

문자를 입력하고 크기와 문자 사이의 간격을 나타내는 자간, 줄 바꿈 되는 간격인 행간을 조정하는 작업은 자주 사용하게 된다. 문자 편집 상태에서 블록을 지정한 다음 문자의 크기를 조정할 때에는 Ctrl + Shift + [,] 를 눌러 확대 및 축소 시킬 수 있다. 자간의 조정은 Alt 를 누르고 좌우 방향키를 눌러서 줄이거나 넓힐 수 있으며, 행간은 Alt 와 상하 방향키를 눌러 조정할 수 있다.

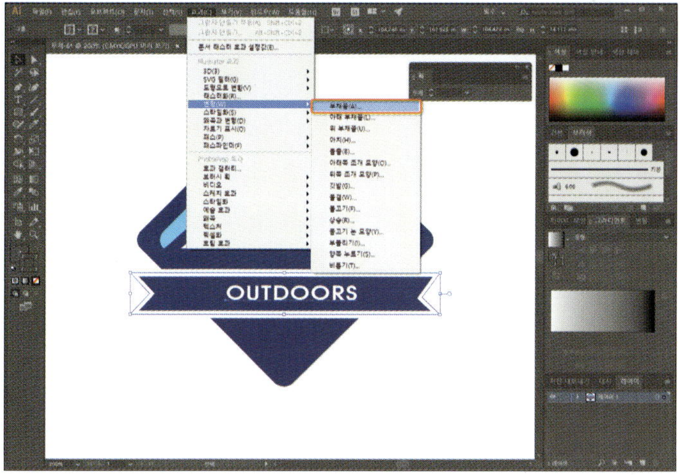

15 띠 오브젝트와 문자 오브젝트를 모두 선택하고 Ctrl + G 를 눌러 그룹화한 다음 [효과]-[변형]-[부채꼴]을 실행한다.

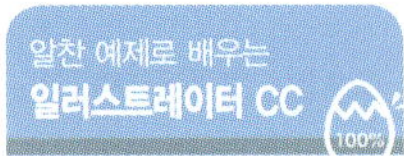

16 [변형 옵션] 대화상자에서 구부리기 항목을 10%로 조정하고 [확인] 버튼을 클릭한다.

17 부채꼴로 변형한 띠 오브젝트를 [shift] + [Alt] 를 누른 채 아래로 드래그하여 복사한다.

강의노트

[Shift] 를 누른 채 이동해야 수직, 수평으로 복사가 된다.

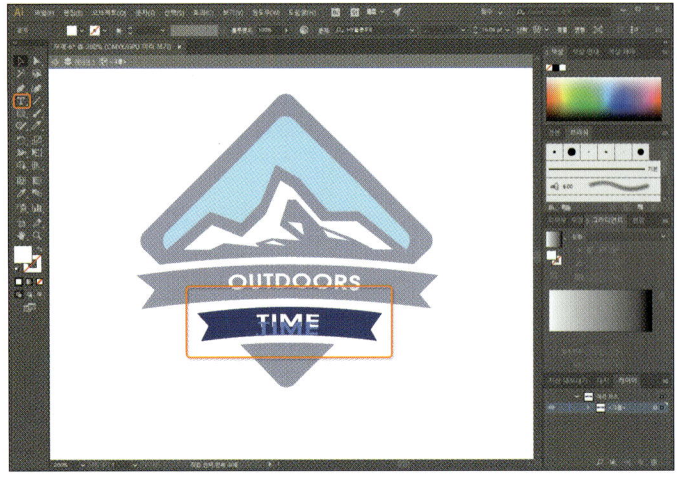

18 복사한 띠 오브젝트의 바운딩 박스를 조절하여 크기를 축소한 다음 문자 부분을 더블클릭하고 문자 도구(T)로 다시 한 번 클릭하여 OUTDOORS를 "TIME"으로 변경 및 크기와 위치를 조절한다.

19 조정이 끝나면 ESC 를 눌러 세부 레이어를 빠져나와 엠블럼 오브젝트를 완성한다.

강의노트 ✏️

엠블럼은 심플하고도 강력하게 의미를 전달해야 하므로 눈에 잘 읽히는 글꼴을 선택하여 적용하는 것이 좋다.

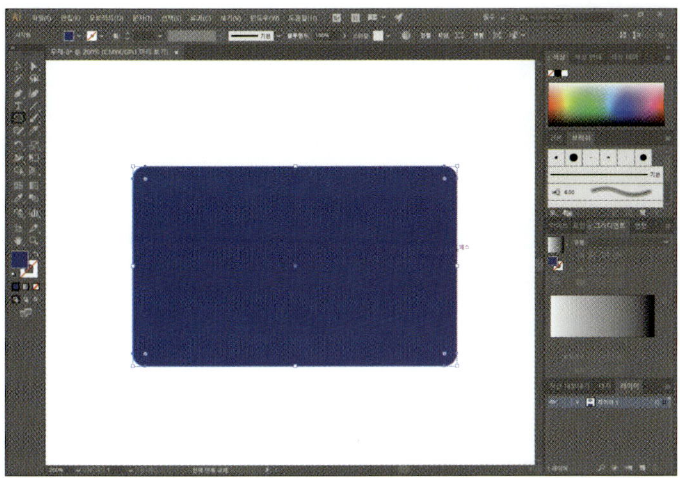

20 계속해서 도큐먼트 빈 공간에 둥근 사각형 오브젝트를 만들고 면 색상은 짙은 남색, 선 색상은 없음으로 설정한다.

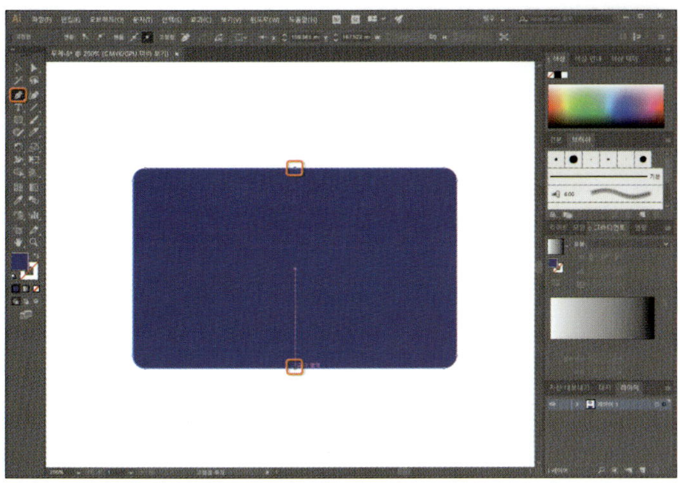

21 펜 도구(✐)로 둥근 사각형 오브젝트의 윗면과 아랫면 외곽선 중앙을 각각 클릭하여 조절점을 추가한다.

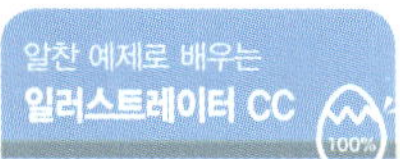

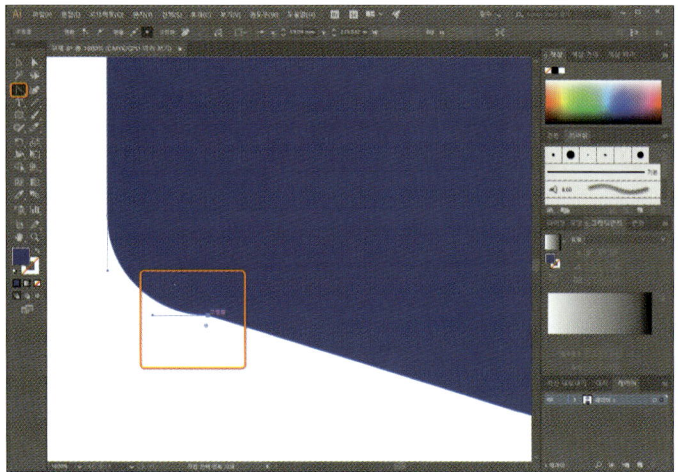

22 직접 선택 도구( )로 윗면에 추가한 조절점은 위로, 아랫면에 추가한 조절점은 아래로 이동시켜 육각면체 모양을 만든다. 어색한 둥근 모서리 부분은 고정점 도구( )로 조절점을 클릭하여 부드럽게 이어지도록 한다.

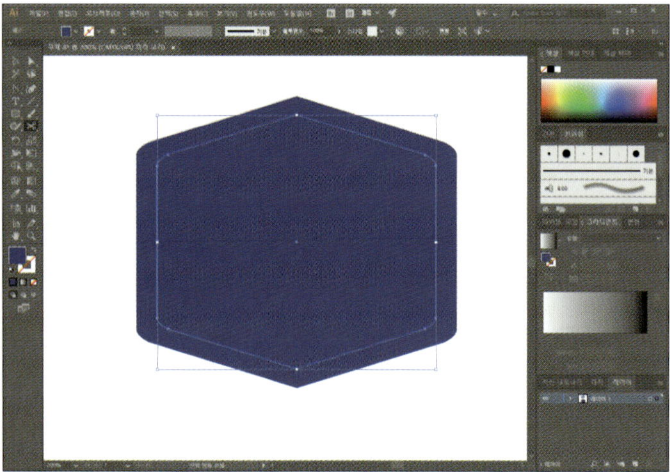

23 육각면체 오브젝트를 복사한 다음 겹쳐지도록 이동시키고 크기를 축소한다.

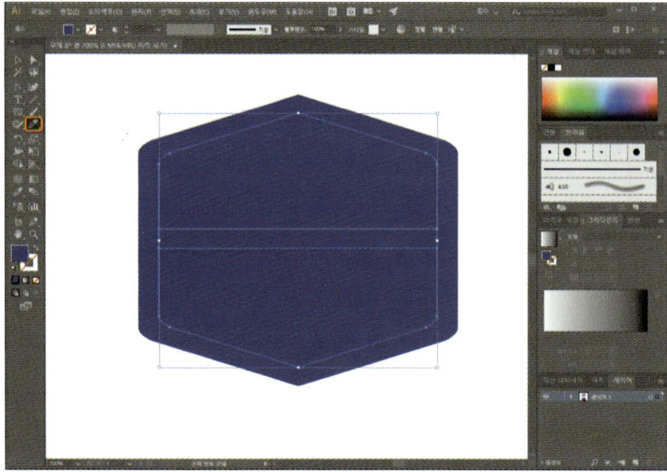

24 작은 육각면체를 나누기 위해 도구 모음에서 칼 도구( )를 선택하고 왼쪽에서 오른쪽으로 두 번 드래그하여 화면과 같이 3등분 한다.

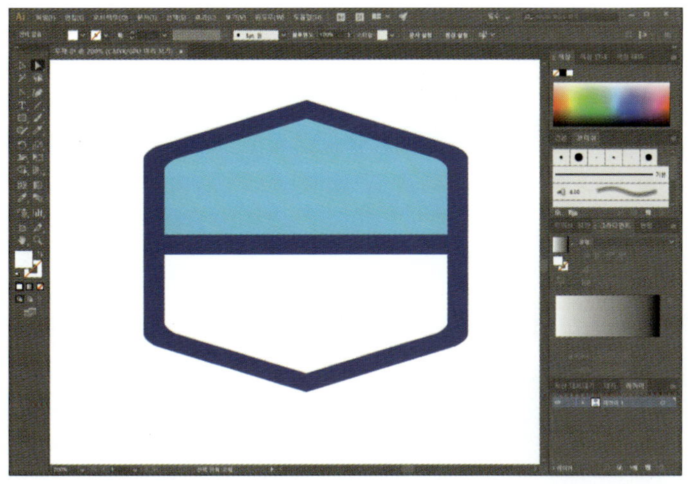

25 잘려진 중앙 부분은 Delete 를 눌러 삭제하고 위, 아래 부분은 각각 하늘색, 흰색으로 면 색상을 지정한다.

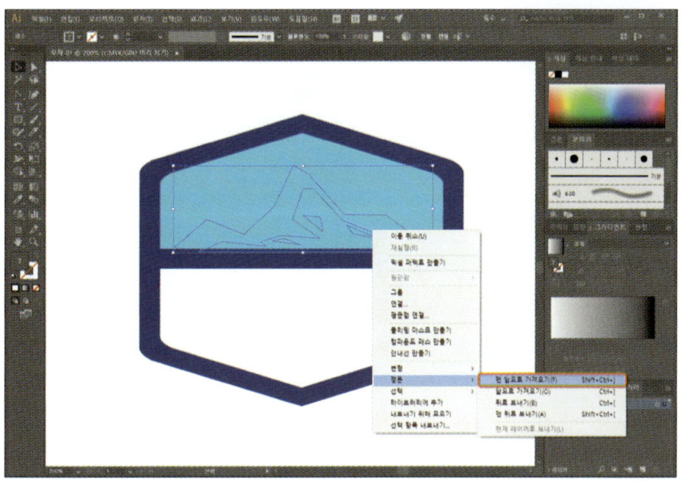

26 앞서 만든 엠블럼의 산 오브젝트를 복사한 후 하늘색 오브젝트 위로 겹쳐지도록 위치한다. 산 오브젝트가 가려져 보이지 않는 경우 마우스 오른쪽 버튼을 클릭해 [정돈]-[맨 앞으로 가져오기]를 실행한다.

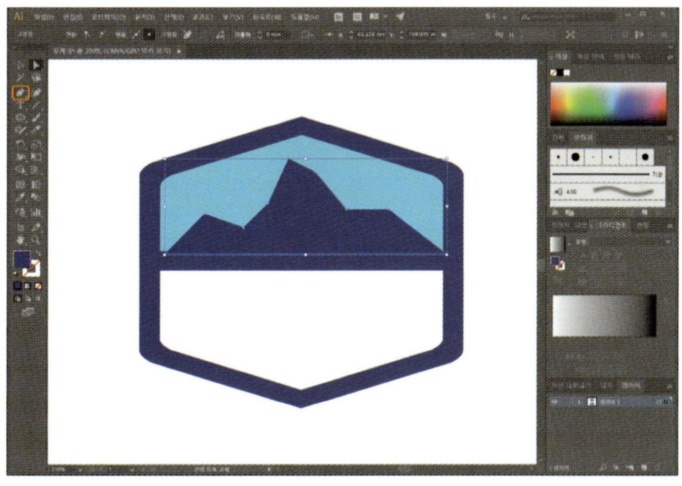

27 Ctrl 을 누른 채 빈 공간을 클릭하여 선택을 해제한다. 스포이드 도구( )로 짙은 남색 부분을 클릭하여 면 색상을 복사하고 펜 도구( )로 복사해온 산 오브젝트를 덮을 정도의 더 큰 산 오브젝트를 만든다.

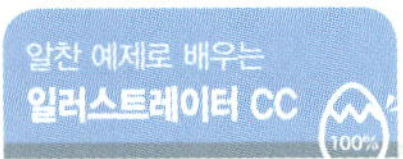

28 [정돈]–[뒤로 보내기]를 여러 번 반복하여 그림과 같이 겹쳐지는 순서를 정리한다.

강의노트

순서를 바꾸려는 오브젝트를 선택한 후 Ctrl + [,]를 눌러 조정한다.

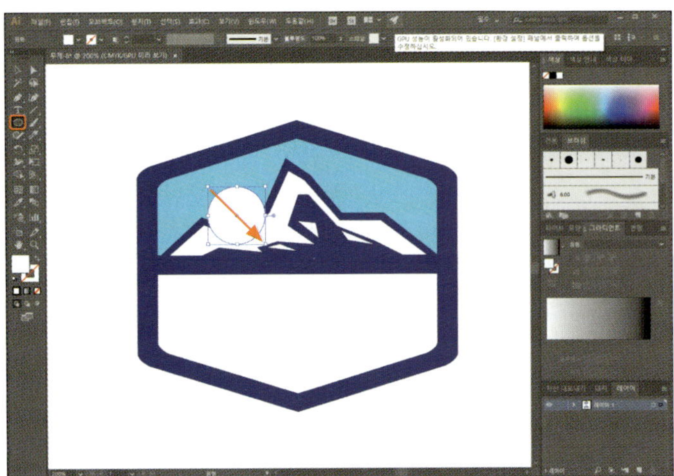

29 shift + Alt 를 누른 채 원형 도구(○)로 드래그하여 정 원을 만든다. 면 색상은 흰색, 선 색상은 없음으로 지정한다.

30 [정돈]–[뒤로 보내기]를 여러 번 반복하여 해 오브젝트가 산 오브젝트 뒤로 가도록 위치시킨다. 문자 도구를 이용하여 "MOUNTAIN", "SUNSET"을 입력하고 글꼴, 색상, 크기, 위치를 조절하여 완성한다.

실전문제

01. 사각형 모양의 엠블럼을 제작해 본다.

완성파일 | part03-08.ai

Hint 별형 도구를 선택한 상태에서 키보드 방향키를 눌러 꼭지점이 4개인 별을 만든다.

02. 원형 엠블럼을 제작해 본다.

완성파일 | part03-09.ai

Hint 문자 도구로 문자들을 입력한 다음 [효과]-[변형]-[부채꼴]을 실행하여 휘어지도록 설정한다.

3D 그림 그리기

일러스트레이터는 3D 그림을 그릴 수 있는 투시 도구 등을 제공한다. 앞에서 배운 도구 외에도 입체감을 나타낼 수 있는 다양한 기능을 제공하고 있다. 이러한 도구와 기능들을 이용하여 모바일 게임에서 흔히 볼 수 있는 게임환경을 입체감 있게 만들어 보도록 한다.

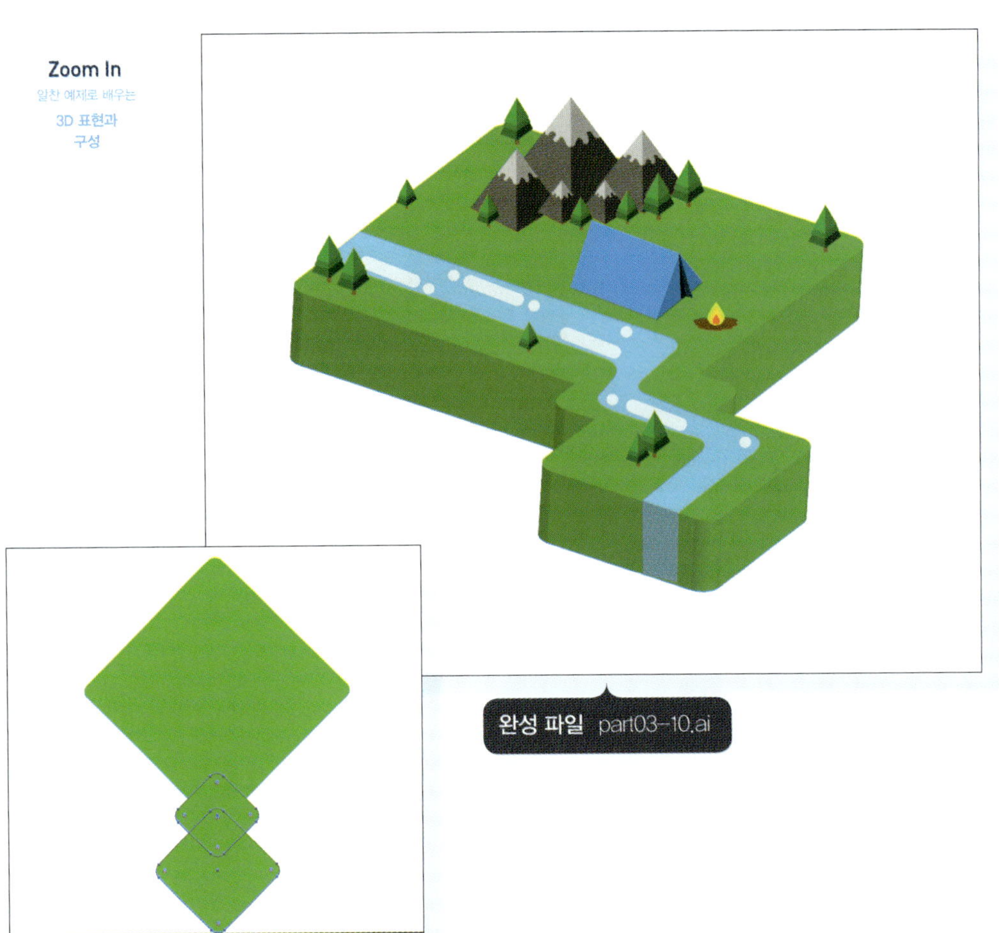

Keypoint Tool

_ **3D 기능** 입체감있는 효과를 적용할 수 있다.
_ **나이프 도구** 닫힌 패스로 오브젝트를 자를 수 있다.

Knowhow

_ 도형 도구와 펜 도구로 만든 오브젝트에 음영 색상을 적용하여 입체감 있게 표현할 수 있다.
_ Alt 키를 누르면 쉽게 오브젝트를 복사할 수 있습니다.

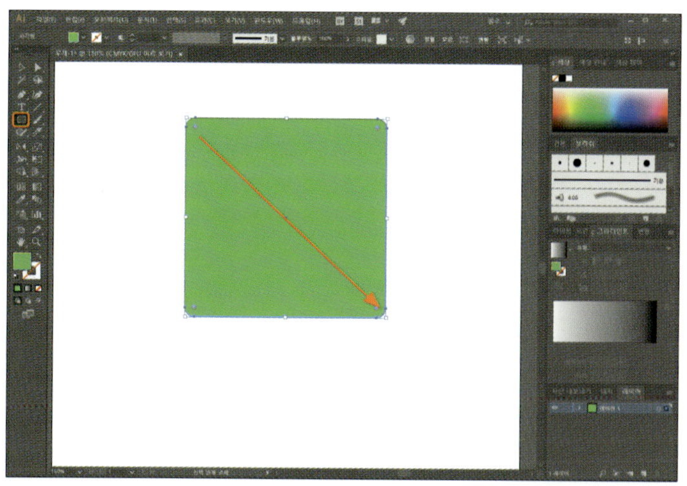

01 새 도큐먼트를 열고 [shift] + [Alt]를 누른 채 둥근 사각형 도구(▢)로 드래그하여 둥근 사각형 오브젝트를 만든다. 면 색상은 연두색, 선 색상은 없음으로 지정한다.

02 [shift]를 누른 채 둥근 사각형 오브젝트의 바운딩 박스를 조절하여 다이아몬드 모양으로 회전시킨다.

강의노트 🖉

회전 도구 또는 마우스를 바운딩 박스 모서리에 위치시켜 마우스 포인터가 회전 포인터로 바뀌었을 때 드래그하여 오브젝트를 회전시킬 수 있다. 이때 [Shift] 키를 함께 누르면 정확하게 30°, 45°, 90°방향으로 회전할 수 있다.

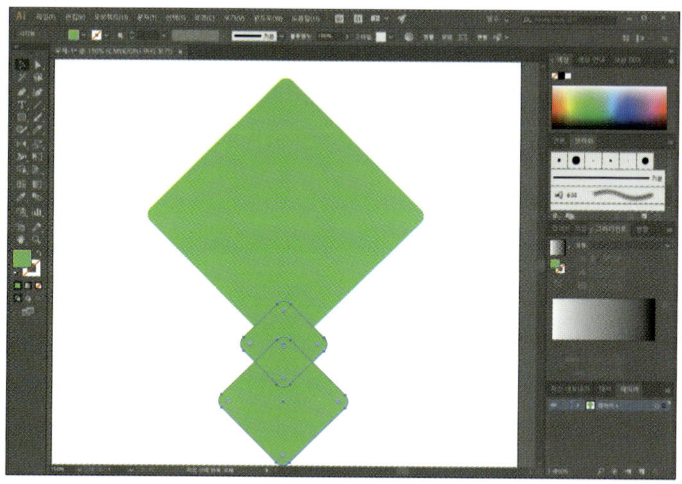

03 둥근 사각형 오브젝트를 복사하여 크기가 각기 다르도록 2개를 더 만든다. 3개의 오브젝트가 서로 겹치도록 위치시킨다.

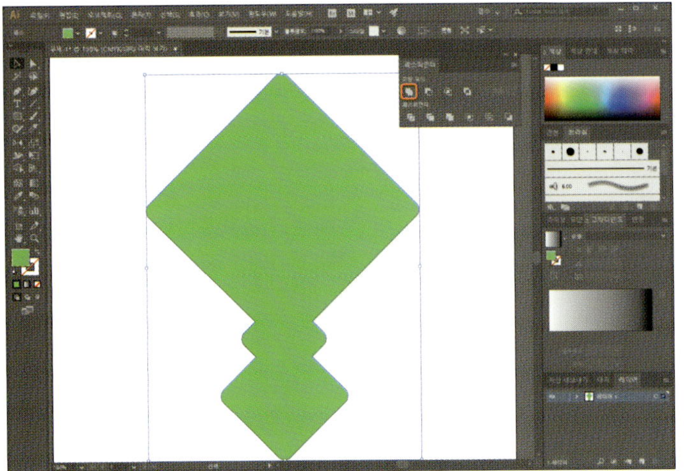

04 모든 오브젝트를 선택하고 [윈도우]-[패스파인더]를 실행하여 나타나는 [패스파인더] 패널에서 합치기 버튼을 클릭해 하나의 오브젝트로 결합한다.

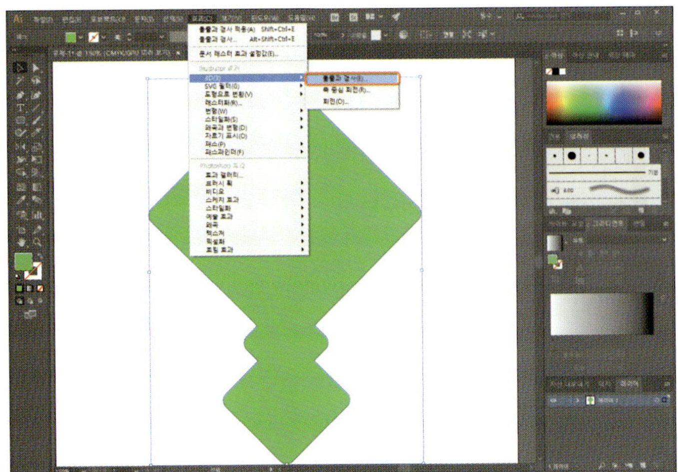

05 오브젝트를 선택하고 [효과]-[3D]-[돌출과 경사]를 실행한다.

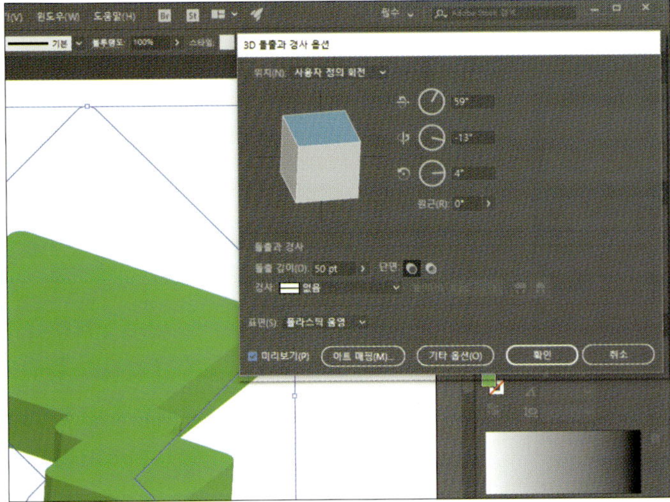

06 [3D 돌출과 경사 옵션] 대화상자에서 사각형을 드래그하여 x, y, z 축을 조절한다. 하단의 미리보기 항목을 선택하면 3D가 적용된 모습을 미리보면서 조절할 수 있다.

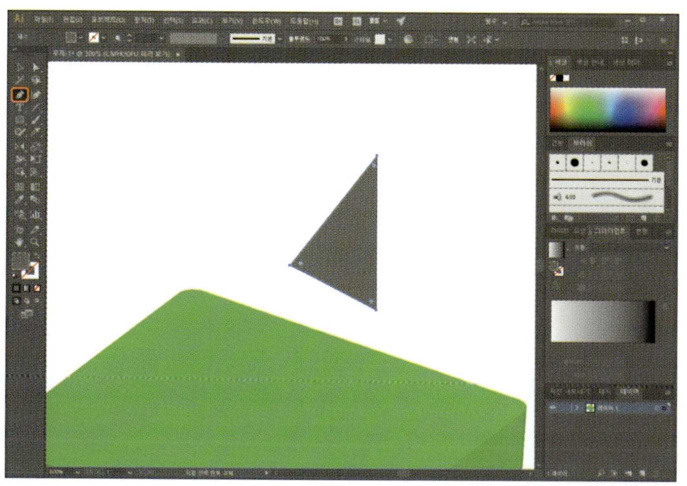

07 이번에는 산을 만들어 본다. 도큐먼트의 빈 공간에 펜 도구(🖊)로 삼각형을 만들고 면 색상은 회색, 선 색상은 없음으로 설정한다.

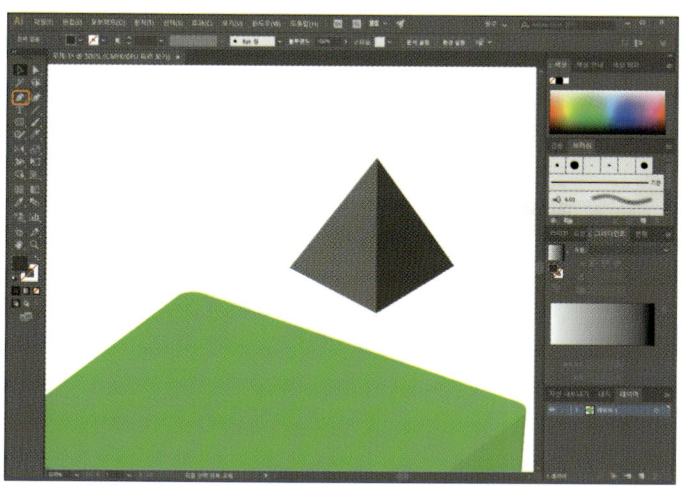

08 산의 반대편도 펜 도구(🖊)로 삼각형을 그려 만든다. 면 색상은 짙은 회색으로 지정한다.

강의노트 🖍

빛의 방향을 고려하여 오브젝트의 색상을 조절하면 2D 오브젝트도 3D의 입체감을 적용할 수 있다.

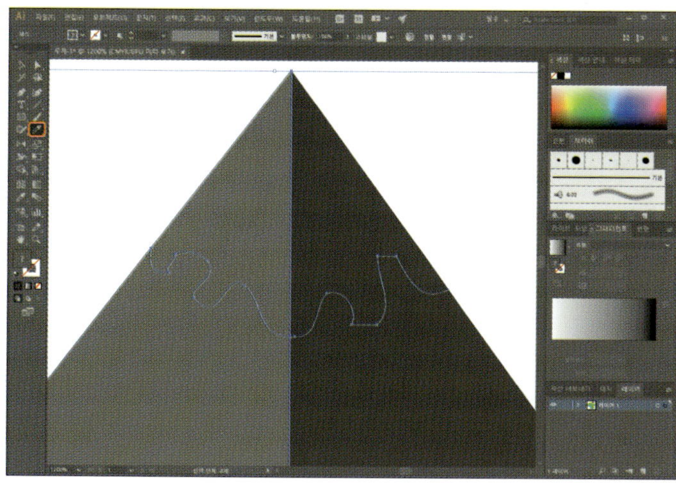

09 칼 도구(🔪)로 산의 위쪽 부분을 자유롭게 드래그하여 자른다.

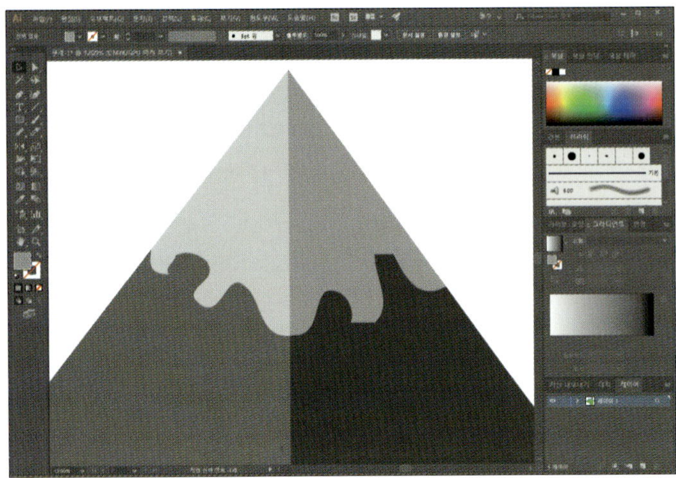

10 잘린 윗 부분은 밝은 회색, 조금 어두운 회색을 지정하여 눈이 덮힌 효과를 준다.

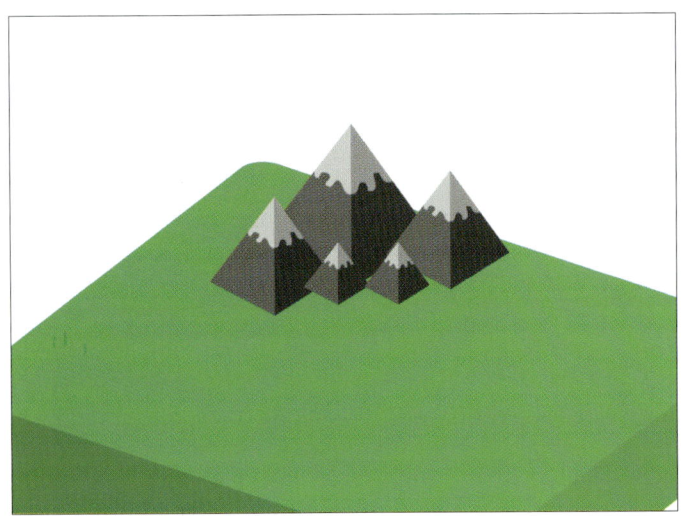

11 완성한 산 오브젝트는 그룹화한 뒤 앞서 만든 대지 위에 위치시킨다. Alt 를 누른 상태에서 드래그하여 복사한 다음 크기를 조절한다.

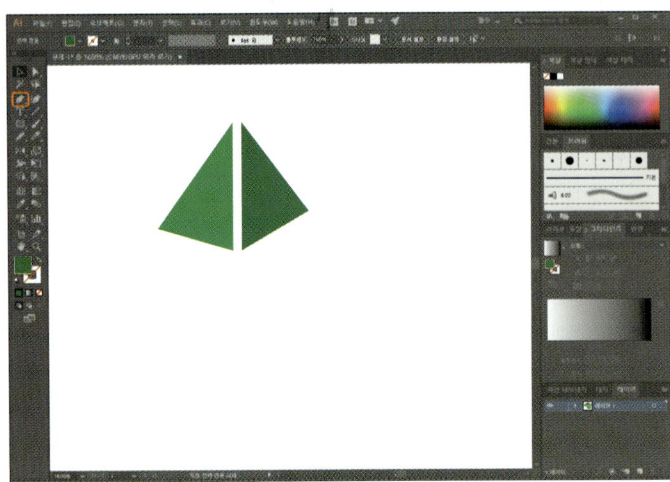

12 이번에는 나무를 만들어보겠습니다. 산 오브젝트를 만들 때와 마찬가지로 펜 도구( )로 두 삼각형을 그린다. 면 색상은 초록색, 짙은 초록색으로 설정한다.

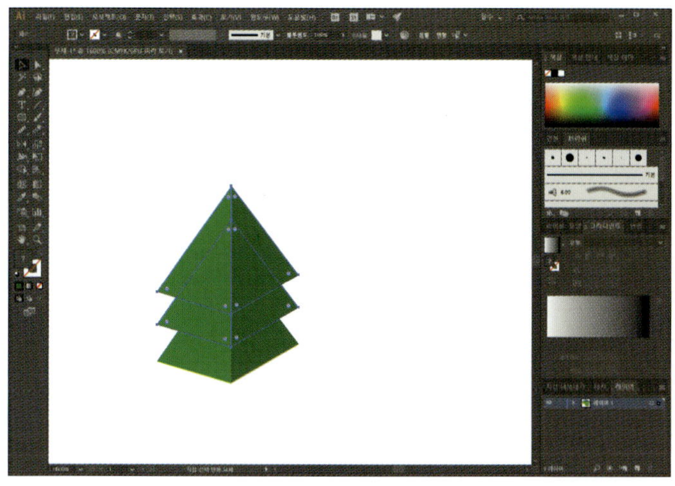

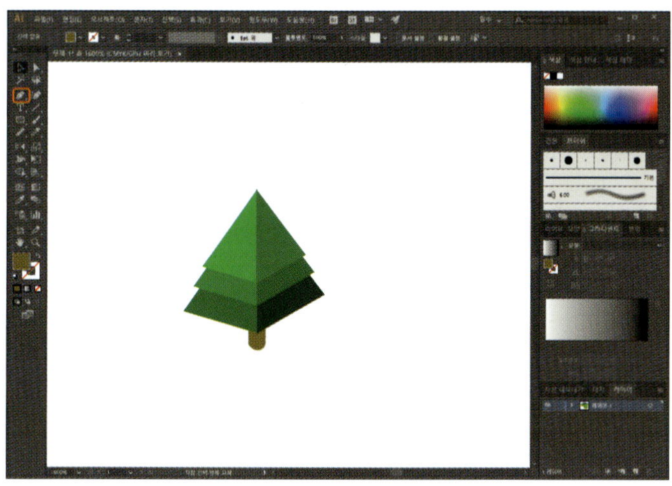

13 두 삼각형 오브젝트를 Alt 를 누른 채 위로 드래그하여 2번 더 복사한다.

14 크기와 색상을 조절하여 그림과 같이 입체감있게 표현한다.

강의노트 🖉

입체감을 위해 색상을 적용할 때에는 밝기정도만 다르게하여 색상을 적용한다.

15 펜 도구(✒)을 이용하여 나무의 밑둥을 만들고 면 색상은 어두운 갈색으로 설정한다.

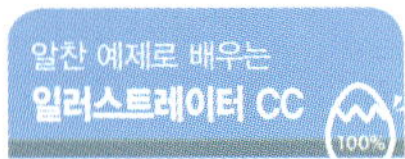

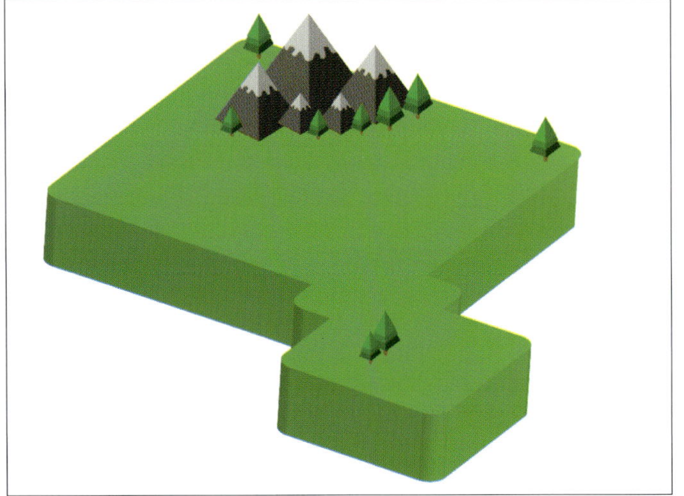

16 완성한 나무 오브젝트는 그룹화한 다음 대지 오브젝트 위에 위치하고 Alt 를 누른 채 드래그하여 복사 및 크기를 조절하여 어울리도록 배치한다.

17 텐트를 만들기 위해 도큐먼트의 빈 공간에 펜 도구( )로 하늘색 사각형 오브젝트를 만든다. 입체의 각도를 고려하여 비스듬하게 그린다.

강의노트

3D 오브젝트들과 2D 오브젝트들을 어울리게 배치하기 위해서는 기울어진 정도를 일치시켜야 한다.

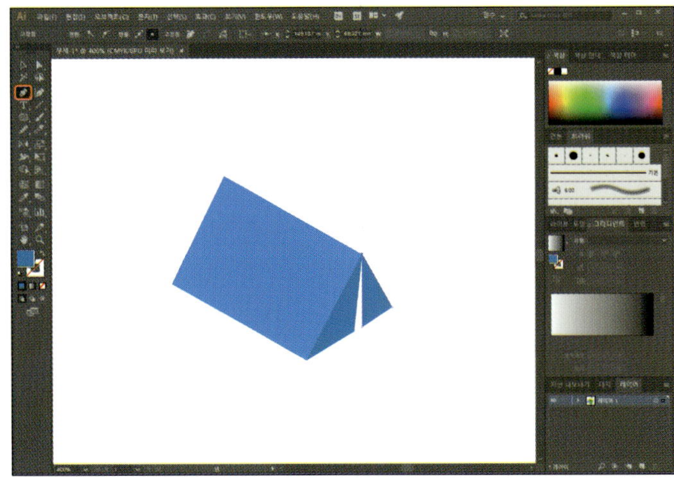

18 그림과 같이 펜 도구( )로 삼각형 두 개를 그려 텐트의 앞 부분을 그린다. 면 색상은 입체감을 주기 위해 조금 더 어두운 파란색으로 설정한다.

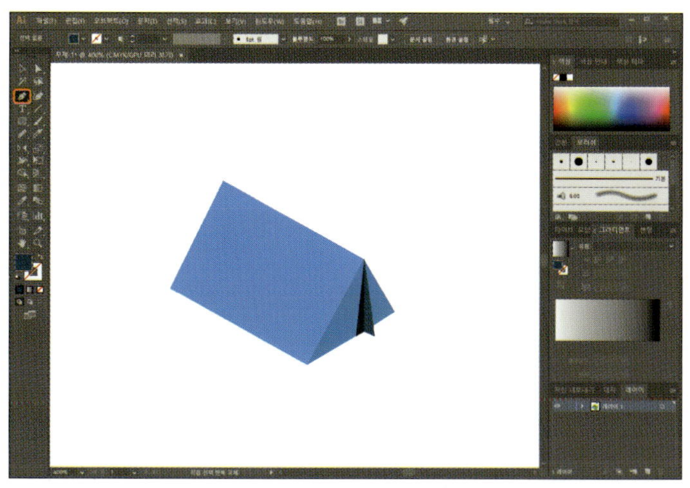

19 텐트의 나머지 부분도 펜 도구(🖊)을 이용하여 그린 다음 색상을 적용한다. 완성된 텐트 오브젝트는 모두 선택하고 Ctrl+G를 눌러 그룹화한다.

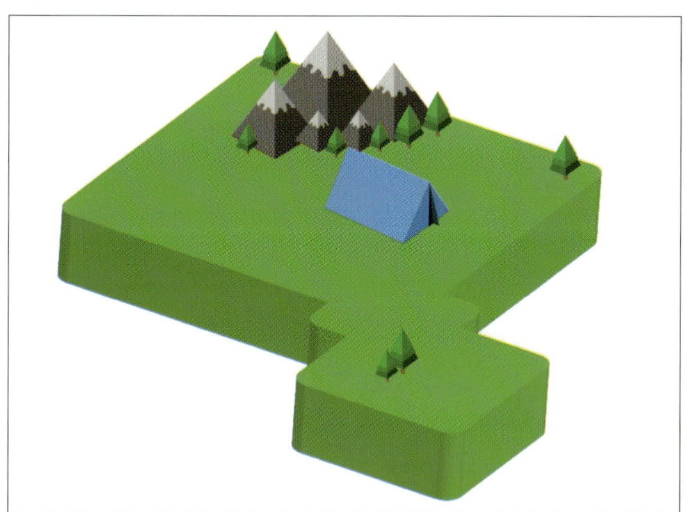

20 텐트 오브젝트를 대지 오브젝트 위에 위치 시키고 크기를 조절한다.

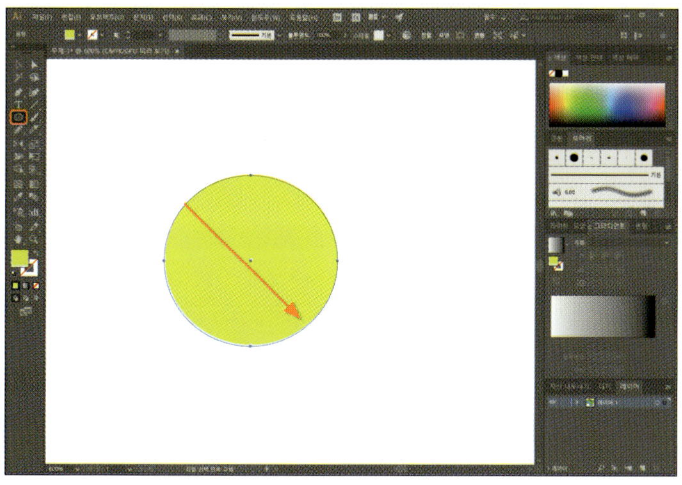

21 모닥불 오브젝트를 만들기 위해 도큐먼트 빈 공간에 shift + Alt 를 누른 채 원형 도구(⬭)로 드래그하여 정원을 만든다. 면 색상은 노란색, 선 색상은 없음으로 지정한다.

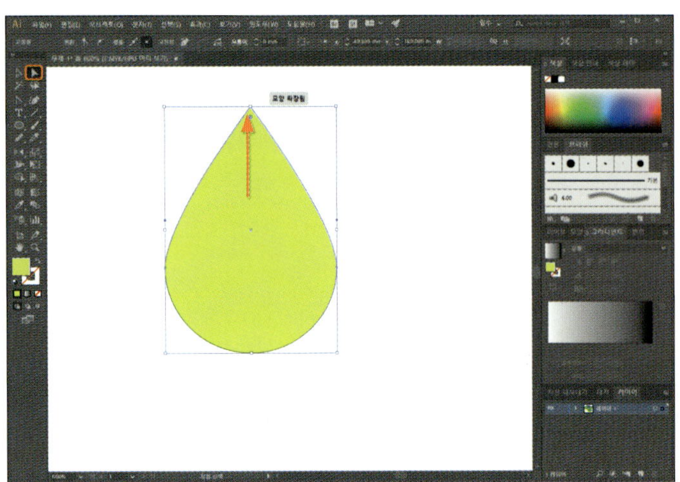

22 고정점 도구( )로 원 오브젝트의 상단에 있는 조절점을 드래그하여 뾰족하게 만든 다음 직접 선택 도구( )로 뾰족한 조절점을 위로 드래그하여 불 모양을 만든다.

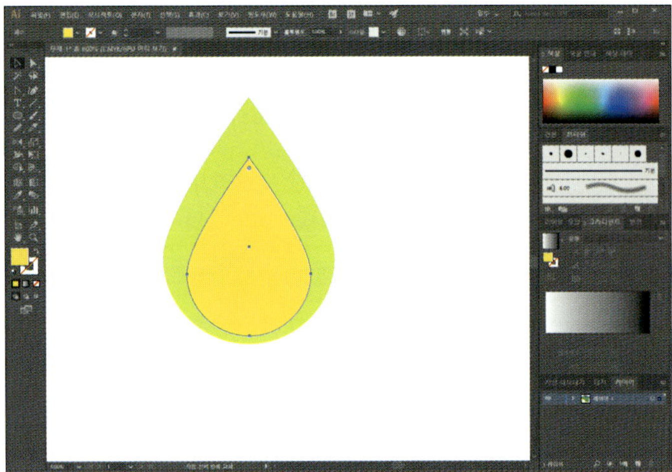

23 앞서 만든 불 모양 오브젝트를 복사하고 면 색상을 주황색으로 설정한 다음 그림과 같이 크기와 위치를 조정한다.

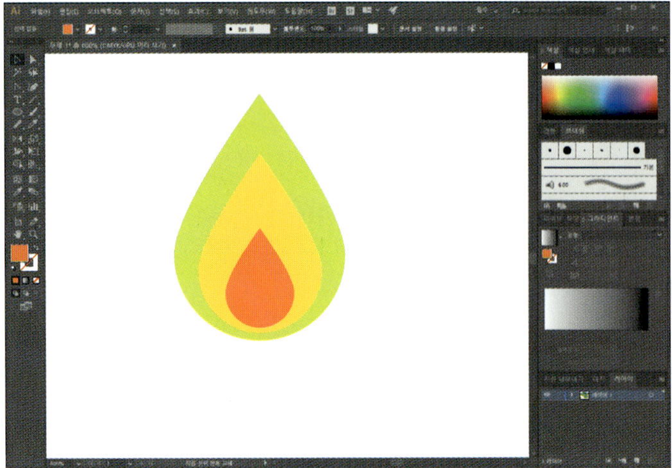

24 같은 방법으로 빨간색 불 모양 오브젝트를 겹치도록 만든다. 만들어진 불 오브젝트는 모두 선택하여 Ctrl + G 를 눌러 그룹화한다.

강의노트

이미 그룹한 오브젝트를 그룹 해제하려면 Ctrl + Shift + G 를 누른다.

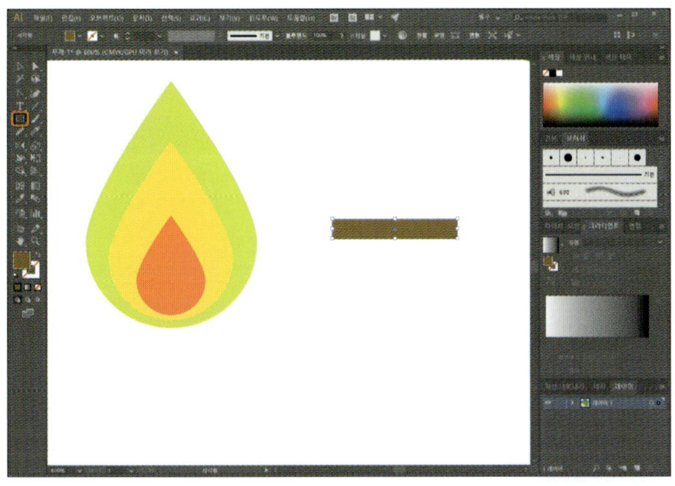

25 장작을 만들기 위해 사각형 도구 (■)로 가로로 긴 직사각형을 그린다. 면 색상은 갈색으로 지정한다.

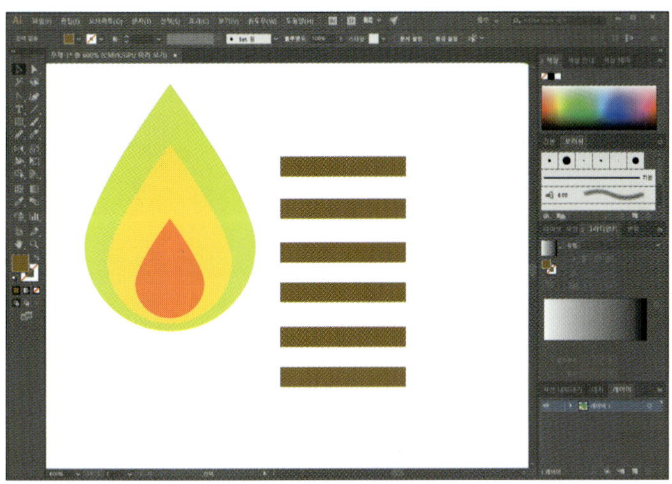

26 Alt 를 누른 상태에서 드래그 앤 드롭하여 여러 개 복사한다.

강의노트

오브젝트를 Alt 키를 누른 채 드래그하여 복사한 후 Ctrl + D 를 누르면 앞서 수행한 명령을 반복적으로 실행하여 오브젝트를 다중 복제한다.

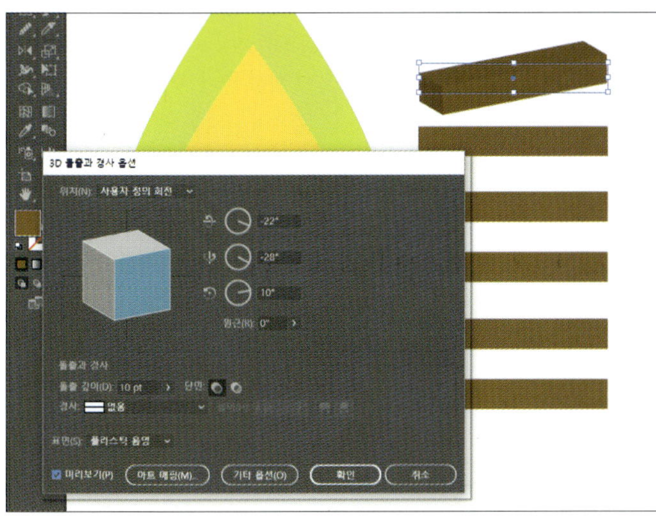

27 사각형 오브젝트 하나를 선택하고 [효과]-[3D]-[돌출과 경사]를 실행한 다음 [3D 돌출과 경사 옵션] 대화상자에서 각도를 조절하고 돌출깊이를 10pt로 설정하여 장작모양을 만든다.

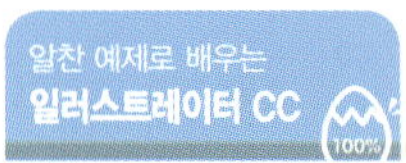

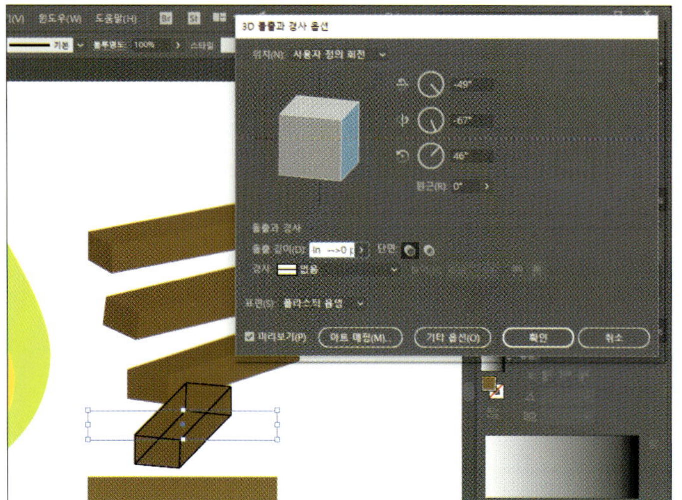

28 같은 방법으로 장작 오브젝트를 여러 개 만든다.

강의노트
위치의 육면체 아이콘을 마우스로 클릭한 채 드래그하여 원하는 각도의 입체를 만들 수도 있다.

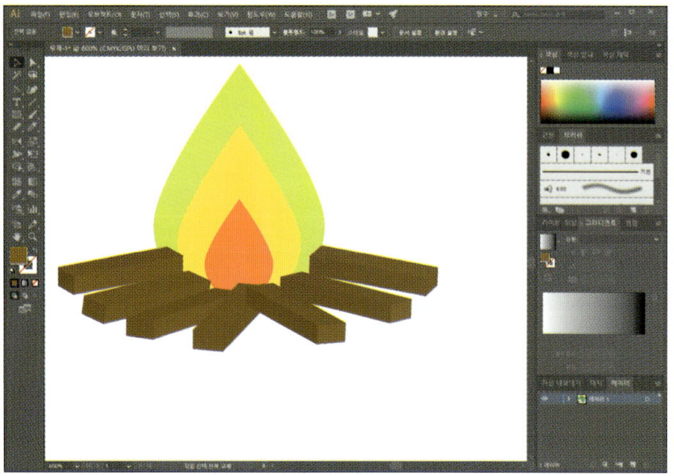

29 3D를 적용한 장작을 불 오브젝트 하단으로 겹치도록 위치시킨다.

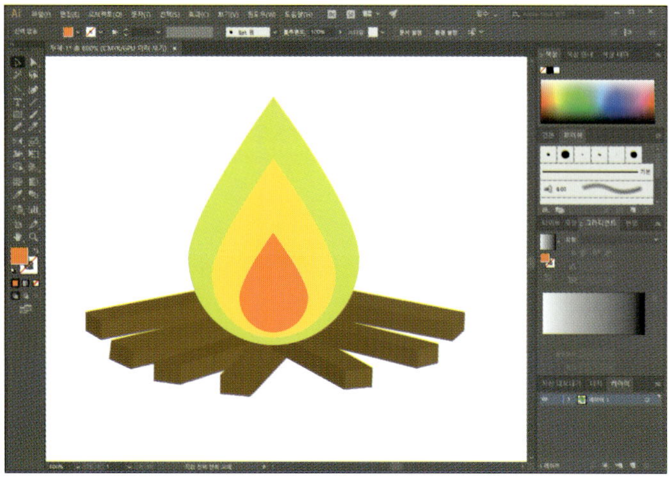

30 불 오브젝트를 선택하고 마우스 오른쪽 버튼을 클릭해 [정돈]-[맨 앞으로 가져 오기]를 실행하여 겹쳐지는 순서를 정리한다.

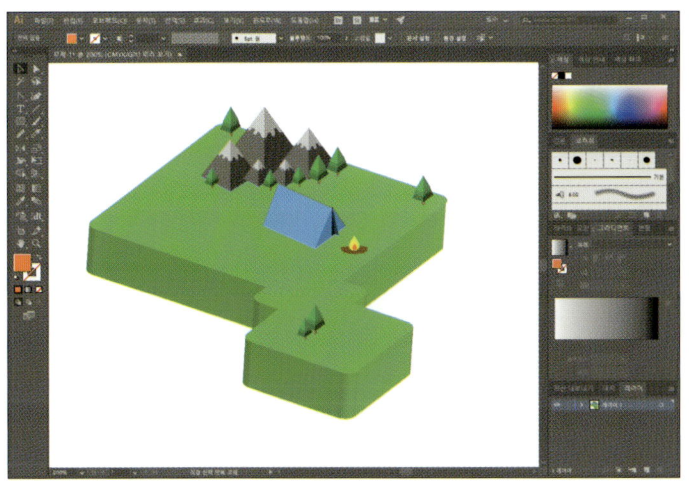

31 완성된 모닥불 오브젝트를 텐트 오브젝트 앞으로 위치시킨다.

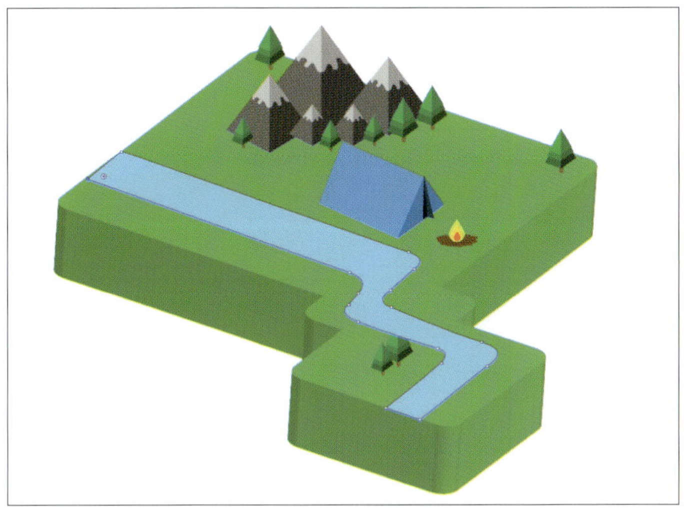

32 Ctrl 을 누른 채 빈 공간을 클릭하여 선택을 해제한다. 면 색상을 하늘 색으로 지정한 다음 펜 도구( )로 대지 오브젝트 위에 강 모양을 그려 만든다.

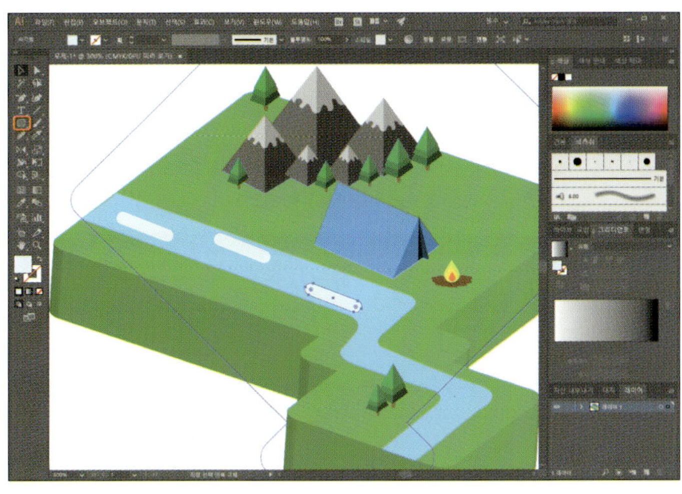

33 둥근 사각형 도구( )로 강의 흐름을 나타내는 긴 둥근 사각형 오브젝트를 만든다. 바운딩 박스를 조절하여 강 오브젝트와 어울리도록 회전시킨 후 적절하게 위치시킨다.

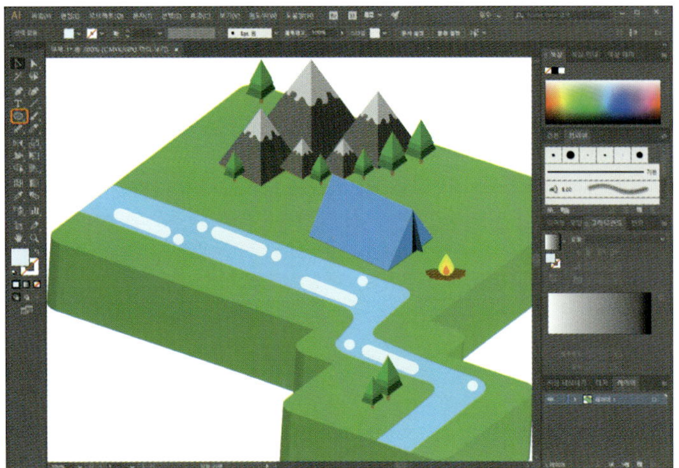

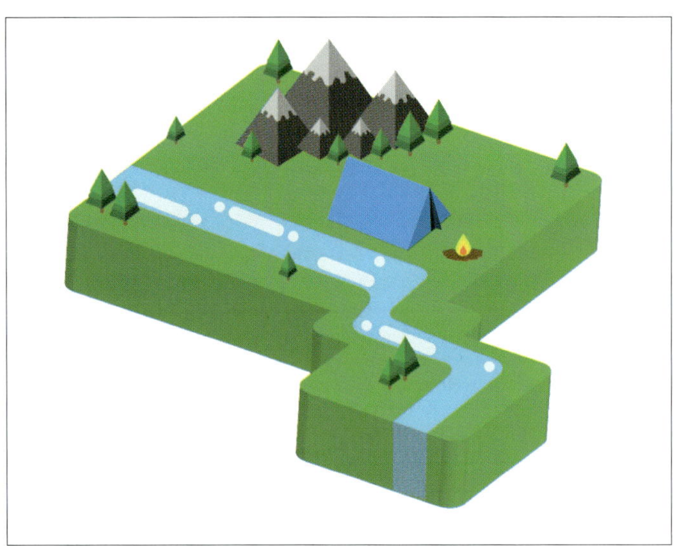

34 원형 도구( )로 원을 그려 좀 더 강 오브젝트가 사실감이 있도록 표현한다.

35 펜 도구( )로 강이 흐르는 모양을 만들고 비어있는 공간을 나무 오브젝트를 복사하여 배치하여 완성한다.

 실전문제

01. 3D 기능을 이용하여 입체감 있는 대지와 도로를 만들어 본다.

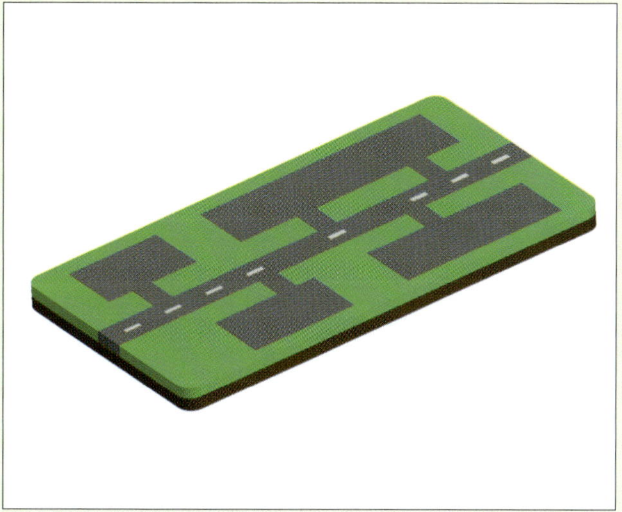

완성파일 | part03-11.ai

Hint 둥근 사각형 오브젝트 위로 도로와 차도의 선을 표현하는 오브젝트를 만들고 Ctrl+G를 눌러 그룹화한 다음 [효과]-[3D]-[돌출과 경사]를 실행한다.

02. 펜 도구를 활용하여 입체감 있는 건물과 나무를 만들어본다.

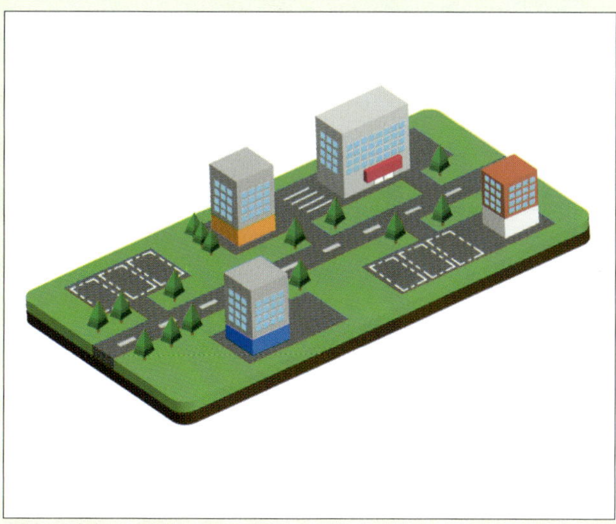

완성파일 | part03-12.ai

Hint 직사각형 오브젝트에 [효과]-[3D]-[돌출과 경사]를 실행하여 건물을 만들고 펜 도구를 이용하여 비스듬한 사각형을 그린 다음 복사와 붙여넣기를 반복하여 창문을 완성한다.

한 눈에 들어오는 포스터 디자인

이제 일러스트레이터 사용법이 조금 능숙해지셨나요? 그럼 이번 시간에는 익숙해진 도구와 기능들을 본격적으로 활용해 보는 시간을 가져본다. 대학가 길에서 가장 많이 볼 수 있는 포스터는 행사와 서비스 내용에 따라 매우 다양하게 표현된다. 행사 포스터는 핵심 내용을 다양한 색상으로 포인트를 강조하여 눈길을 사로잡는다. 귀여운 그림으로 이루어진 포스터부터 알록달록한 포스터까지 한 번 만들어본다.

Zoom In
알찬 예제로 배우는
핵심+포인트
느낌있는 포스터

완성 파일 part03-13.ai

Keypoint Tool

_ **그림자 효과 기능** 오브젝트의 그림자를 적용할 수 있으며 그림자의 색상과 속성을 세밀하게 조정할 수 있다.

_ **외곽선 만들기 기능** 문자 오브젝트를 도형 오브젝트로 변환하여 자유롭게 편집할 수 있다.

Knowhow

_ 블렌드 기능을 이용하여 쉽고 간편하게 무늬를 만들 수 있다.

_ 같은 속성을 가진 오브젝트를 그룹화하면 작업에 편리한다.

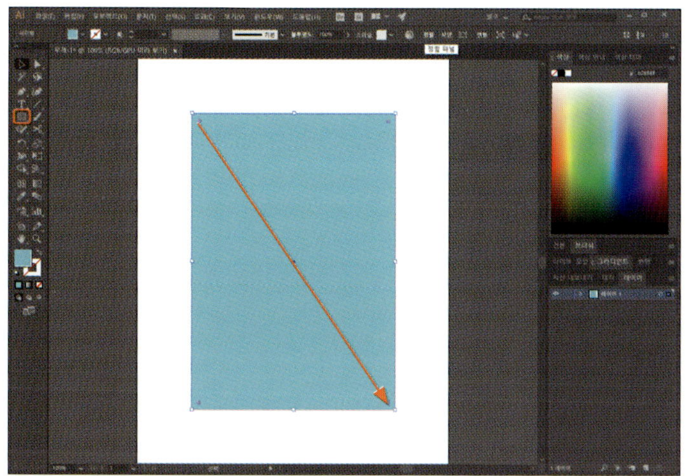

01 새 도큐먼트를 열고 사각형 도구 (▣)로 포스터 배경으로 사용할 세로로 긴 직사각형을 만든다. 면 색상은 하늘색, 선 색상은 없음으로 지정한다.

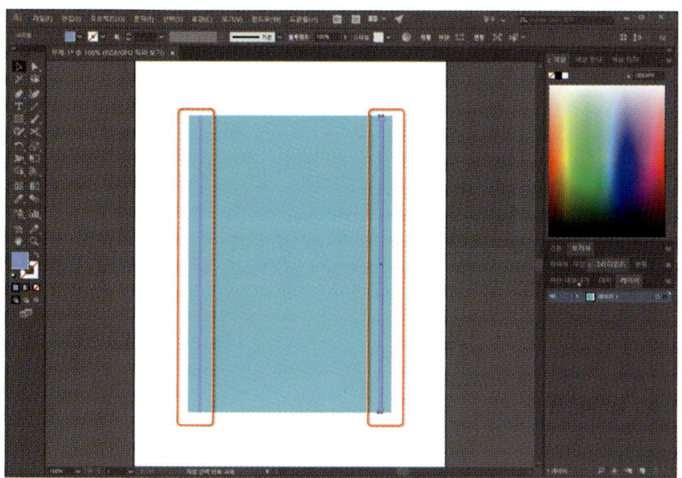

02 배경 무늬를 만들기 위해 세로로 긴 직사각형을 만들어 면 색을 설정하고 shift + Alt 를 누른 채 오른쪽으로 드래그하여 복사한다.

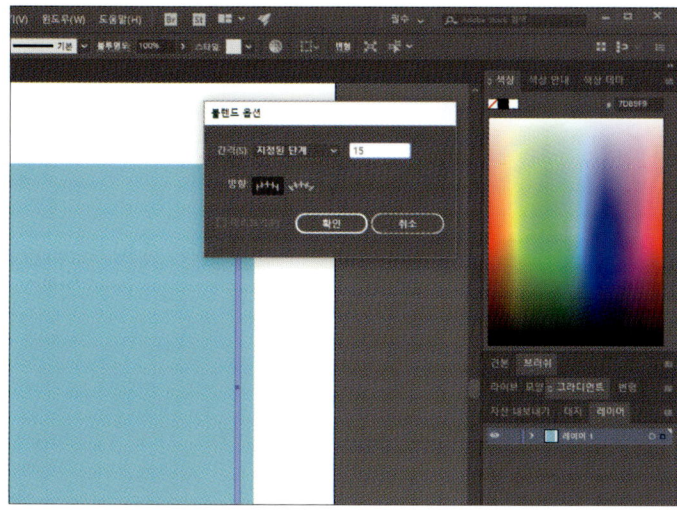

03 도구 모음에서 블랜드 도구(▣)를 더블클릭하고 [블랜드 옵션] 대화상자에서 간격 항목을 지정된 단계, 항목 값을 15로 입력한다.

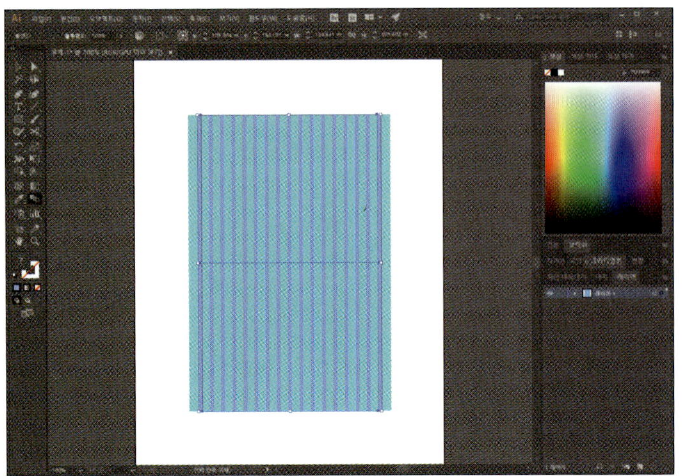

04 무늬용 사각형 오브젝트를 각각 한 번씩 클릭하여 스트라이프 줄무늬를 만든다.

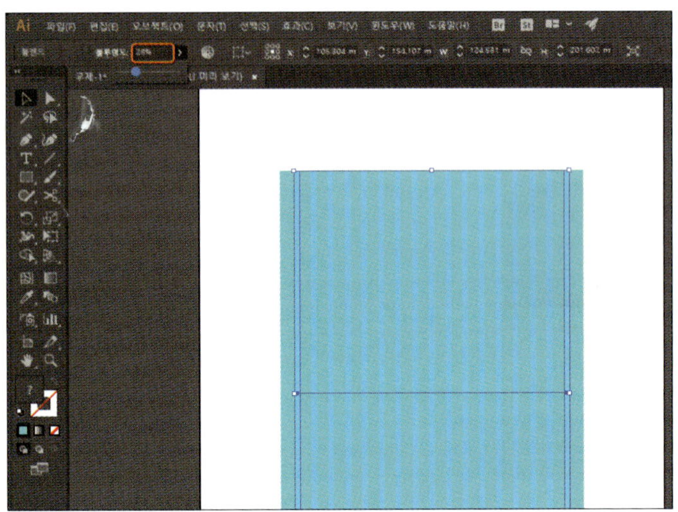

05 무늬 오브젝트가 선택된 상태에서 상단 바의 불투명도를 28%로 조정하여 색상이 연하게 만든다.

강의노트

오브젝트의 불투명도 수치가 클수록 기존의 색상을 그대로 나타내고 수치가 작을수록 점점 더 투명해진다.

06 모든 오브젝트를 선택하고 Ctrl + G 를 눌러 그룹화한다. 이후 진행할 작업에 방해되지 않도록 [레이어] 패널에서 배경 레이어에 잠금을 설정하고 새 레이어를 추가한다.

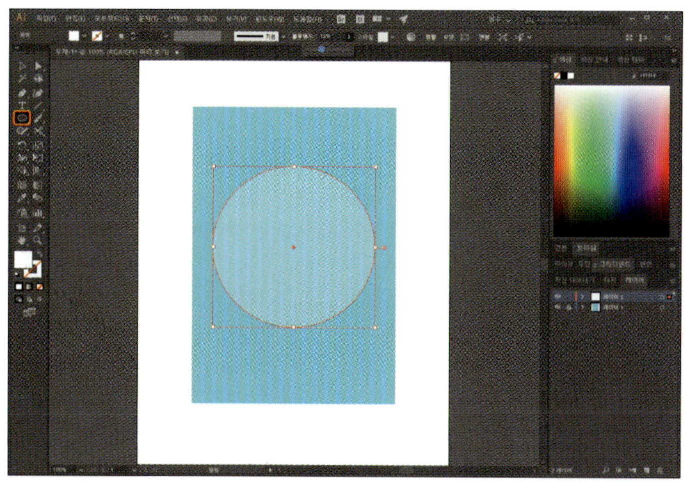

07 새로 추가된 레이어에서 배경 오브젝트 중앙에 shift + Alt 를 누른 채 원형 도구(◯)을 드래그하여 정원을 만든다. 면 색상은 흰색으로 지정하고 상단바에서 투명도를 설정한다. 이 역시 배경으로 사용되므로 레이어에 잠금 설정을 하고 새 레이어를 추가한다.

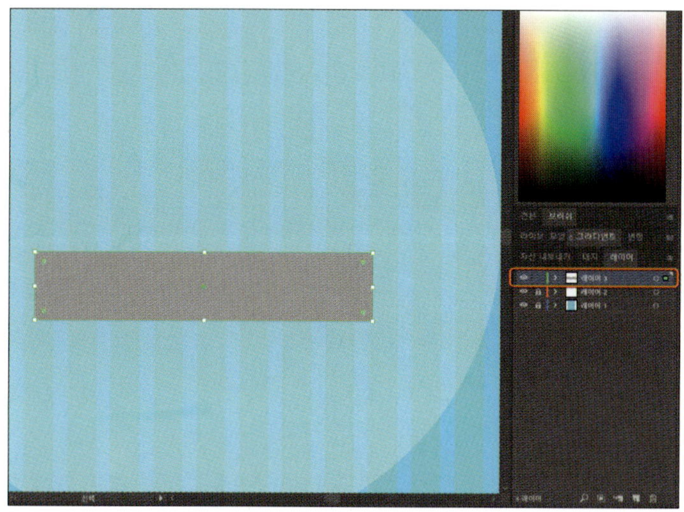

08 이제 본격적으로 가게 오브젝트를 그려본다. 새로 추가된 레이어에서 사각형 도구(▢)로 가로로 긴 직사각형을 그린다. 면 색상은 회색으로 설정한다.

09 직접 선택 도구(▶)로 사각형 왼쪽 하단 고정점을 선택한 후 좌측 방향키를 여러 번 눌러 사다리꼴을 만든다. 우측 하단 고정점도 같은 방법으로 움직여 본다.

10 입체감을 위해 밝은 회색의 사각형 오브젝트를 만든다.

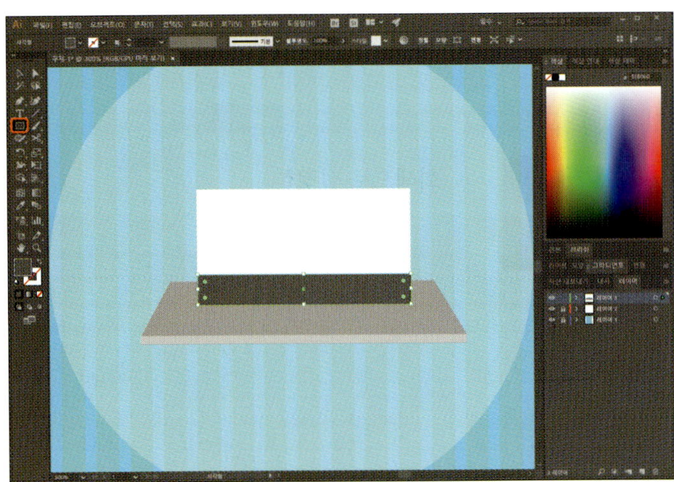

11 가게의 벽을 만들기 위해 사각형 도구(□)로 흰색 직사각형과 짙은 회색 직사각형을 만든다.

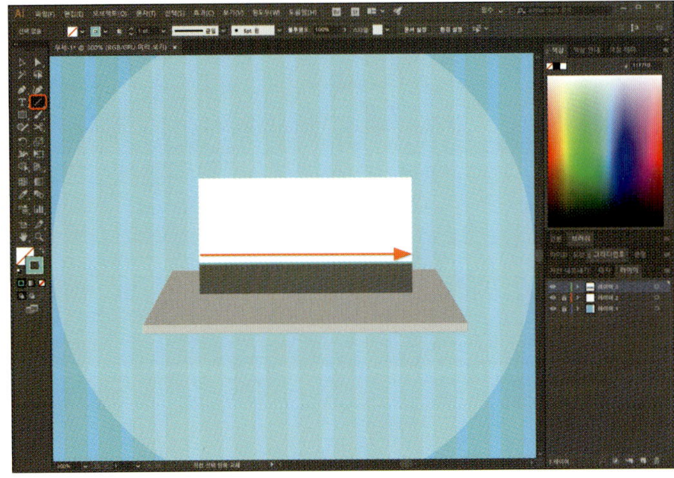

12 두 사각형 사이에 shift 를 누른 채 선분 도구(／)로 드래그하여 하늘색 직선을 만든다.

13 앞서 만든 진한 회색 사각형 오브젝트의 왼쪽과 오른쪽에 세로로 직선을 만든 후 블렌드 기능을 적용하여 간격이 일정한 세로 직선들을 여러 개 만들어 벽면의 무늬를 만든다.

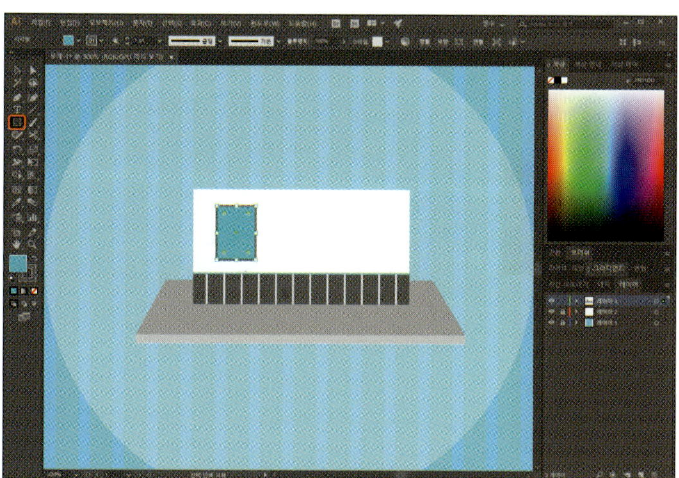

14 이번에는 창문을 만들어 본다. 사각형 도구(■)로 직사각형을 그린 후 면 색상은 하늘색, 선 색상은 짙은 회색으로 설정한다.

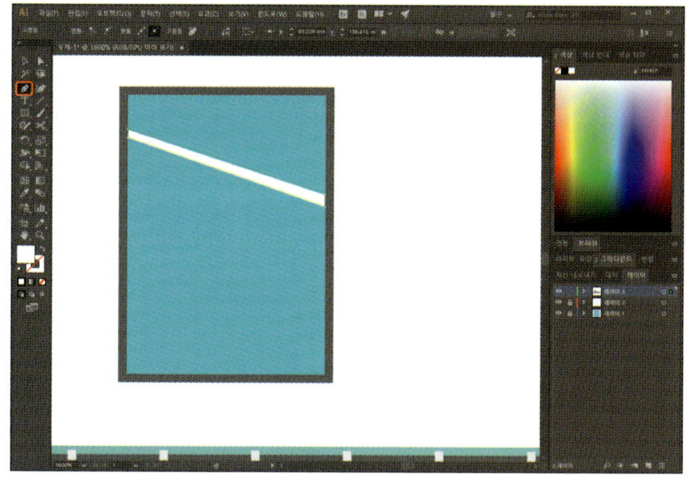

15 Ctrl + + 를 눌러 화면을 확대한 후 펜 도구(✐)로 유리창에 빛이 비친 모양의 사각형을 그린다. 면 색상은 흰색으로 설정한다.

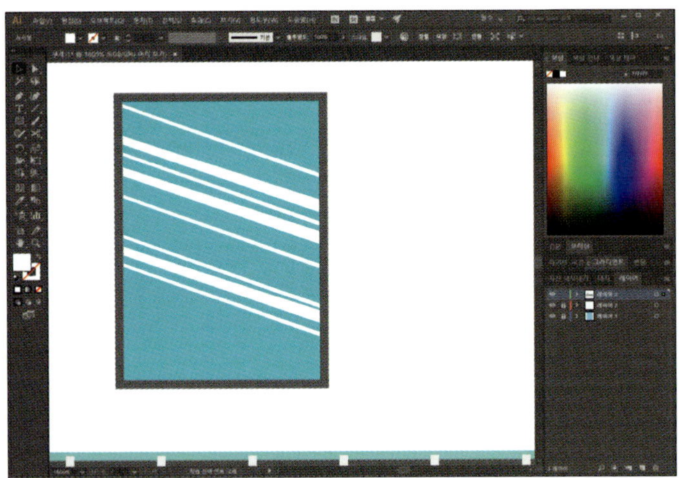

16 같은 방법으로 빛 줄기를 몇 개 더 만들고 shift + Alt 를 누른 상태에서 드래그하여 복사한다.

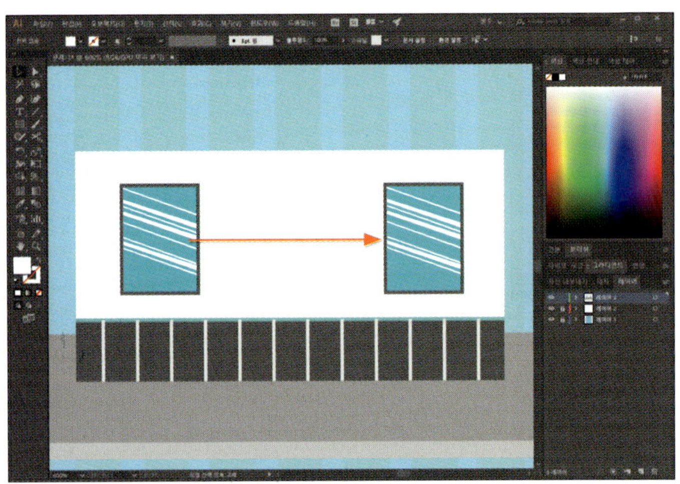

17 창문과 빛줄기 오브젝트를 선택하고 Ctrl + G 를 눌러 그룹화한 후 shift + Alt 를 누른 채 오른쪽으로 드래그하여 창문 오브젝트를 복사한다.

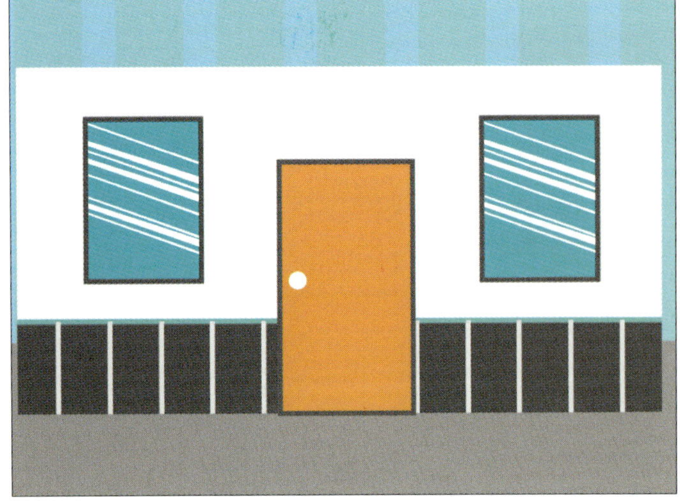

18 사각형 도구(□)과 원형 도구(●)로 문 오브젝트를 만든다.

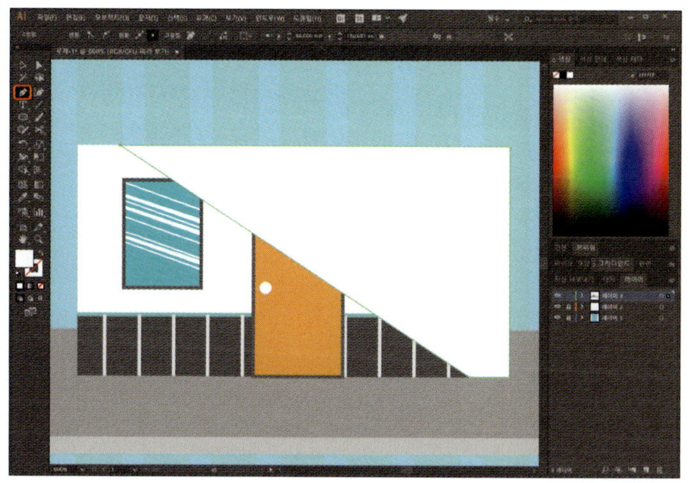

19 벽에 그림자가 져 있는 효과를 주기 위해 펜 도구( )로 그림과 같은 도형을 그린다.

강의노트

배경의 벽을 복사하여 Ctrl + F 를 누르면 복사한 위치에 겹치도록 붙이기가 된다. 화면과 같이 수정해서 사용할 수 있다.

20 면 색상을 검은색으로 설정하고 상단 바에서 투명도를 23%로 설정한다.

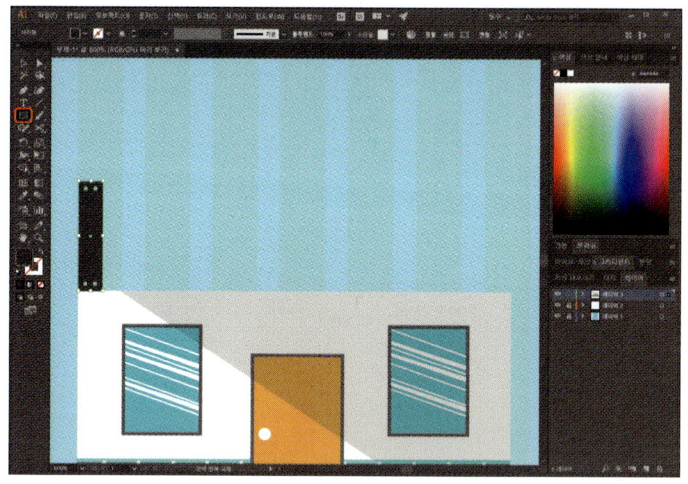

21 이번에는 지붕 차례이다. 사각형 도구( )로 세로로 긴 직사각형을 하나 만든다.

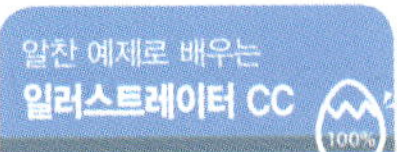

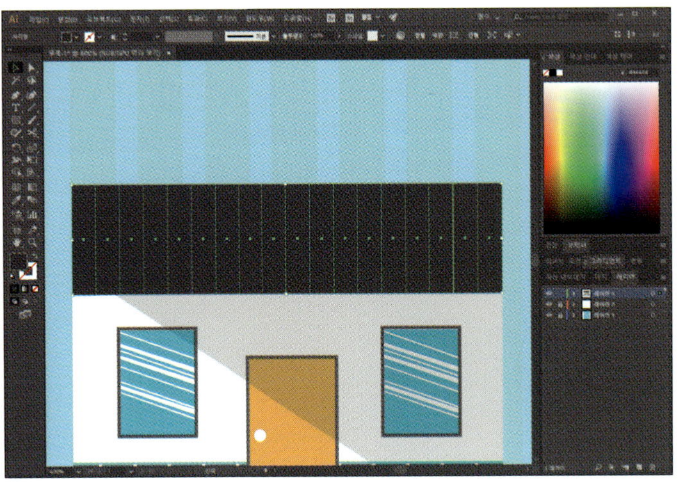

22 [shift] + [Alt] 를 누른 채 오른쪽으로 드래그하여 직사각형을 여러 개 복사한다.

23 각 직사각형의 면 색상을 빨간색과 흰색을 번갈아가면서 적용한다.

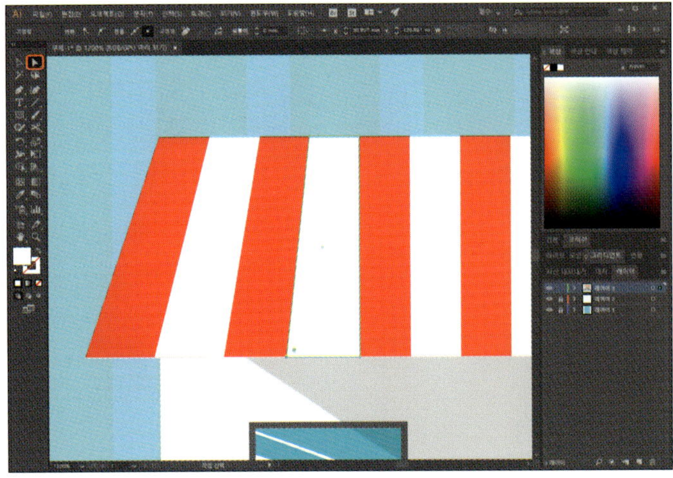

24 직접 선택 도구(▶)로 직사각형의 하단 고정점을 움직여 사다리꼴로 만든다.

강의노트 ✎

지붕을 한꺼번에 선택한 후 그룹으로 만들고 [효과]-[왜곡과 변형]-[자유 왜곡]으로 변형할 수도 있다.

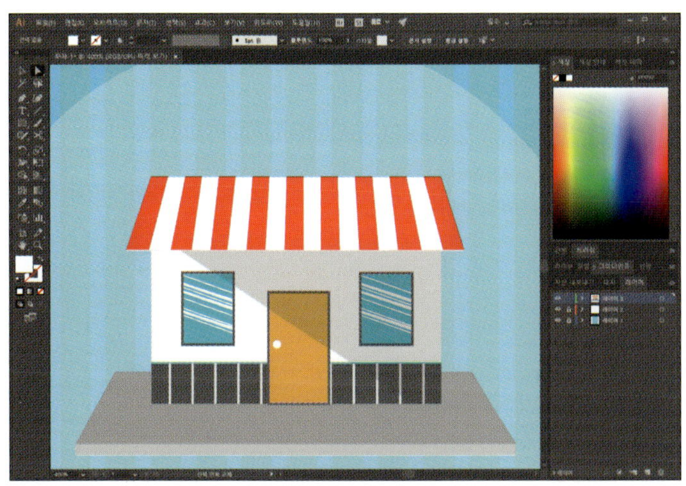

25 나머지 직사각형의 하단 고정점들도 모두 조절하여 전체적으로 지붕 모양이 되도록 한다.

26 지붕 아래쪽에 원형 도구(⬭)로 원을 만든 다음, 직접 선택 도구(▶)로 원의 상단 점을 선택하고 Delete 를 눌러 삭제하여 반원을 만든다. 면 색상은 지붕의 색보다 어두운 빨간색, 회색을 번갈아 가며 적용한다.

27 직사각형 오브젝트의 크기에 맞게 조절하면서 반원 오브젝트를 복사하여 지붕 오브젝트를 완성한다.

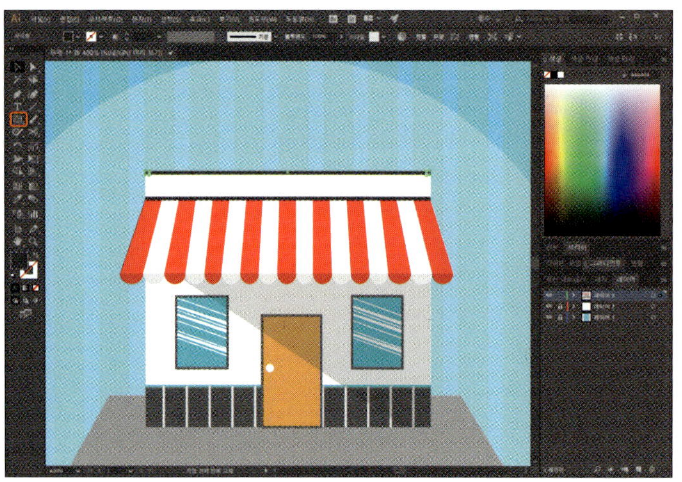

28 지붕 위에 사각형 도구(▧)로 3개의 가늘고 굵은 사각형 오브젝트를 만들고 면 색상을 각각 짙은 회색과 흰색을 지정한다.

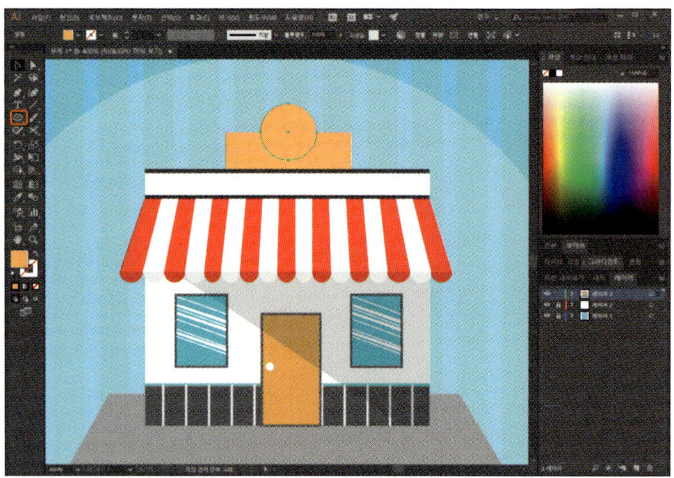

29 그 위에 사각형 도구(▧)과 원형 도구(◉)로 그림과 같이 만들고 면 색상을 주황색으로 설정한다.

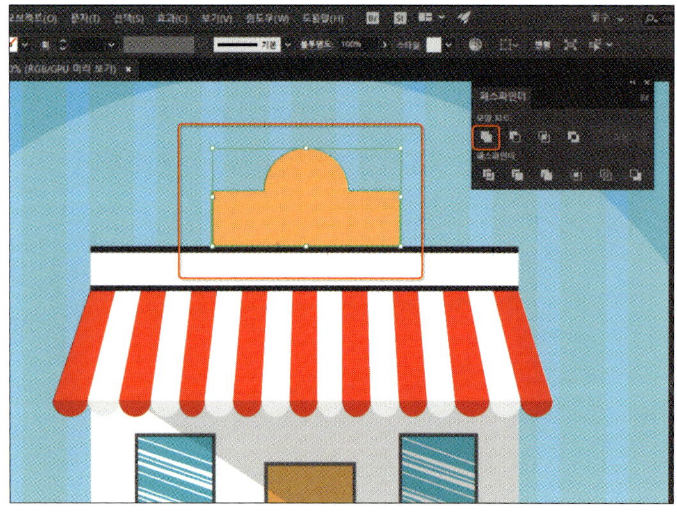

30 두 오브젝트를 shift 를 누른 채 각각 클릭하여 모두 선택한 후 [윈도우]-[패스파인더]를 실행하여 나타난 [패스파인더] 패널에서 합치기 버튼을 클릭해 하나의 오브젝트로 결합한다.

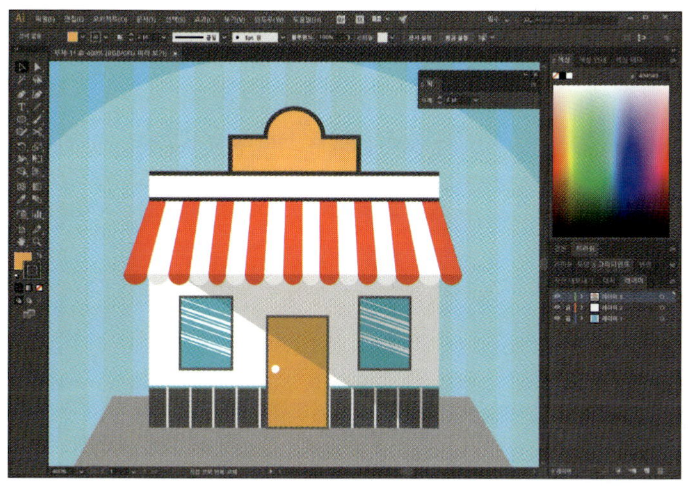

31 선 색상을 진한 회색으로 설정하고 [윈도우]−[획]을 실행하여 선의 굵기를 굵게 설정한다.

강의노트

획 패널에서는 오브젝트의 외곽선 속성을 조절할 수 있다. 외곽선을 굵게 하면 오브젝트 두 개가 나란히 겹쳐있는 효과를 만들 수 있다.

32 문자 도구(T)로 간판 오브젝트 위를 클릭한 다음 "STORE"를 입력하고 상단바에서 글꼴, 글자색, 크기 등을 설정한다.

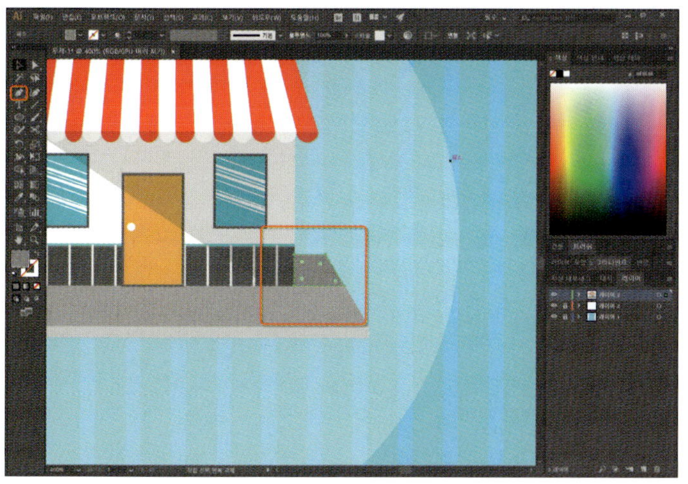

33 좀 더 입체감을 주기 위에 땅 오브젝트 위에 그림과 같이 펜 도구(✐)로 그림자 오브젝트를 만들고 색상을 적용한다.

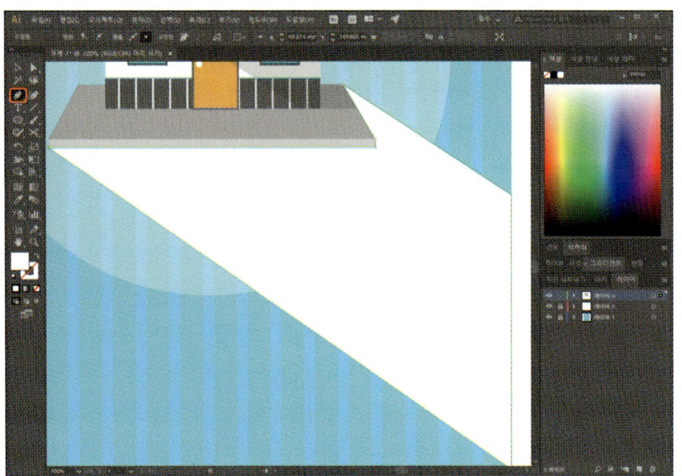

34 또 그림과 같이 땅 오브젝트 하단에 펜 도구( )로 그림자가 비치는 모양의 오브젝트를 만든다.

강의노트

추가하는 그림자는 앞서 작업한 그림자와 각도를 맞춰야 자연스러운 느낌을 줄 수 있다.

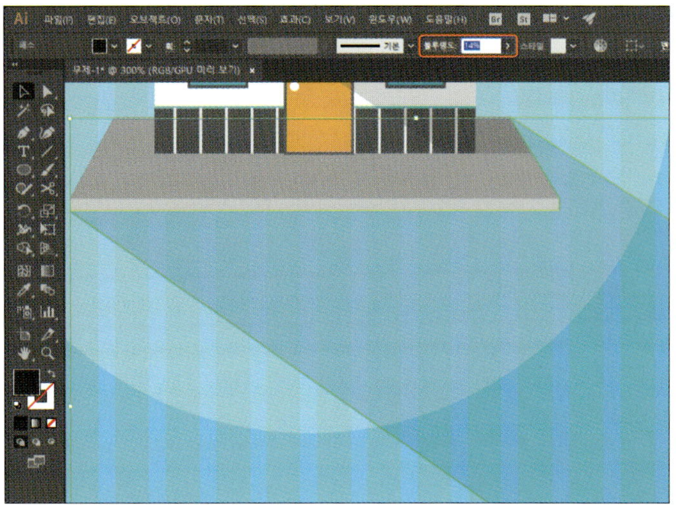

35 면 색상을 검은색으로 설정하고 상단 바에서 투명도를 조절한다.

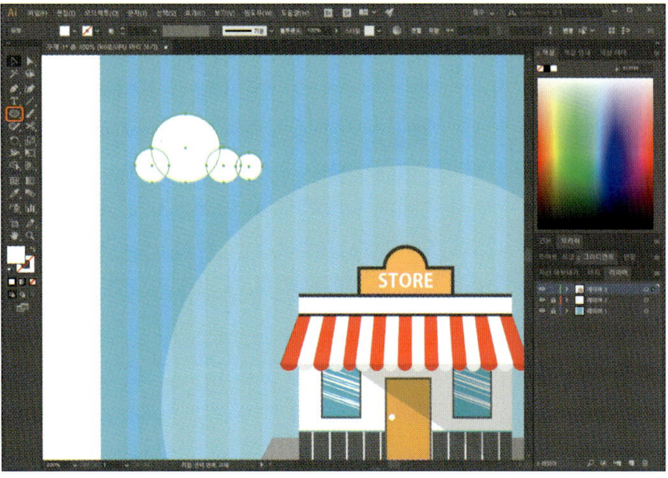

36 구름을 만들기 위해 원형 도구( )로 크기가 각기 다른 원 4개를 만든다. 면 색상은 모두 흰색으로 설정한다.

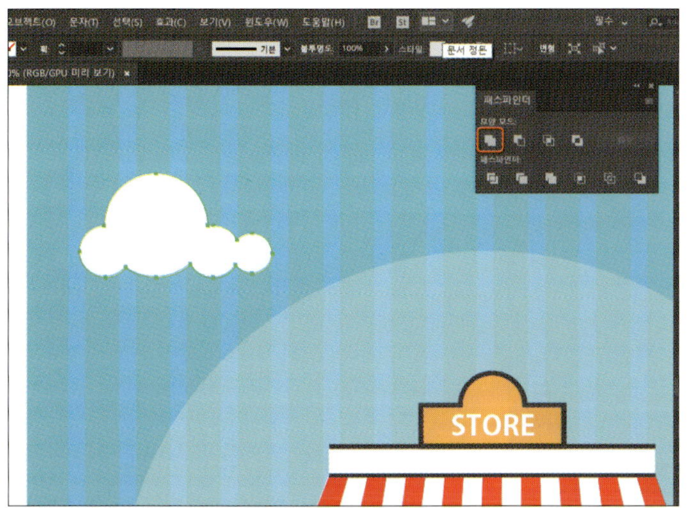

37 원 오브젝트가 모두 선택된 상태에서 [윈도우]-[패스파인더]를 실행하고 합치기 버튼을 클릭해 하나의 오브젝트로 결합한다.

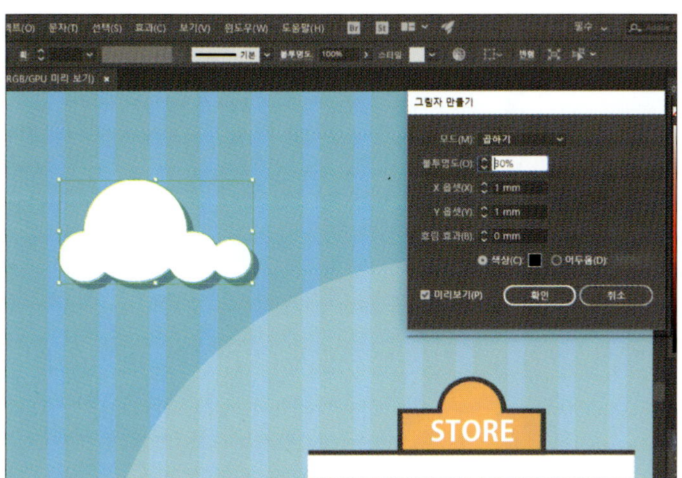

38 구름 오브젝트를 선택하고 [효과]-[변형]-[그림자 만들기]를 실행한다. [그림자 만들기] 대화상자에서 불투명도 30%, X/Y 옵셋 1mm, 흐림 효과 0mm로 설정하고 [확인] 버튼을 클릭한다.

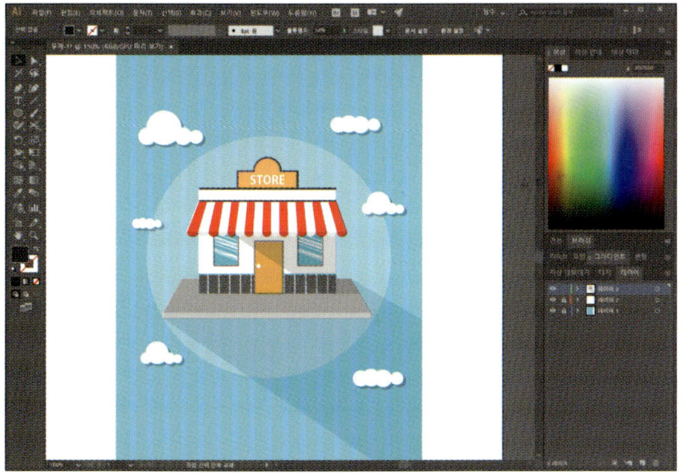

39 같은 방법으로 모양이 다른 구름 오브젝트를 하나 더 만들고 복사 및 크기를 조절하여 여러 개의 구름 오브젝트를 생성한다.

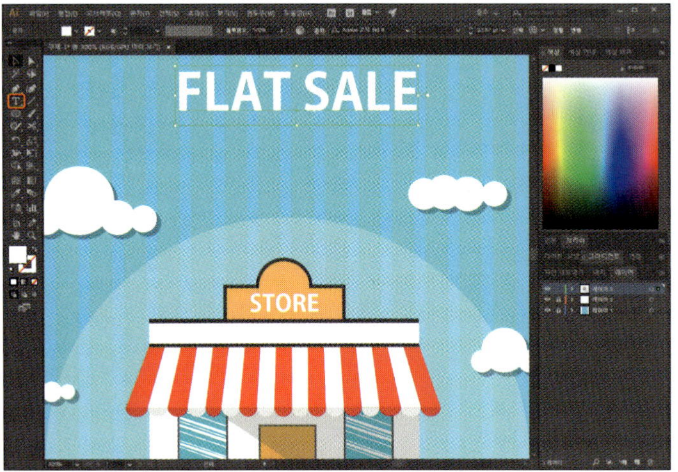

40 가게 오브젝트 상단을 문자 도구 (T)로 클릭하고 "FLAT SALE" 을 입력한 다음 상단바에서 글꼴, 글자 색, 크기 등을 설정한다.

강의노트

일러스트레이터는 PC에 저장되어 있는 글꼴만 을 지원한다. 인터넷에 무료로 배포된 글꼴이 많이 있으니 이를 PC에 설치하여 일러스트에 적용해 본다.

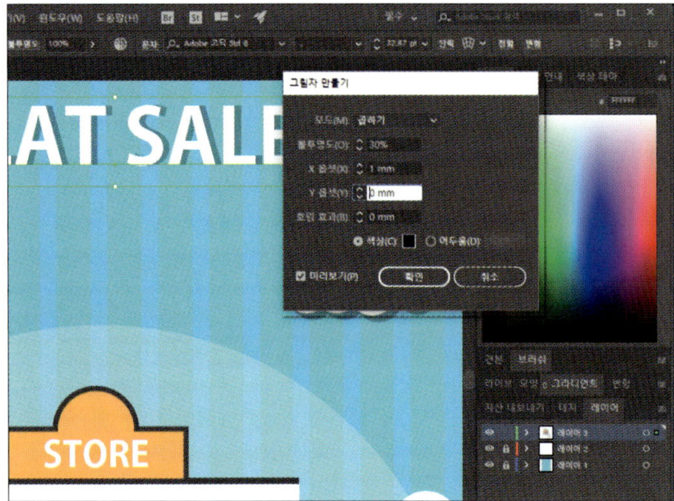

41 문자 오브젝트가 선택된 상태에 서 [효과]-[변형]-[그림자 만들 기]를 실행한다. [그림자 만들기] 대화상 자에서 불투명도 30%, X옵셋 1mm, Y 옵셋 0mm, 흐림 효과 0mm로 설정하고 [확인] 버튼을 클릭한다.

42 문자 오브젝트 아래에 빨간색 직 사각형 오브젝트를 만든다.

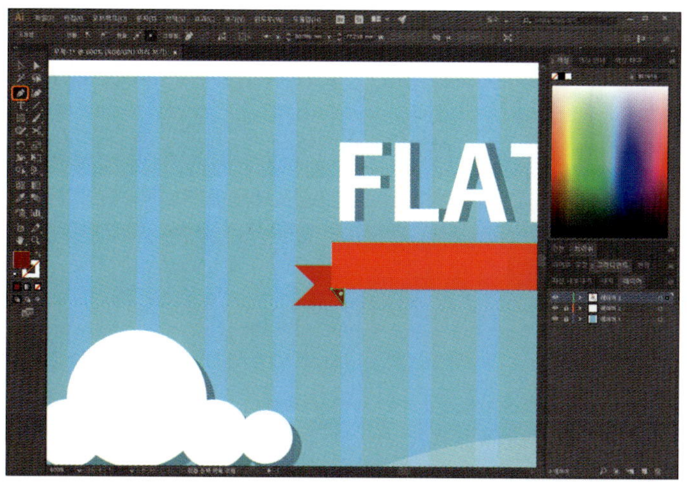

43 빨간색 직사각형 오브젝트 왼쪽에 펜 도구를 이용하여 리본 끝 부분을 만든다.
입체감을 주기위해 짙은 빨간색으로 면 색상을 지정한다.

44 방금 만든 빨간색 오브젝트들을 모두 선택하고 Ctrl+G를 눌러 그룹화한 다음 [오브젝트]-[변형]-[반사]를 실행한다.

강의노트

도구 모음에서 반사 도구를 활용하여 선택한 오브젝트를 반사하여 복사할 수 있다. 반사 도구를 선택하고 우측 끝을 클릭한 후 Shift+Alt 키를 눌러 복사한다.

45 [반사] 대화상자에서 세로 축을 선택하고 [복사] 버튼을 클릭한다.

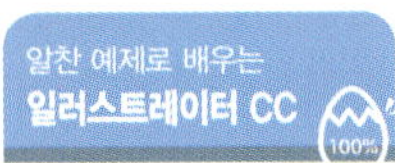

46 복사된 오브젝트를 기존 리본 오브젝트 옆으로 위치시킨다. 두 리본 오브젝트를 선택하고 Ctrl + G 를 눌러 그룹화한 후 위치를 알맞게 조정한다.

47 문자 도구(T)로 리본 오브젝트 위를 클릭한 후 "PROMOTIONS AND OFFERS"를 입력하고 상단 바에서 글꼴, 글자 색, 크기 등을 설정한다.

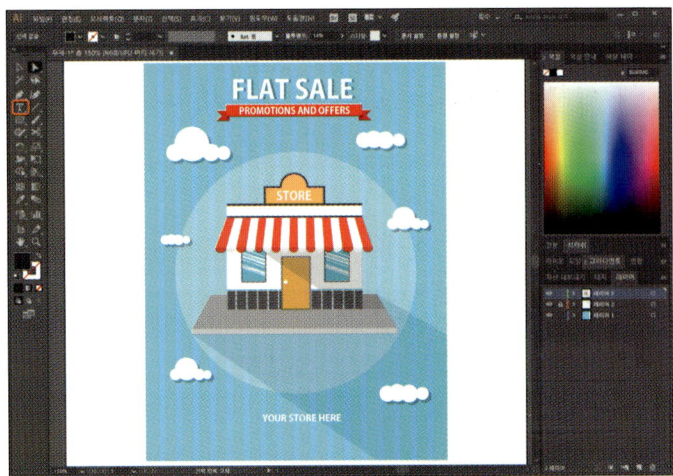

48 가게 오브젝트 하단에도 문자 도구(T)로 "YOUR STORE HERE"를 입력하여 포스터 오브젝트를 완성한다.

실전문제

01. 뮤직 파티를 홍보하는 포스터를 만들어본다.

완성파일 | part03-14.ai

Hint 엇갈리도록 배치된 정사각형 중에서 가장 왼쪽과 우측에 삐져나온 사각형의 고정점을 펜 도구로 클릭하여 모서리를 없애 정돈한다. 자연스러운 단계별 색상은 [색상 안내] 패널을 이용한다.

02. 클럽 파티 홍보 포스트를 만들어본다.

완성파일 | part03-15.ai

Hint 정 원을 만들고 끝 색상의 불투명도를 0%인 방사형 그라데이션을 적용한 다음 상단 바에서 투명도를 조절하여 자연스러운 물방울 무늬를 만든다.

사진을 활용한 디자인 작업

일러스트레이터로는 그림만 그릴 수 있을까요? 정답은 No이다. 사진을 적용한 일러스트 작업도 가능하며 이와 관련되어 다양한 창작을 할 수 있다. 사진을 함께하면 좀 더 사실감이 느껴지고 보는 사람으로 하여금 신뢰를 줄 수 있다. 이번 시간에는 사진을 적용한 디자인 작업을 배워보도록 한다.

Zoom In
알찬 예제로 배우는
사진을 디자인
요소로 활용

준비 파일 city.jpg
완성 파일 part03-16.ai

Keypoint Tool

_ **클리핑 마스크 기능** 위에 겹쳐진 오브젝트의 면 속성과 아래에 겹쳐진 오브젝트의 모양 속성을 결합한다.

_ **문자 패널** 문자의 다양한 속성을 설정할 수 있다.

Knowhow

_ 가져오기 기능으로 사진 외에 다양한 형식의 파일을 가져올 수 있다.

_ 여러 개의 오브젝트들을 선택한 상태에서 크기를 동시에 조절할 수 있다.

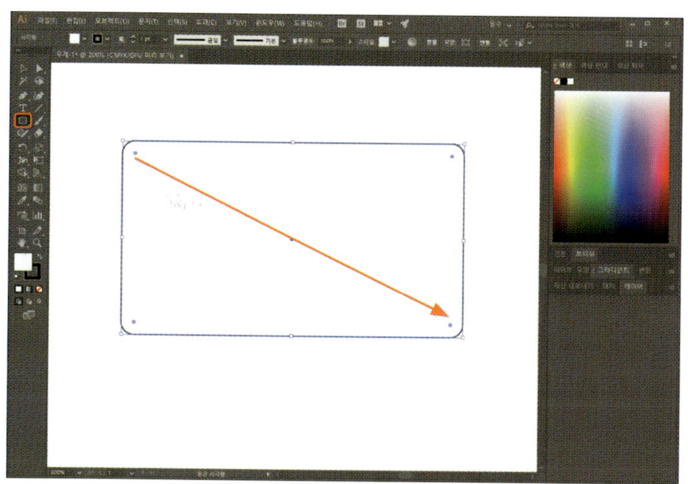

01 이번 시간에는 사진을 활용한 명함을 만들어 본다. 새 도큐먼트를 열고 둥근 사각형 도구(▢)로 명함의 배경으로 사용할 둥근 사각형을 만든다.

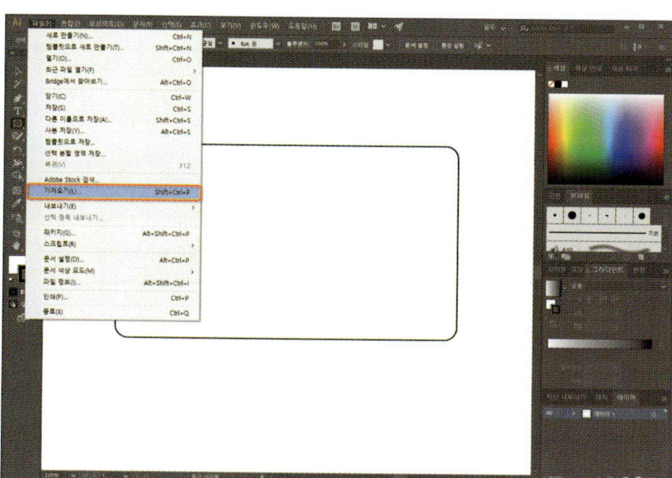

02 [파일]-[가져오기]를 실행하여 city.jpg를 불러온다.

03 도큐먼트 위를 드래그하여 불러올 사진의 크기를 설정한다.

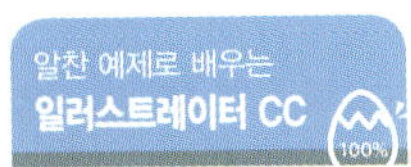

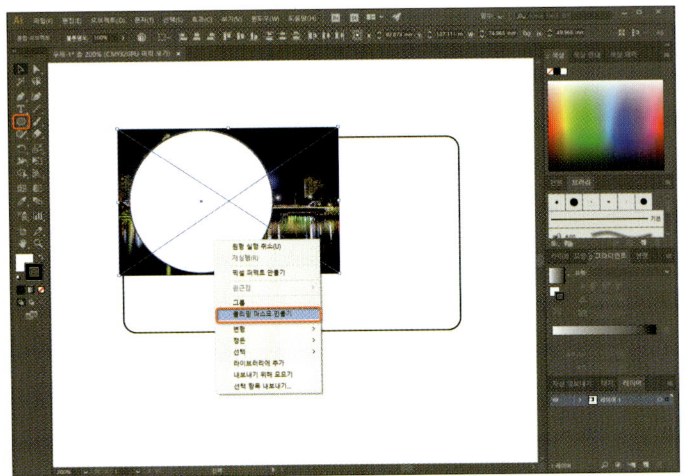

04 사진 위에 shift + Alt 를 누른 채 원형 도구( )로 드래그하여 정원을 만든다. 사진과 원 오브젝트를 모두 선택한 상태에서 마우스 오른쪽 버튼을 클릭해 [클리핑 마스크 만들기]를 실행한다.

05 클리핑 마스크 기능이 적용되어 원 오브젝트의 모양으로 사진이 잘려진다

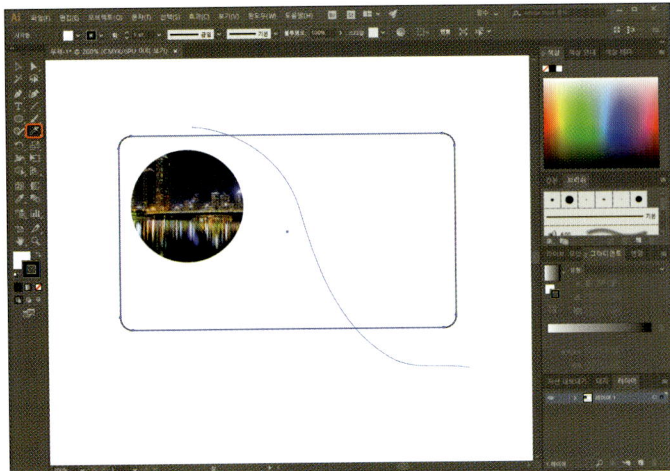

06 둥근 사각형을 칼 도구( )로 자유롭게 드래그하여 반으로 나눈다.

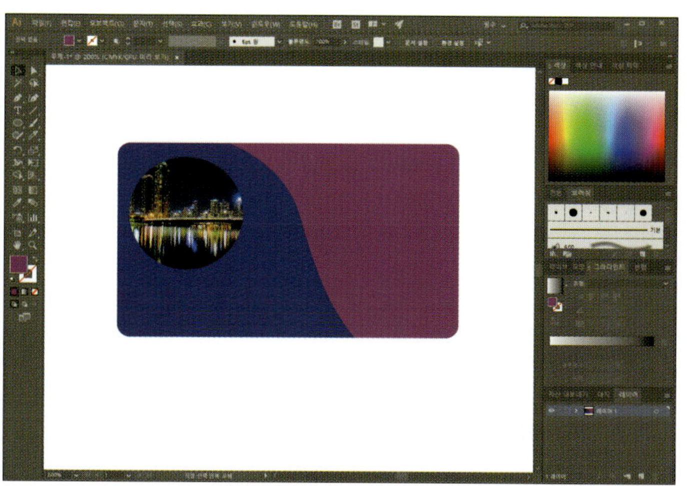

07 나누어진 두 배경은 면 색상을 각각 다르게 지정한다.

강의노트

명도만을 조절하거나 채도만을 조절하며 크게 이질감 없이 어울리는 색상을 적용할 수 있다. 또는 일러스트레이터의 [색상 안내] 패널을 이용하면 색상의 조화를 쉽게 표현할 수 있다.

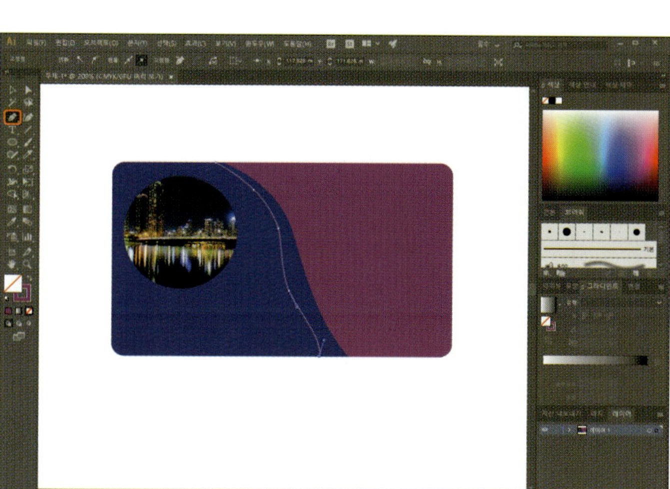

08 펜 도구(✐)로 나누어진 경계선을 따라 곡선을 만들고 선 색상을 지정하여 무늬를 만든다.

09 같은 방법으로 명함의 무늬를 완성한다.

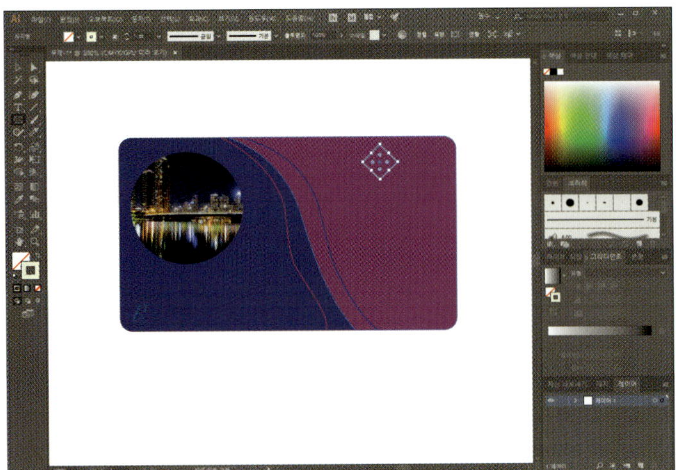

10 이번에는 명함의 필수 요소인 회사 마크를 만들어 본다. 면 색상은 없음, 선 색상은 노란색으로 지정하고 사각형을 만든 다음 shift 를 누른 채 바운딩 박스를 조절하여 회전시킨다.

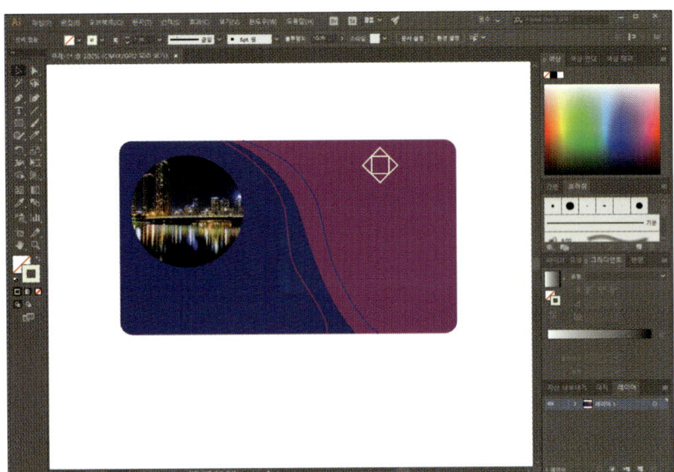

11 회전된 사각 오브젝트 내에 작은 사각형을 하나 더 만들어 회사 마크를 완성한다. 완성된 회사 마크는 Ctrl + G 를 눌러 그룹화하고 크기와 위치를 조절한다.

12 마크 하단에 문자 도구(T)로 클릭하여 "ILLUSTRATION COMPANY"를 입력하고 상단 바에서 글꼴, 글자 색, 글자 크기 등을 설정한다.

13 명함에는 다양한 정보가 필요하며 간략하고 명확하게 표현되어야 한다. 이러한 정보의 의미를 나타내는 마크를 만들어본다. 면 색상을 노란색, 선 색상을 없음으로 지정하고 원형 도구( )로 정 원을 그린 다음 고정점 도구( )로 원 오브젝트 하단 고정점을 클릭한다.

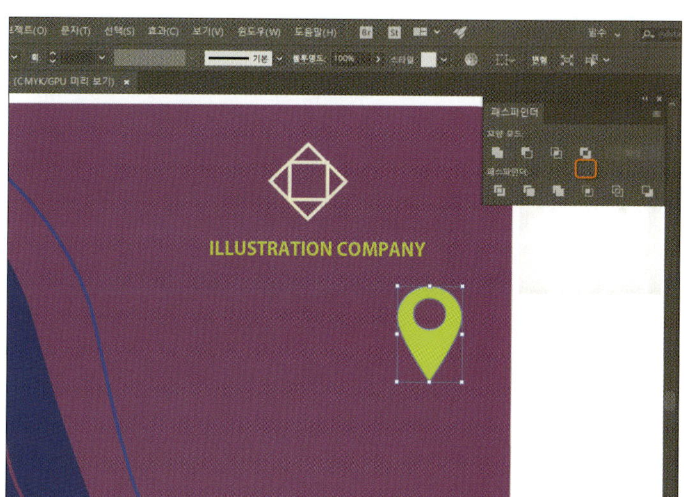

14 직접 선택 도구( )로 뾰족한 부분을 드래그하여 더 길쭉하게 만들고 그 위로 작은 원 오브젝트를 하나 더 만든다. 두 오브젝트를 모두 선택하고 [패스파인더] 패널에서 [교차 영역 제외] 버튼을 클릭해 위치 표식 마크를 완성한다.

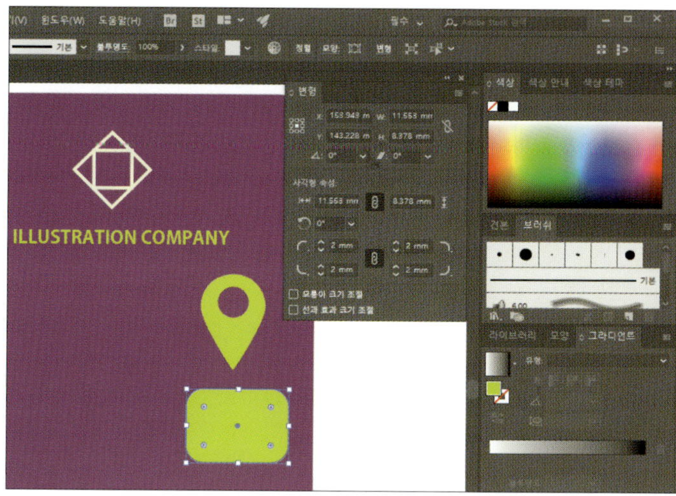

15 메시지 마크를 만들기 위해 둥근 사각형 도구( )로 둥근 사각형 오브젝트를 만든다.

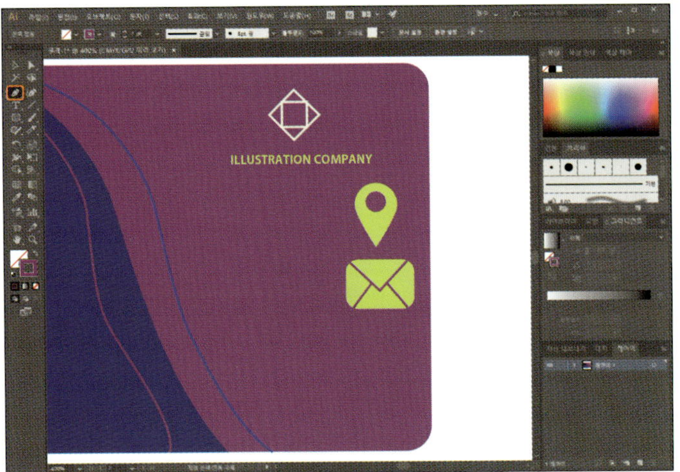

16 Ctrl 을 누른 채 빈 공간을 클릭하여 선택을 해제하고 펜 도구(✏)로 그림과 같이 선을 만들어 메시지 마크를 완성한다.

강의노트 ✏

펜 도구로는 다양한 직선, 곡선, 도형들을 자유롭게 만들 수 있다. 하나의 도형이 아닌 직선과 곡선들을 만들 때에는 마지막 고정점을 클릭한 후 ESC 를 누르면 더 이상 선을 잇지 않고 종료할 수 있다.

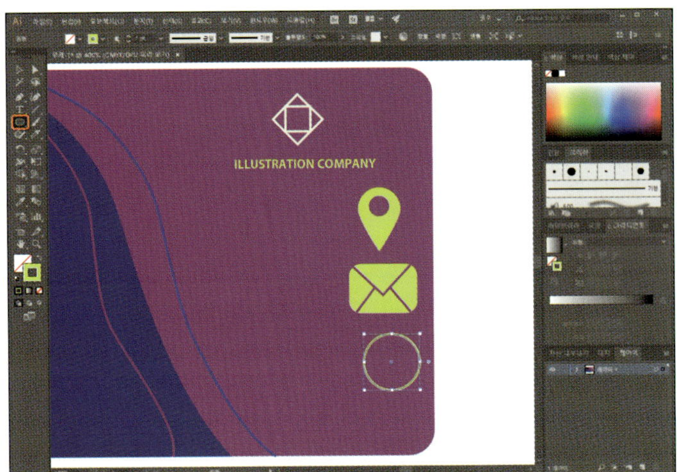

17 shift + Alt 를 누른 채 원형 도구(◯)로 드래그하여 정원을 만든다.

18 정원 오브젝트 내에 세로로 긴 타원오브젝트를 만들고 펜 도구(✏)로 두 개의 직선을 그어 지구본 모양의 마크를 완성한다.

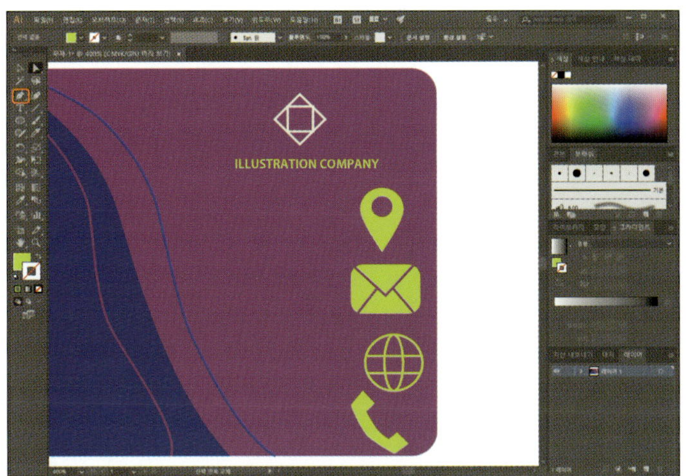

19 펜 도구(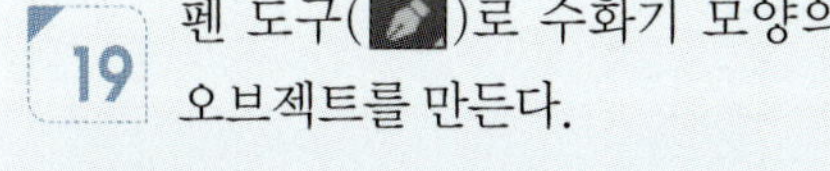)로 수화기 모양의 오브젝트를 만든다.

강의노트

아이콘은 설명 없이 그림만으로 의미를 확실하게 나타내어야 하기 때문에, 핵심만을 강조하고 심플하게 제작하도록 한다.

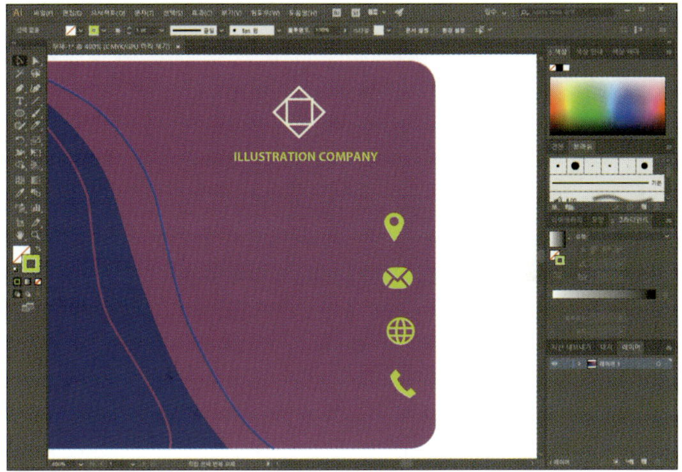

20 완성된 마크들은 각각 그룹화하고 크기를 조절한 뒤 드래그하여 위치를 설정한다.

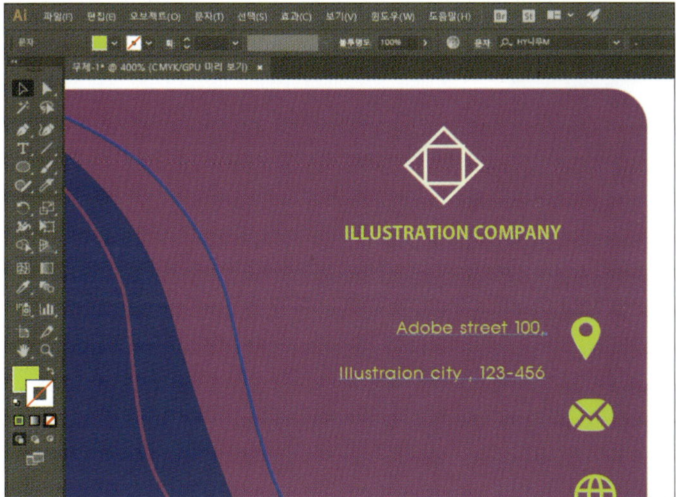

21 문자 도구(T)로 위치 마크 옆에 주소를 입력한다.

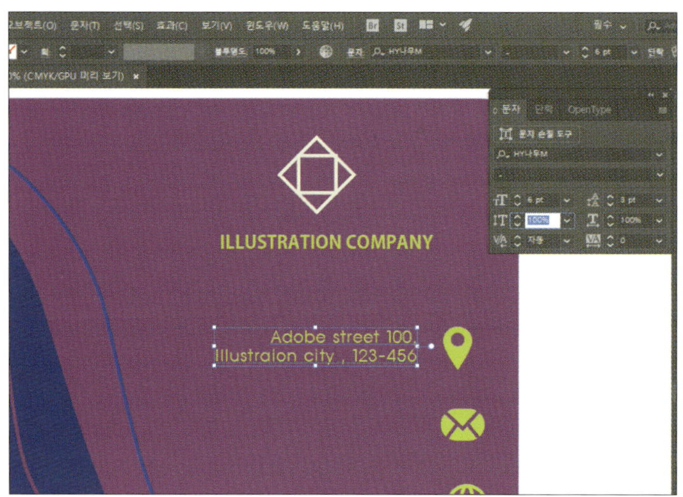

22 두 줄이상 작성할 경우 [윈도우]-[문자]-[문자]를 실행하여 나타나는 [문자] 패널에서 줄 간격을 조절한다.

강의노트

행간은 문자 크기의 130~160%각 적당한다.
너무 좁으면 가독성이 떨어진다

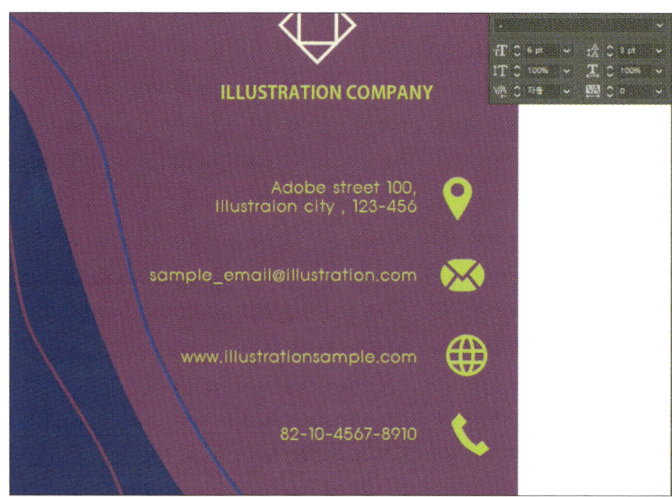

23 같은 방법으로 이메일 주소, 홈페이지 주소, 전화번호를 입력한다.

24 마지막으로 사진 오브젝트 하단에 이름과 직책을 입력하여 명함 오브젝트를 완성한다.

실전문제

01. 음식 사진이 있는 할인권을 만들어본다.

준비파일 | food.jpg   **완성파일** | part03-17.ai

Hint food.jpg 사진을 가져오기 한 후 사각형 오브젝트와 겹친 상태에서 [클리핑 마스크 만들기]를 실행한다.

02. 사진이 있는 달력을 만들어본다.

준비파일 | beach.jpg   **완성파일** | part03-18.ai

Hint 가로로 긴 직사각형을 만들고 상단 부분에 작은 원을 겹친 후 [패스파인더]-[교차 영역 제외]를 실행한 다음 beach. jpg를 불러와 [클리핑 마스크 만들기]를 실행한다.

청중의 집중을 끌어당기는 프레젠테이션 디자인

발표를 하면서 청중으로 하여금 주목과 관심을 끌어내기 위해서는 여러 가지 요소 중에서도 발표 내용의 핵심을 강조하고 쉽게 이해할 수 있는 다양한 그림과 도형이 필요하다. 프레젠테이션 문서를 만들 때 가장 많이 사용되는 프로그램으로 Microsoft사의 Powerpoint가 있다만 정밀한 그림 표현이 가능한 일러스트레이터를 이용하여 더 효과적인 프레젠테이션을 준비할 수 있다. 이번 시간에는 이러한 프레젠테이션 문서를 만들어본다.

Zoom In

알찬 예제로 배우는

프레젠테이션 레이아웃

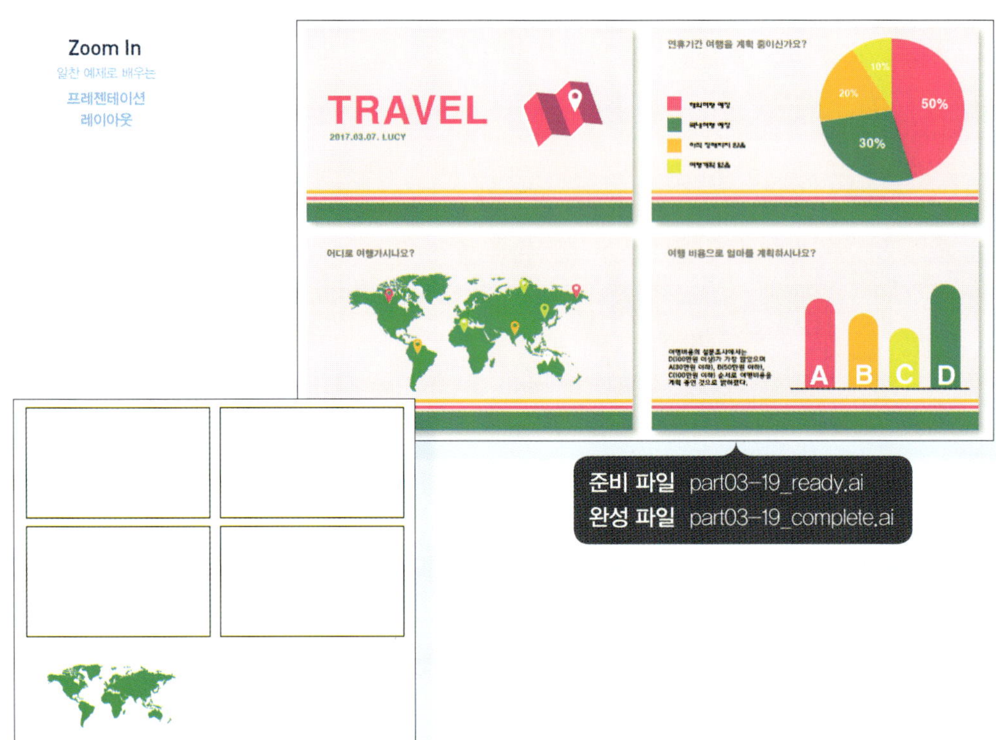

준비 파일 part03-19_ready.ai
완성 파일 part03-19_complete.ai

Keypoint Tool

_ **그래프 도구** 쉽고 간편하게 다양한 모양의 그래프를 만들 수 있다.
_ **크기 조절 도구** 오브젝트의 크기를 다양하게 변경할 수 있다.

Knowhow

_ 도형 도구를 이용하여 그래프 모양을 만들 수 있다.
_ 2개 이상의 오브젝트를 선택하여 동시에 색상 속성을 적용할 수 있다.

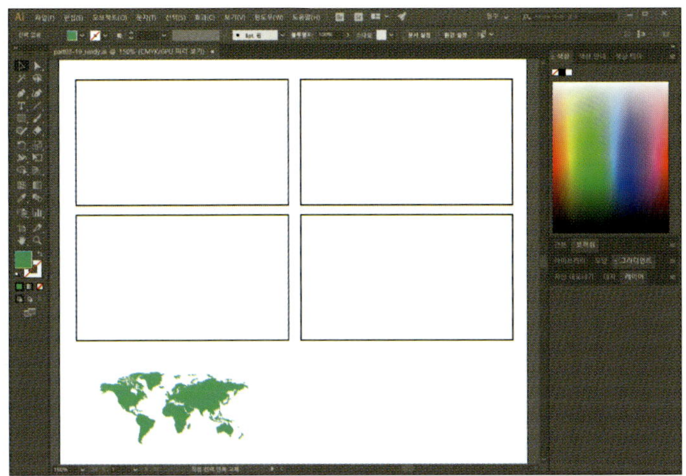

01 [파일]-[열기]를 실행하여 part03-19_ready.ai 파일을 불러온다.

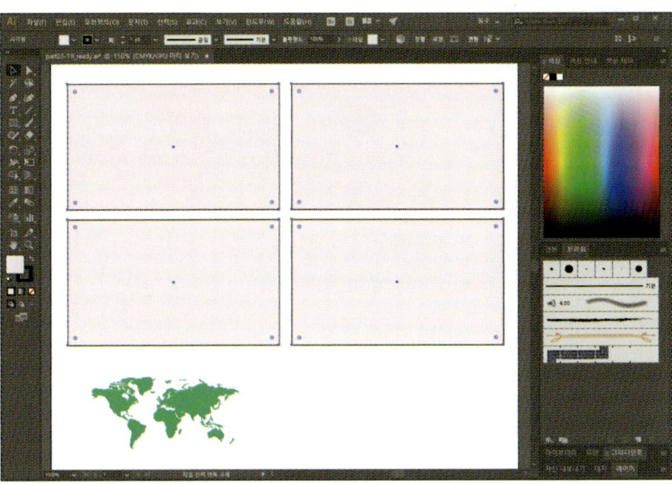

02 프레젠테이션 배경으로 사용될 4개의 직사각형을 선택하고 면 색상을 연한 분홍색으로 지정한다.

강의노트

프레젠테이션은 청중으로 하여금 집중을 얻을 수 있어야 한다. 이에 산만하게 할 수 있는 무늬나 화려한 배경 색상은 피하도록 한다.

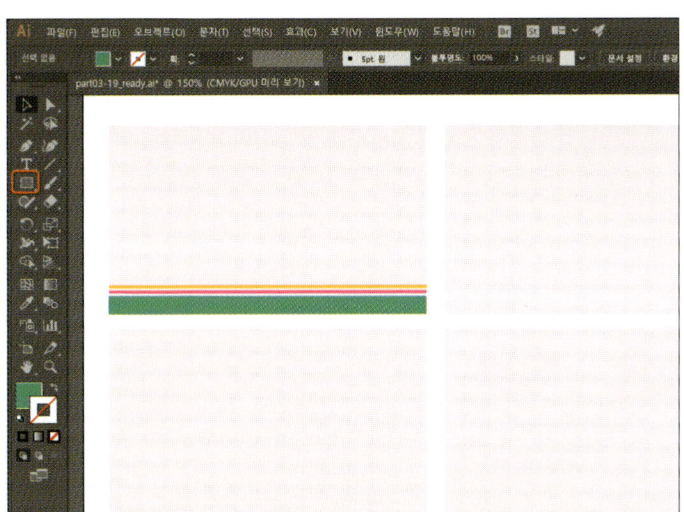

03 배경의 무늬를 만들기 위해 사각형 도구(■)로 가늘고 긴 3개의 사각형을 만든 다음 각각 다른 색상으로 지정한다.

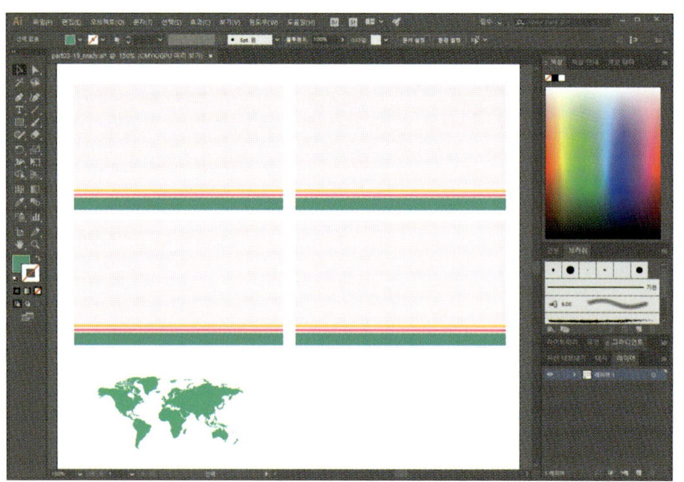

04 배경의 무늬를 모두 선택한 후 [Alt]를 눌러 나머지 배경에도 복사하여 적용한다.

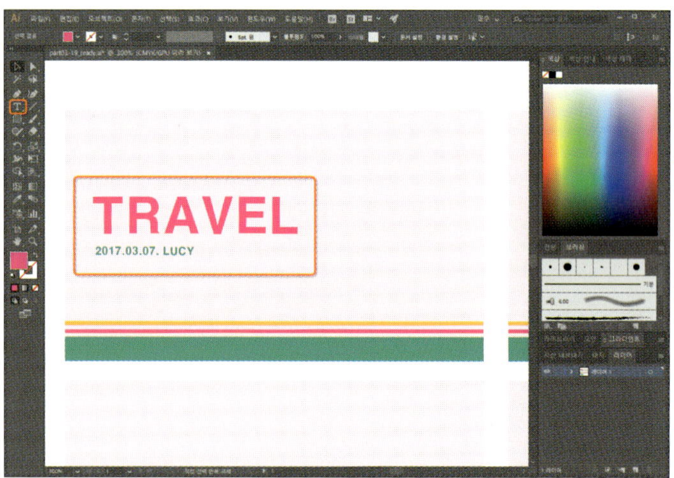

05 먼저 첫 번째 표지를 만들어본다. 첫 번째 배경 오브젝트 위에 문자 도구([T])로 클릭한 다음 그림과 같이 문자를 입력한다. 각 문자가 선택된 상태에서 도구 모음의 스포이드 도구를 선택한 다음 배경의 무늬로 만든 사각형 오브젝트를 클릭하여 색상을 복사 및 적용한다.

📍 보충수업 스포이드 도구로 색상 복사하기

다른 오브젝트에 이미 설정된 색상을 똑같이 적용할 때에는 스포이드 도구를 활용하면 쉽고 빠르게 같은 색상을 적용할 수 있다. 도형 오브젝트 뿐만 아니라 문자 오브젝트도 동일하게 적용할 수 있다. 색상을 적용할 오브젝트가 선택된 상태에서 스포이드 도구로 색상을 복사할 오브젝트를 클릭하면 클릭한 오브젝트의 면과 선 색상이 복사되어 적용된다. 반대로 선택된 오브젝트의 면, 선 색상을 다른 오브젝트에 적용하려면 [Alt]를 누른 채 스포이드 도구로 적용할 오브젝트를 클릭한다.

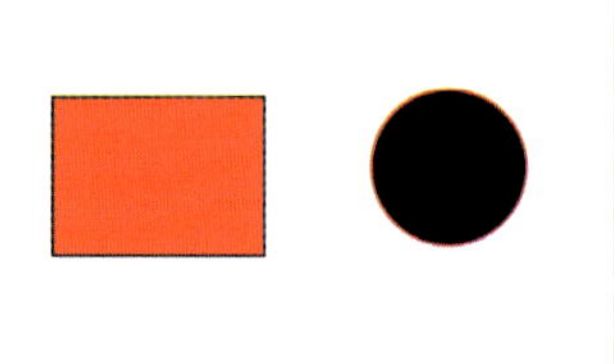

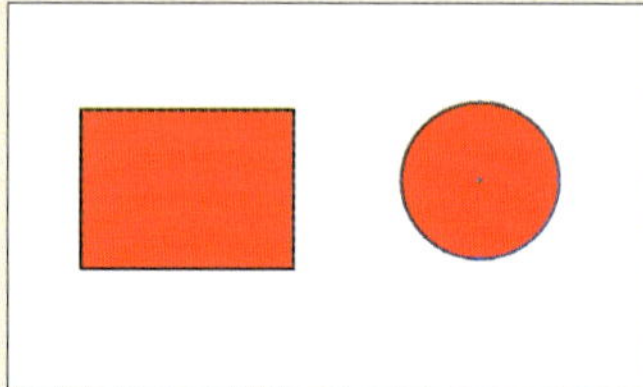

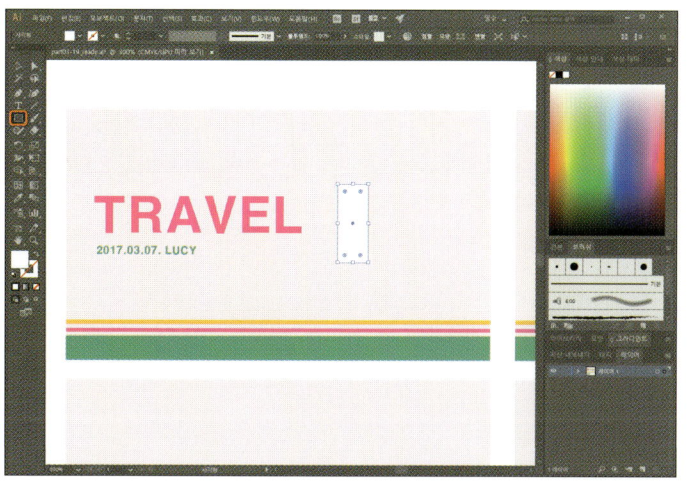

06 지도 오브젝트를 만들기 위해 사각형 도구( )로 세로로 긴 직사각형을 만든다.

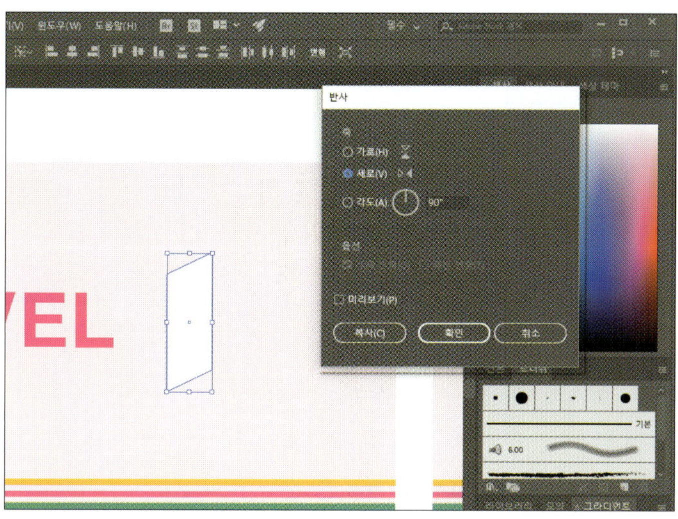

07 직접 선택 도구( )로 우측 상하 고정점을 선택하고 방향키를 이용하여 마름모꼴로 변형한다. 변형된 오브젝트가 선택된 상태에서 [오브젝트]-[변형]-[반사]를 실행하여 나타난 [반사] 대화상자에서 축을 세로로 설정하고 [복사] 버튼을 클릭한다.

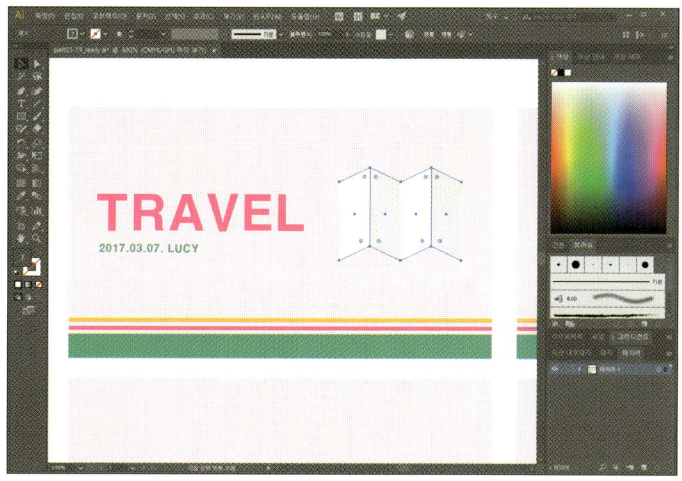

08 복사된 오브젝트르 이전 오브젝트의 오른쪽에 위치시키고 면 색상을 회색으로 설정한다. 앞서 만든 두 오브젝트를 Alt 를 누른 채 드래그하여 지도가 펼쳐진 모양을 만든다.

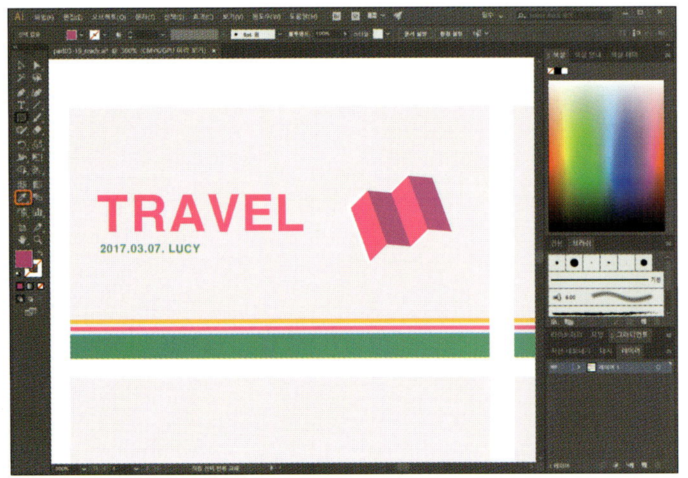

09 지도 오브젝트를 복사하여 붙여 넣기한 다음 복사한 오브젝트는 크기를 줄이고 스포이드 도구(🖊)로 분홍색 오브젝트를 클릭하여 색상을 복사 및 적용한다. 입체 효과를 주기 위해 접혀진 모양의 오브젝트에는 면 색상을 조금 더 어둡게 적용한다.

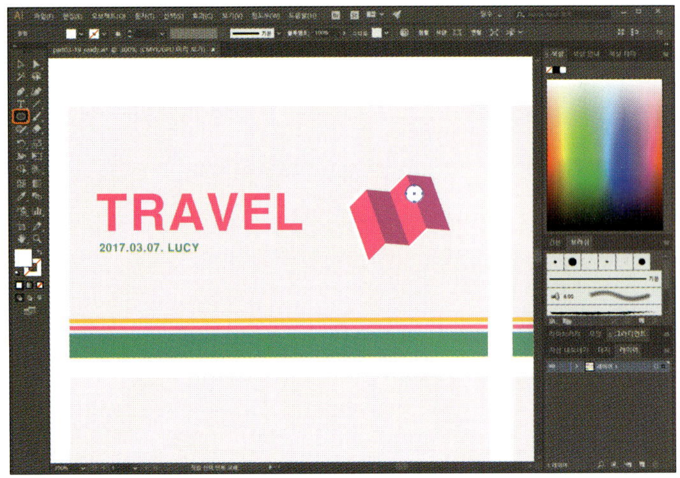

10 지도 오브젝트 위에 shift + Alt 를 누른 채 원형 도구(⬭)로 드래그하여 정 원을 만든다.

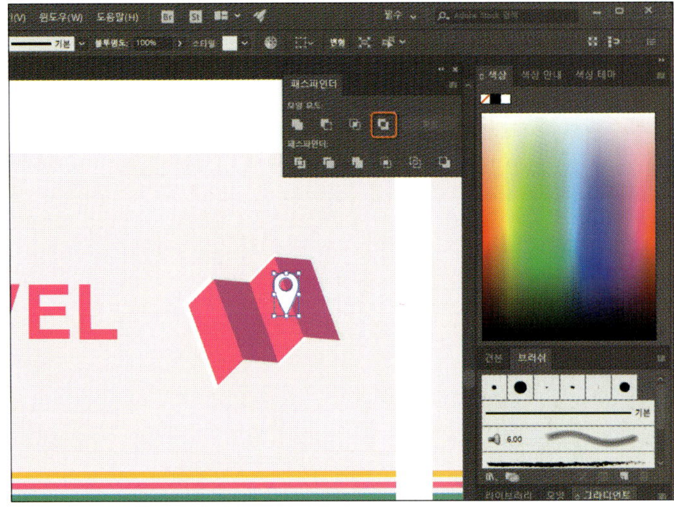

11 고정점 도구(⌐)로 원 오브젝트의 하단 고정점을 클릭한 후 직접 선택 도구(▶)로 뾰족하게 만든다. 그 위에 작은 원을 만들고 두 오브젝트를 선택한 상태에서 [패스파인더] 패널의 [교차 영역 제외] 버튼을 클릭해 위치 표식을 완성한다.

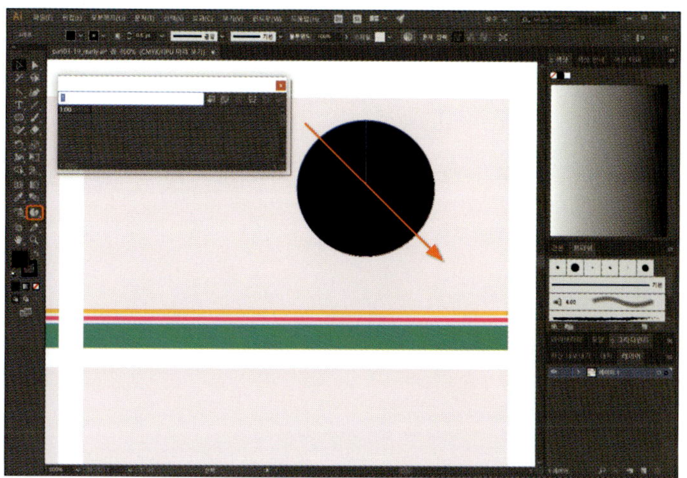

12 이번에는 두 번째 배경 오브젝트 위에 파이 그래프 도구( )로 드래그하여 원형 그래프를 만든다.

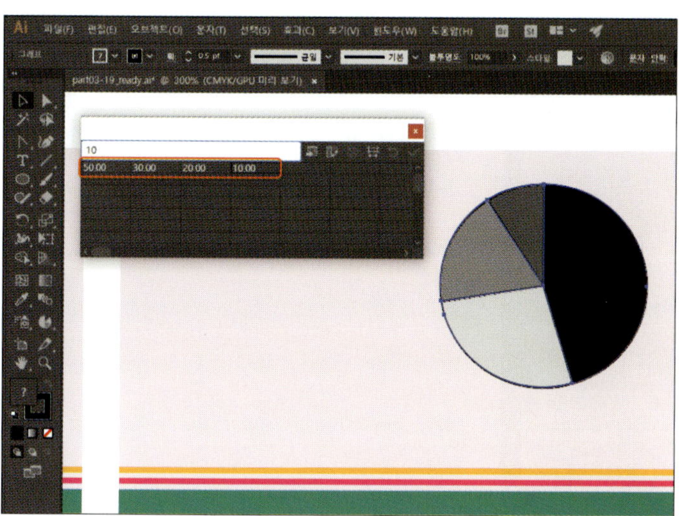

13 그래프의 수치를 입력하는 대화 상자에 50, 30, 20, 10을 입력한다. 입력한 수치에 따라 원형그래프의 모양이 변형된다.

강의노트 ✏

그래프에 범례를 추가하려면 먼저 각 셀의 명칭을 입력하고 두 번째 셀부터 위의 값을 입력한다.
예) 사람, 강아지, 고양이, 기타
　　50,　30,　20,　10

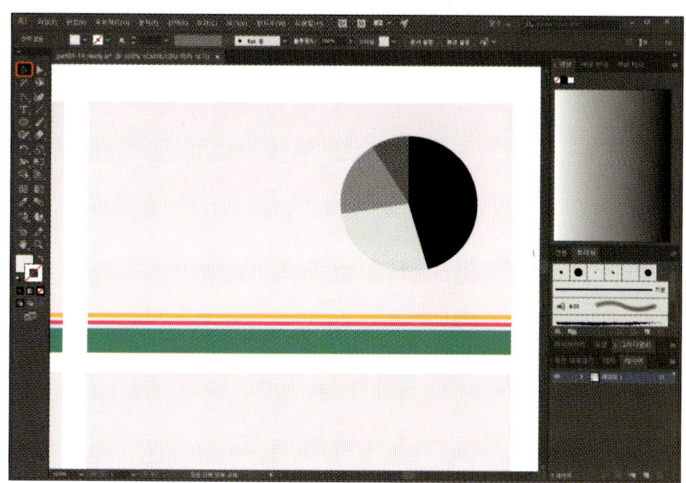

14 입력이 끝나면 데이터 편집 대화 상자를 끄고 선택 도구( )로 원형그래프를 선택한 다음, 선 색상을 없음으로 지정한다.

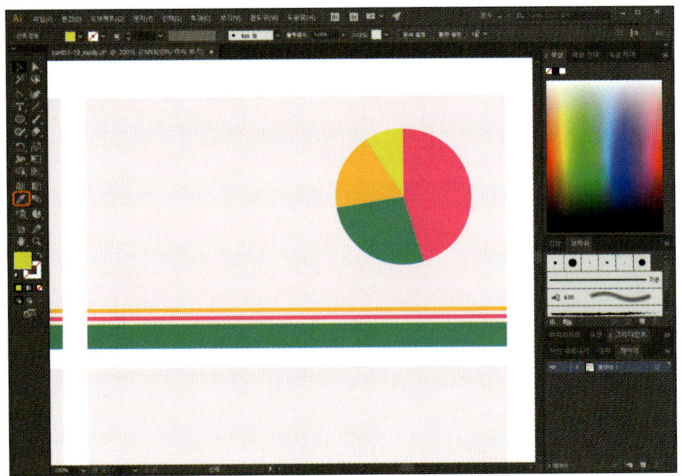

15 직접 선택 도구(▶)로 그래프의 각 조각을 선택하고 스포이드 도구(✎)로 배경의 무늬 오브젝트를 각각 클릭하여 색상을 복사 및 적용한다.

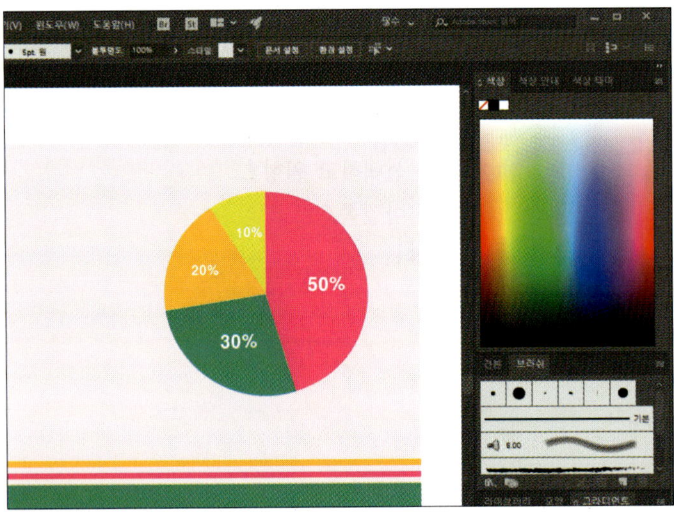

16 문자 도구(T)을 이용하여 그래프 조각 위에 50%, 30%, 20%, 10%를 입력하고 상단바에서 글꼴, 글자색, 크기 등을 설정한다.

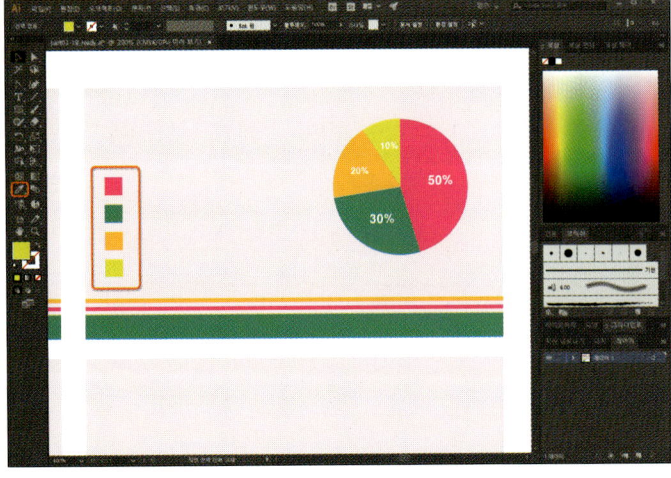

17 그래프의 범례를 만들기 위해 사각형 도구(■)로 정사각형 4개를 만들고 스포이드 도구(✎)을 이용하여 원형 그래프와 동일한 색상을 적용한다.

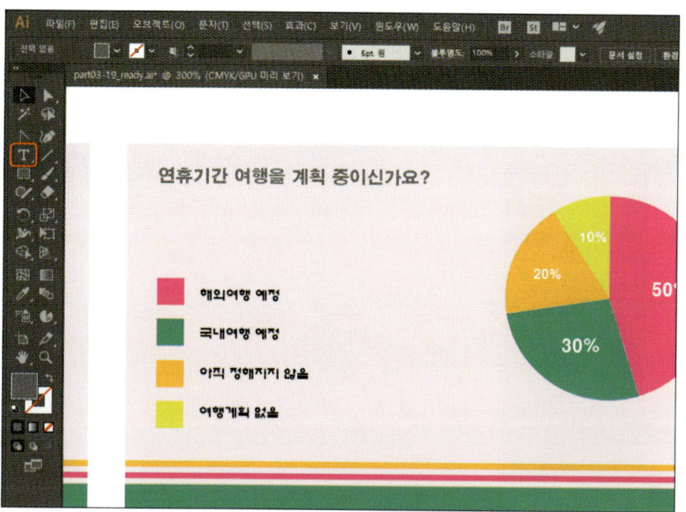

18 문자 도구(T)을 이용하여 제목과 범례를 완성한다.

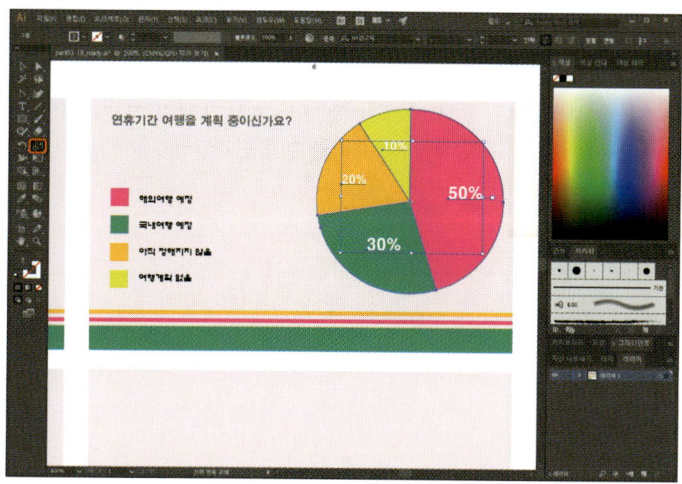

19 좀 더 어울리도록 설정하기 위해 도구 모음의 크기 조절 도구()를 선택하고 원형 그래프 내부를 클릭한 채 바깥쪽으로 드래그하여 크기를 조절한다.

20 세 번째 페이지 위로 앞서 만든 제목 오브젝트를 복사하고 내용을 변경한다.

강의노트 ✎

청중으로부터 프레젠테이션에 집중시키는 방법 중 하나는 궁금증 유발이다. 제목에 내용의 결론보다는 질문을 적으면 청중의 이목을 끌 수 있다.

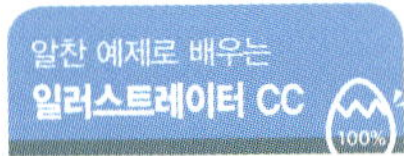

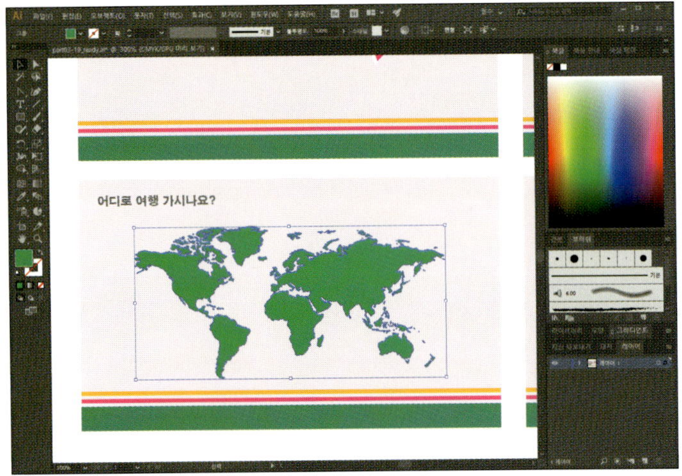

21 도큐먼트 하단에 있던 세계 지도 오브젝트를 위치시킨 후 크기를 조절한다.

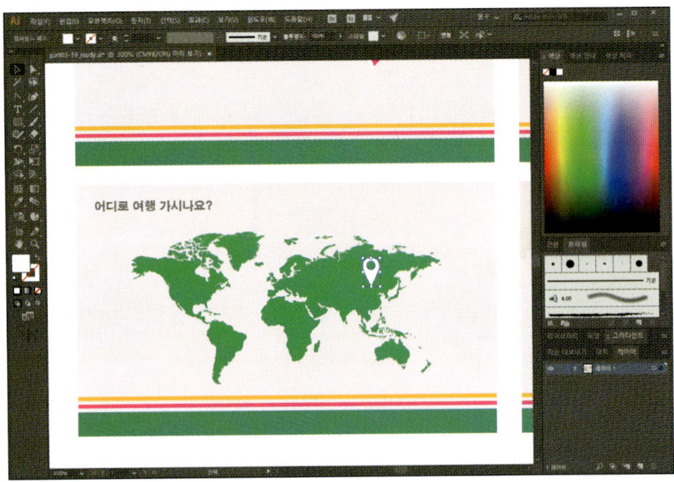

22 첫 번째 페이지에서 만든 표식 오브젝트를 선택하고 Ctrl + C 를 눌러 복사한 다음 세 번째 페이지 위에 붙여넣기한다.

23 Alt 를 누른 채 표식 오브젝트를 드래그하여 여러 개 복사하고 스포이드 도구(🖋)을 이용하여 색상을 적용한다.

강의노트 ✏

이목을 끌기 위해 너무 많은 종류의 색상을 사용한다면 오히려 산만해질 수 있다. 메인 색상을 3~4개로 설정하고 스포이드 도구를 이용하여 동일한 색상을 적용하도록 한다.

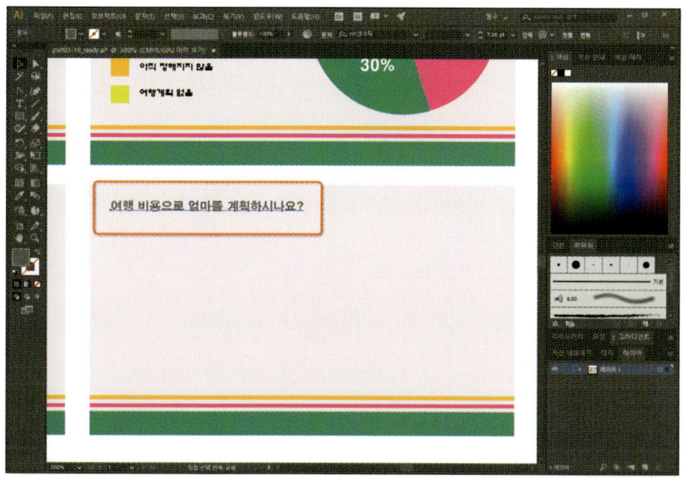

24 네 번째 페이지에도 제목 오브젝트를 복사하여 붙여넣기한 후 내용을 변경한다.

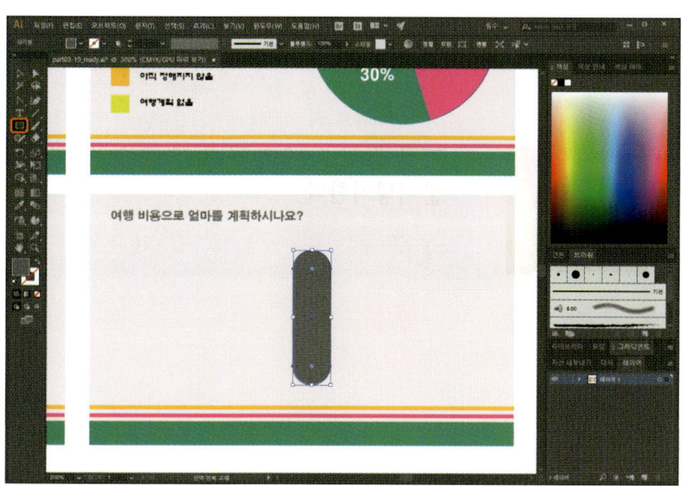

25 둥근 사각형 도구( )로 세로로 긴 둥근 사각형 오브젝트를 만든다.

26 직접 선택 도구( )로 둥근 사각형 오브젝트 하단의 고정점을 클릭하고 [Delete]를 눌러 삭제한다.

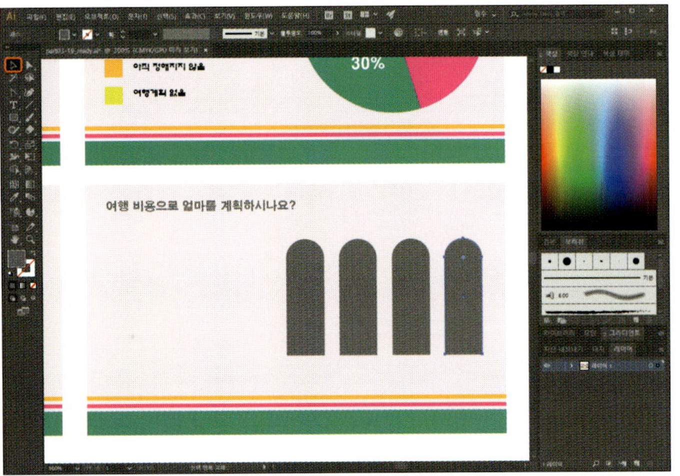

27 Alt 를 누른 채 선택 도구(▷)로 드래그하여 3개를 더 복사한다.

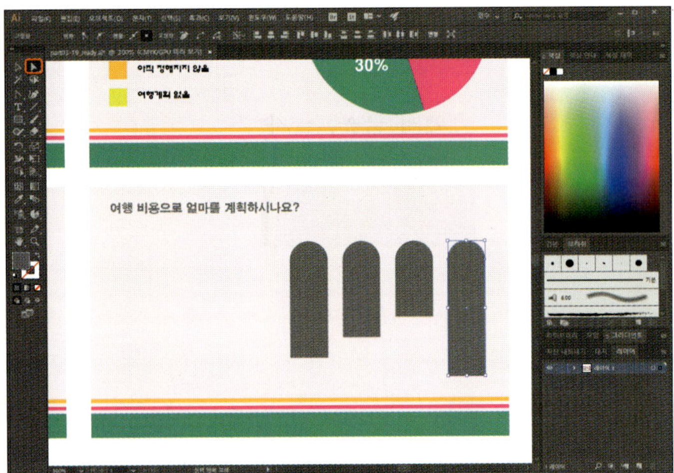

28 직접 선택 도구(▷)로 각 오브젝트의 아래 두 고정점을 선택하고 방향키를 이용하여 각각의 높이를 조정한다.

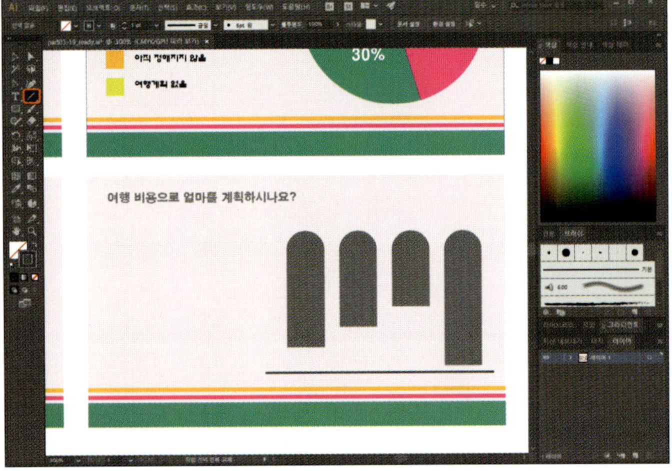

29 Shift 를 누른 채 선분 도구(╱)로 드래그하여 그래프의 바닥을 만든다.

강의노트 🖋

직선 도구로 직선을 만들 때에는 기울어짐을 방지하기 위해 Shift 를 누른 채 드래그한다. Shift 를 누르고 있으면 수평, 수직, 45° 기울기를 정확히 적용할 수 있다.

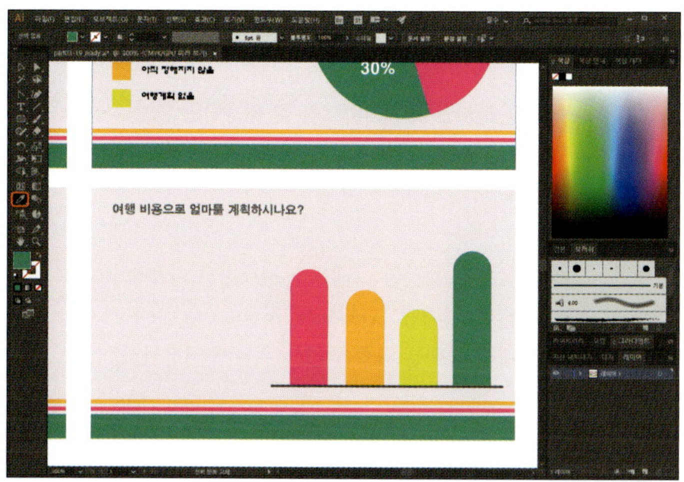

30 직선 오브젝트 위에 둥근 사각형 오브젝트를 위치 시킨 후 스포이드 도구(✏)을 이용하여 면 색상을 각각 지정한다.

31 문자 도구(T)로 빈 공간을 클릭하고 내용을 입력한다. 상단 바에서 글꼴, 글자 색, 크기 등을 조정한다.

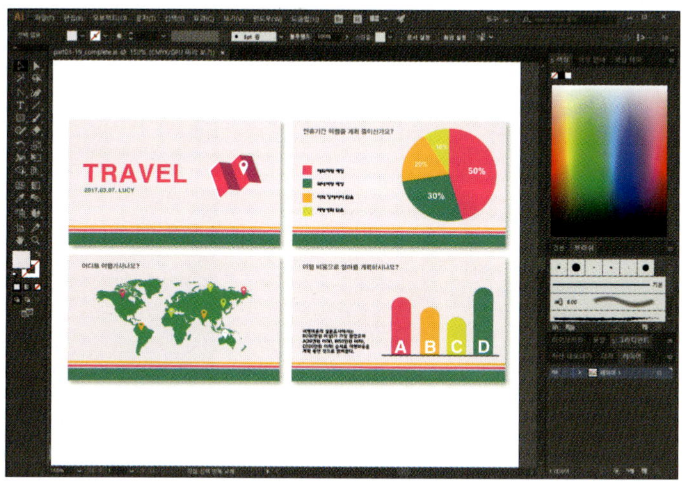

32 마지막으로 배경 오브젝트를 모두 선택하고 [효과]-[스타일화]-[그림자 만들기]를 실행하여 그림자 효과를 적용한다.

특별페이지 | 파워포인트의 강력한 그래프 기능

일러스트레이터에서 다양한 그래프를 만들 수 있는 기능을 제공하지만 파워포인트를 잘 활용하면 일반 사용자도 쉽고 간편하게 예쁜 그래프를 쉽게 만들 수 있다. 파워포인트에서 3D 막대그래프를 그리고 그림으로 저장한 후 일러스트레이터로 불러와 사용해 본다.

❶ 파워포인트를 열고 [삽입(Insert)] 탭의 그래프 버튼을 누르고 3D 막대그래프를 선택한다.

❷ 자동으로 생성된 그래프를 선택하고 마우스 오른쪽 버튼을 클릭해 [그림으로 저장(Save as Picture)] 명령을 실행한 다음 원하는 위치에 저장한다.

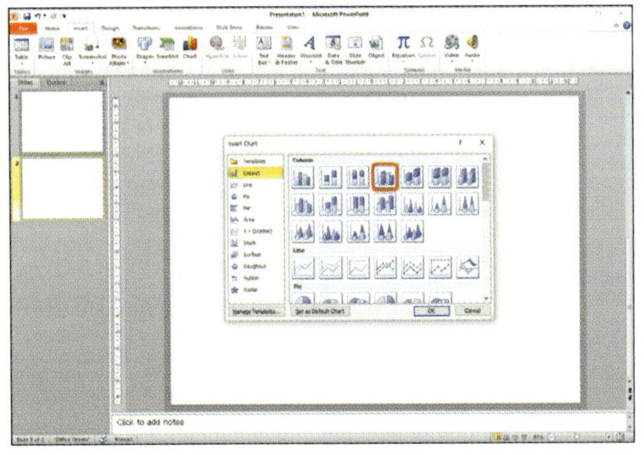

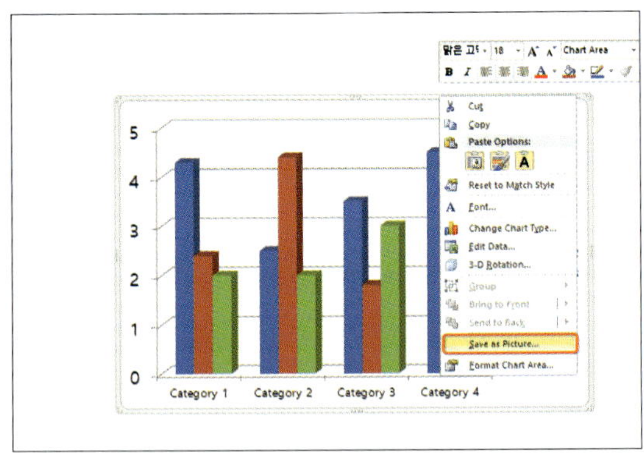

❸ 일러스트레이터에서 [파일]-[가져오기]를 실행하고 앞서 그래프를 저장한 위치를 찾아 불러온다.

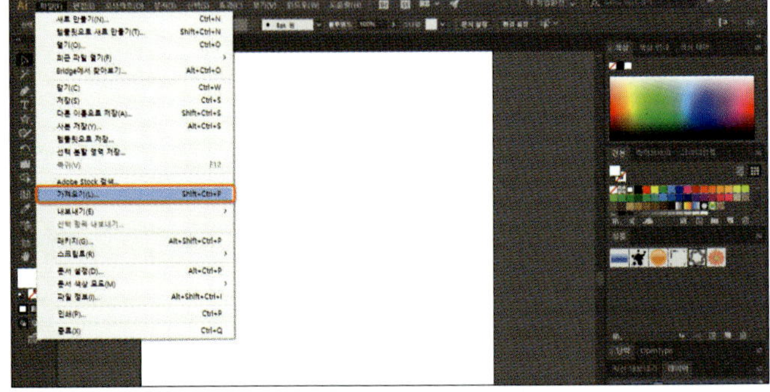

❹ 도큐먼트 위를 드래그하여 그래프를 표시한다.

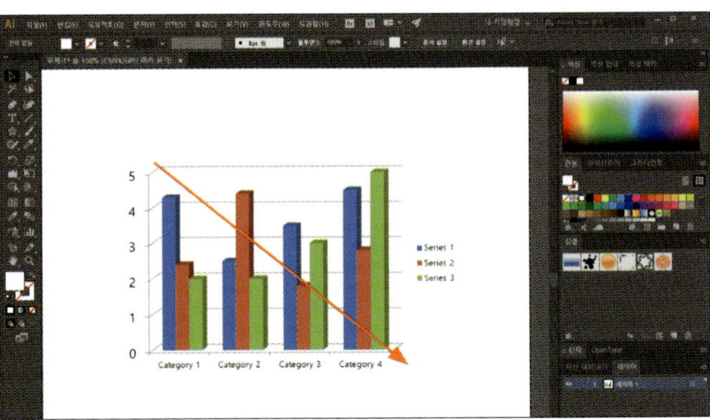

실전문제

01. 그래프 도구를 이용하여 프레젠테이션을 만들어본다.

준비파일 | part03-19_ready.ai   **완성파일** | part03-20.ai

Hint 영역 그래프 도구로 드래그한 다음 각각의 수치를 입력한 다음 직접 선택 도구로 그래프의 영역 부분만을 선택하고
Ctrl + X, Ctrl + V 를 눌러 그래프 축과 분리한다.

02. 그래프 오브젝트를 편집하여 프레젠테이션을 만들어본다.

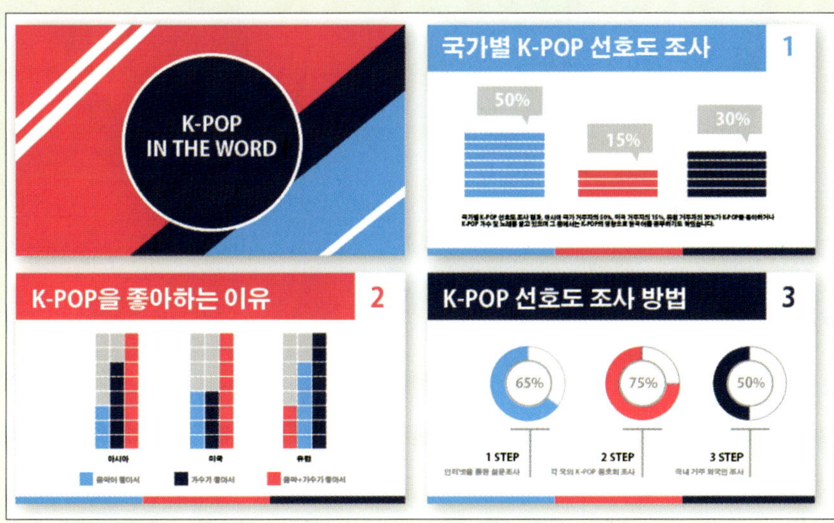

준비파일 | part03-19_ready.aii   **완성파일** | part03-21.ai

Hint 파이 그래프 도구로 드래그하여 원형 그래프를 만들고 수치를 입력한 다음 겹쳐지도록 흰색 원 오브젝트를 만들고
문자 도구로 숫자를 입력한다.

개성있는 문자 디자인

레터링, 타이포그래피, 로고타이프 등 문자를 디자인하여 표현하는 것을 말하는 다양한 용어가 있다. 문자를 그리거나 디자인하는 일은 문자 그 자체를 더 읽기 쉽게 만들고 읽는 사람으로 하여금 암시하는 내용을 더 쉽게 느낄 수 있도록 하여 영화 포스터, 만화의 의성어, 의태어 등에 많이 쓰이다. 이 섹션에서는 전문가가 아니더라도 일러스트레이터를 통해 쉽게 문자디자인을 하는 방법을 공부해 본다.

Zoom In
알찬 예제로 배우는
**문자를 이용한
일러스트**

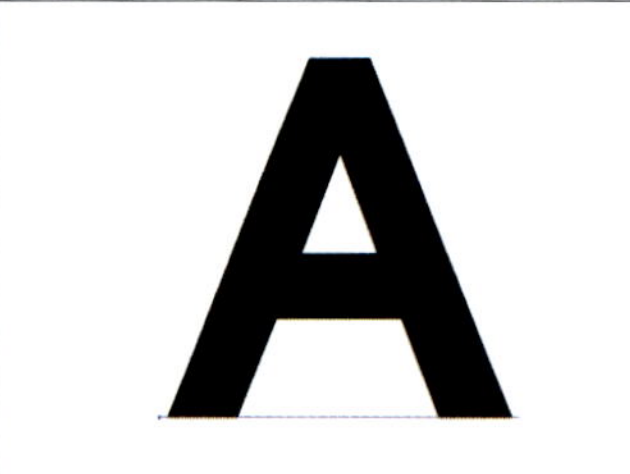

완성 파일 part03-22.ai

Keypoint Tool

_ **펜 도구** 다양하게 직선과 곡선을 만들어 새로운 오브젝트를 만든다.
_ **색상 패널** 어울리는 색상을 쉽게 적용한다.

Knowhow

_ 오브젝트가 선택되어 있지 않은 상태에서 펜 도구로 해당 오브젝트 외곽선 위를 클릭하면 오브젝트에 영향을 주지않고 겹쳐지는 새로운 오브젝트를 만들 수 있다.
_ 그림자 만들기 대화상자에서 그림자의 투명도와 색상을 조절할 수 있다.

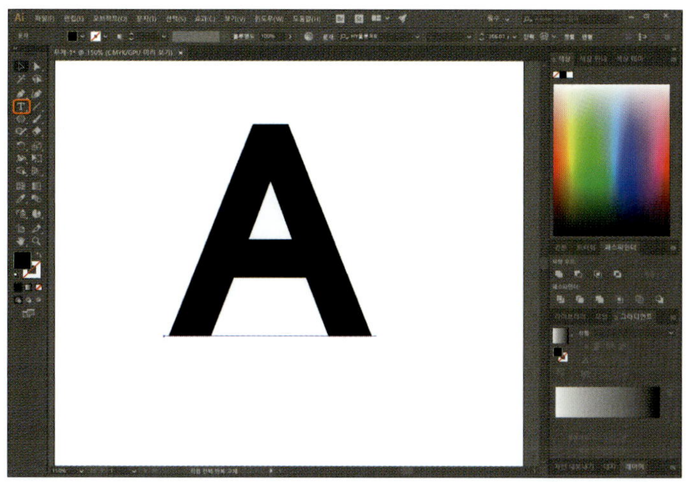

01 새 도큐먼트를 만들고 문자 도구 (T)로 클릭한 다음 "A"를 입력한다. 상단 바에서 굵은 글꼴로 설정한다.

02 문자가 선택된 상태에서 [효과]-[스타일화]-[그림자 만들기]를 실행한다.

강의노트 ✏

일러스트레이터에서는 도형 오브젝트외에 문자 오브젝트에도 그림자를 적용할 수 있다.

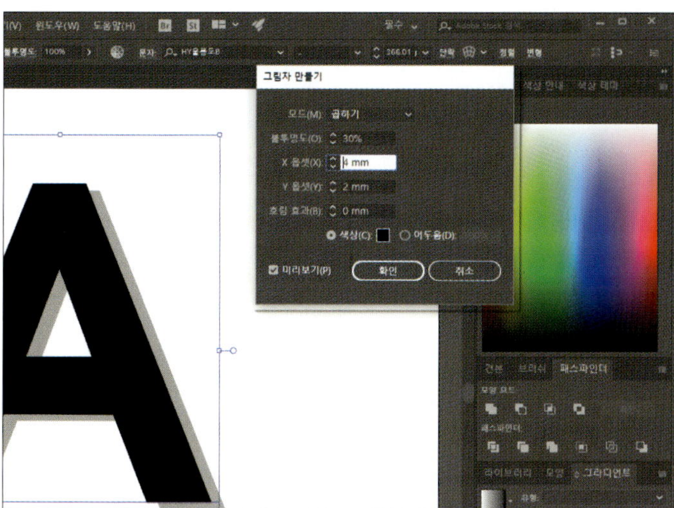

03 [그림자 만들기] 대화상자에서 옵션 값들을 설정하고 [확인] 버튼을 클릭한다.

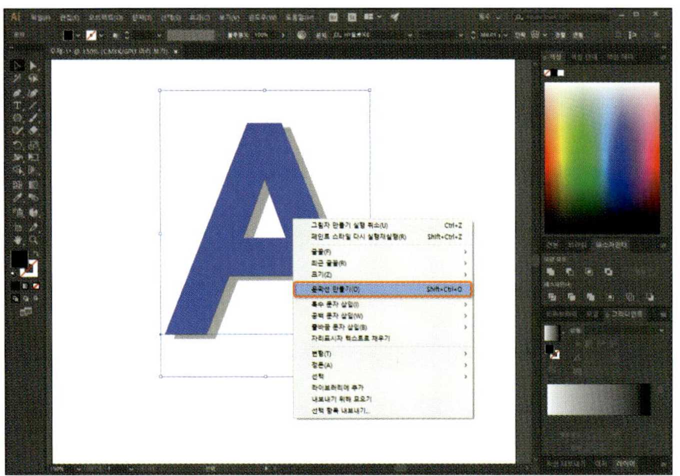

04 문자 오브젝트를 선택하고 마우스 오른쪽 버튼을 클릭해 [윤곽선 만들기]를 실행한다. 이 기능은 문자 오브젝트를 고정점과 패스로 이루어진 객체 오브젝트로 변환한다.

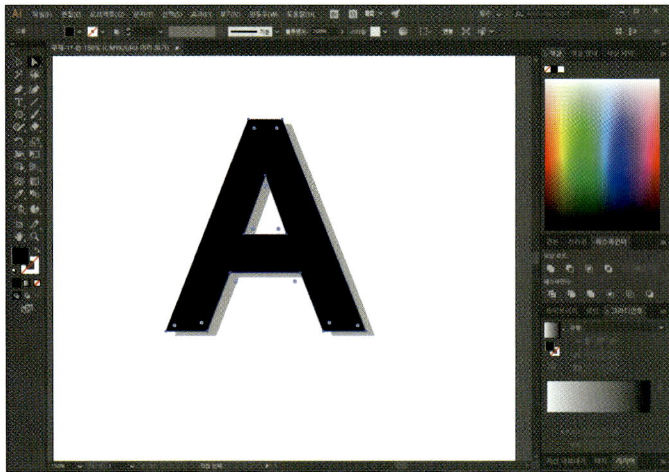

05 변환된 "A"모양의 객체 오브젝트를 확인할 수 있다.

보충수업 문자 오브젝트에 윤곽선 만들기 기능 적용하기

문자 오브젝트에 윤곽선 만들기 기능을 적용하면 다양하게 변형이 가능하다. 이 기능을 적용하기 전에 편리한 작업을 위해 굵고 외곽선이 없는 글꼴을 적용한다. 외곽선으로 이루어진 글꼴은 윤곽선 만들기 기능을 적용하면 기존 외곽선 부분이 면으로 인식된다.

• 굵은 글꼴의 문자 오브젝트에 윤곽선 만들기 기능을 적용한 후 면 색상을 설정했을 때

• 외관선이 있는 글꼴의 문자 오브젝트에 윤곽선 만들기 기능을 적용한 후 면 색상을 설정했을 때

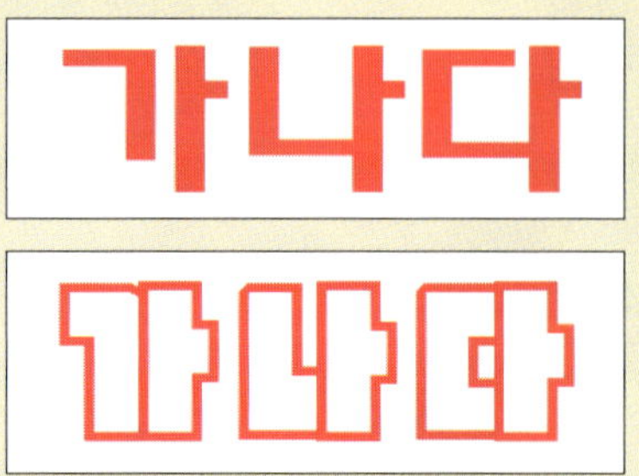

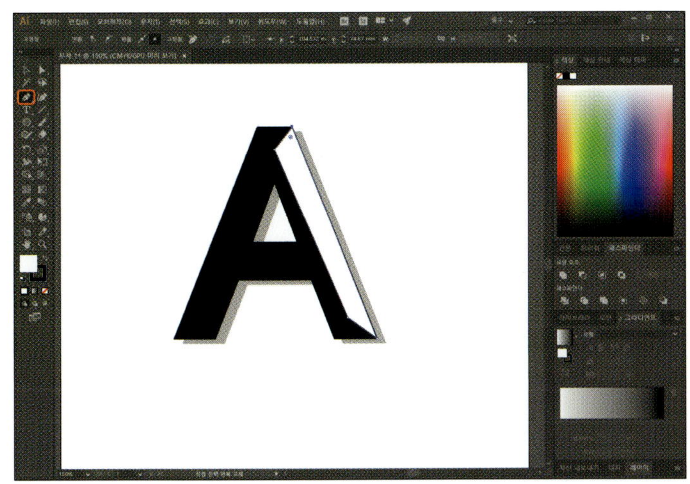

06 각진 모양을 표현하기 위해 펜 도구(✏)을 이용하여 A오브젝트 위로 다각형을 만든다.

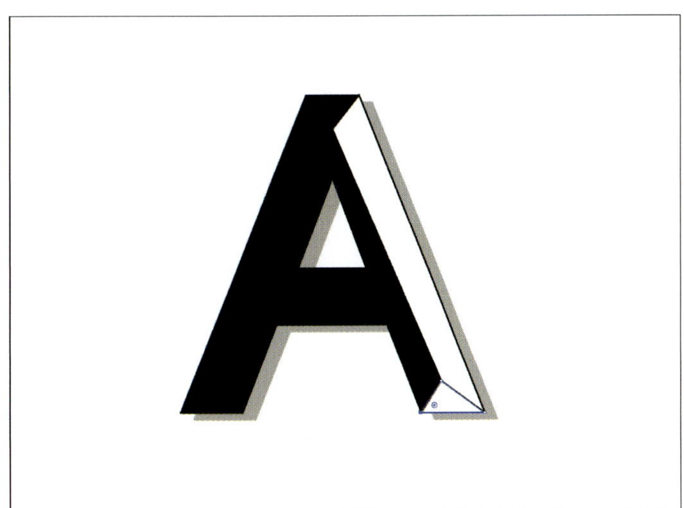

07 만든 다각형 오브젝트의 한쪽 면에 맞추어 또 다른 다각형을 만든다.

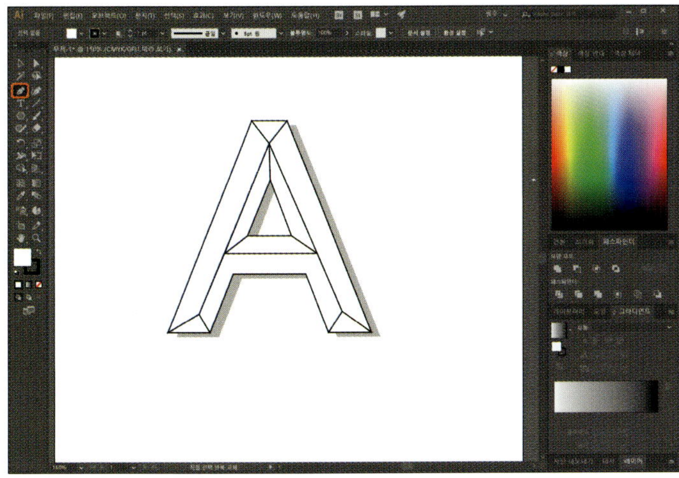

08 A 오브젝트를 다 채우도록 나머지 공간도 펜 도구(✏)을 이용하여 다각형 오브젝트를 만든다.

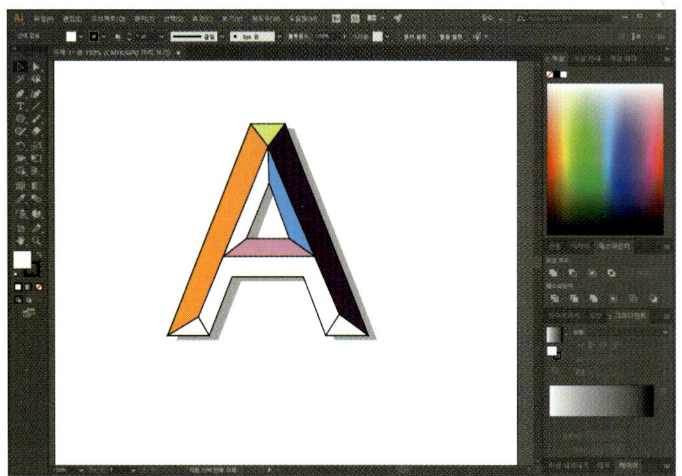

09 다각형 오브젝트들을 각각 선택하여 면 색상을 다양하게 적용하고 모든 오브젝트를 선택한 상태에서 Ctrl+G를 실행하여 그룹화한다.

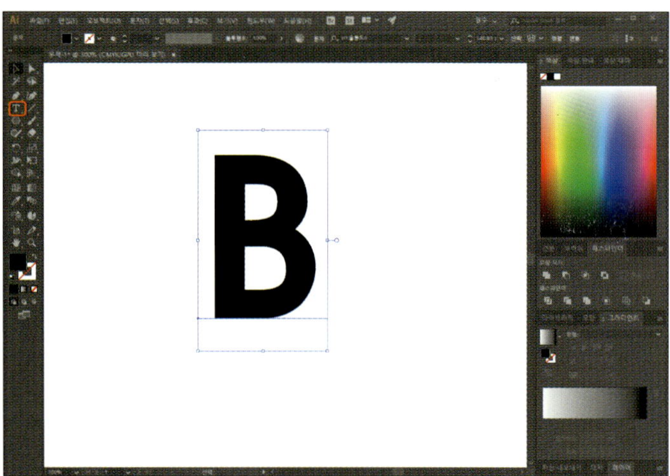

10 이번에는 B 문자 디자인을 해본다. 도큐먼트 빈 공간을 문자 도구(T)로 클릭한 다음 "B"를 입력하고 상단바에서 앞서 설정한 글꼴과 같이 설정한다.

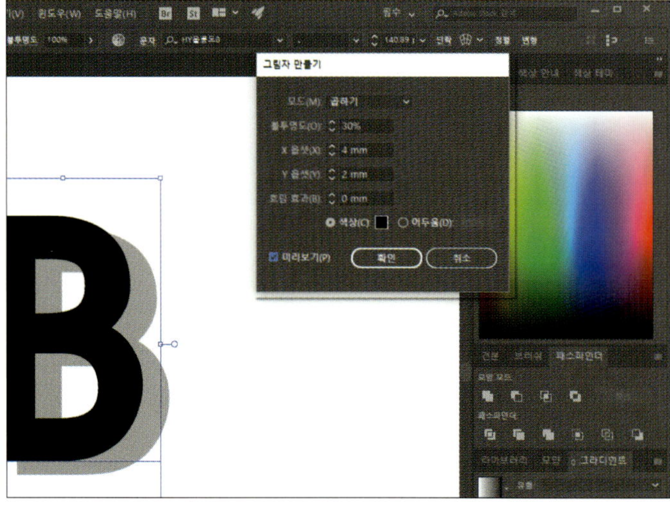

11 "B" 문자 오브젝트가 선택된 상태에서 [효과]-[스타일화]-[그림자 만들기]를 실행하여 그림자를 적용한다.

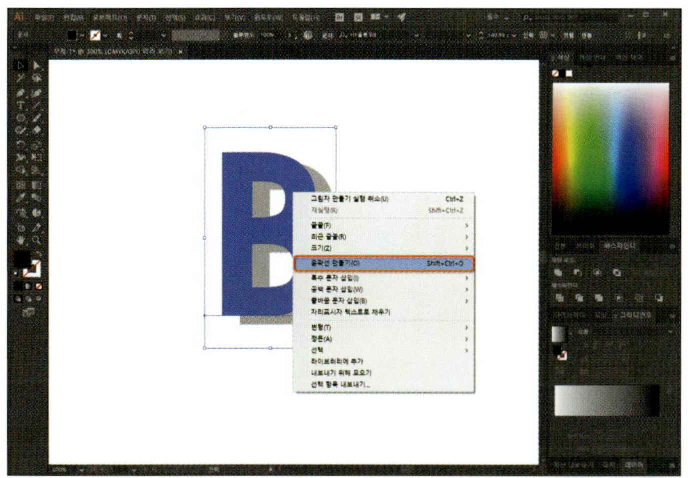

12 문자 오브젝트를 선택하고 마우스 오른쪽 버튼을 클릭해 [윤곽선 만들기]를 실행한다.

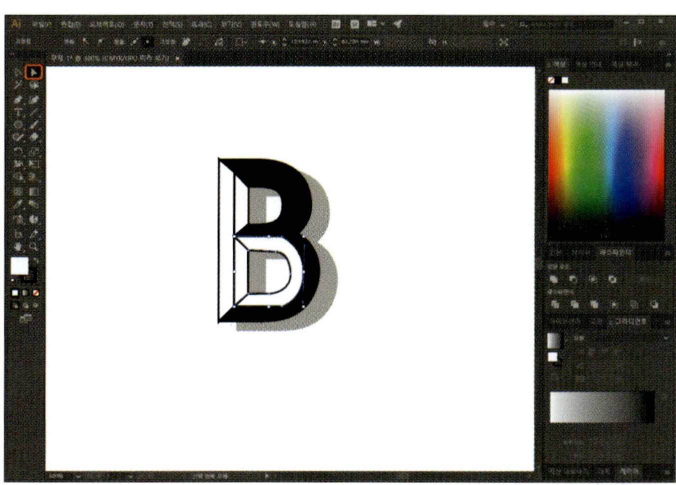

13 객체 오브젝트로 변경된 B오브젝트 위로 펜 도구( )을 이용하여 다각형을 만든다. 곡선 부분은 펜 도구( )로 드래그하여 만든다. 조절이 잘 되지 않는 경우 직접 선택 도구( )로 해당 고정점을 선택하여 세밀하게 조정한다.

14 나머지 공간을 모두 다각형으로 채운다.

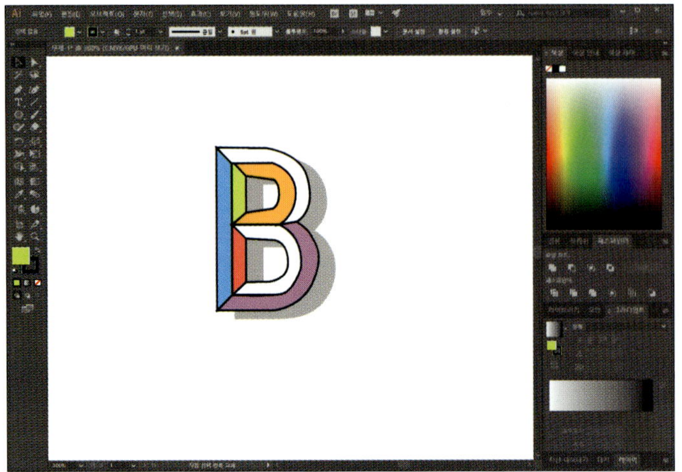

15 각 다각형의 면 색상을 다양하게 적용하고 모든 오브젝트를 선택한 상태에서 [Ctrl]+[G]를 실행하여 그룹화한다.

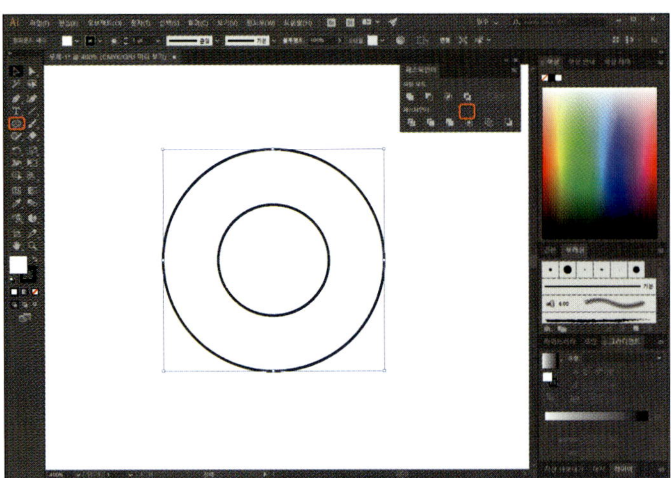

16 이번에는 문자 도구([T])이 아닌 도형 도구()를 이용하여 문자 디자인을 해본다. [shift]+[Alt]를 누른 채 원형 도구()로 드래그하여 정원을 겹치도록 2개 만든다. 두 오브젝트를 선택하고 [패스파인더] 패널에서 [교차 영역 제외] 버튼을 클릭하여 도넛 모양을 만든다.

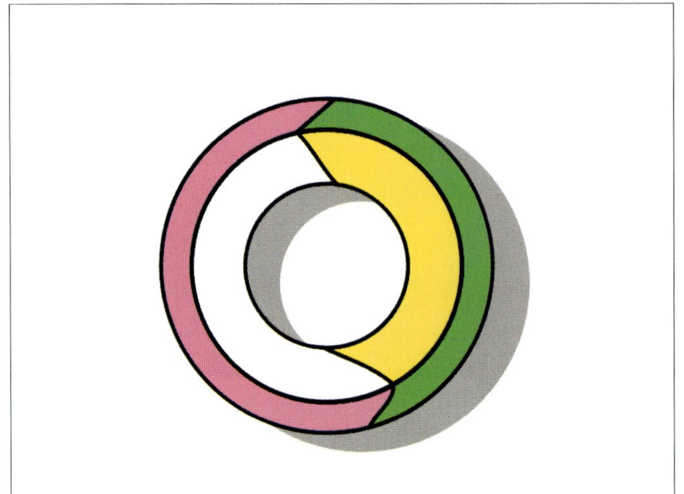

17 앞서 진행한 과정을 참고하여 화면과 같이 만들어 본다.

강의노트 ✎

보색을 활용하면 발랄하면서 산뜻한 느낌을 만들 수 있다.

실전문제

01. 문자 도구와 윤곽선 만들기 기능을 활용하여 문자 디자인을 해본다.

완성파일 | part03-23.ai

Hint 문자 도구로 "FINALLY FRIDAY!"를 입력하고 [윤곽선 만들기]를 실행하여 도형 오브젝트로 변형한 다음 [그룹 풀기]를 실행하여 각각의 오브젝트로 분리한다.

02. 다양한 효과를 적용하여 문자 디자인을 해본다.

완성파일 | part03-24.ai

Hint 문자 오브젝트에 [윤곽선 만들기], [그룹 풀기]를 실행하여 도형 오브젝트로 변환한 다음 [효과]-[스타일화]-[3D], [스크리블]을 실행하여 효과를 적용한다.

나만의 패턴 만들기

이 때까지는 원하는 오브젝트를 만들고 일러스트레이터에서 제공하는 색상으로 단색 또는 그라데이션을 적용했다. 일러스트레이터는 이러한 색상 뿐만 아니라 다양한 패턴을 제공하며 심지어 직접 패턴을 만들 수도 있다. 이번 시간에는 나만의 패턴을 만들고 적용해보도록 한다.

Zoom In
알찬 예제로 배우는
패턴을 활용한
일러스트

완성 파일 part03-25.ai

Keypoint Tool

_ **패턴 만들기 기능** 오브젝트를 반복 복사하여 나만의 무늬, 패턴을 만든다.

_ **견본 패널** 만든 패턴을 등록하고 다른 오브젝트에 적용한다.

Knowhow

_ 눈금자를 이용하여 오브젝트의 크기를 좀 더 세밀하게 조정할 수 있다.

_ 안내선을 미리 설정하면 오브젝트들의 크기를 정확하게 맞출 수 있다.

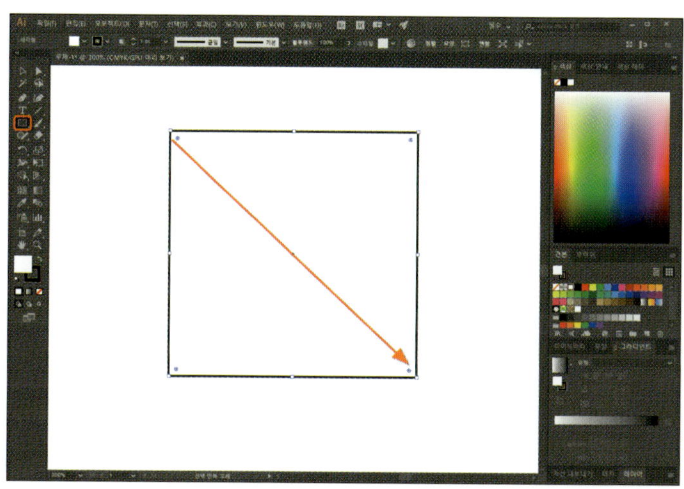

01 새 도큐먼트를 열고 `Ctrl` + `+` 를 여러 번 눌러 화면을 확대한 다음 `shift` + `Alt` 를 누른 상태에서 사각형 도구(▣)로 드래그하여 정사각형을 만든다.

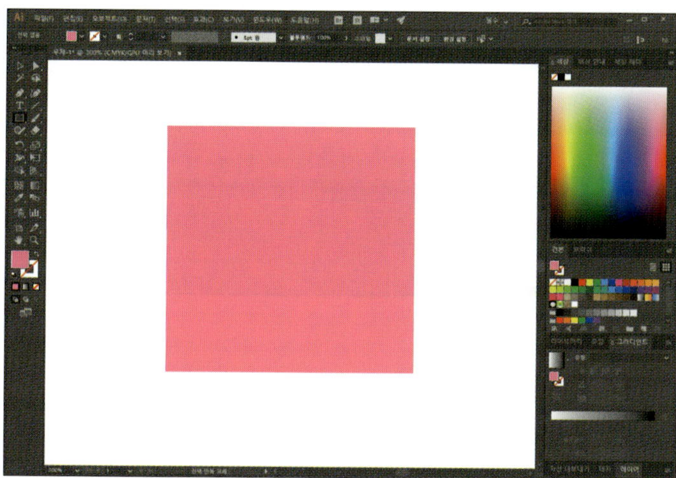

02 면 색상은 분홍색, 선 색상은 없음으로 설정한다.

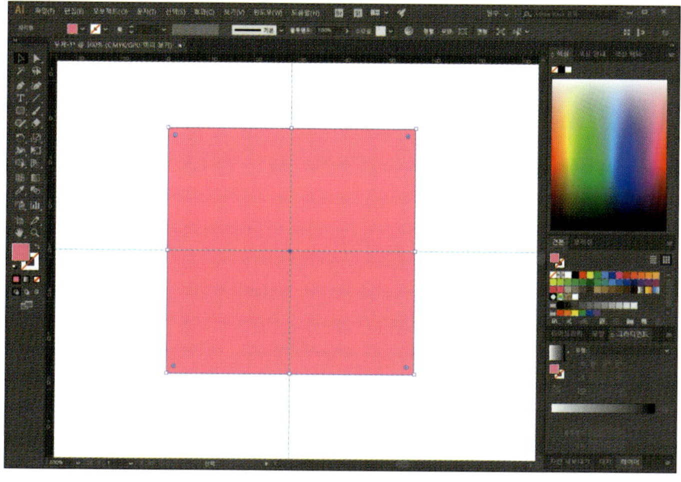

03 `Ctrl` + `R`을 눌러 눈금자를 표시한 다음 눈금자 위를 클릭한 채 도큐먼트 위로 드래그하여 안내선을 만든다. 가로와 세로 안내선을 만든 다음 사각형 오브젝트의 중심을 맞춘다.

강의노트 🖊

만들어진 안내선은 위치 이동이나 삭제가 가능하다. 고정하려면 `Ctrl` + `2`를 누른다.

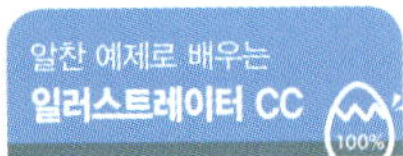

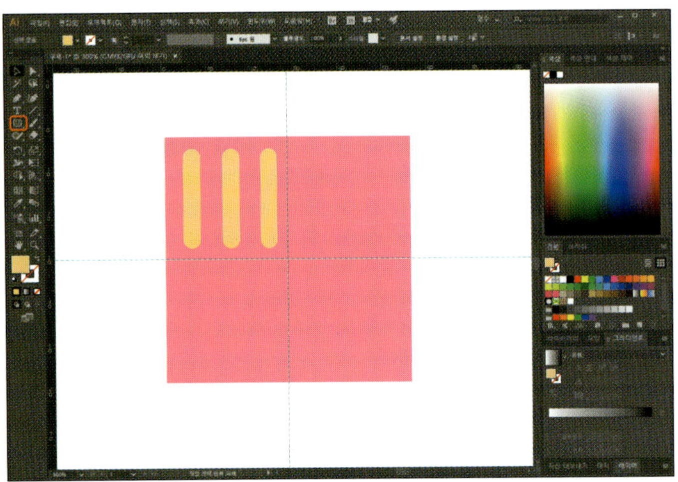

04 둥근 사각형 도구(⬛)로 사각형 오브젝트 위에 세로로 긴 둥근 사각형을 3개 만들고 색상 및 간격을 조정한다.

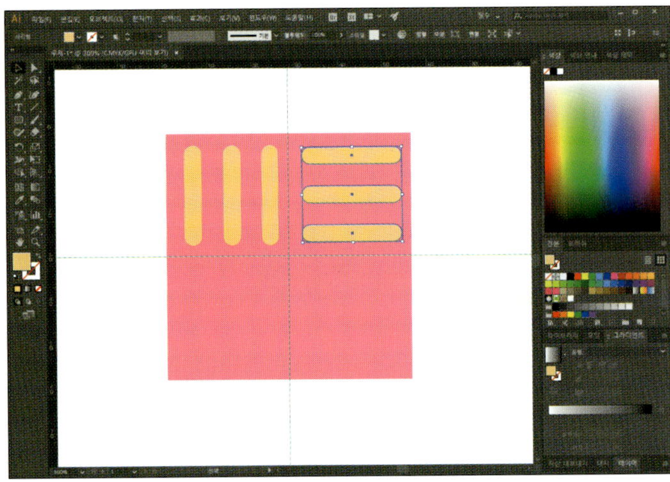

05 만든 3개의 둥근 사각형을 Alt 를 누른 채 드래그하여 복사한 후 바운딩 박스를 이용하여 회전시킨다. 회전시킬 때에는 정확한 90°로 회전하기 위해 shift 를 누른 상태로 회전시킨다.

06 같은 방법으로 나머지 공간에도 각각 복사하고 회전한다.

강의노트 ✏️

세밀한 작업 또는 간격이나 크기를 정확히 맞춰야 할 때 눈금자와 안내선을 이용하면 유용하다. 안내선은 눈금자를 클릭하고 도큐먼트 내로 드래그하면 원하는 위치에 설정할 수 있으며 실제 저장 또는 인쇄시에는 나타나지 않는다.

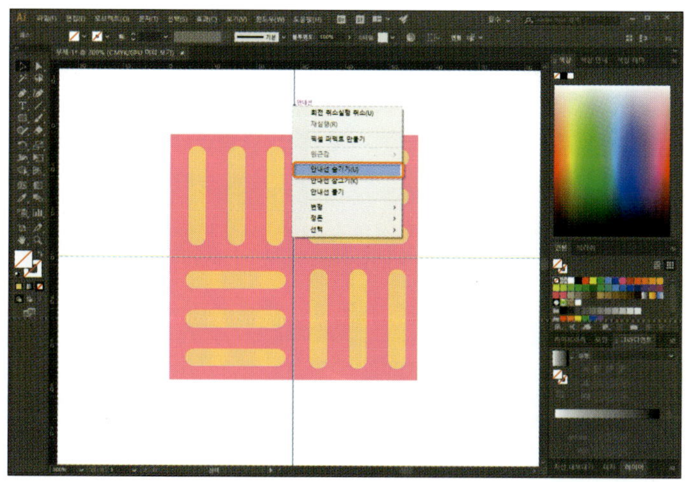

07 안내선을 숨기기 위해 안내선 위에 마우스를 위치시키고 마우스 오른쪽 버튼을 클릭해 [안내선 숨기기]를 실행한다.

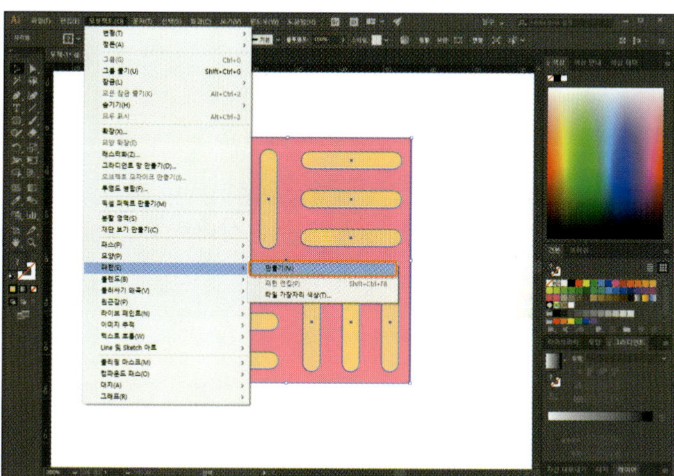

08 Ctrl + A 를 눌러 모든 오브젝트를 선택하고 Ctrl + G 를 눌러 그룹화한다. 오브젝트가 선택된 상태에서 [오브젝트]-[패턴]-[만들기]를 실행한다.

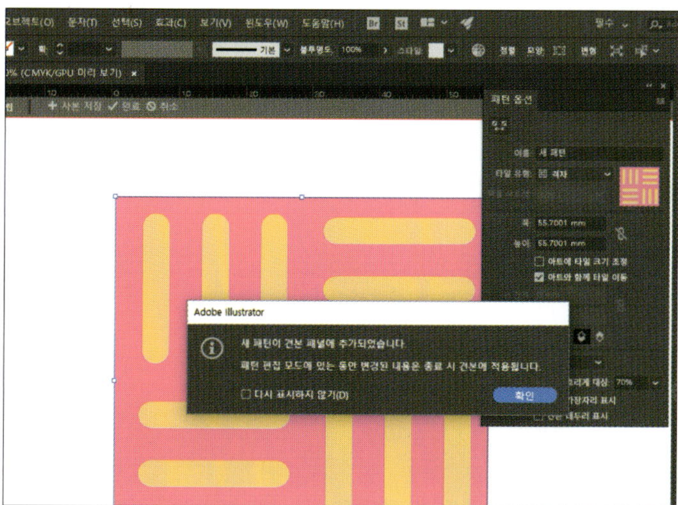

09 패턴이 등록되었다는 안내창이 나타나면 [확인] 버튼을 클릭한다.

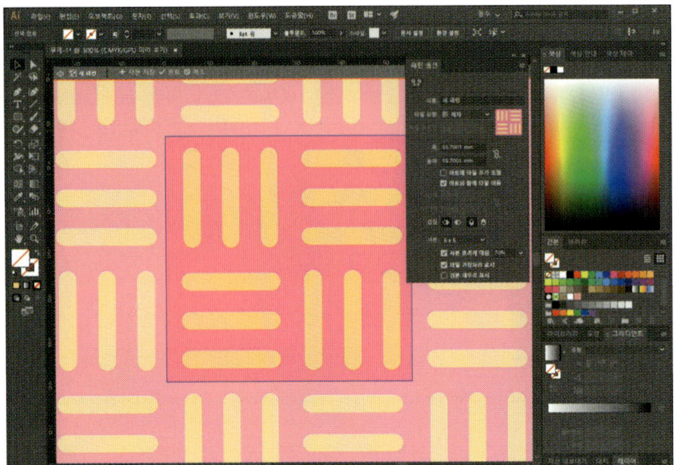

10 패턴의 크기 간격 등을 조절할 수 있는 [패턴 옵션] 패널이 나타나면 수정 사항 없이 패널을 끄고 도큐먼트 왼쪽 상단의 화살표를 눌러 수정을 마칩니다.

11 앞서 만든 오브젝트를 삭제하고 Ctrl + - 를 여러 번 눌러 화면을 축소한 다음 패턴을 적용할 둥근 사각형 오브젝트를 만든다.

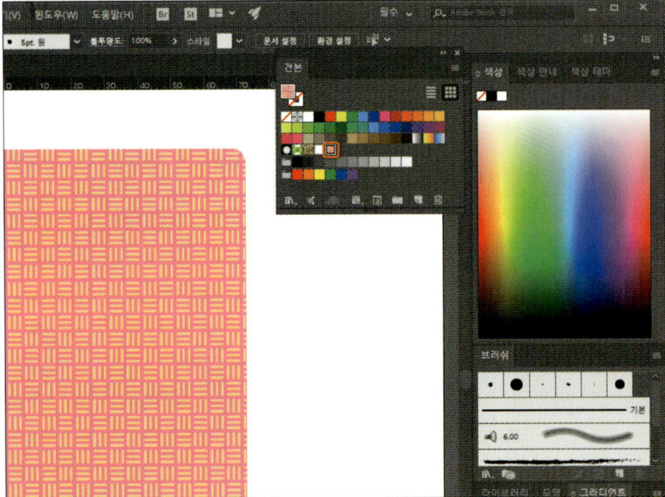

12 [견본] 패널에 앞서 등록한 패턴을 클릭하면 면 색상에 패턴이 적용된다.

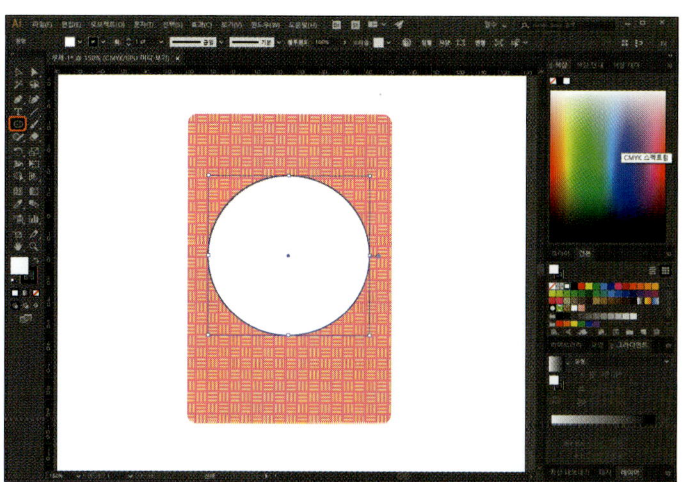

13 shift + Alt 를 누른 채 원형 도구( )로 드래그하여 정원 오브젝트를 만든다.

14 원 오브젝트가 선택된 상태에서 [효과]-[왜곡과 변형]-[지그재그]를 실행한다.

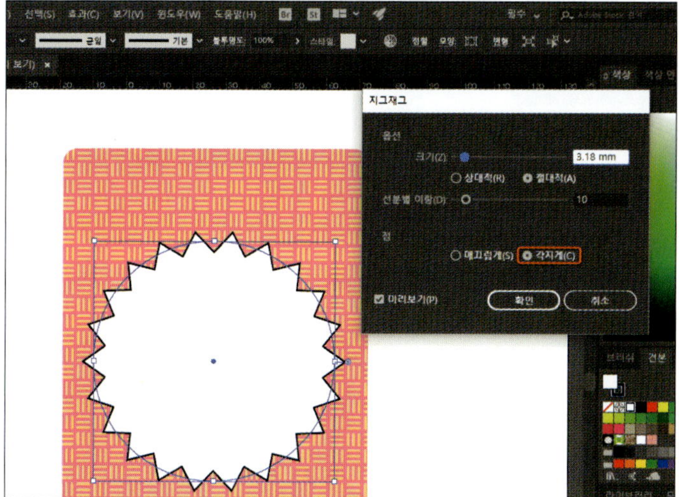

15 [지그재그] 대화상자에서 미리보기를 체크한 다음 크기와 선분별 이랑의 값을 조정하고 점 항목은 "각지게"를 선택한 후 [확인] 버튼을 클릭한다.

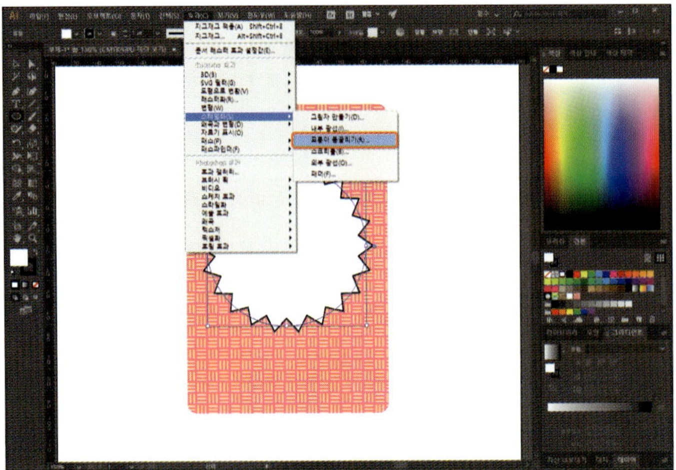

16 이번에는 [효과]-[스타일화]-[모퉁이 둥글리기]를 실행한다.

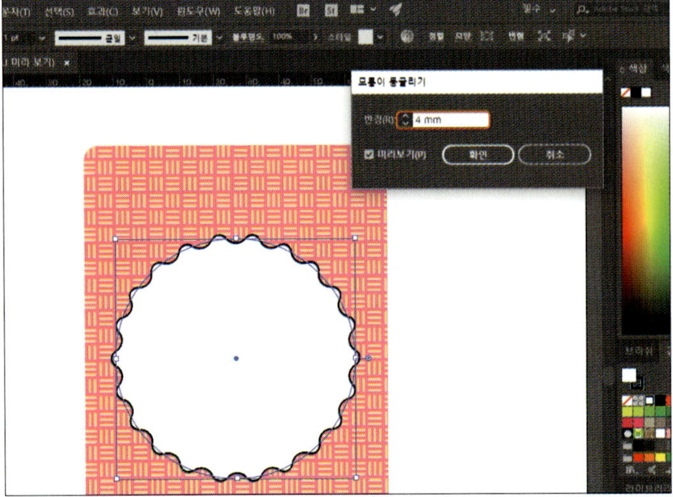

17 [모퉁이 둥글리기] 대화상자에서 미리보기를 체크한 다음 변경의 값을 조정한 다음 [확인] 버튼을 클릭한다.

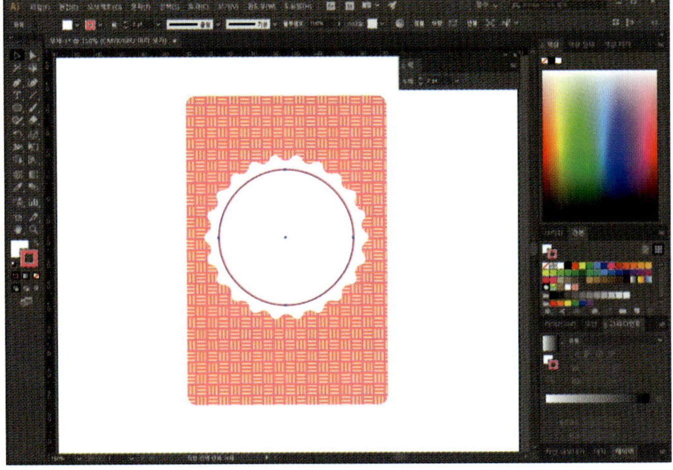

18 shift + Alt 를 누른 채 드래그하여 정원을 만들고 면 색상은 흰색, 선 색상은 분홍색을 지정한다.

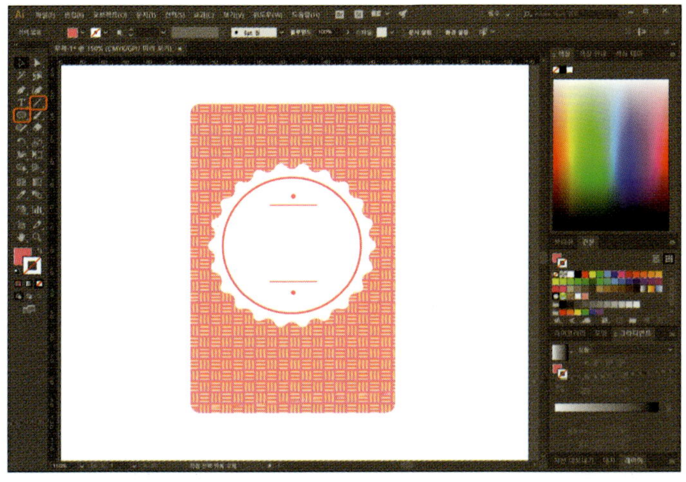

19 원형 도구(　)와 선분 도구(　)를 이용하여 무늬를 만든다.

20 문자 도구(T)로 중앙을 클릭한 다음 "Lucy & Kevin"을 입력하고 상단바에서 글꼴, 글자 색, 크기 등을 설정하여 완성한다.

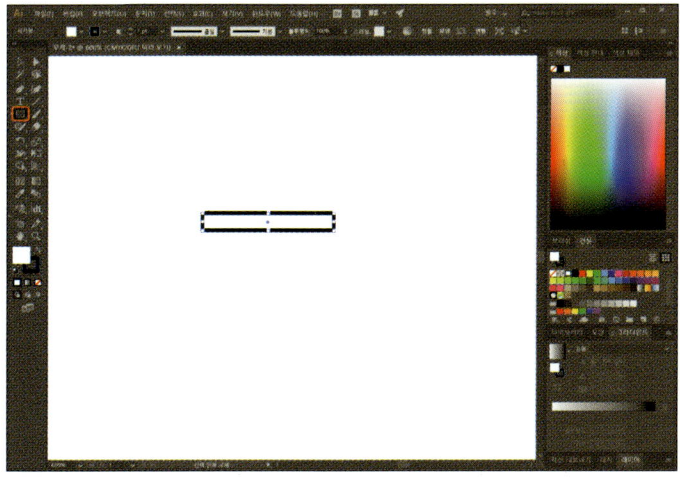

21 이번에는 다른 패턴을 만들어 본다. Ctrl + + 를 여러 번 눌러 화면을 확대한 다음 사각형 도구(　)로 가로로 긴 직사각형을 만든다.

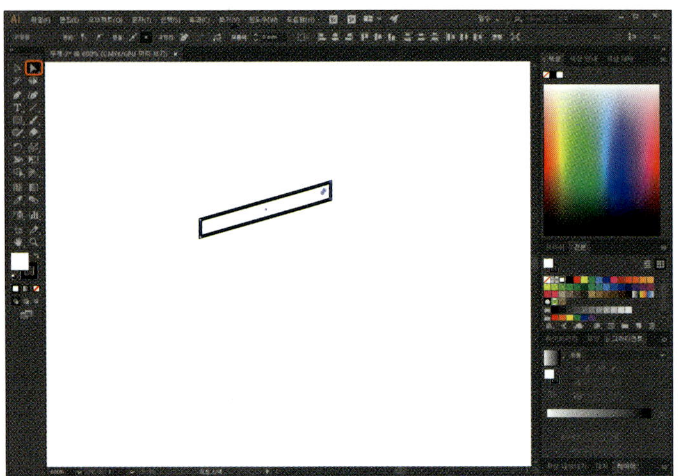

22 직접 선택 도구( )로 우측 고정점 두 개를 선택하고 방향키를 이용하여 비스듬하게 변형한다.

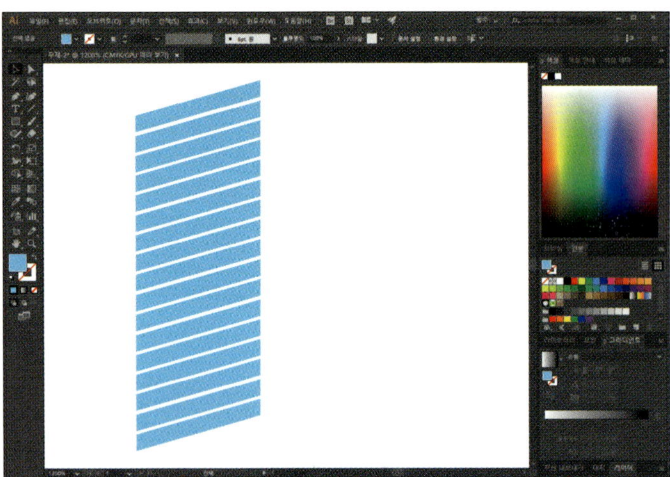

23 면 색상은 하늘색, 선 색상은 없음으로 설정하고 shift + Alt 를 누른 채 드래그하여 복사한다.

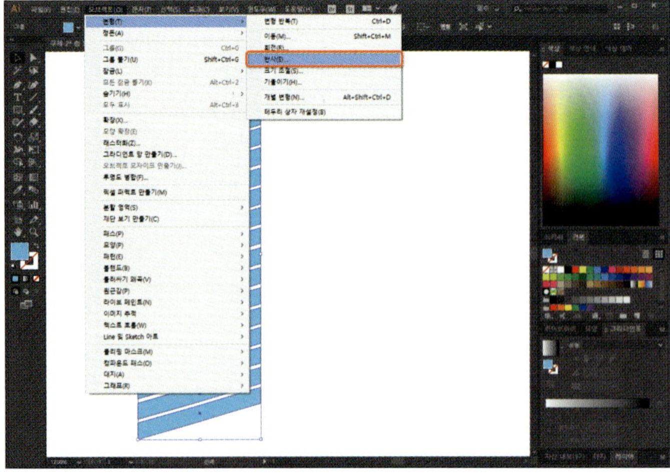

24 모든 오브젝트를 선택하고 Ctrl + G 를 눌러 그룹화한 다음 [오브젝트]-[변형]-[반사]를 실행한다.

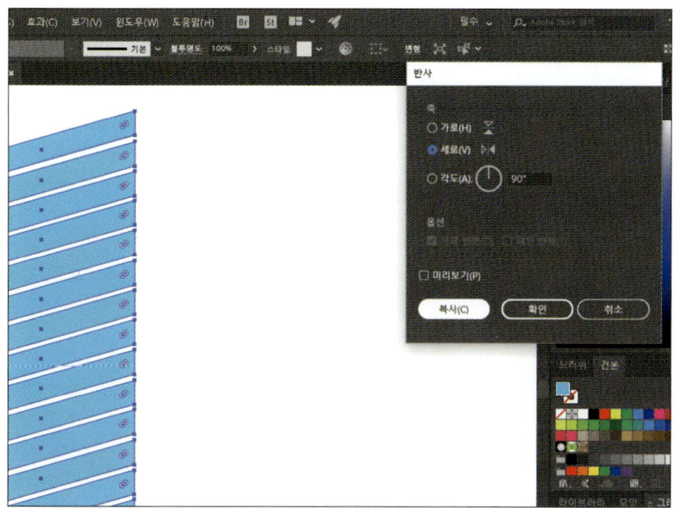

25 [반사] 대화상자에서 축을 세로로 설정하고 [복사] 버튼을 클릭한다.

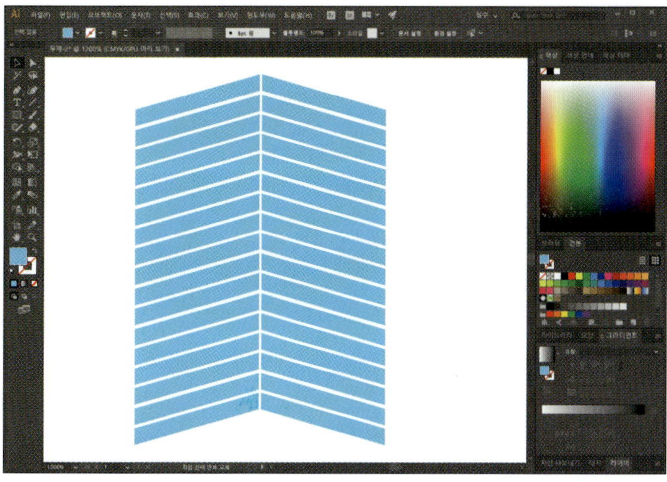

26 복사된 오브젝트를 앞서 만든 오브젝트의 우측에 위치시킨다.

27 두 오브젝트 위로 [shift] + [Alt]를 누른 채 사각형 도구(■)로 드래그하여 정사각형을 만든다. 해당 정사각형은 패턴의 크기를 결정하는 중요한 역할이므로 패턴의 크기와 범위를 잘 생각하여 위치시킨다.

강의노트 🖍

패턴은 특정 색상과 모양을 반복해서 나타내는 것을 말한다. 패턴을 만들 때 정사각형으로 만들지 않는 경우 만든 패턴을 적용할 때 패턴 사이 여백이 생길 수 있다.

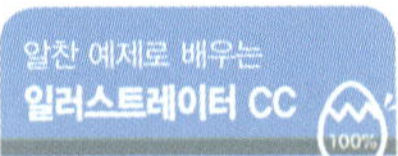

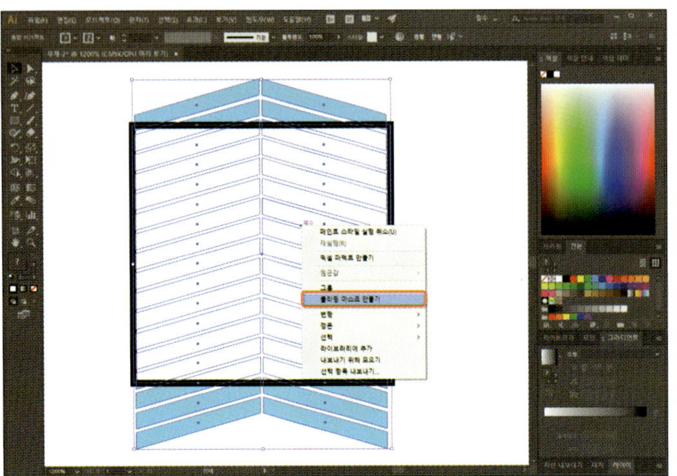

28 모든 오브젝트를 선택하고 마우스 오른쪽 버튼을 눌러 [클리핑 마스크 만들기]를 실행한다.

강의노트

클리핑 마스크 기능은 겹쳐져 있는 두 오브젝트 중 아래에 겹쳐져 있는 오브젝트를 위에 겹쳐진 오브젝트의 모양으로 자른다.

29 패턴으로 등록할 오브젝트가 완성된다.

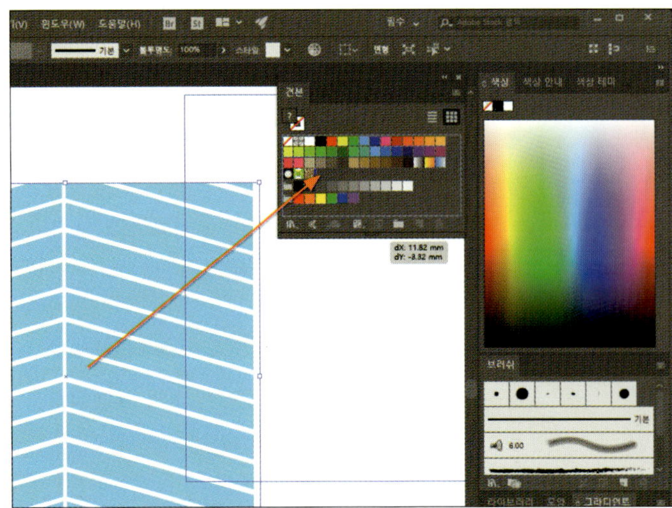

30 패턴 오브젝트를 [견본] 패널로 드래그하여 패턴을 손쉽게 등록한다.

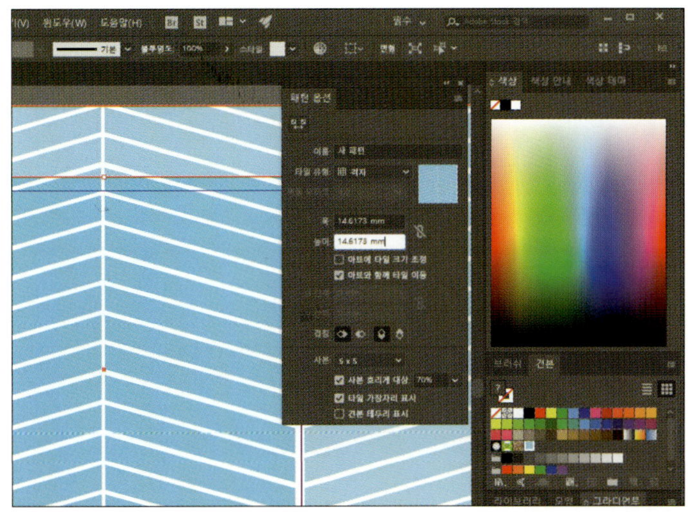

31 만든 패턴 오브젝트를 지운 다음 패턴을 적용할 둥근 사각형 오브젝트를 만든다.

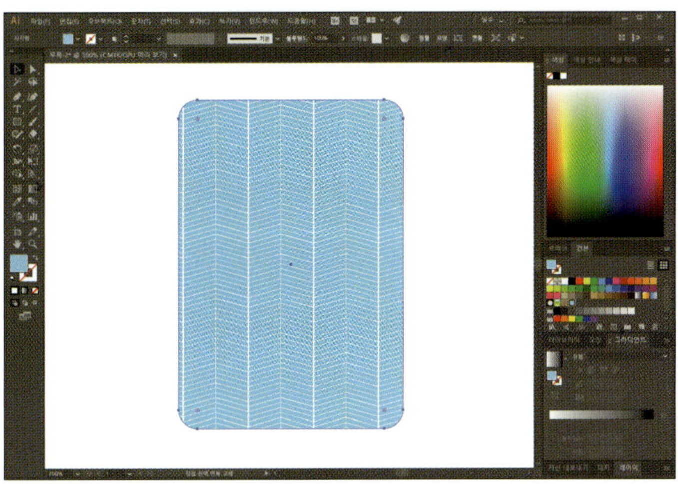

32 [견본] 패널에서 방금 등록한 패턴을 클릭한다.

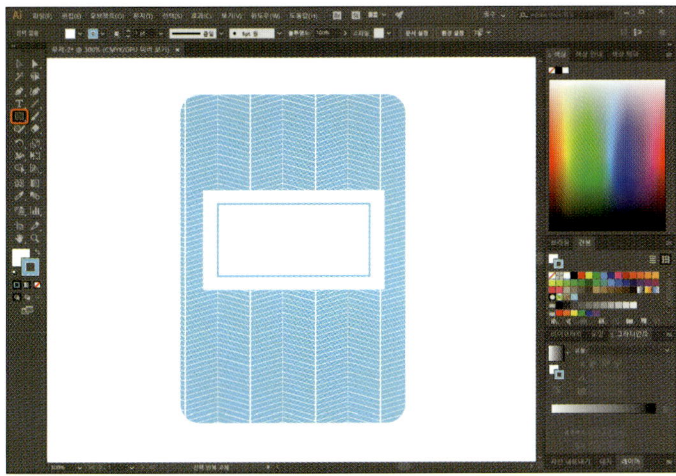

33 사각형 도구로 크기가 다른 직사각형을 겹치도록 2개 만든다.

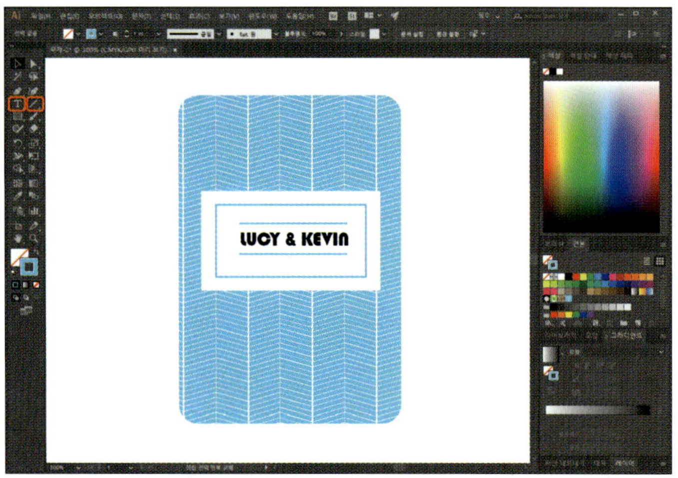

34 선분 도구(　)와 문자 도구
(　)를 이용하여 나머지 무늬와
문구를 입력 만들어 완성한다.

보충수업 패턴 옵션 대화상자

❶ **이름** : 패턴의 이름을 설정한다.

❷ **타일 유형** : 타일 배치 방법을 선택한다.

- **격자** : 각 타일의 가운데가 인접 타일의 가운데에 따라 가로 및 세로로 맞춰진다
- **행으로 벽돌형** : 타일은 사각형 모양이며 행에서 정렬된다. 행에서 타일의 가운데는 가로로 맞춰진다
- **열로 벽돌형** : 타일은 사각형 모양이며 열에서 정렬된다. 열에서 타일의 가운데는 세로로 맞춰진다
- **열로 육각형** : 타일은 육각형 모양이며 열에서 정렬된다. 열에서 타일의 가운데는 세로로 맞춰진다
- **행으로 육각형** : 타일은 육각형 모양이며 행에서 정렬된다. 행에서 타일의 가운데는 가로로 맞춰진다

❸ **벽돌 오프셋** : 인접 행 또는 열에서 수직/수평 맞춤에서 벗어난 타일의 가운데 너비/높이 정도를 확인한다.

❹ **폭/높이** : 타일의 전체 폭 및 높이를 지정한다.

❺ **아트에 타일 크기 조정** : 타일의 크기를 패턴을 만드는 데 사용 중인 아트웍 크기로 맞도록 축소한다.

❻ **아트와 함께 타일 이동** : 아트웍 이동 시 타일도 함께 이동한다.

❼ **H/V 간격** : 인접한 타일 사이에 지정할 간격을 설정한다.

❽ **겹침** : 인접한 타일이 겹치는 경우 앞에 표시할 타일을 결정한다.

❾ **사본** : 패턴을 수정하는 동안 표시할 타일의 행과 열 수를 결정한다.

❿ **사본 흐리게 대상** : 패턴을 수정하는 동안 미리 표시되는 아트웍 타일 사본의 불투명도를 결정한다.

⓫ **타일 가장자리 표시** : 타일 주변에 상자를 표시한다.

⓬ **견본 테두리 표시** : 패턴을 만들기 위해 반복되는 패턴의 단위 부분을 표시한다.

실전문제

01. 도형 도구를 이용하여 패턴을 만들고 적용해 본다.

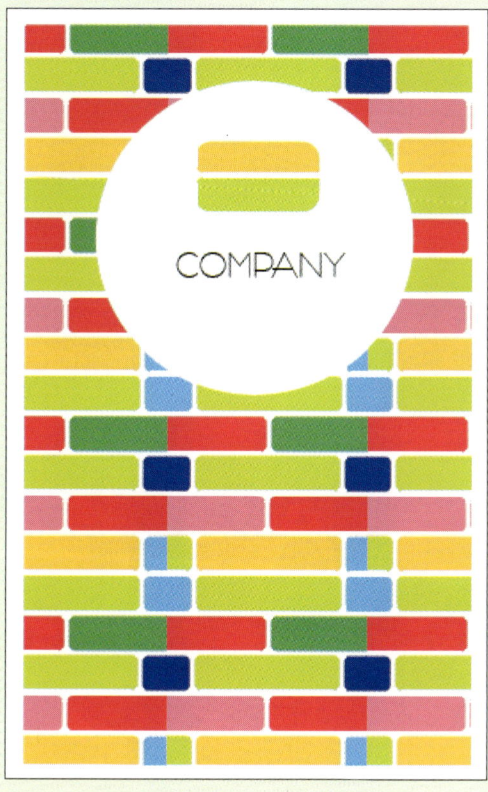

완성파일 | part03-26.ai

Hint 둥근 사각형 오브젝트를 만들고 복사하여 벽돌이 쌓인 모양처럼 지그재그로 위치한 다음 겹쳐지도록 정사각형을 만들고 [클리핑 마스크 만들기]를 실행하여 패턴을 만든다.

02. 패턴 라이브러리를 이용하여 다양한 패턴을 적용해 본다.

완성파일 | part03-27.ai

Hint 패턴을 적용할 둥근 사각형을 만들고 [견본] 패널의 왼쪽 하단의 [견본 라이브러리 메뉴] 를 눌러 일러스트레이터에서 제공하는 다양한 패턴을 적용 한다.

ILLUSTRATOR CC

Part **04**

일러스트레이터 CC
알아두면 좋은 기능

앞서 소개한 도구와 패널 외에도 일러스트레이터CC는 다양한 기능,
자동화 기능들을 제공한다. 하지만 아무리 많은 기능을 제공하더라도
이를 효율적으로 사용하지 못한다면 만족스러운 창작 활동을 할 수 없다.
하나씩 차근차근 기본기를 익히고 반복하여 능숙하게
사용할 수 있도록 노력하는 것이 중요하다.

입체 도형 3D 오브젝트 만들기

앞의 예제에서는 사실감 적용을 위해 그림자, 그라데이션 등을 이용했고 일러스트레이터에서 제공하는 3D 입체 기능을 조금 사용해 보았다. 이번 시간에는 3D 입체 도형을 만들기 위한 모든 기능과 도구를 자세하게 알아보도록 한다. 3D의 경우 X,Y,Z 좌표축, 3D 조명 등 조금 복잡할 수도 있지만 익숙해지면 단 클릭 몇 번 만에 입체 도형을 손쉽게 만들 수 있을 것이다.

Zoom In
알찬 예제로 배우는
**입체도형 구현
응용하기**

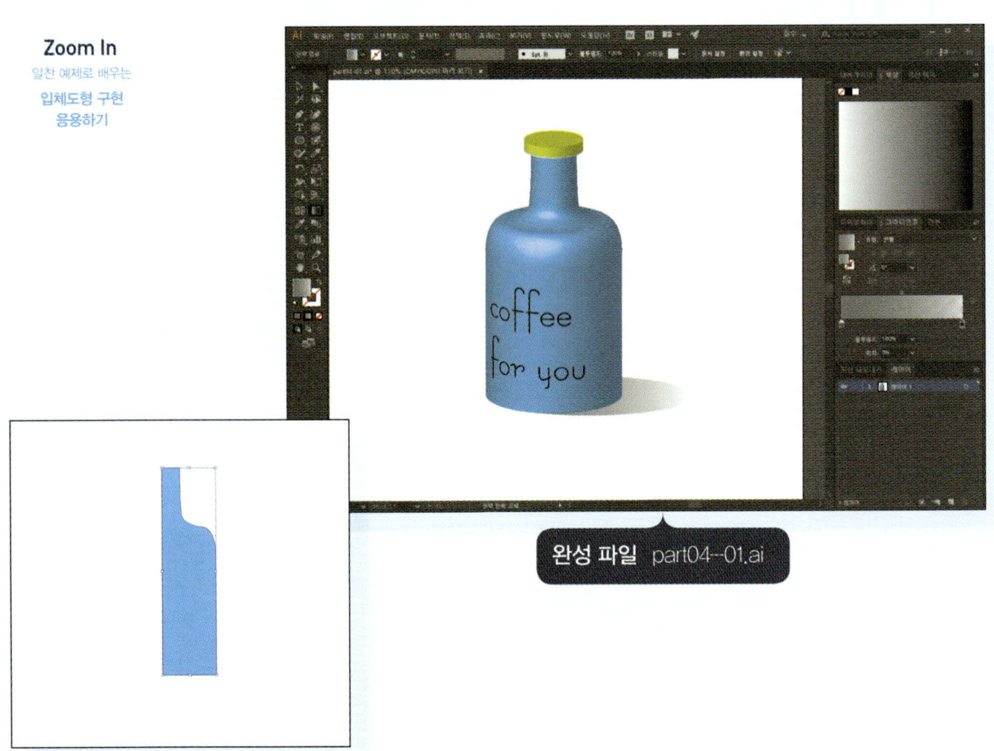

완성 파일 part04--01.ai

Keypoint Tool

_ **3D** 2차원 오브젝트를 회전시키거나 돌출 효과를 적용하여 입체감을 만든다.

_ **심볼 패널** 직접 만든 오브젝트를 심볼로 등록하고 타 오브젝트에 적용할 수 있다.

Knowhow

_ 3D 옵션 대화상자에서 입체 오브젝트의 빛 반사 및 무늬 등을 설정할 수 있다.

01 새 도큐먼트를 열고 사각형 도구(■)로 드래그하여 직사각형 오브젝트를 만든다.

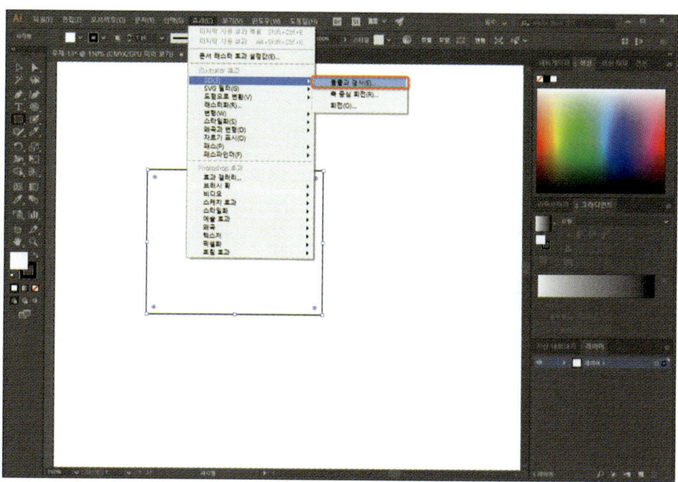

02 사각형 오브젝트가 선택된 상태에서 [효과]-[3D]-[돌출과 경사]를 실행한다.

강의노트 ✏️

선택한 오브젝트에 돌출(깊이)과 경사(바라보는 각도)를 적용하여 3D 입체효과를 만든다.

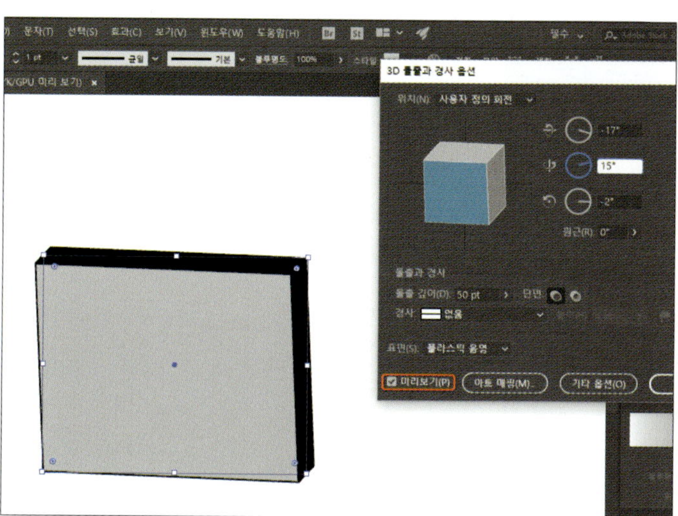

03 [3D 돌출과 경사 옵션] 대화상자에서 미리보기 항목을 체크하고 정육면체를 드래그하여 입체감을 적용할 축을 변경하고 [확인] 버튼을 클릭해 육면체 오브젝트를 완성한다.

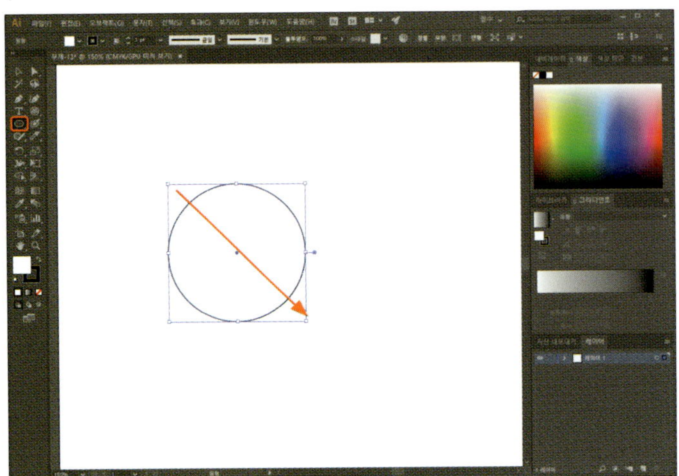

04 이번에는 `shift` + `Alt` 를 누른 채 원형 도구로 드래그하여 정 원을 만든다.

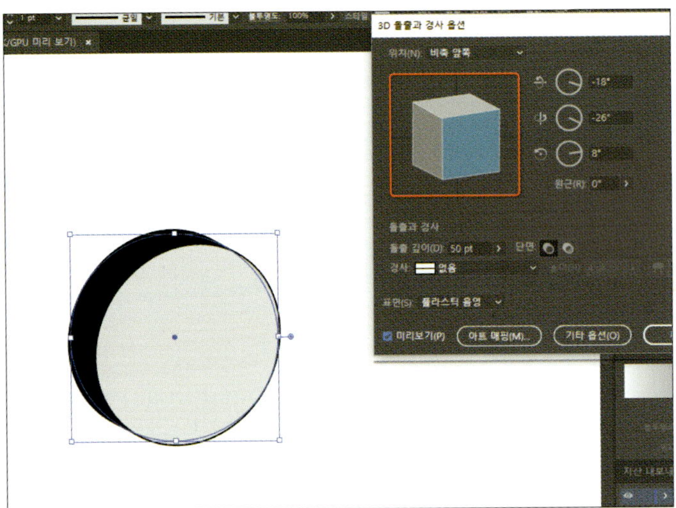

05 [효과]-[3D]-[돌출과 경사]를 실행한 후 미리보기 항목을 체크하고 같은 방법으로 정육면체를 드래그하여 입체감을 적용해본다.

강의노트 ✎

돌출과 경사 등 3D 옵션 대화상자에서 미리보기 항목에 체크하면 현 수치에 대한 결과 값을 미리보면서 조절할 수 있다.

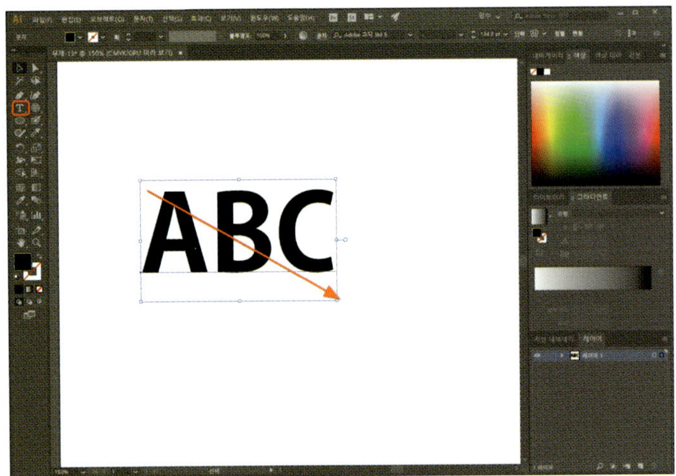

06 이번에는 문자 도구(T)로 드래그한 후 "ABC"를 입력하고 상단 바에서 글꼴을 변경한다.

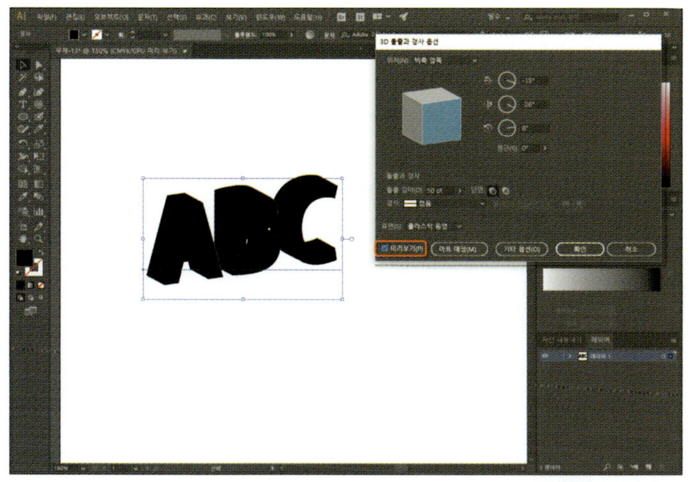

07 [3D 돌출과 경사 옵션] 대화상자를 나타낸 후 미리보기 항목을 체크한다.

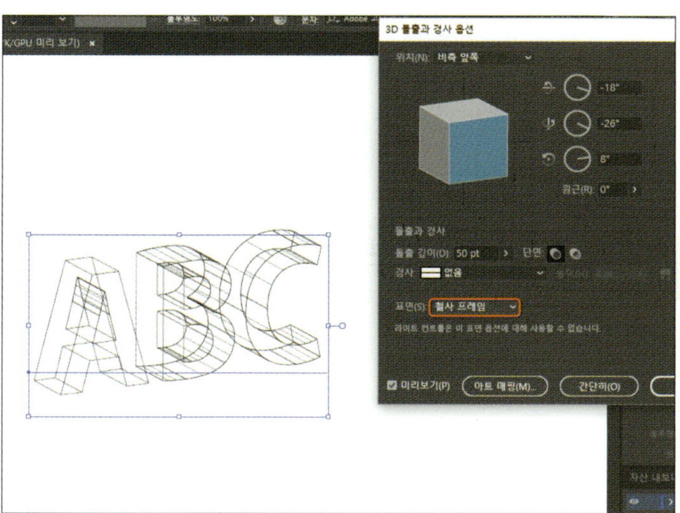

08 표면 항목을 [철사 프레임]으로 변경하면 3D 입체 모양이 투명해지면서 프레임 효과가 적용된다.

강의노트 🖉

표면을 철사 프레임으로 설정하면 표면의 색상을 없애고 투시도 모양으로 만든다.

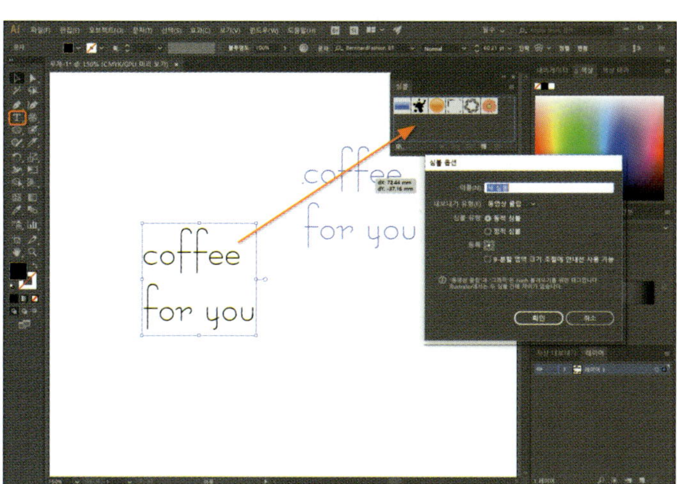

09 이번에는 문자가 적혀있는 병을 만들어 본다. 먼저 문자 도구(T)로 "coffee for you"를 입력한다. [윈도우]-[심볼]을 실행한 다음 문자 오브젝트를 [심볼] 패널로 드래그하여 심볼을 등록한다.

보충수업 새 통합문서 만들기

❶ 위치 : 3D 오브젝트의 시점, 위치를 지정한다.

❷ 정육면체 : 정육면체를 드래그하면 선택 부분이 파란색으로 표시되면서 3D 오브젝트의 시점, 위치를 지정한다.

❸ X/Y/Z 축 : X(깊이)/Y(세로)/Z(가로) 축을 기준으로 3D 오브젝트 위치를 설정한다.

❹ 원근 : 0~160°의 각도를 지정해 3D 오브젝트를 원근법으로 화면에 표시한다.

❺ 돌출깊이 : Z축(깊이)으로 오브젝트를 돌출시키는 정도를 설정한다.

❻ 단면 : 3D 오브젝트 내부를 채워서 렌더링 또는 비워서 렌더링할 것인지를 결정한다.

❼ 경사 : 다양한 모양을 설정할 수 있다.

❽ 높이 : 모서리 형태의 크기를 설정한다.

❾ 표면 : 오브젝트의 질감과 조명을 설정한다.

❿ 조명 미리보기 : 구를 클릭하여 조명을 추가 또는 드래그하여 조명의 위치를 조정한다.

⓫ 라이트 강도 : 조명의 강도를 설정한다.

⓬ 주변광 : 주변의 광량을 설정한다.

⓭ 강도 강조 : 가장 밝은 부분의 강도를 설정한다.

⓮ 크기 강조 : 가장 밝은 부분의 크기를 설정한다.

⓯ 블렌드 단계 : 렌더링 단계를 설정한다. 수치가 클수록 렌더링 품질이 뛰어나다.

⓰ 음영 색상 : 어두운 부분의 색상을 설정한다.

⓱ 별색 보존 : 오브젝트의 색상을 보존한다.

⓲ 가려진 표면 그리기 : 화면에 보이지 않는 부분도 렌더링 한다.

⓳ 미리보기 : 설정에 따라 오브젝트 변화를 미리 표시한다.

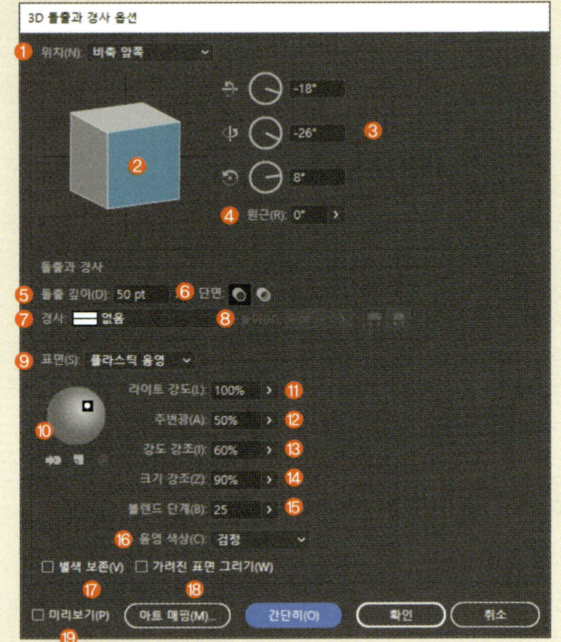

플라스틱 음영

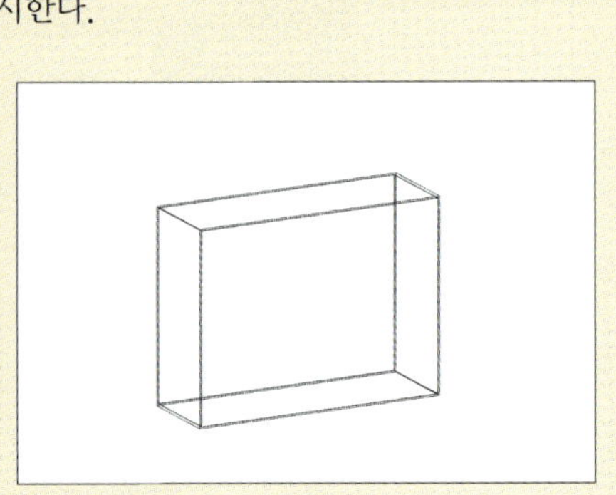

철사 프레임

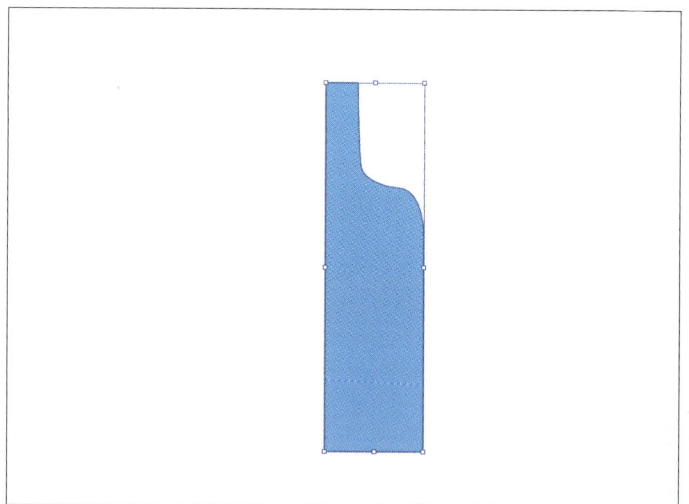

10 이번에는 병 단면 모양을 만들어 본다. 펜 도구(✎)를 이용하여 그림과 같이 병의 반쪽 단면을 만든다.

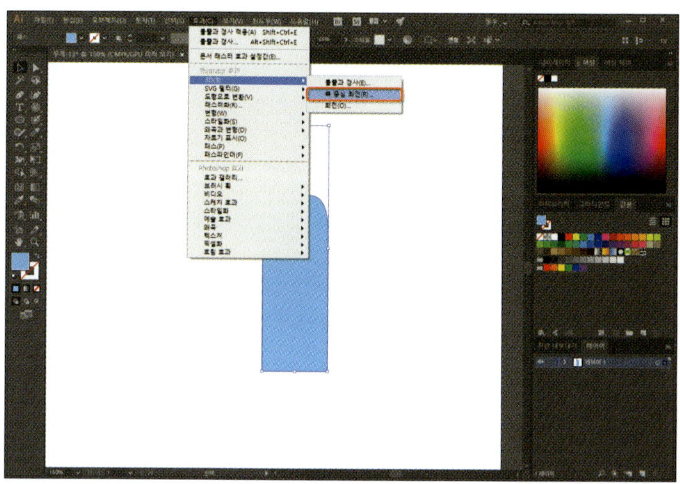

11 오브젝트가 선택된 상태에서 [효과]-[3D]-[축 중심 회전]을 실행한다.

강의노트 🖉

선택한 오브젝트의 가장 왼쪽 모서리를 기준으로 오브젝트를 회전시켜 3D 입체 효과를 만든다.

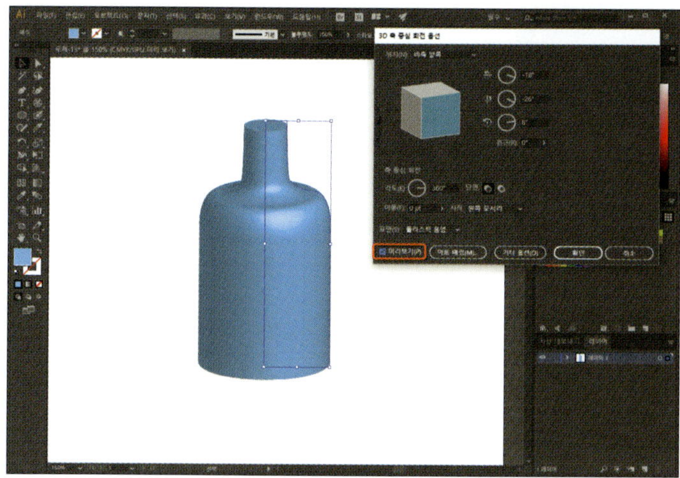

12 [3D 축 중심 회전 옵션] 대화상자가 나타나면 미리보기를 체크한다.

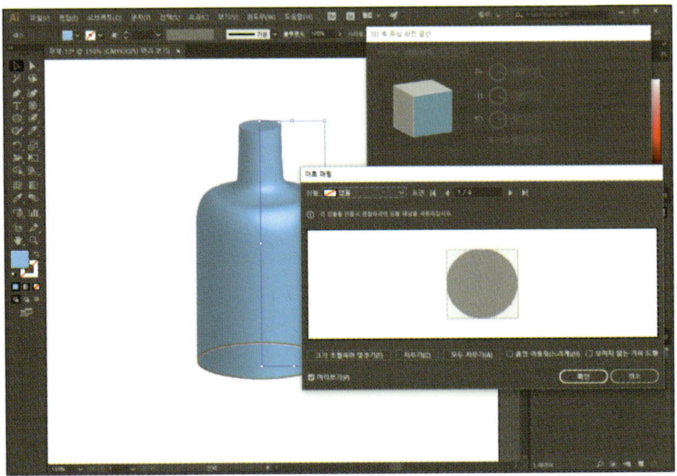

13 문자 오브젝트를 병 표면에 적용 하기 위해 [아트 매핑] 버튼을 클릭한다.

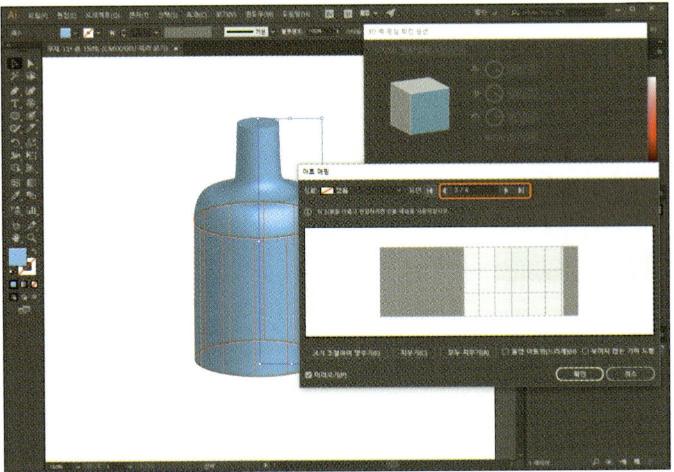

14 [아트 매핑] 대화상자에서 표면 항목의 화살표를 클릭하여 병 표면 부분을 표시한다.

강의노트

3D 입체 오브젝트의 외부 표면 중 아트를 입힐 위치를 선택할 때 보이는 표면으로 선택해야 한다. 가려진 표면을 선택하는 경우 화면에 보이지 않을 수 있다.

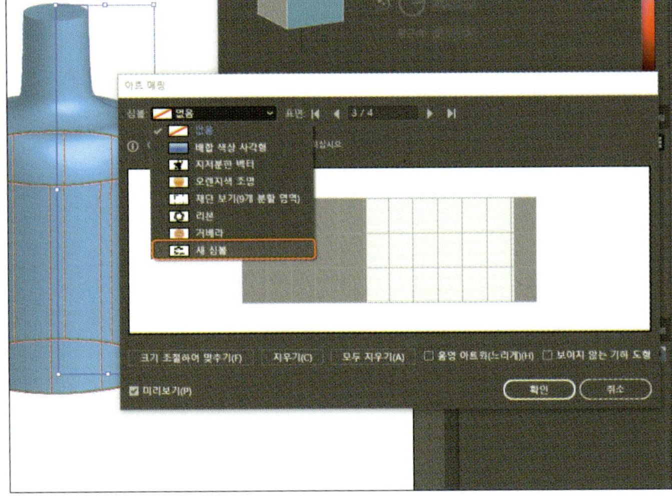

15 심볼 항목을 클릭하고 앞서 등록 한 심볼을 선택한다.

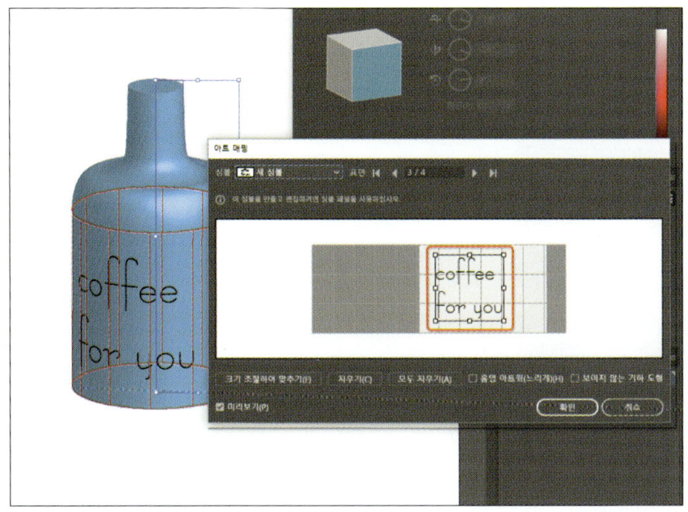

16 문자 심볼을 드래그하여 적절하게 위치시키고 [확인] 버튼을 클릭한다.

강의노트 🖉

진한 회색 부분은 가려진 부분을, 연한 회색은 보이는 부분을 나타낸다.

17 [3D 축 중심 회전 옵션] 대화상자에서 [기타 옵션] 버튼을 클릭한 다음 조명의 위치를 변경하고 [확인] 버튼을 클릭한다.

18 병뚜껑을 만들기 위해 사각형 도구(▣)로 병 오브젝트 상단에 직사각형을 만든다.

19 [효과]-[3D]-[축 중심 회전]을 실행하여 입체감을 적용한다.

20 좀 더 사실감을 주기 위해 그림자를 만들어 본다. 그림과 같이 병 하단쪽에 겹치도록 타원 오브젝트를 만든다.

보충수업 3D 축 중심 회전 옵션 대화상자

❶ **각도** : 회전하여 렌더링하는 각도를 설정한다.

❷ **단면** : 3D 오브젝트 내부를 채워서 렌더링할 것인지, 비워서 렌더링할 것인지를 결정한다.

❸ **이동** : 중심축으로부터 떨어진 부분에 렌더링한다.

❹ **시작** : 선택한 패스의 왼쪽 또는 오른쪽을 중심축으로 지정한다.

❺ **표면** : 3D 오브젝트의 질감과 조명을 조절한다.

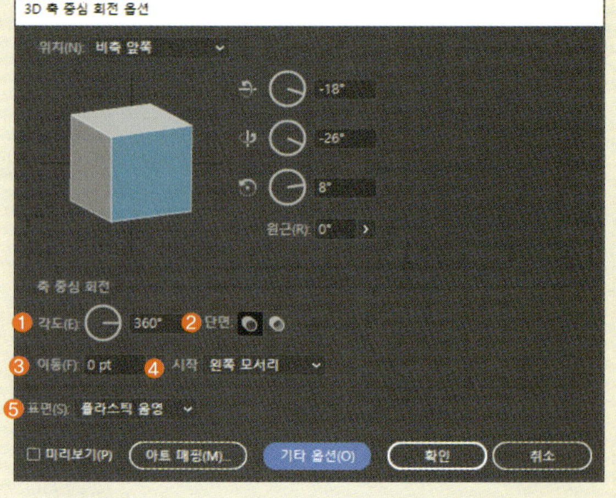

21 [그라데이션] 패널에서 유형 항목을 선형으로 설정한다.

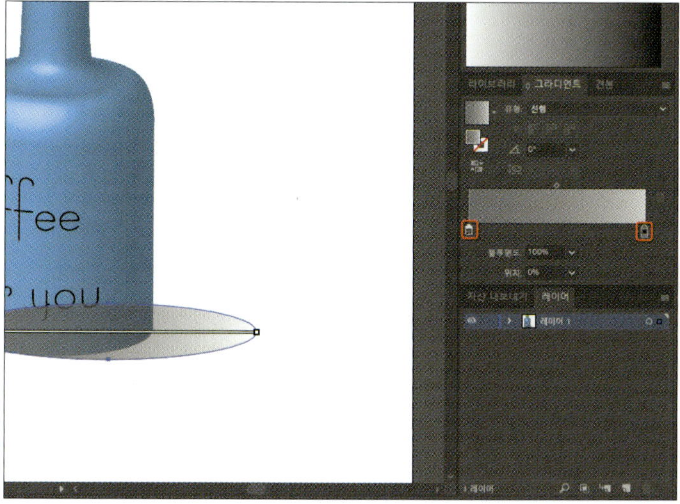

22 그라데이션 슬라이더에서 시작 색상을 회색, 불투명도를 30%, 끝 색상을 흰색, 불투명도를 0%로 설정한다.

강의노트

그림자의 특성을 잘 고려하면 그라데이션과 투명도를 이용하여 손쉽게 그림자를 만들 수 있다.

23 그림자 오브젝트를 선택한 상태에서 마우스 오른쪽 버튼을 클릭해 [정돈]-[맨 뒤로 보내기]를 실행하여 완성한다.

보충수업 아트 매핑 대화상자

❶ 심볼 : 심볼 패널에 등록된 심볼을 표시
한다.

❷ 표면 : 3D 오브젝트 면을 차례대로 표
시한다.

❸ 크기 조절하여 맞추기 : 매핑 이미지 크기
를 화면에 맞도록 재설정한다.

❹ 지우기 : 표면 옵션으로 등록한 매핑 이
미지를 삭제한다.

❺ 모두 지우기 : 매핑 이미지를 모두 삭제
한다.

❻ 음영 아트웍(느리게) : 매핑 이미지에 명암을 적용한다.

❼ 보이지 않는 기하 도형 : 3D 오브젝트 내부를 확인한다.

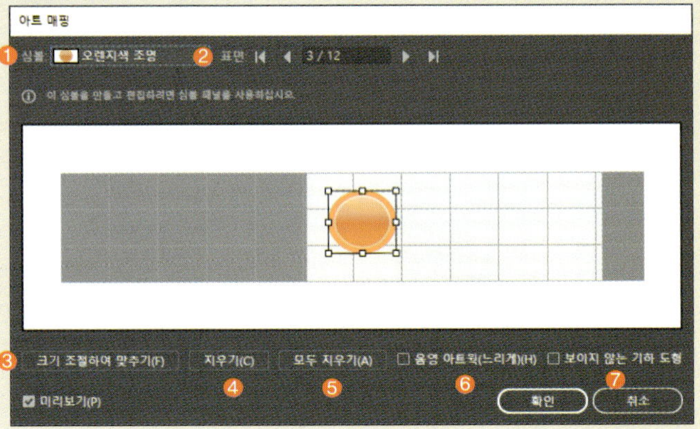

[아트매핑 위치에 따른 결과 화면]

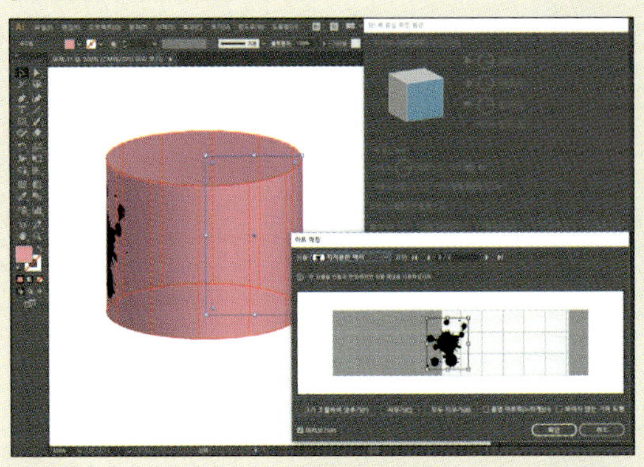

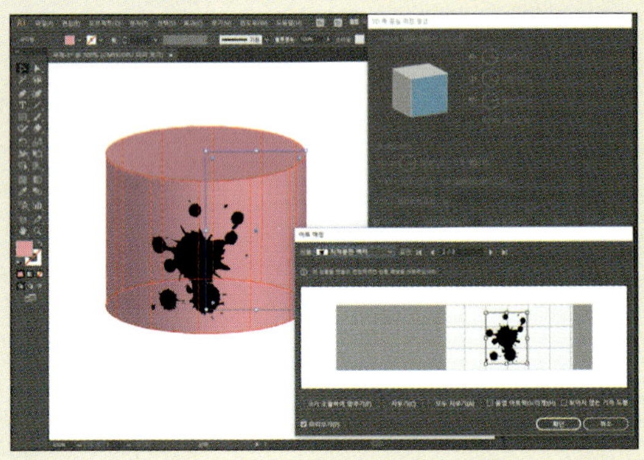

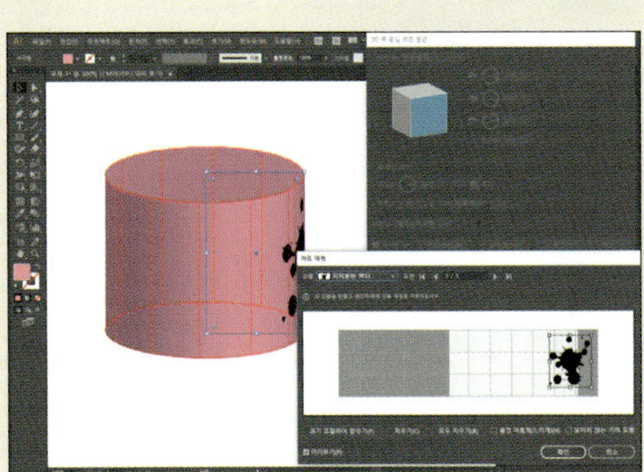

실전문제

01. 3D 축 중심 기능을 이용하여 지구를 만들어 본다.

준비파일 | part04-02_ready.ai

완성파일 | part04-02_complete.ai

Hint 반원 오브젝트에 [효과]-[3D]-[축 중심 회전]을 실행하여 구 오브젝트를 만든 다음 [3D 축 중심 회전] 대화상자에서 아트 매핑을 실행하여 심볼로 등록한 지도 오브젝트를 적용한다.

02. 3D 돌출과 경사 기능을 이용하여 큐브를 만들어 본다.

완성파일 | part04-03.ai

Hint 정사각형 오브젝트를 선택한 상태에서 [효과]-[3D]-[돌출과 경사]를 실행하고, 돌출 깊이의 값을 조절하여 정육면체 형태로 변환한다.

오브젝트 효과 적용하기

앞서 배워왔듯이 일러스트레이터 CC는 다양한 도구와 패널, 기능을 제공하여 손쉽게 원하는 이미지를 제작할 수 있도록 도와준다. 원하는 이미지를 마음껏 만들 수도 있지만 더 빠르고 쉬운 작업을 위해 일러스트레이터는 다양한 효과도 제공한다. 이번 시간에는 일러스트레이터가 제공하는 효과들을 알아본다.

Zoom In
알찬 예제로 배우는
일러스트레이터의
다양한 효과

Keypoint Tool

_ **효과 갤러리** 사진 또는 오브젝트에 다양한 효과를 적용한다.

Knowhow

_ 일러스트레이터에서 제공하는 효과를 통해 쉽고 간편하게 고품질의 작업이 가능하다.

직접 해보기 브러시 획 효과 적용하기

브러시 획 효과는 사진 또는 그림 오브젝트에 연필과 붓 등 브러시로 그린 듯한 효과를 나타낸다.

01 [파일]-[열기]를 실행하고 part04-04.ai 파일을 열고 첫 번째 사진을 선택한 다음 [효과]-[효과 갤러리]를 실행하여 [효과 갤러리] 대화상자를 표시한다.

02 [효과 갤러리] 대화상자에서 [브러시 획]-[각진 획] 효과를 선택한다. 각진 획 효과가 선택한 사진에 적용되어 미리보기할 수 있다.

각진 획 효과는 대각선 형태의 획을 사용한 효과로써 밝은 영역은 한 방향의 획으로 페인팅되며, 어두운 영역은 그 반대 방향의 획으로 페인팅된다.

❶ 방향 균형 50px, 획 길이 30px, 선명도 6px
❷ 방향 균형 50px, 획 길이 50px, 선명도 12px

03 강조된 가장자리 효과는 이미지의 가장자리를 흰색 또는 어두운 색으로 강조한다.

❶ 가장자리 폭 2px, 밝기 38px, 매끄러움 5px
❷ 가장자리 폭 8px, 밝기 16px, 매끄러움 12px

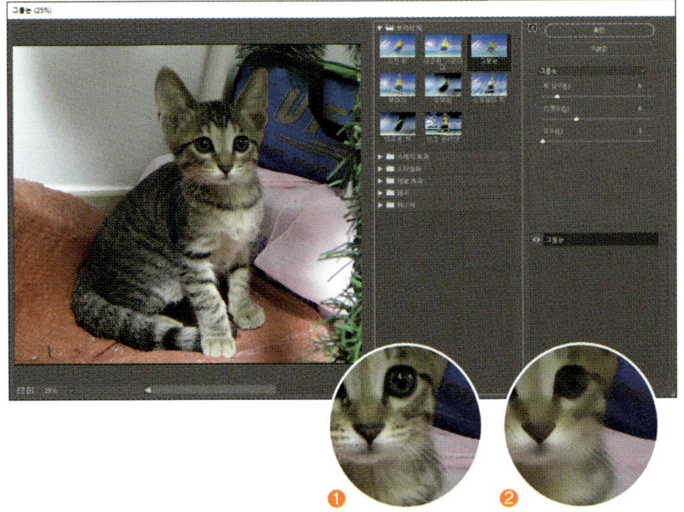

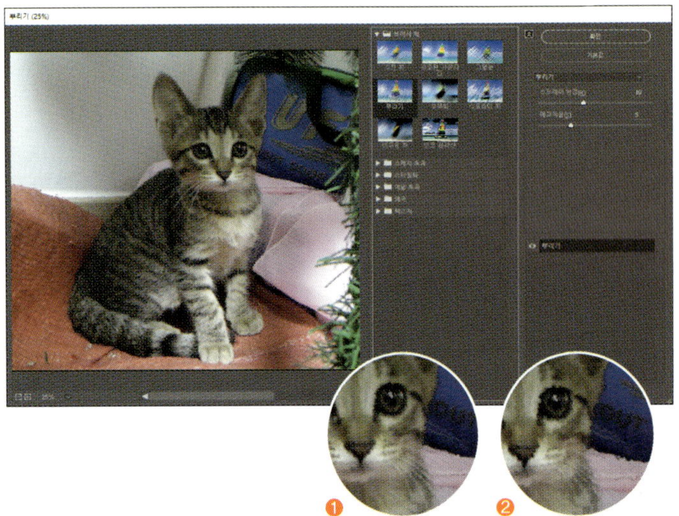

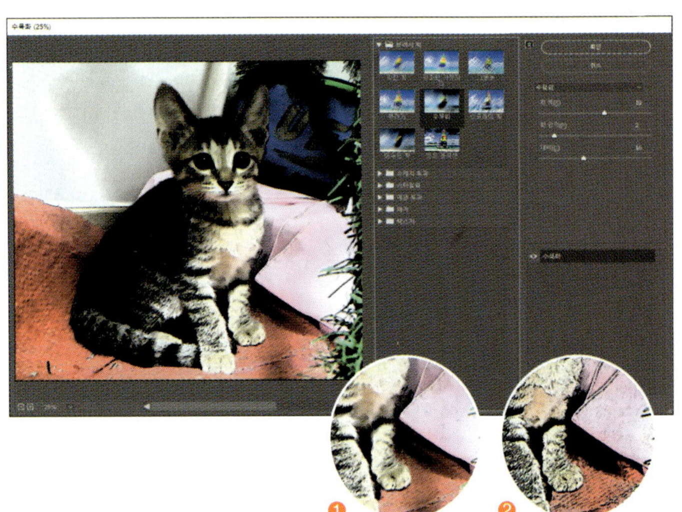

04 그물눈 효과는 원본 이미지의 속성은 유지하고 연필로 스케치한 듯한 효과를 주며 가장자리를 거칠게한다.

❶ 획 길이 9px, 선명도 6px, 강도 1px

❷ 획 길이 31px, 선명도 12px, 강도 2px

05 뿌리기 효과는 에어브러시로 뿌리는 효과를 만든다. 옵션의 값을 증가시키면 효과가 이미지가 점점 더 뿌옇게 변한다.

❶ 스프레이 반경 16px, 매끄러운 8px

❷ 스프레이 반경 23px, 매끄러운 12px

06 수묵화 효과는 아시아 그림기법과 같이 수묵으로 짙고 엷은 효과를 낸다.

❶ 획 폭 9px, 획 압력 3px, 대비 22px

❷ 획 폭 12px, 획 압력 7px, 대비 34px

07 스프레이 획 효과는 이미지의 주요 색상을 사용하여 비스듬한 스프레이 색상 획으로 이미지를 변화시킨다.

❶ 획 길이 19px, 스프레이 반경 24px, 오른쪽 대각선
❷ 획 길이 19px, 스프레이 반경 24px, 수직

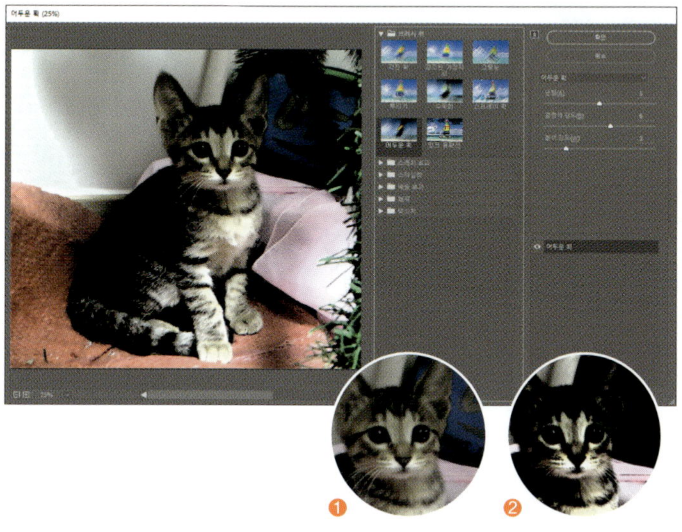

08 어두운 획 효과는 어두운 영역을 짧은 획으로 칠하고 이미지의 밝은 영역은 흰색의 긴 획으로 칠한 효과를 준다.

❶ 균형 1px, 검은색 강도 3px, 회색 강도 1px
❷ 균형 10px, 검은색 강도 9px, 회색 강도 4px

09 잉크 윤곽선 효과는 잉크와 펜 스타일을 사용하여 원본 이미지 위에 정밀한 선으로 다시 그리는 효과를 준다.

❶ 획 길이 8px, 어두운 강도 30px, 밝은 강도 20px
❷ 획 길이 16px, 어두운 강도 5px, 밝은 강도 38px

직접 해보기 스케치 효과 적용하기

스케치 효과는 연필과 목탄, 펜 등으로 그린 듯한 효과를 나타내며 특성상 흑백으로 나타내어 진다

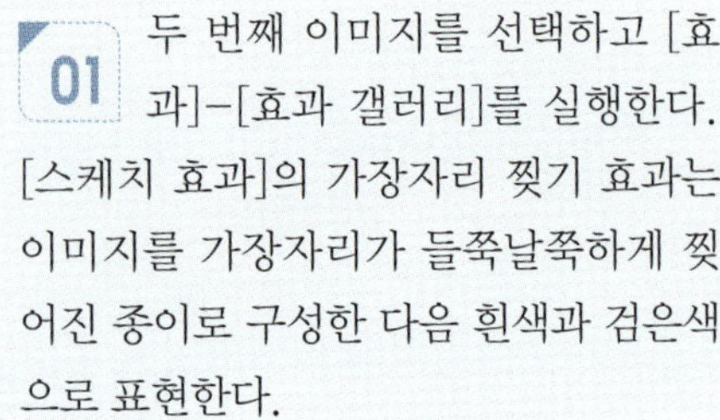

01 두 번째 이미지를 선택하고 [효과]–[효과 갤러리]를 실행한다. [스케치 효과]의 가장자리 찢기 효과는 이미지를 가장자리가 들쭉날쭉하게 찢어진 종이로 구성한 다음 흰색과 검은색으로 표현한다.

❶ 이미지 균형 14px, 매끄러움 5px, 대비 3px
❷ 이미지 균형 40px, 매끄러움 15px, 대비 17px

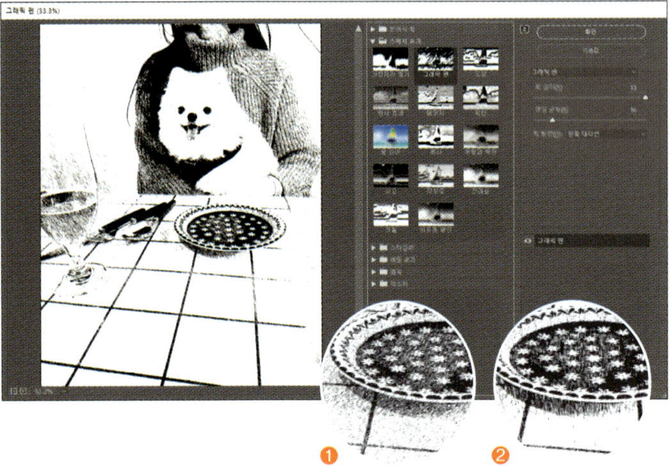

02 그래픽 펜 효과는 가는 잉크 직선 획을 사용하여 검정 잉크와 흰 종이만을 이용하여 표현한다.

❶ 획 길이 5px, 명암 균형 30px, 왼쪽 대각선
❷ 획 길이 13px, 명암 균형 55px, 수직

03 도장 효과는 도장으로 찍은 것처럼 보이도록 이미지를 단순화시킨다.

❶ 명함 균형 5px, 매끄러움 1px
❷ 명함 균형 35px, 매끄러움 10px

04 망사 효과는 필름 이멀전의 수축 및 왜곡효과 조절을 시뮬레이션하여 이미지의 밝은 영역에 그레인이 나타나도록 한다.

❶ 조밀도 17px, 전경색 레벨 2px, 배경색 레벨 6px
❷ 조밀도 42px, 전경색 레벨 25px, 배경색 레벨 32px

05 메모지 효과는 수제품 종이에 구성한 것처럼 보이도록 한다. 이미지를 단순화하고 그레인 효과와 엠보싱 모양을 결합하여 나타낸다.

❶ 이미지 균형 12px, 입자 12px, 부조 10px
❷ 이미지 균형 30px, 입자 7px, 부조 16px

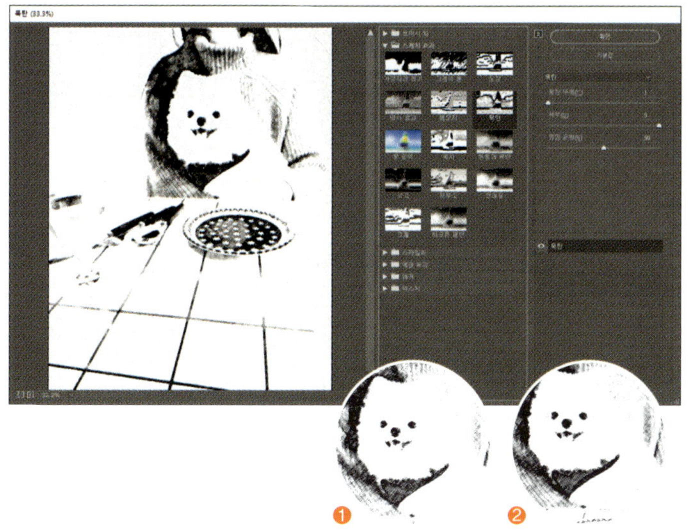

06 목탄 효과는 목탄으로 그린 듯한 효과로써 주 가장자리는 굵게 그리고 중간 색조는 대각선 형태의 획을 사용하여 스케치한다.

❶ 목탄 두께 2px, 세부 0px, 명함 균형 50px
❷ 목탄 두께 6px, 세부 3px, 명함 균형 39px

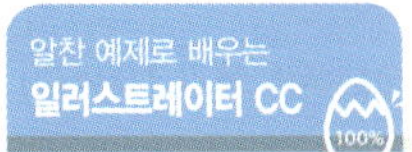

07 물종이 효과는 얼룩이 있는 덥스를 사용하여 섬유나 축축한 종이 위에 페인팅하여 물감이 흘러 섞이는 것처럼 보이도록 한다.

❶ 섬유 길이 15px, 명도 60px, 대비 14px
❷ 섬유 길이 25px, 명도 58px, 대비 89px

08 복사 효과는 이미지를 흑백으로 복사한 효과를 나타낸다. 크고 어두운 영역만 표시하고 중간 색조는 단색 검정 또는 흰색으로 표현된다.

❶ 세부 3px, 농도 8px
❷ 세부 15px, 농도 37px

09 분필과 목탄 효과는 거친 분필로 그려진 이미지 위에 목탄으로 그림자와 음영 효과를 겹쳐 나타낸다.

❶ 목탄 영역 2px, 분필 영역 8px, 획 압력 2px
❷ 목탄 영역 6px, 분필 영역 14px, 획 압력 4px

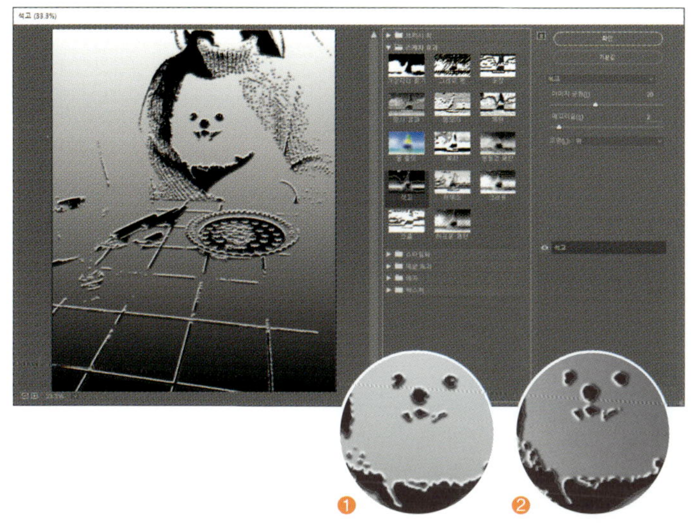

10 석고 효과는 석고로 만든 것처럼 이미지를 주조한 다음 흰색과 검정색만을 사용하여 색을 입힙니다. 밝은 영역은 움푹 파이고 어두운 영역은 솟아 나오도록 나타낸다.

❶ 이미지 균형 2px, 매끄러움 5px, 위

❷ 이미지 균형 16px, 매끄러움 9px, 왼쪽

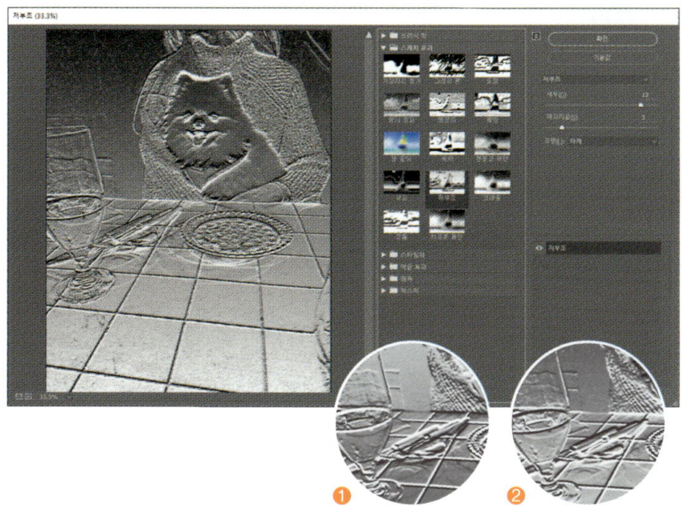

11 저부조 효과는 이미지를 저부조로 조각한 것처럼 보이게 변형하고 빛을 비춰 표면 변화를 강조하는 효과이다.

❶ 세부 7px, 매끄러움 1px, 위

❷ 세부 7px, 매끄러움 1px, 아래

12 크레용 효과는 이미지에 밀도 높은 어두운 색과 흰색의 크레용 텍스처를 표시하여 나타낸다.

❶ 전경색 레벨 4px, 배경색 레벨 6px, 캔버스, 비율 145px

❷ 전경색 레벨 9px, 배경색 레벨 3px, 삼베, 비율 145px

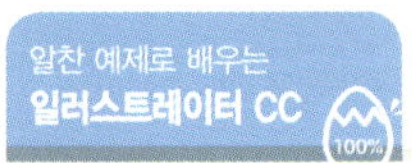

13 크롬 효과는 이미지를 광택있는 크롬 표면처럼 처리한다. 표면 반사에서 밝은 영역은 볼록하게, 어두운 영역은 오목하게 나타낸다.

❶ 세부 2px, 매끄러움 7px

❷ 세부 7px, 매끄러움 1px

14 하프톤 패턴 효과는 연속적인 색조 범위를 유지하면서 하프톤 스크린 효과를 시뮬레이션한다.

❶ 크기 2px, 내비 16px, 점

❷ 크기 5px, 내비 35px, 원형

직접 해보기 스타일화 효과 적용하기

스타일화 효과는 일반적인 그림 효과가 아닌 광선, 반전 등의 특수 효과를 나타낸다.

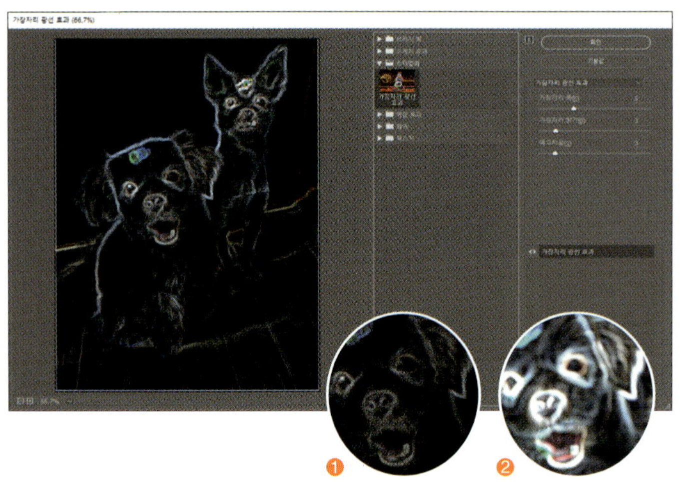

01 세 번째 이미지를 선택하고 [효과]-[효과 갤러리]를 실행한 다음 [스타일화]의 가장자리 광선 효과를 선택한다. 이 효과는 가장자리 색상을 명확하게 하고 네온과 같은 광선을 추가한다.

❶ 가장자리 폭4px, 밝기 2px, 매끄러움 1px

❷ 가장자리 폭 8px, 밝기 7px, 매끄러움 9px

직접 해보기 예술 효과 적용하기

이전 버전에서보다 보강된 효과로써 사진을 포스터화하거나 좀 더 사실적으로 표현할 수 있는 효과를 나타낸다.

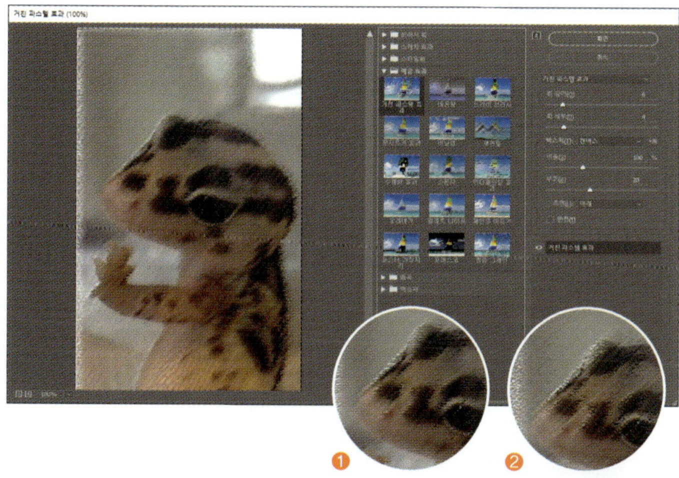

01 네 번째 이미지를 선택하고 [효과 갤러리]를 실행한다. [예술효과]의 거친 파스텔 효과는 텍스처가 입혀진 배경에서 이미지에 컬러 파스텔 분필로 획을 그린 것처럼 보이게 한다.

❶ 획 길이 14px, 획 세부 6px, 캔비스, 비율 150%
❷ 획 길이 28px, 획 세부 10px, 사암, 비율 150%

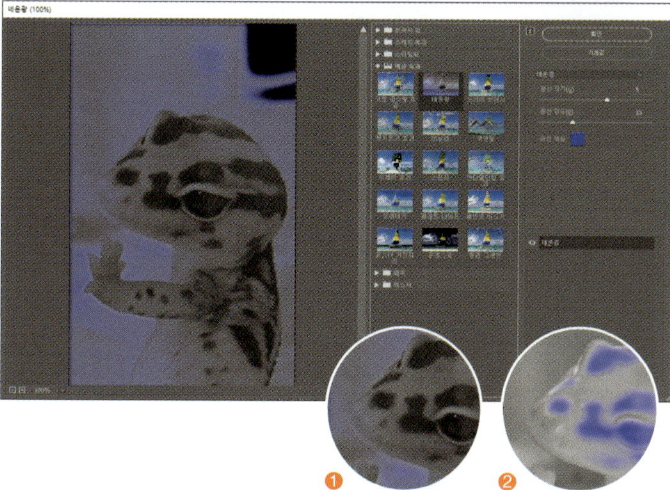

02 네온 광 효과는 이미지의 개체에 다양한 종류의 광선을 추가하여 모양을 부드럽게 하면서 이미지에 색을 입히는데 유용하다.

❶ 광선 크기 14px, 광선 명도 16px, 광선 색상 파랑
❷ 광선 크기 −11px, 광선 명도 30px, 광선 색상 파랑

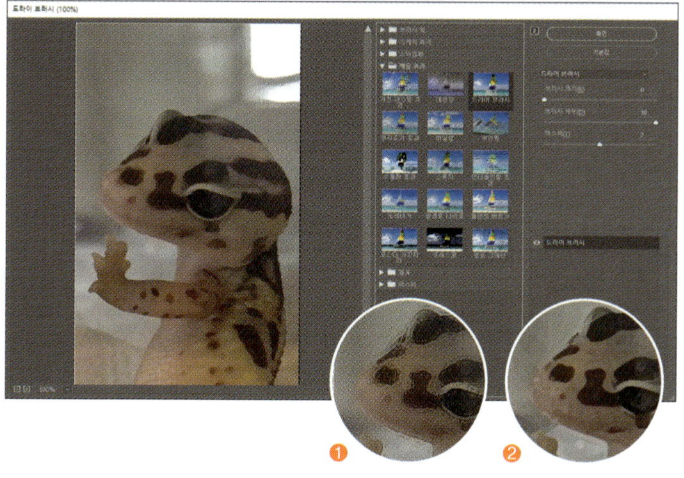

03 드라이 브러시 효과는 이미지의 가장자리를 드라이 브러시 기법으로 칠한다. 이 효과는 색상 범위를 축소하여 이미지를 단순화한다.

❶ 브러시 크기 0px, 세부 0px, 텍스처 2px
❷ 브러시 크기 9px, 세부 6px, 텍스처 3px

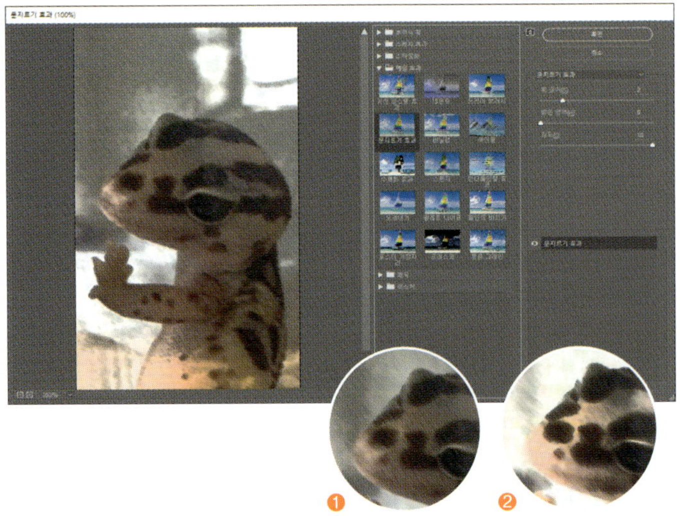

04 문지르기 효과는 짧은 대각선 형태의 획을 사용하여 이미지의 어두운 영역을 문지르거나 늘여서 이미지를 부드럽게 보이게 한다.

❶ 획 길이 4px, 밝은 영역 6px, 강도 3px
❷ 획 길이 8px, 밝은 영역 14px, 강도 7px

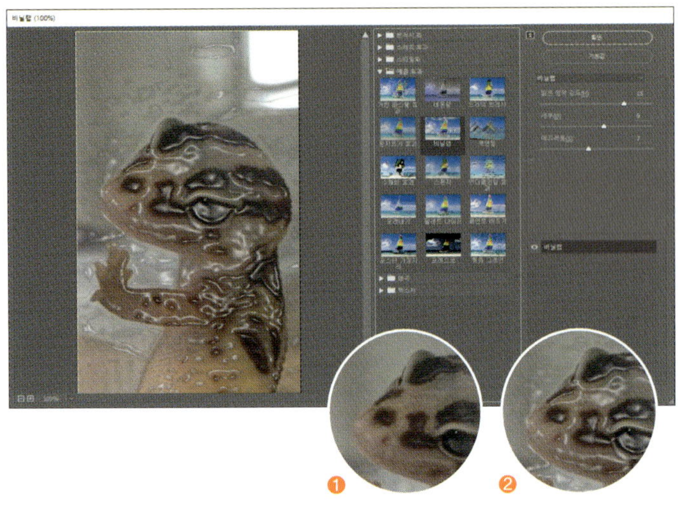

05 비닐랩 효과는 비닐을 입힌 듯한 효과를 낸다. 가장자리는 볼록하게 그 외의 영역은 오목하게 표현한다.

❶ 밝은 영역 강도 3px, 세부 4px, 매끄러움 8px
❷ 밝은 영역 강도 13px, 세부 10px, 매끄러움 8px

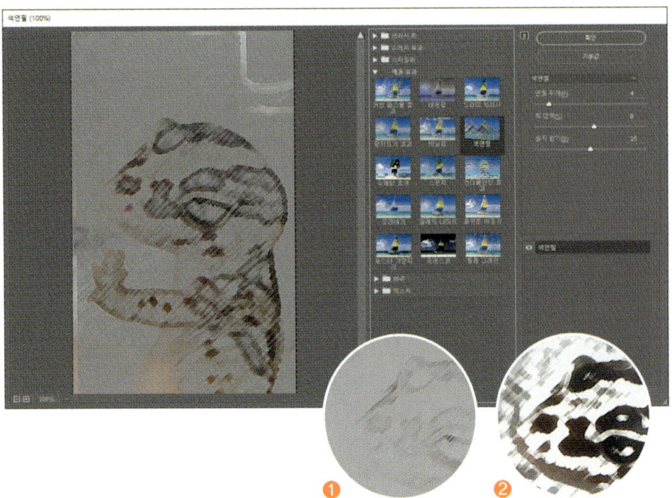

06 색연필 효과는 색연필을 사용하여 단색 배경에 이미지를 그린다. 중요한 가장자리는 그대로 남기고 거친 그물눈 모양의 효과를 나타낸다.

❶ 연필 두께 2px, 획 압력 5px, 용지 밝기 33px
❷ 연필 두께 14px, 획 압력 10px, 용지 밝기 48px

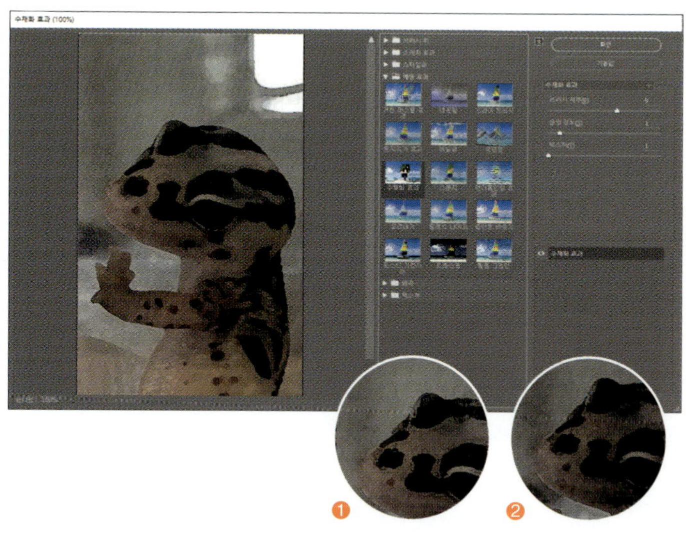

07 수채화 효과는 세부를 단순화하고 물과 색상과 함께 불러운 중간 브러시를 사용하여 수채화 스타일로 변환한다.

❶ 브러시 세부 3px, 음영 강도 1px, 텍스처 1px

❷ 브러시 세부 10px, 음영 강도 2px, 텍스처 2px

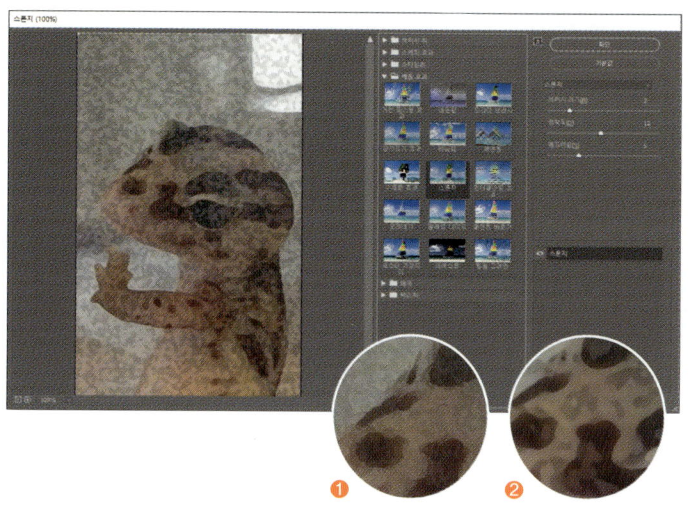

08 스펀지 효과는 돋보이는 색상의 짙은 텍스처 영역을 사용하여 이미지를 만들어 스펀지를 칠한 것처럼 나타낸다.

❶ 브러시 크기 0px, 정확도 3px, 매끄러움 2px

❷ 브러시 크기 6px, 정확도 11px, 매끄러움 6px

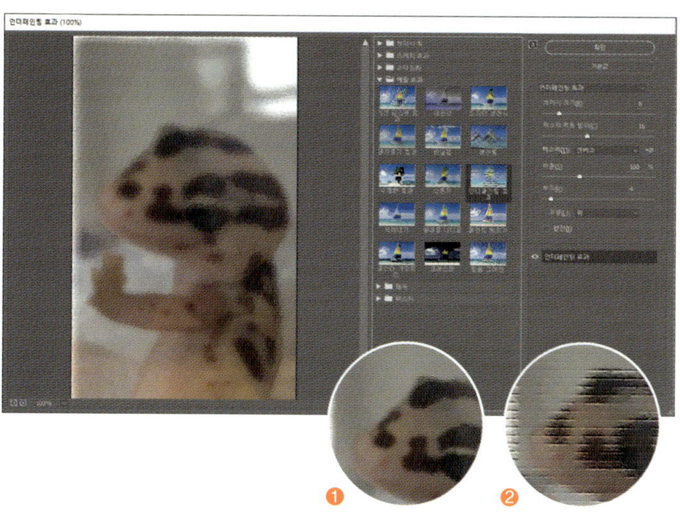

09 언더페인팅 효과는 텍스처가 스며든 배경에서 이미지를 페인팅한 다음 그 위에 최종 이미지를 페인팅한다.

❶ 브러시 크기 11px, 텍스처 적용 범위 5px, 캔버스, 비율 150%

❷ 브러시 크기 24px, 텍스처 적용 범위 24px, 벽돌, 비율 150%, 부조 12px

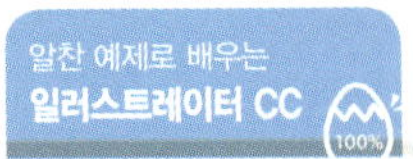

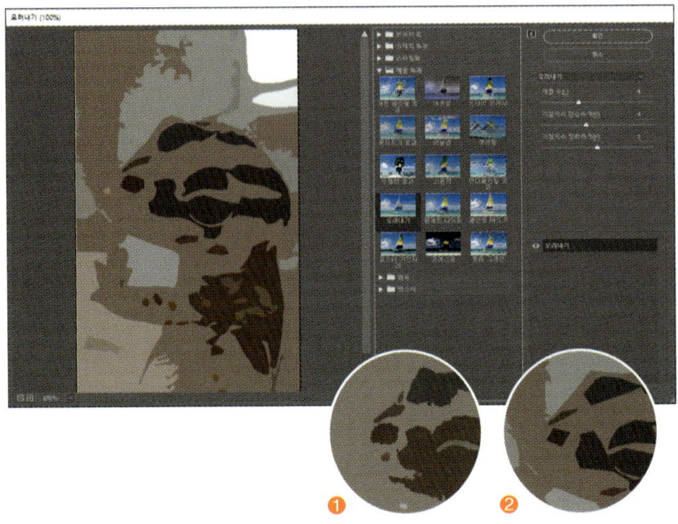

10 오려내기 효과는 색종이에서 대충 오려낸 것처럼 이미지를 만든다.

❶ 레벨 수 3px, 가장자리 단순하게 2px, 가장자리 정확하게 1px

❷ 레벨 수 4px, 가장자리 단순하게 5px, 가장자리 정확하게 2px

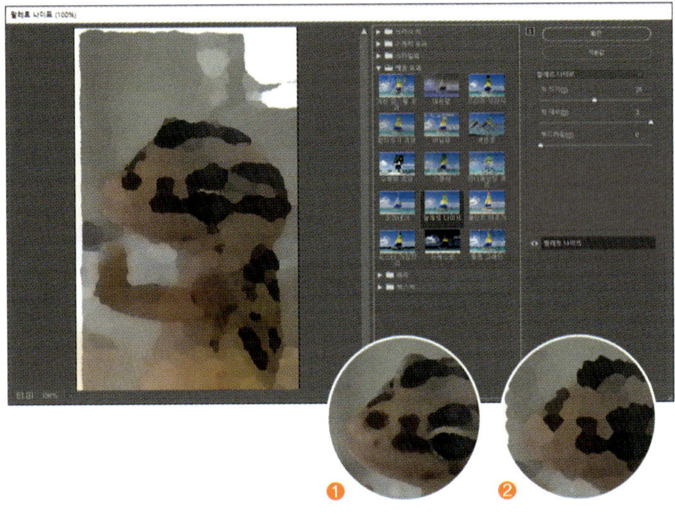

11 팔레트 나이프 효과는 이미지의 세부 사항을 줄여 그 아래의 텍스처가 나타나도록 엷게 페인팅한 캔버스와 같은 효과를 낸다.

❶ 획 크기 9px, 획 세부 3px, 부드러움 0px

❷ 획 크기 23px, 획 세부 1px, 부드러움 7px

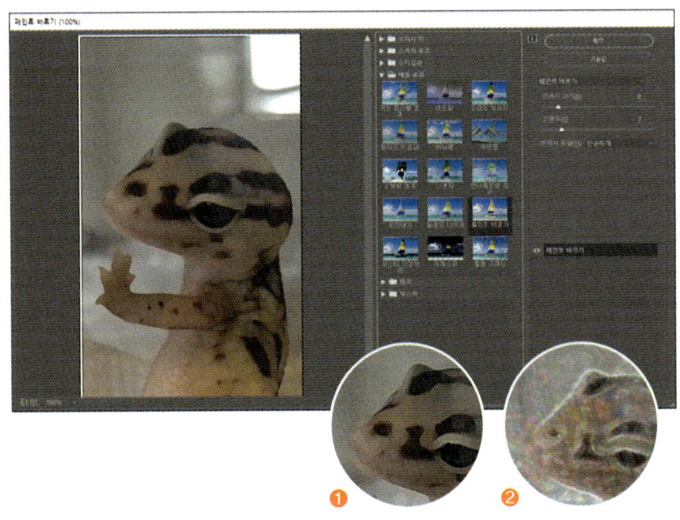

12 페인트 바르기 효과는 다양한 브러시 크기와 유형을 선택하여 회화적인 효과를 나타낸다. 단순하게, 밝고 거칠게, 밝고 어둡게, 선명하게, 흐리게, 밝게 등의 브러시 유형을 설정할 수 있다.

❶ 브러시 크기 12px, 선명도 9px, 단순하게

❷ 브러시 크기 27px, 선명도 17px, 밝고 거칠게

13 포스터 가장자리 효과는 설정한 포스터화 값에 따라 이미지의 색상 수를 줄인 다음 이미지의 가장자리를 찾아 검정 선으로 그린다.

❶ 가장자리 두께 0px, 가장자리 강도 4px, 포스터화 0px

❷ 가장자리 두께 10px, 가장자리 강도 0px, 포스터화 4px

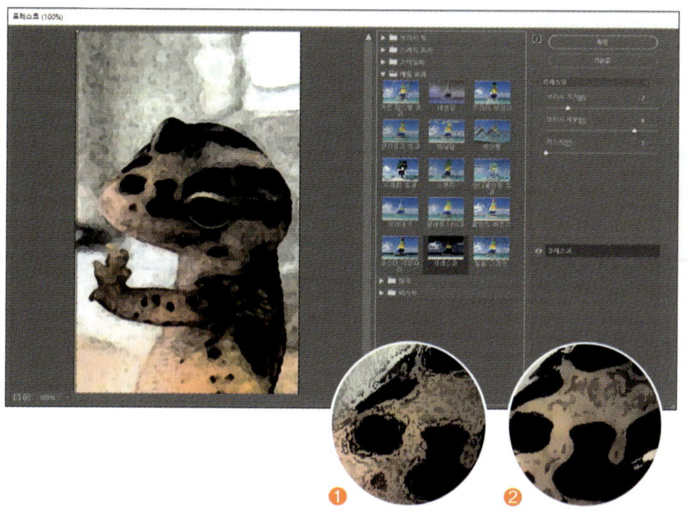

14 프레스코 효과는 급하게 적용한 듯한 짧고 둥근 획을 사용하여 이미지를 거칠게 표현한다.

❶ 브러시 크기 0px, 브러시 세부 0px, 텍스처 2px

❷ 브러시 크기 7px, 브러시 세부 5px, 텍스처 3px

15 필름 그레인 효과는 이미지의 어두운 영역과 중간 영역에 고른 패턴을 적용한다. 이 효과는 혼합에서 띠 현상을 없애고 다양한 소스의 요소들을 시각적으로 통합하는 데 유용하다.

❶ 그레인 10px, 밝은 영역 6px, 강도 2px

❷ 그레인 18px, 밝은 영역 17px, 강도 7px

직접 해보기 **왜곡 효과 적용하기**

왜곡은 사진 및 그림의 무늬를 다양한 필터를 통해 부드럽게 또는 왜곡 변형하는 효과를 나타낸다.

01 다섯 번째 이미지 선택 후 [효과 갤러리]를 실행하고 [왜곡 효과]의 광선 확산 효과를 선택한다. 이 효과는 부드러운 확산 필터를 통해 보이는 것처럼 이미지를 렌더링한다.

❶ 입자 1px, 광선량 2px, 투명도 9px

❷ 입자 8px, 광선량 9px, 투명도 15px

02 바다 물결 효과는 간격이 일정하지 않은 물결을 아트웍에 추가하여 아트웍이 수면 아래 있는 것처럼 보이게 한다.

❶ 잔물결 크기 3px, 잔물결 양 3px

❷ 잔물결 크기 12px, 잔물결 양 9px

03 유리 효과는 서로 다른 유형의 유리를 통해 보는 것처럼 나타낸다. 포토샵 파일을 사용하여 직접 유리 표면을 만들 수 있으며 비율, 왜곡, 매끄러움 설정을 조정할 수 있다.

❶ 왜곡 13px, 매끄러움 6px, 결빙 효과, 150%

❷ 왜곡 8px, 매끄러움 10px, 소형 렌즈, 150%

직접 해보기 텍스처 효과 적용하기

텍스처 효과는 옷감 또는 종이 재질의 표면 등을 적용한 효과를 나타낸다.

01 다음 이미지를 선택하고 [효과갤러리]를 실행한 후 [텍스처]의 균열 효과를 선택한다. 균열 효과는 고부조의 석고 표면 위에 이미지의 윤곽선을 따라 가는 균열을 만들면서 이미지를 페인팅하여 엠보싱 효과를 나타낸다.

❶ 균열 간격 16px, 균열 깊이 2px, 균열 밝기 2px
❷ 균열 간격 59px, 균열 깊이 6px, 균열 밝기 6px

02 그레인 효과는 보통, 부드럽게, 흩뿌림, 덩어리, 명암 대조 등을 시뮬레이션하여 이미지에 텍스처를 추가한다.

❶ 강도 29px, 대지 49px, 보통
❷ 강도 82px, 대지 84px, 확대

03 모자이크 타일 효과는 작은 조각이나 타일로 구성된 것처럼 이미지를 그리고 타일 사이에 그라우트를 추가한다.

❶ 타일 크기 12px, 그라우트 폭 6px, 밝기 7px
❷ 타일 크기 60px, 그라우트 폭 3px, 밝기 8px

04 이어붙이기 효과는 이미지 영역에서 우세한 색상으로 칠해진 사각형으로 이미지를 분할한다. 이 효과는 타일 깊이를 임의로 줄이거나 늘려서 밝은 영역과 어두운 영역을 복제한다.

❶ 직사각형 크기 4px, 부조 18px

❷ 직사각형 크기 9px, 부조 18px

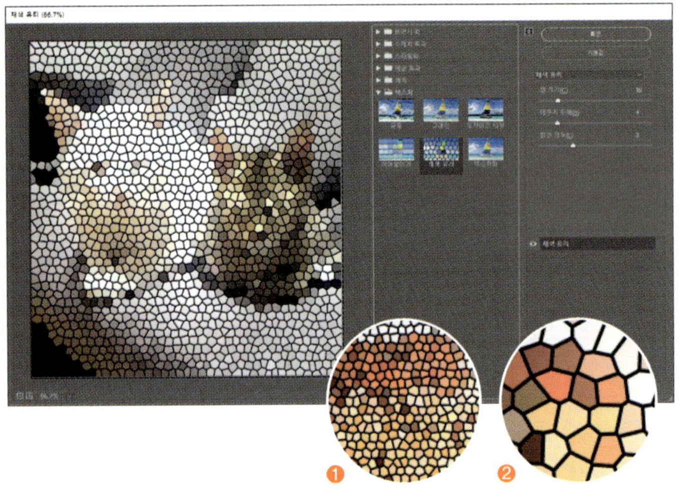

05 채색 유리 효과는 전경색을 사용하여 윤곽선이 그려진 단색의 인접 셀들로 이미지를 다시 페인팅한다.

❶ 셀 크기 7px, 테두리 두께 5px, 밝은 강도 3px

❷ 셀 크기 25px, 테두리 두께 9px, 밝은 강도 3px

06 텍스처화 효과는 선택하거나 미리 작성해 둔 텍스처를 이미지에 적용한다.

❶ 캔버스, 비율 150%, 부조 14px, 위

❷ 삼베, 비율 150%, 부조 7px, 왼쪽 아래

직접 해보기 모자이크 효과 만들기

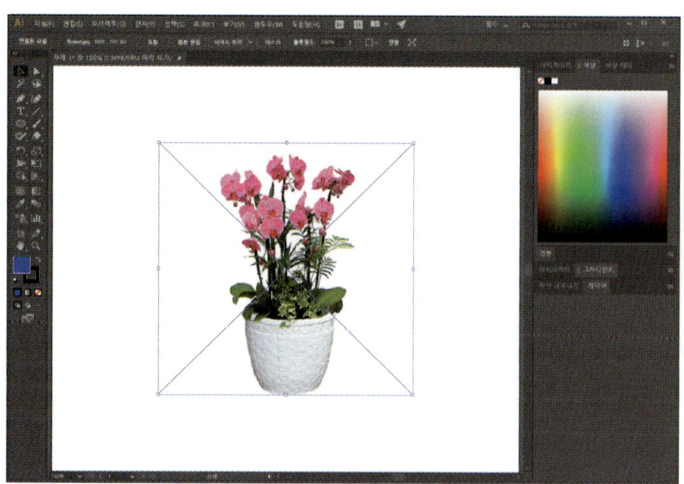

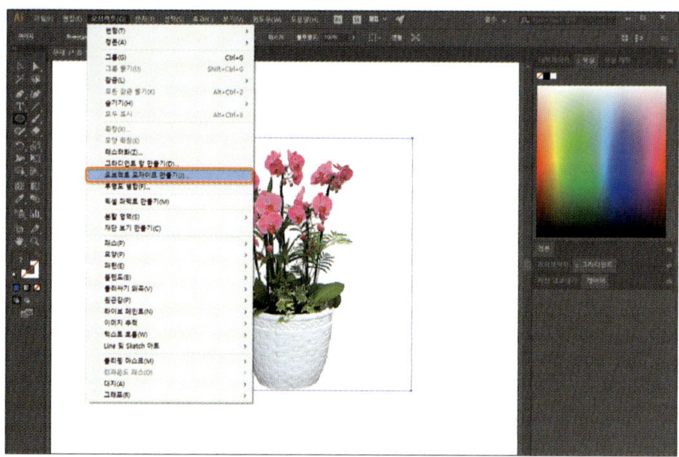

01 [파일]-[가져오기]를 실행하여 flower.jpg를 불러온다.

02 불러온 그림 파일이 선택된 상태에서 상단 바의 [포함] 버튼을 클릭한다.

03 [오브젝트]-[오브젝트 모자이크 만들기]를 실행한다.

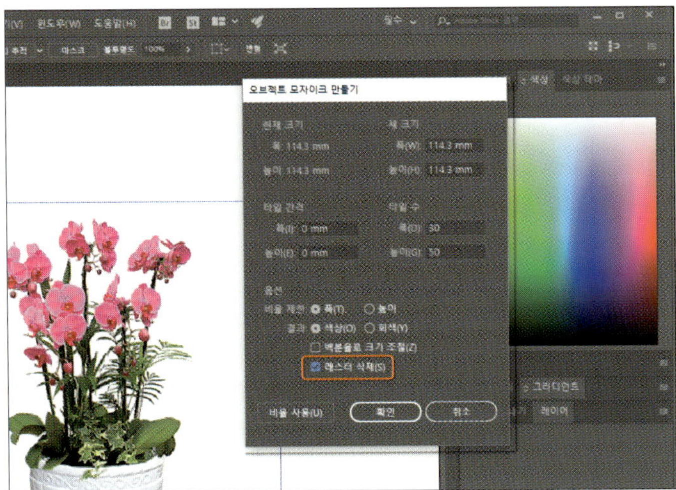

04 [오브젝트 모자이크 만들기] 대화상자에서 옵션 항목의 레스터 삭제를 체크하고 [확인] 버튼을 클릭한다.

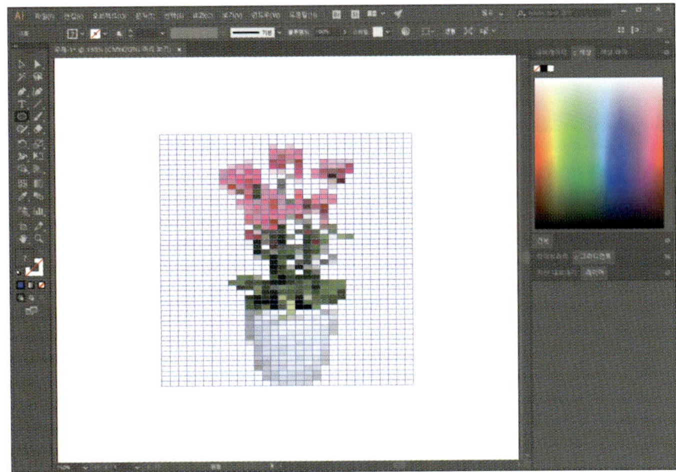

05 모자이크 모양으로 오브젝트가 쪼개진 것을 확인할 수 있다.

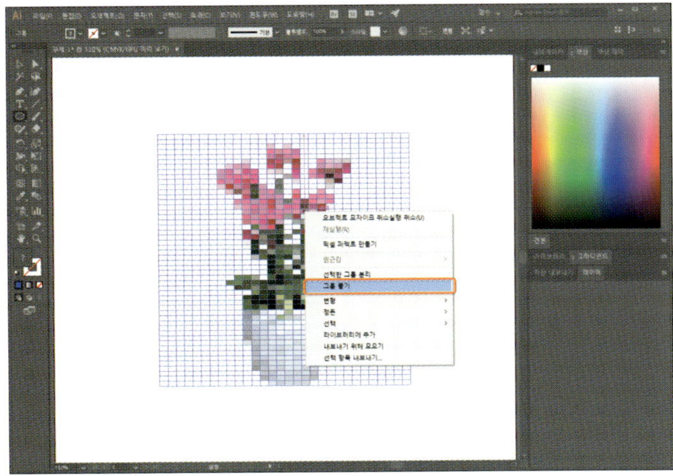

06 쪼개어진 오브젝트 위에서 마우스 오른쪽 버튼을 클릭해 [그룹 풀기]를 실행한다.

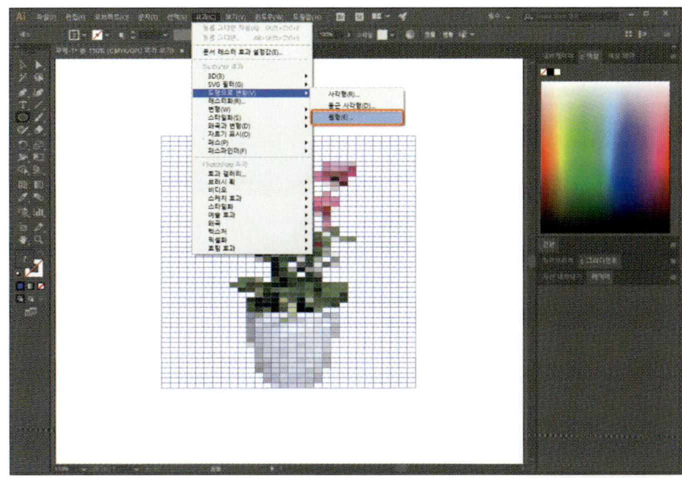

07 모자이크의 모양을 원형으로 바꾸기 위해 [효과]-[도형으로 변환]-[원형]을 실행한다.

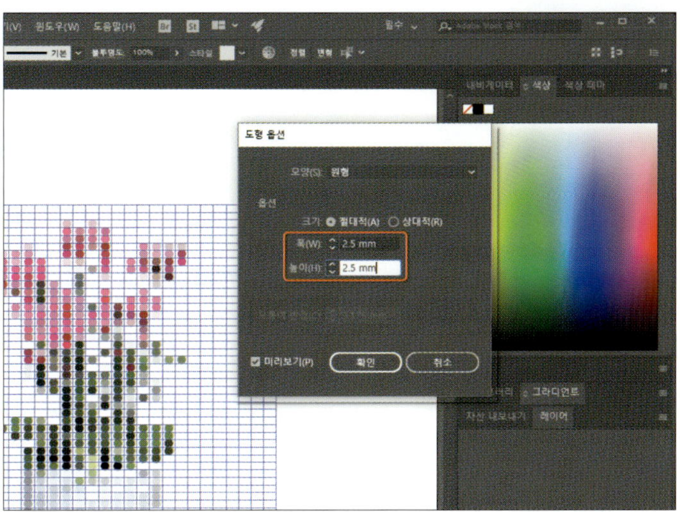

08 [도형 옵션] 대화상자에서 옵션 항목의 크기를 절대적으로 선택하고 폭과 높이를 2.5mm로 설정한 다음 [확인] 버튼을 클릭한다.

강의노트

모자이크를 만들기 위해 도형으로 변환한 후 도형의 크기를 설정할 때 폭과 높이 수치가 크면 클수록 모자이크의 크기가 커지고 반대로 수치가 작을수록 모자이크가 작고 세밀하게 나타내어 진다

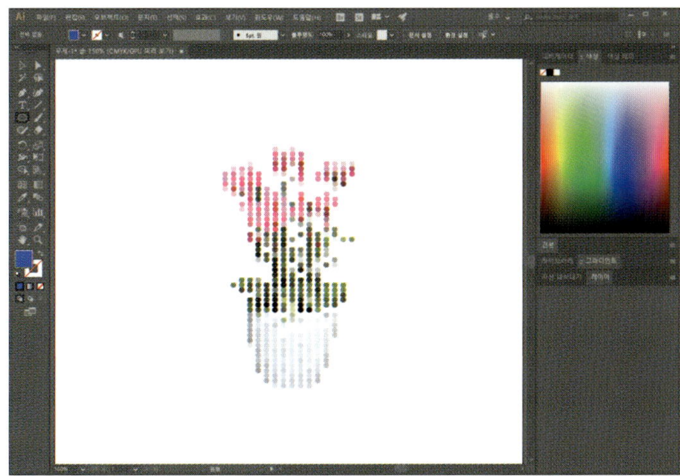

09 원형 도형으로 구성된 모자이크가 완성된 것을 확인한다.

직접 해보기 수체화 효과 만들기

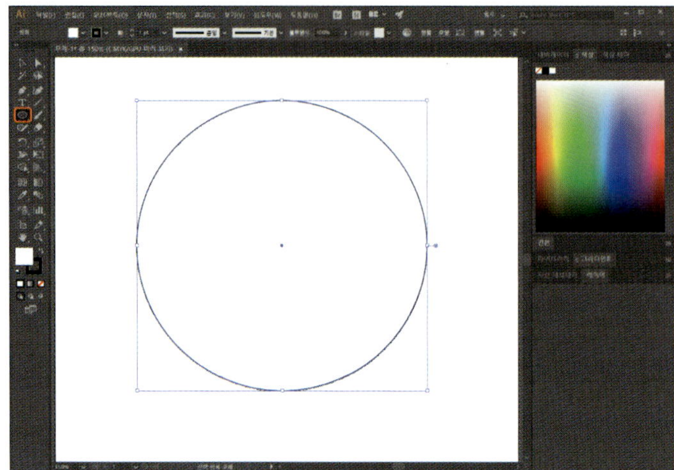

01 새 도큐먼트를 열고 shift + Alt 를 누른 상태에서 원형 도구( )로 드래그하여 정원을 만든다.

02 원 오브젝트가 선택된 상태에서 [오브젝트]-[그라디언트 망 만들기]를 실행한다.

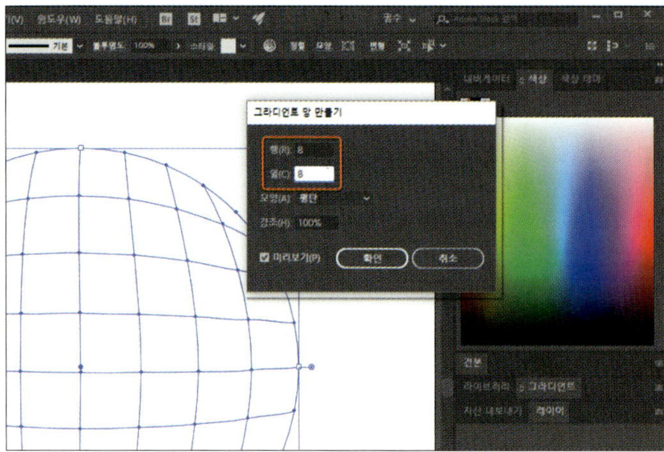

03 [그라디언트 망 만들기] 대화상자에서 행과 열을 각각 8로 설정하고 [확인] 버튼을 클릭한다.

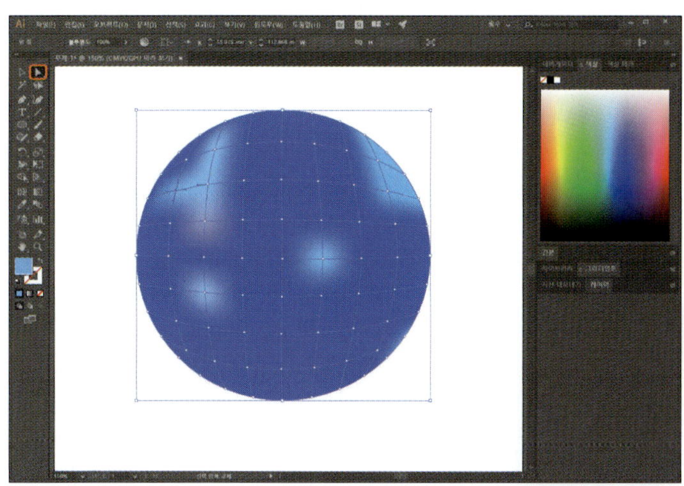

04 원 오브젝트의 면 색상을 파란색으로 설정한 다음 직접 선택 도구(▶)로 각 메시 포인트를 선택하고 하늘색, 외곽 부분은 흰색으로 설정한다.

05 도구 모음에서 주름 도구(▣)를 선택한다.

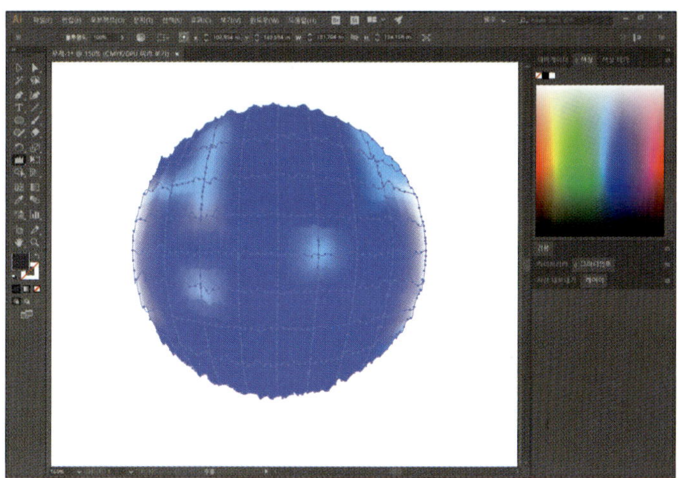

06 주름 도구(▣)로 원 오브젝트 위를 드래그하여 주름 모양으로 변형한다.

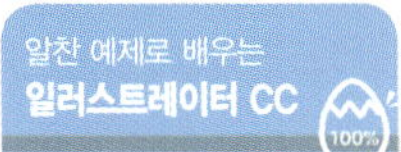

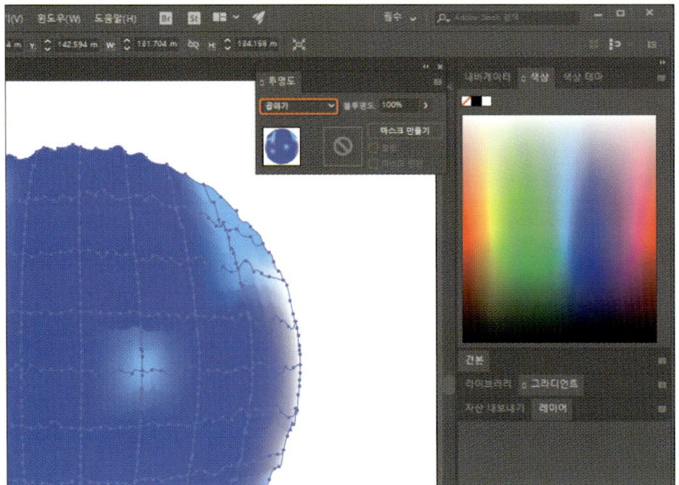

07 오브젝트가 선택된 상태에서 [윈도우]–[투명도]를 실행한다. [투명도] 패널에서 표준 항목을 곱하기로 변경한다.

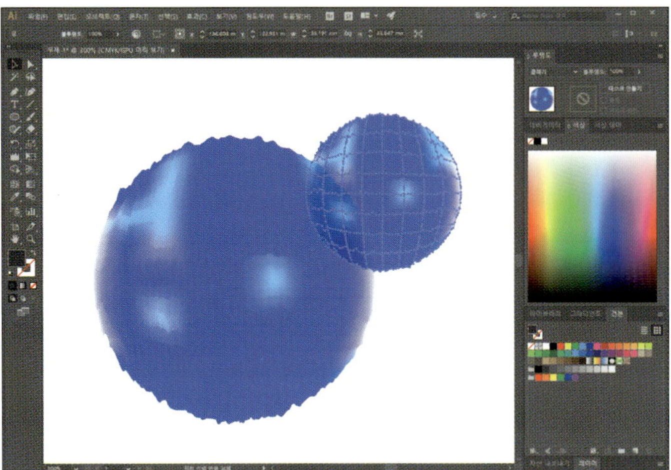

08 변형된 원 오브젝트를 복사한 후 크기를 변경한다.

강의노트 ✏

오브젝트를 선택한 후 Alt 를 누른 채 드래그하면 한 번에 복사할 수 있다.

09 다양한 크기로 복사한 다음 [투명도] 패널에서 불투명도를 조절하여 수채화 느낌을 만들어본다.
문자 도구로 "I love you"를 입력한 다음 상단 바에서 글꼴, 글자 색, 크기 등을 설정하여 완성한다.

실전문제

01. 그라이언트 망 만들기 기능을 이용하여 수체화 느낌의 그림을 완성해 본다.

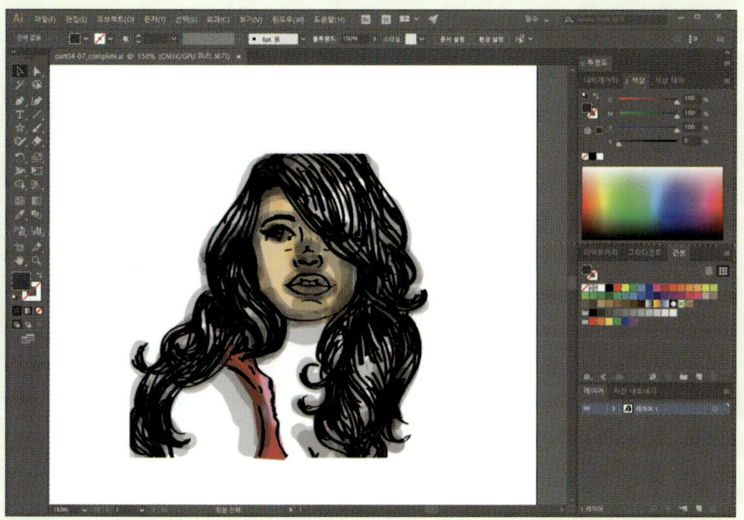

준비파일 | part04-07_ready.ai   **완성파일** | part04-07_complete.ai

Hint 펜 도구를 이용하여 옷 모양을 따라 도형을 만들고 [오브젝트]-[그라디언트 망 만들기]를 실행한 다음 각 메시 포인트를 선택하여 색상을 적용한다. 모든 오브젝트를 선택한 후 그룹화하고 [효과갤러리]에서 잉크윤곽선 효과를 적용한다.

02. 그라이언트 망 만들기 기능을 이용하여 수체화 느낌의 그림을 완성해 본다.

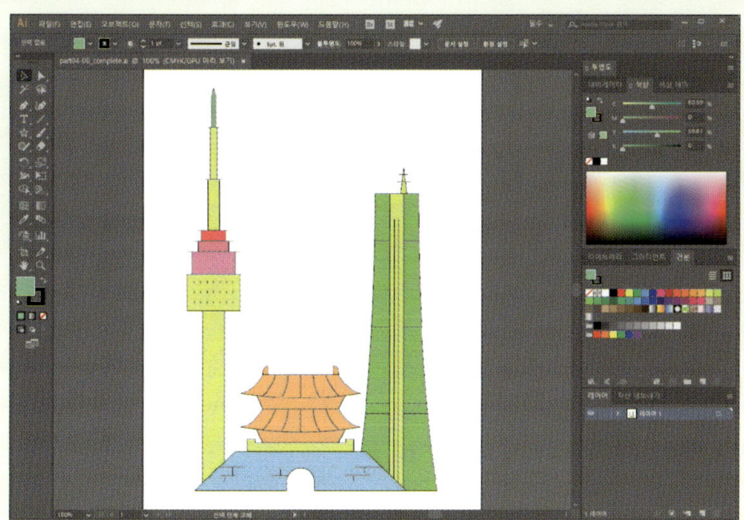

준비파일 | part04-08_ready.ai   **완성파일** | part04-08_complete.ai

Hint 각 오브젝트에 면 색상을 입히고 모든 오브젝트를 그룹화한 다음 [효과 갤러리]에서 균열 효과를 선택하고 균열 간격, 깊이 등을 세밀하게 적용한다.

플래시 / 드림위버

플래시CS4

조한철, 정은자 지음 |
46배판 | 340쪽 |
17,000원 |

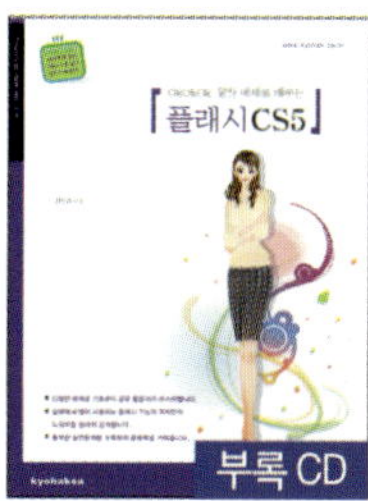

플래시CS5

신연경 지음 |
46배판 | 336쪽 |
17,000원 |

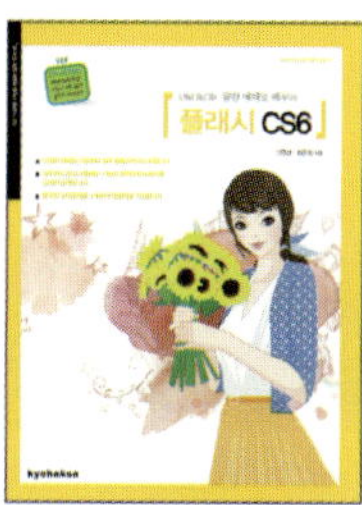

플래시CS6

신연경, 김혜성 지음 |
46배판 | 344쪽 |
17,000원 |

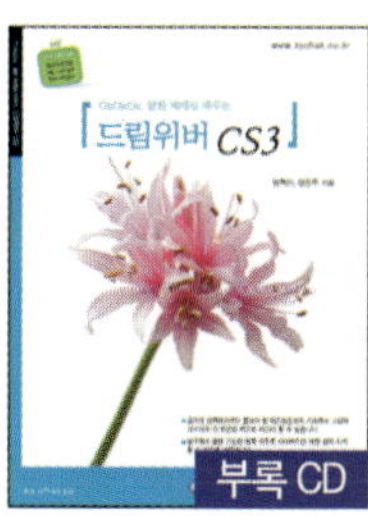

드림위버CS3

엄혁진, 장은주 지음 |
46배판 | 316쪽 |
15,000원 |

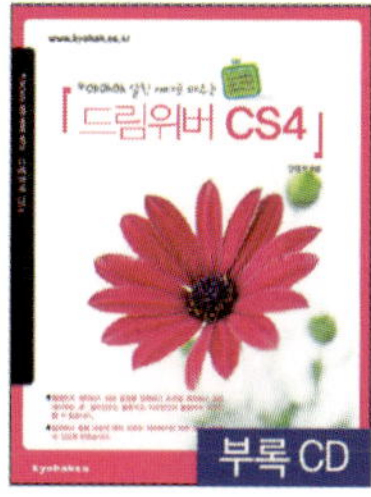

드림위버CS4

안영희 지음 |
46배판 | 348쪽 |
17,000원 |

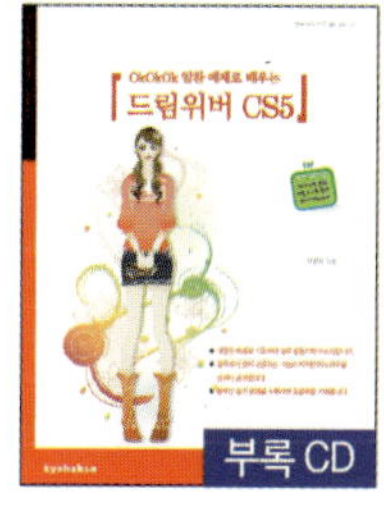

드림위버CS5

안영희 지음 |
46배판 | 344쪽 |
17,000원 |

엑셀 / 파워포인트

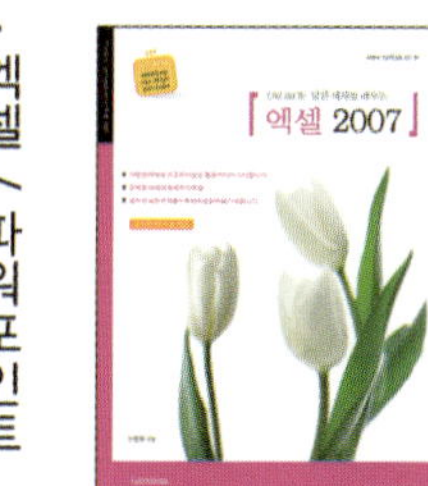

엑셀2007

안영희 지음 |
46배판 | 324쪽 |
16,000원 |

엑셀2010

이형범 지음 |
46배판 | 356쪽 |
17,000원 |

엑셀2013

이형범 지음 |
46배판 | 356쪽 |
17,000원 |

파워포인트2007

유강수 지음 |
46배판 | 337쪽 |
16,000원 |

파워포인트2010

이형범 지음 |
46배판 | 300쪽 |
16,000원 |

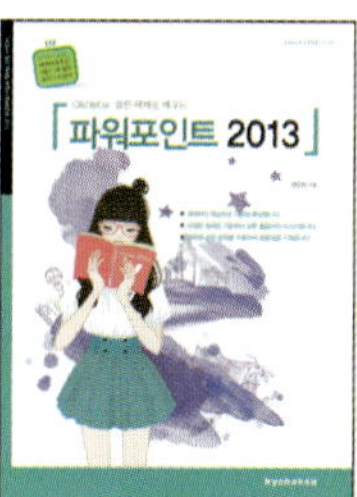

파워포인트2013

김민하 지음 |
46배판 | 300쪽 |
16,000원 |

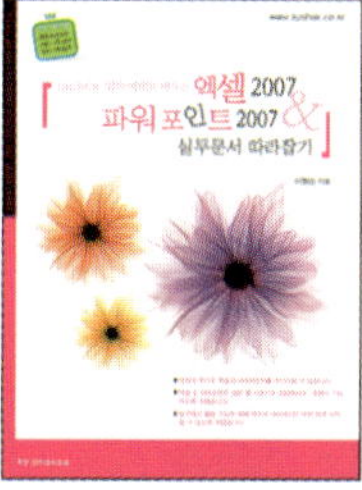

엑셀 & 파워포인트2007

이형범 지음 |
46배판 | 332쪽 |
16,000원 |

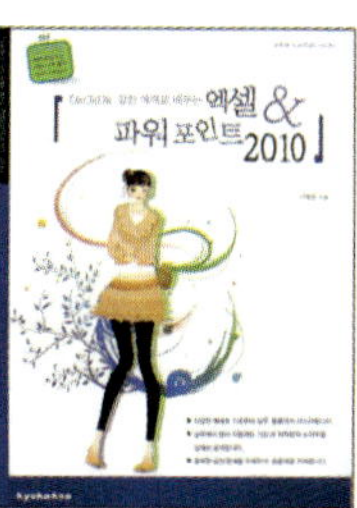

엑셀 & 파워포인트2010

이형범 지음 |
46배판 | 340쪽 |
17,000원 |

OKOKOK알찬 예제로 배우는

Illustrator CC

2017년 6월 15일 초판 1쇄 인쇄
2017년 6월 25일 초판 1쇄 발행

지은이 : 김혜진
펴낸이 : 양진오
펴낸곳 : (주)교학사
주   소 : (공장) 서울특별시 금천구 가산디지털1로 42 (가산동)
          (사무소) 서울특별시 마포구 마포대로14길 4 (공덕동)
전   화 : 02-707-5310(편집), 02-839-2505, 02-707-5147(영업)
팩   스 : 02-707-5316(편집), 02-839-2728(영업)
등   록 : 1962년 6월 26일 〈18-7〉

교학사 홈페이지 주소
http://www.kyohak.co.kr